国家社会科学基金重大项目"调整区域经济结构促进国土开发空间结构优化研究"(10&ZD023)成果

国家社科基金丛书

GUOJIA SHEKE JIJIN CONGSHU

中国区域经济结构调整与国土开发空间格局优化

Adjustment of Regional Economic Structure and Optimization of
Spatial Pattern of Land Development in China

孙久文 易淑昶 等著

人民出版社

目　　录

第一章　调整结构与优化国土空间开发格局的理论机理

第一节　概念与内涵

改革开放以来,中国经济取得了迅速的发展,2010 年成为世界第二大经济体,2013 年成为世界第一货物贸易国,2019 年人均 GDP 突破 10000 美元。与此同时,中国经济面临两大核心问题:第一,经济结构亟待升级。产业整体上处于产业链中低端,利润空间较窄,高投入、高污染、高能耗的粗放式发展模式依然突出,经济结构不可持续的问题在"去产能、去库存、去杠杆、降成本、补短板"的背景下变得更为严峻;第二,区域差距依然很大、空间结构仍然不协调。2020 年中国人均 GDP 最高的省份(北京市)是最低的省份(甘肃省)的 4.9 倍,区域差距明显。同时,东部地区的很多省份生态承载压力较大,面临产业与人口向外疏解的重任,而中西部很多省份生态承载空间较大,需要产业的承接与人口的聚集。在此背景下,调整经济结构、优化国土开发空间结构成为中国经济持续发展、社会全面进步的关键举措。

一、基本概念

经济结构是一个由许多系统构成的多层次、多因素的复合体,有多重含义：从一定社会生产关系的总和来考察，主要通过不同的生产资料所有制经济成分的比重和构成来表现。从国民经济各部门和社会再生产的各个方面的组成和构造考察，则包括产业结构、分配结构、交换结构、消费结构、技术结构、劳动力结构等。从所包含的范围来考察，则可分为国民经济总体结构、部门结构、地区结构，以及企业结构等。从不同角度进行专门研究的需要来考察，又可分为经济组织结构、产品结构、人员结构、就业结构、投资结构、能源结构、材料结构等。本书研究涉及的区域经济结构主要从区域的角度研究产业结构，包括产业结构的合理化和高度化、产业转移等。

国土开发空间结构是指各种要素在地理空间上的相对位置和空间分布形式，反映了以地理空间为载体的经济事物的区位关系和空间组织形态。从经济活动角度看，国土开发空间结构是由区域核心、网络系统和外围空间共同组成的，从空间地域的角度看，则是由乡村地域和城镇地域共同组成的。优化国土开发空间结构，是对国土空间的格局、城乡分布状态、产业布局、资源开发、生态环境等进行调整，以利于推动区域协调发展、加快经济发展方式转变。本书研究的国土开发空间结构，包括区域经济空间结构、区域差距、环境承载结构、空间匹配等内容。

我国近年来实施的西部大开发、东北振兴、中部崛起和东部率先发展的战略，主体功能区规划与制度，"一带一路"倡议、京津冀协同发展战略和长江经济带发展战略，都是优化国土空间格局的战略性措施；国家级新区、综合配套改革实验区、承接产业转移示范区、产城融合示范区等，都是优化国土开发空间结构和产业布局结构的具体举措；国家发布的城市群发展规划则是优化城乡分布结构的最新部署。

二、调整区域经济结构与优化国土开发空间结构的关系

区域经济结构与国土开发空间结构，既是区域经济发展的两个核心内容，也是密切相关、相互依存的关系。调整区域经济结构与调整国土开发空间结

构的关系,是从两个方面对区域经济发展进行优化。调整两者的关系,可以从以下三个方面去诠释:

第一,时间与空间的关系。调整区域经济结构侧重于分析历史的变化,根据发展的方向树立未来的目标;调整国土开发空间结构侧重于空间的景观构成,目标是优化空间的经济社会、资源环境的分布。

第二,平面与立体的关系。调整区域经济结构一般采取类似"面板分析"的方法,探求区域经济平面演化的规律和优化的方法;调整国土开发空间结构则采取"空间面板"的方法,探求如何实现经济要素在地理空间上的最优分布状态。

第三,地域与产业的关系。调整区域经济结构一般以调整区域产业结构和城乡结构为核心,研究通过区域产业结构和城乡结构的优化如何促进国民经济结构的合理化;调整国土开发空间结构一般以空间单元为核心,探寻区域空间分异规律,探索区域协调发展的道路。

我们首先了解区域经济结构与国土开发空间结构的内涵,以调整区域经济结构,特别是产业结构和城乡结构等为动力,以主体功能区规划、国家层面的区域规划、都市圈规划为空间结构调整的手段,以东部、中部、西部和东北部"四大板块"为对象,对如何优化国土开发空间结构展开研究。这一研究过程,就是寻找调整区域经济结构与优化国土开发空间结构途径的过程,也是阐述主体功能区、国家层面的经济区、都市圈与东部、中部、西部和东北部"四大板块"之间协调、耦合的过程。

第二节　对产业结构、空间结构研究的进展

一、对产业结构的研究

2008 年国际金融危机以来,全球经济步入萧条,近期日本、欧洲多个国家

开启负利率时代。萨默斯（Summers，2015）、戈登（Gordon，2015）、艾肯格林（Eichengreen，2015）大声疾呼全球经济将进入长期停滞。与此同时，中国自2007年以来经济发展不断放缓，经济进入新常态。在此背景下，对产业结构的研究再次被推到学术研究的前沿，并被期待为重启经济动力的一大引擎。本节首先回顾了马克思的产业关联与比例关系理论，接着分析产业演化的基本规律和产业升级的进展。

1. 产业联系与比例关系

产业结构是各产业部门和各部门内各行业与生产交换相联系的运输业、商业和金融业之间的比例关系。马克思对产业结构的研究包括国民经济各产业部门相互联系的理论和第Ⅰ、Ⅱ两部类比例关系理论。

第一，国民经济各产业部门相互联系的理论。生产社会化的发展，使一个产业部门、部门内的各行业、行业内的各企业，在生产经营过程中，必然和其他各部门、各行业和企业发生相互联系。这种联系是在生产经营活动中发生的。工业和农业两个部门生产出来的大量产品是借助交通运输业，通过商业资本家销售出去。商品买卖需要大量的货币资本，而大量的货币资本又通过银行集中借贷。通过运输业和银行业的经营活动，国民经济各产业部门和部门内的各行业和企业联结成为一个整体（宋涛，2002）。

第二，第Ⅰ、Ⅱ两部类比例关系的理论。社会资本再生产要顺利进行，第Ⅰ、Ⅱ两部类必须符合比例关系。用Ⅰ表示第Ⅰ部类，即生产生产资料的部类；用Ⅱ表示第Ⅱ部类，即生产生活资料的部类；c表示不变资本；v表示可变资本；m表示剩余价值。在社会资本进行简单再生产时，第Ⅰ部类出售给第Ⅱ部类的生产资料和第Ⅱ部类出售给第Ⅰ部类的生活消费资料应当相等，其公式是Ⅰ（v+m）＝Ⅱc。在社会资本进行扩大再生产时，第Ⅰ部类出售给第Ⅱ部类的生产资料，应大于第Ⅱ部类出售给第Ⅰ部类的生活消费资料，其公式是Ⅰ（v+m）＞Ⅱc。工业、农业、交通运输业、商业和银行业是相互联系的，它们必须符合比例才能顺利运营(宋涛,2002;《资本论》导读编写组,2012)。

2. 产业演变

工业化是经济社会发展的一般规律,本节在概括了产业演变的一般规律(配第—克拉克定律)的基础上,简要分析了工业化的演变过程。近年来随着中国步入城镇化社会,第三产业的发展,特别是生产性服务业受到前所未有的关注,因此着力分析了生产性服务业的演化模式。

(1)**配第—克拉克定律**

配第—克拉克定律首先由威廉·配第提出,科林·克拉克进一步完善,分析了经济发展和劳动力在产业间的分布和变化趋势。随着人均国民收入水平的提高,劳动力首先从第一产业向第二产业转移;当人均国民收入水平有了进一步提高时,劳动力便向第三产业转移;劳动力在产业间的分布状况是第一产业将减少,第二产业和第三产业将增加(臧旭恒、杨蕙馨、徐向艺,2015)。

(2)**工业结构演变规律**

工业是国民经济的主要部门,工业化过程主要分成三个阶段:第一阶段重工业化阶段。工业以轻工业为中心向以重工业为中心发展。第二阶段高加工度化阶段。工业结构从原材料工业为中心向以加工业、组装工业为中心发展。第三阶段技术集约化阶段。工业各部门采用的技术越来越多,以技术密集型为代表的高新技术广泛应用,使工业结构表现为技术集约化(臧旭恒、杨蕙馨、徐向艺,2015)。

工业化是国家现代化的重要途径,工业现代化需要通过一些指标来反映与评价。陈佳贵和黄群慧(2009)从七大方面设置指标,每个方面基本上包括国际可比性指标和辅助性指标,构建了工业现代化的评价指标体系。

①总体效率。国际性指标是行业全员劳动生产率。辅助性指标包括三个,分别是行业的总资产贡献率、行业经济效益综合指数、行业劳动报酬支出占行业增加值比例。

②技术先进性。国际性指标包括三个,分别是行业的关键技术指标(因行业不同而不同)、行业 R&D 经费占工业增加值比重、行业中从事研发的科学家和工程师数量及其占全体员工的比重。辅助指标包括七个,分别是行业技术装备率、行业固定资产新度系数、行业主要生产设备达到国际水平的比例、行业人均固定资产净值、行业增加值率、行业拥有发明专利数、行业新产品率。

③国际化程度。国际性指标包括两个,分别是行业贸易竞争指数、行业出口额占整个行业销售收入比例。

④产业组织。国际性指标包括两个,分别是行业集中度、行业中企业平均生产规模。

⑤信息化水平。包括两个辅助指标:一是行业微电子控制设备占生产经营设备原价的比例;二是行业信息化投入占整个行业增加值比例。

⑥企业管理科学化水平。包括三个辅助指标:行业获得国家级管理创新成果数量、行业管理软件使用数量、行业管理信息化投入占整个行业增加值比例。

⑦环境保护。国际性指标包括三个,分别是行业每千克能源产生工业增加值、行业单位水耗产生的工业增加值、行业单位污染物排放量对应的工业增加值。辅助指标两个:行业环保设备和技术的使用状况、行业的"三废"综合利用率。

(3)生产性服务业的演化

生产性服务业与制造业相互依赖、相互作用。基于制造业与生产性服务业的互动理论,以制造业发展为线索,可以将生产性服务业的演化分为萌芽期、雏形期、剥离/独立期和产业化期四个阶段(贾勇、李冬姝、田也壮,2012)。

萌芽期。传统的制造系统观认为,生产是一个企业的核心,企业围绕生产的输入和输出缓冲外部环境带来的影响。蔡斯和埃里克松(Chase 和 Erikson,1988)提出一种开放的制造系统观,认为制造业应该将其技术核心(生产职能)向内外部顾客开放,提供基于工厂的服务。制造企业内部各职能之间、制造企业与外部顾客之间产生服务流。这个阶段生产性服务业还没有出现,但是制造企业服务意识的出现却为生产性服务业的出现埋下了种子,因此是生产性服务业的萌芽期。

雏形期。随着制造业的进一步发展,生产制造过程已经成为一种扩展的劳动过程,即由直接的车间劳动延伸到如市场调研、设计、采购、产品监测、市场营销和售后服务等扩展过程。这些生产性服务业基本上由企业内部提供,还没有形成外部的生产性服务业市场,是生产性服务业的雏形期。

剥离/独立期。随着制造企业内部服务职能专业化程度的不断提高,基于核心竞争力建设、资源约束、规模经济等原因,内部服务职能从制造业中分离和独立出来,形成生产性服务业。在该阶段外部的生产性服务市场正在形成,制造业企业内部活动逐步外部化,是生产性服务业的剥离/独立期。

产业化期。在第三次技术革命强有力的推动下,随着生产性服务的市场化、规模化和产业化,生产性服务业产生。这一阶段生产性服务业的市场细分程度更高、服务的专业化水平更高,既有标准化的服务,也有定制化和创新型的服务;既有来自制造业企业的需求,也有来自政府的需求,生产性服务业进入产业化期。

3. 产业升级

国内外对产业升级的理解不同。国内对产业升级的研究主要是产业结构调整。而国外主要从全球价值链的视角分析由低技术水平、低附加值状态向高新技术、高附加值状态的演变趋势。基于产业演化与产业结构调整密切相关,因此,本节着力分析价值链的升级。此外,近年来演化经济学的发展则更多地从演化的视角分析产业升级。

(1)产业链升级

格里芬等(Gerrifi 等,1999)是国外产业升级研究的开拓者,他们从价值链的视角,对东亚服装产业进行了一系列研究。一国(地区)的产业被视作全球价值链的一部分,产业升级可以看成该国(地区)的企业以及产业整体在价值链上或者不同价值链间的攀越过程,其意义不仅仅是统计上的产业结构变迁,更重要的是增加价值获取,以及企业增加值、国家税赋、劳动者收入、企业与国家形象乃至自然环境等一系列条件的改善。格里芬等(1999)具体分析了从原始设备生产商(Original Equipment Manufacturer,OEM)到原始设计制造商(Original Design Manufacturer,ODM)再到原始品牌制造商(Original Brand Manufacture,OBM)的升级阶段,提出了两种价值链形式:生产者驱动型(如汽车、飞机、计算机、半导体与重工业)和购买者驱动型(如鞋、服装、家具、玩具)。价值链思路更强调通过企业的技术和管理创新实现价值创造程度的升级。从增长理论的发展沿革来说,强调技术进步的内生型经济增长(陈羽、邝国良,2009)。

产业升级是高生产率产业比重不断提高的过程。从一般动因看,产业升级的原因包括供给、需求和环境三大因素。具体而言,供给包括劳动力的供给、技术的供给、自然资源的供给和资金的供给等。要素供给在总量和结构上的不同,会影响产业的升级;需求在某种程度上比供给更重要,因为市场需求直接引导产业升级方向;环境也是一个重要因素,一个合理的经济政策和良好的国际贸易环境有利于产业升级(臧旭恒、杨蕙馨、徐向艺,2015)。从直接动因看,产业升级的主要动力在于技术创新。

在产业升级战略途径的选择上,有两类代表性的观点(唐晓云,2012):一是林毅夫等认为基于比较优势的产业升级战略;二是基于企业能力的产业升级战略,认为只有通过企业技术创新获得竞争优势才会实现产业升级。

(2)演化与创新

产业升级是一个不断演化的过程。企业间的关系会影响产业演化,多样化个体是产业演进的前提,多样化个体的竞争与合作等协同交互作用能促进产业系统有序结构的形成。竞争与合作是产业系统演化的动力源,一方面创造系统远离平衡态的自组织演化的内在条件;另一方面推动了系统向有序结构演化。产业作为经济系统,是在企业之间的竞争与合作下发展演化与升级的(谢雄标、严良,2009)。

产业演化过程具有不同的路径,常常表现为路径依赖的特性,从而阻碍产业的持续优化升级。熊彼特分析了创新在演化过程中的作用,认为创新是打破路径依赖的关键,而竞争又是创新的动力源泉。熊彼特据此将演化过程概括为马克0模式、马克Ⅰ模式、马克Ⅱ模式(安德森,2013)。马克0模式描述的是纯粹适应过程的独立模式,它在各种形式的干扰之后把经济体系重新带回程序化的循环流动中。这一模式如果不被打乱,这个过程最终会进入一种静止状态。马克0模式是马克Ⅰ模式中的创新企业家的切入点。马克Ⅰ模式是在马克0模式中加入熊彼特式的企业家,当第一个熊彼特式企业家超越了程序化的循环流动的环境时,紧跟在他后面的人的环境就得到了改善。原有企业会进行一定程度的适应性创新和递进性创新,新企业则进行跳跃式创新。马克Ⅰ模式是熊彼特式企业家建立创新企业和新旧企业进行适应性竞争的合力过程。马克Ⅱ模式分析熊彼特的垄断行业中创新企业和模仿企业之间展开的竞争,为了不被创新竞争驱逐出去,寡头企业建立必要的市场和研发部门,从而促进技术创新,并打破路径依赖、实现持续升级。[①]

二、对空间结构的研究

空间学派是现代地理学的四大学派之一,西方空间结构的研究经历了起步阶段(古典区位论)、发展阶段(区域空间结构理论)和提高阶段(新空间经济学)三个时期。我国区域空间结构模型的典型代表是陆大道提出的"点轴理论"、叶大年提出的"对称分布模式"以及陆玉麒提出的"双核结构理论模式"(马国霞、甘国辉,

---

[①]　此外,熊彼特还将产业的演化拓展到经济社会发展的全过程,概括为马克Ⅲ模式(安德森,2013)。马克Ⅲ模式把每一个社会部门都看成一个演化过程,而模式的重点则放在了经济部门与其他社会部门共同发展的方面。

2005）。基于近年来国家对"一带一路"倡议、长江经济带、京津冀协同发展战略的提出与实施，本节侧重于点轴模式、经济带、城市群的相关研究。

1. 点轴模式

陆大道在克里斯塔勒中心地理论、佩鲁增长极理论、赫格尔斯特兰等空间相互作用原理的基础上，提出"点轴系统"理论。在经济发展过程中，几乎在大部分社会经济要素集中在"点"上的同时，"点"与"点"之间就形成由线状基础设施联系在一起形成的"轴"。"轴"是"点"上社会经济要素向外扩散的路径，对附近区域有很强的经济吸引力和凝聚力。这就是说，社会经济客体在空间中以"点—轴"形式进行渐进式扩散。"点—轴系统"反映了社会经济空间组织和所形成的空间结构的客观规律。在正常发展情况下，任何一个区域或国家，其社会经济空间组织的形式必然是"点—轴系统"形式（陆大道，2001）。"点—轴系统"是区域发展的最佳结构，区域最佳发展必然要以"点—轴系统"模式对社会经济客体进行组织。

2. 经济带

经济带是工业化和运输化不断发展的产物，是工业化中后期产业、城市布局的典型形式。产业、城镇与基础设施三者相互影响，共同促进经济带的形成与演化。基础设施是区域发展的先导条件，其通过生产率效果、互补/替代效果、区位效果、收入效果、接近效果、消费效果触发并刺激生产要素向沿线集中。生产要素的沿线集中，促进城镇和城市的不断扩大，产生了更多的交通流、经济流和信息流，这又进一步促进基础设施的加强。城镇、产业与基础设施之间的累积循环机制推动着经济带不断发展。同时，轴线上集中的社会经济设施通过产品、信息、技术、人员、金融等，对附近区域有扩散作用，并与区域生产力要素相结合，形成新的生产力，空间表现为开发轴线的延伸。当具备以下五个标志时说明经济带已经形成：综合经济中心形成，或形成主副中心格局;沿线各区段的产业发展、工业基地或专业化城市形成,地区经济中心形成;内部产业集聚与扩散,产业带延伸;沿线城市体系建立;在全省和全国占有重要地位。从发展阶段看,经济带经历启动期、雏形期、形成期、成熟期及扩展期、连接期以及网络扩散期七个阶段(张文尝,2002)。

经济带的形成,既是社会经济要素长期自组织过程的结果,更是科学的区域发展政策、计划和规划的结果,是由点到线、由线到面发展的渐进扩散过程。20世纪80年代以来,各级政府都把经济带的开发和建设作为区域发展的重要战略。2014年国务院下发《关于依托黄金水道推动长江经济带发展的指导意见》,将经济带建设再次推到学术研究前沿。2013年国家主席习近平提出"一带一路"倡议,更是将经济带研究推到国际层面。

3. 城市群

城市群是城镇化高度发展的结果,交通网络起到了重要的推动作用。最近十多年来,城市群内各大城市的高速公路网络体系建成,城际铁路、高速铁路网络化,城市群高速发展,城市群内部城市之间的通勤半径大大缩短,城市之间出现同城化、一体化、市场化的新特征。信息技术的发展也推动了城市群成为当代社会经济发展的核心地区(姚士谋等,2015)。

姚士谋、陈振光、朱英明等(2006)归纳了城市群地域结构的递嬗规律,认为城市群的地域结构类型取决于城市群内城市之间的关联方式所决定的功能地域结构的合理性。城市群地域结构演化模型包括四个阶段:

第一阶段,分散发展的单核心城市阶段。城市间的主要联系仅仅限于狭窄的交通沿线地带的城市之间,远离交通沿线的其他城市之间以及与交通沿线的主要城市间仅有微弱的功能联系。城市的专业化生产联系差,这是城市群发展的最初阶段。

第二阶段,城市组团阶段。交通干线向与重要中心城市侧向联系的渗透干线方向发展,起初的侧向联系首先从重要城市中心开始,并与远离交通干线的边远城市相连接。随着渗透干线的延伸以及在渗透干线上较大规模的城市的建立,各城市的市场区域进一步扩大。由于聚集和扩散作用,区域交通干线的中心城市发展为区域大都市,与大都市联系密切的城市也得到充分发展,并与中心城市开始形成城市组团。

第三阶段,城市组群扩展阶段。位于渗透干线的主要城市继续接受较高等级城市的辐射,自身对次级城市扩散部分功能,扮演中心城市的作用。边远城市的交通支线得以建立,除了通过渗透干线间的联系外,它们之间的直接联系也开始发展。更小的城市通过起初的干线开始发展。城市群区出现了几个不同地域结构功能的城市组群。

第四阶段,城市群形成阶段。城市组群间综合交通走廊的发展以及城市群等级系统的出现,标志着城市群进入成熟阶段。

城市群是一个复杂、开放的巨系统,具有边界模糊性和城市辐射范围的阶段性等典型特征,因此,对城市群空间范围的识别和界定研究工作也显得十分困难。法国地理学家戈特曼(Gottmann,1957)提出了城市群空间范围识别的五大标准、周一星提出五大标准、姚士谋提出十大标准(姚士谋等,2015)。方创琳等(2010)综合分析国内外专家有关都市区、都市圈、城市群、都市连绵区等的判断指标和标准,提出中国城市群空间范围识别的七大标准:

(1)城市群内都市圈或大城市数量不少于3个,其中作为核心城市的城镇人口大于100万人的特大或超大城市至少有一个。

(2)城市群内人口规模不低于2000万人,其中城镇人口不少于1000万人,区域城镇化水平大于50%。

(3)城市群人均GDP超过3000美元,工业化程度较高,一般处于工业化中后期。

(4)城市群经济密度大于500万元/千米,经济外向度大于30%。

(5)城市群铁路网络密度为250—350千米/万平方千米,公路网络密度为2000—2500千米/万平方千米,基本形成高度发达的综合运输通道;能够形成半小时、1 小时和 2 小时经济圈核心城市到紧密圈外围的时间不到半小时，发车频率在 10 分左右，视为半小时经济圈，到中间圈外围的时间不到 1 小时，发车频率在 20 分左右，视为 1 小时经济圈，到外围圈的时间不超过 2 小时，发车频率在 30 分左右，视为两小时经济圈。

（6）城市群非农产业产值比重超过 70%。

（7）城市群内核心城市 GDP 的中心度大于 45%，具有跨省级的城市功能。

综上所述，经济活动总要落实到一定的空间，区域经济结构与国土开发空间结构是两个紧密联系的整体。离开区域空间结构、讨论区域经济结构的调整与离开区域经济结构、讨论空间结构的优化都不能实现两大结构的调整。调整区域经济结构、优化国土开发的空间结构，需要从系统论的视角，统筹考虑两个子系统的关系，研究同时调整两个结构的路径。这也是本书研究不同于既有研究的突出特点。

从既有研究看，分别研究区域经济结构调整与空间结构优化的著作众多，但同时考虑两大结构，并研究两者关系的著述相对较少。接下来本章从区位论、生命周期理论、新经济地理、匹配理论四个方面归纳前人研究成果，探析区域经济结构与空间结构两者的基本关系，厘清调整区域经济结构，实现国土开发空间结构优化的机理。

第三节　区位论对产业结构调整与空间结构优化的研究

区位论是关于人类活动的空间分布及其空间中的相互关系的学说，其经历了古典区位、近代区位论与现代区位论三个阶段。尽管其没有直接研究调整区域经济结构促进国土开发空间结构优化的机理，但其中已经蕴含着研究两者的基本逻辑关系。本节着力总结农业区位论、中心地理论与要素禀赋理论对结构调整与空间优化的启示。

一、竞租曲线、结构调整与空间优化

1. 农业区位论的核心内容

杜能(Thünen,1826)的农业区位论,旨在探索如何产生最大收益的农业经营方式、农业的空间配置和组合原理(张文忠,2000)。在一系列严格的假设条件下,依据农产品的特点、经营方式,农业呈圈层分布。

由于不同类型的农产品具有不同的市场价格、生产成本和运费,因此,它们具有不同的竞租曲线。为简单起见,假定存在三种类型的农业:园艺蔬菜业、谷物农业与畜牧业。园艺蔬菜业由于容易腐烂,更加偏好城市中心,有能力支付更高的租金,竞租曲线比较陡峭;相反,畜牧业没有能力支付高的租金,更加倾向于远郊区,竞租曲线比较平滑;而谷物农业处于两者之间(见图1-1)。

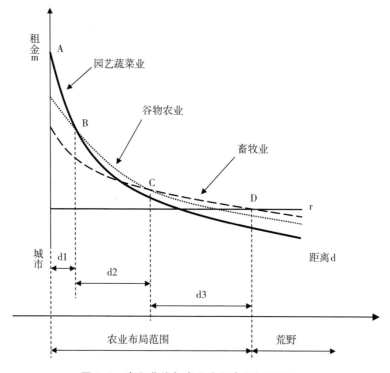

图1-1　竞租曲线与农业空间布局剖面图

在企业自由进入的条件下,农业企业的竞争形成了农业的空间分布格局。依据土地分配给支付租金最高者的原则,园艺蔬菜农业占据 d1 范围;畜牧业处于边缘,占据 d3 范围;谷物农业处于中间,占据 d2 范围。竞租曲线由各区位支付最高租金的曲线组成,即由各类农业竞租曲线组成的包络线,在图 1-1 中表示为 ABCD。

2. 市场竞争、运输费用与结构调整、空间优化

农业区位论通过竞租曲线,展示了结构调整与空间优化的过程。每一种类型的农业都没有绝对的优势,根据自身产品的特性与支付租金的能力选择适合自身的地域范围。显然,实现结构调整与空间优化的关键在于市场竞争。为了促进中国产业结构的调整与空间结构的优化,关键在于发挥市场机制的作用,如重塑 GDP 为纲的考核机制、减少行政干预与财政补贴。

另外,农业区位论认为,农业土地利用类型和土地集约化程度,不仅取决于土地的天然特性,而且更重要的是依赖于其经济状况,其中特别取决于它到农产品消费地的距离(陆大道,1991)。换句话说,运费是影响产业空间分布的重要因素。

二、城市等级、结构调整与空间优化

1. 中心地理论的核心内容

中心地理论是关于一定区域(国家)内城市和城市职能、大小及空间结构的学说。克里斯·泰勒(Chris Taylor)运用经验归纳与理论演绎的方法,从市场原则、交通原则和行政区原则三个方面分析城市等级和体系的分布。

第一,在市场原则下,为了使各级中心地对它所影响的范围最方便地提供货物和服务,三个低一级的城市组成一个高一级的城市。区域组成的结构从尖端到基底的系列是:1、3、9、27,中心城市的从属系列关系是 1、2、6、18。

第二,在交通原则下,最合理的城市网络应当是相邻两个同一级城市之间的交通线中点有一个次一级的中心。区域组成的结构从尖端到基底的系列是:1、4、16、64,中心城市的从属系列关系是1、3、12、48。

第三,在行政区原则下,最小的管理单位由7个基层单位组成。区域组成的结构从尖端到基底的系列是:1、7、49、343,中心城市的从属系列关系是1、6、42、294。

三个原则对城市等级、体系的形成共同地起作用。克里斯·泰勒认为,在开放、便于通行的地区,市场经济原则起主要的作用;在山间盆地地区,客观上与外界隔绝,行政管理作用更为重要;在新开发的地区,交通线对移民起"先锋性"的作用,交通原则占优势(陆大道,1991)。

2. 城市等级、产品门槛与结构调整、空间优化

中心地理论认为,每种货物和服务为了获得利润,都有一个门槛人口。高等级的产品门槛人口较多,低等级的产品门槛人口较少。所以,高等级的货物和服务往往布局于大城市中,而低等级的货物和服务往往布局于小城市中。这对产业结构调整、空间结构优化有重要启发意义:产业结构调整、空间结构优化的关键在于根据产品的等级选择相适应的城市。

三、要素禀赋、结构调整与空间优化

1. 要素禀赋理论的核心内容

要素禀赋理论的提出者是赫克歇尔和俄林。要素禀赋理论认为,在各国生产同一产品的技术水平相同、生产要素不可跨国流动的前提下,由于各种产品生产所要求的各种生产要素的比例不同,一国在生产密集使用本国比较丰裕的生产要素的产品时,成本就较低,而生产密集使用别国比较丰裕的生产要素的产品时,成本就比较高,从而形成各国生产和交换产品的价格优势,进而

决定国际贸易和国际分工。此时本国专门生产自己有成本优势的产品,而换得外国有成本优势的产品。

2. 第一地理性质(first nature)与结构调整、空间优化

根据要素禀赋理论,两国生产同一产品的价格差来自产品的成本差别,这种成本差别来自生产过程中所使用的生产要素的价格差别,这种生产要素的价格差别则决定于该国各种生产要素的相对丰裕程度。

要素禀赋理论反映了第一地理性质对产业布局的影响。大量的实证研究也表明,要素禀赋对产业聚集的影响超过投入产出关联、知识溢出等单项的影响(Ellison 和 Glaeser,2010)。尤其是对资源要素投入较多的产业来说,如采掘业,其产业布局往往由要素禀赋来决定。

四、全球化、结构调整与空间优化

1. 全球化与区位论的新发展

20 世纪 90 年代以来,跨国公司在全球化中的作用凸显。全球化下,跨国公司的区位选择丰富了区位论的内涵。一方面,跨国公司的经营形式由单一的贸易全球化,向生产、投资、研发(R&D)全球化转变。公司总部、研发基地、生产基地等都在全球范围内布局。另一方面,无论地区总部、研发还是生产都呈现区域集中的特征。第一,公司总部主要布局在主要的大都市区,如纽约、东京、伦敦。第二,研发的基地,主要集中在科教资源比较丰富的地方。比如跨国公司研发机构在中国的布局主要集中在北京市、上海市、广州市、天津市等地。第三,生产也趋于集中。

通过全球尺度的分散布局与区域尺度的集中布局,跨国公司根据各区域的要素禀赋特征,在全球范围内综合布局自身的原料、技术、管理、营销的产业环节,并运用各种网络传输到各个地方。换句话说,全球化下,跨国公司布局

的突出变化在于由整个企业的布局,转向生产环节和功能特性的全球化布局。

2. 功能特征与结构调整、空间优化

在全球化与跨国公司的推动下,城市由部门的专业化向功能的专业化转变。不同规模的城市在功能方面开始出现分异。大城市更加专业化于管理功能,而中小城市更加专业化于生产功能(Duranton 和 Puga,2005)(见图 1-2)。原因在于,大城市能提供更多的商业服务,从而降低了总部的成本。城市的功能分工,要求产业结构依据其部门的功能特征,选择适合的城市。

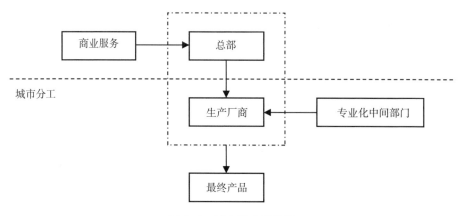

图 1-2　城市的功能分工

第四节　生命周期理论对产业结构调整与
空间结构优化的研究

生命周期理论与雁行模式分别从先发国家与后发国家的维度,归纳了产品(区域)的创新—扩张—成熟(年轻—成熟—老年)的过程。在这个过程中,技术升级促进结构调整是生命周期循环推进的动力,而禀赋梯度是促进结构调整、保障空间优化的必要条件。

一、生命周期理论的核心内容

1. 产品(区域)生命周期理论的核心内容

产品生命周期理论由美国学者弗农(Vernon)于 1966 年提出,之后经过包括弗农(Vernon)在内的诸多学者的完善,现在已经发展到第四代模型(Ozawa,2003)。产品生命周期理论从发达国家的角度,阐述了产品"创新—成熟—老年"的三个过程,指出发达国家的发展过程:发达国家凭借技术的优势,首先开发某一特定产品,并出口这一产品;再次,随着技术的成熟,发达国家向那些模仿创新的国家出口份额逐渐降低;最后,随着技术的标准化,这种产品开始在发展中国家大规模、批量化生产,而发达国家成为该产品的净进口国(Vernon,1966、1979)。

与区域主导产业生命周期的变迁一样,区域也存在"年轻—成熟—老年"的生产周期过程。为了保持竞争力,区域必须不断地升级区域主导产业。

2. 雁行模式的核心内容

雁行模式由日本学者赤松要(Akamatsu)于 1935 年提出,之后在小岛清(Kojima)和小泽辉智(Ozawa)等学者的努力下,形成了一整套完整的理论体系。它描述的是在开放经济条件下,后发地区如何借助动态比较优势实现经济赶超的过程。概括起来,这个过程包括四个阶段(Kojima,2000)。第一阶段,比较优势的低梯度,决定了后发地区首先需要大量进口高等级产品。同时引进、消化吸收技术,为国内大规模生产做准备。第二阶段,随着国内市场的扩大,该产品开始在国内规模化生产。第三阶段,建成世界性的生产基地,并且大规模出口该产品。第四阶段,随着比较优势的丧失,把这种产品转移到更低梯度的区域。后发地区通过重复上述四个过程,实现产品生产的合理化与产业的多样化,最终达到产业、产业结构与空间结构的三重优化。

二、技术升级、禀赋梯度与结构调整、空间优化

1. 技术升级与结构调整、空间转换

纵观工业革命以来的发展史,每一次技术变迁都带来新的结构调整与空间重塑,产业的变迁与城市的崛起是同一个过程(见表1-1)。18世纪晚期,棉花产业是当时最为先进的产业,曼彻斯特、伯明翰、爱丁堡成为全球重要的经济中心;19世纪初期,钢铁产业是当时最为先进的产业,格拉斯哥、伦敦和巴黎是全球重要的经济中心;19世纪晚期,汽车成为当时最为先进的产业,底特律、匹兹堡是全球重要的经济中心;20世纪中叶,飞机与家庭消费产品是当时最为先进的产业,纽约、洛杉矶、西雅图是全球重要的经济中心;20世纪70年代,计算机、软件、移动通信产业是当时最为先进的产业,南加州是全球重要的经济中心(Montgomery,2007)。细观整个过程,随着某种产品的标准化,人们的需求出现下降,企业利润出现下降,如果城市不进行新的创新,势必被其他创新的城市所替代。因此,技术升级是结构调整和空间优化的根本动力。

表1-1 产业升级与结构调整、空间优化

时期	代表性产业	城市
18世纪晚期	棉花	曼彻斯特
19世纪初期	钢铁	格拉斯哥
19世纪晚期	汽车	底特律
20世纪中叶	飞机、家庭消费品	纽约
20世纪70年代	计算机、软件、移动通信	南加州

2. 禀赋梯度与空间优化

在不同的生命周期阶段,产品生产需要的要素条件不同。一般而言,创新

产品关注的重点是知识溢出与交流外部性,而标准化产品关注的是产品生产的土地、劳动力等成本。因此,随着产品生命周期的转换,产品也逐步由高等级区域向低等级区域转移。在产业转移中,区域间要素禀赋的差异是一个重要的前提条件。

总之,在技术升级的推动下,产业结构不同的升级换代,是结构调整的根源;同时,差异性的要素禀赋促进了产业的转移,从而优化了空间结构。

第五节　新经济地理对产业结构调整与空间结构优化的研究

经过十多年的发展,新经济地理学模型已经构建了经济关联与知识关联两大类型支撑的、较为成熟的理论体系。马歇尔(Marshall)提出的三种聚集力——产业关联、劳动力池与知识溢出,都有了相对应的理论模型。本节主要讨论了结构转换的同时空间结构得以优化的模型,主要参考卡塞利和科尔曼(Caselli 和 Coleman,2001)的模型。

一、模型构造

1. 基本假定

我们以农业与制造业为例,讨论结构调整与空间优化。首先,结构调整与空间优化建立在三个基本的假设之下。第一,农产品的收入需求弹性小于1;第二,农业的全要素生产率比制造业增长更快;第三,由农业转到制造业的学习成本不断降低。

假定存在两个区域北部(N)和南部(S),土地(T)、劳动力(L)和资本(K)三种生产要素,农业(F)和制造业(M)两个部门。t 时期 i 区域两部门的生产函数分别为:

$$F_t^i = A_{ft}^i (T_{ft}^i)^{\alpha_T} (L_{ft}^i)^{\alpha_L} (K_{ft}^i)^{1-\alpha_T-\alpha_L} i = S, N \tag{1-1}$$

$$M_t^i = A_{mt}^i (T_{mt}^i)^{\beta_T} (L_{mt}^i)^{\beta_L} (K_{mt}^i)^{1-\beta_T-\beta_L} i = S, N \tag{1-2}$$

同时，三大生产要素满足以下等式：

$$\begin{cases} T_{ft} + T_{mt} = 1 \\ K_{ft} + K_{mt} = K_t \\ L_{ft} + L_{mt} + L_{et} = 1 \end{cases} \tag{1-3}$$

其中，L_{et} 为从农业到制造业转换职业的培训时间。

假定两个区域生产制造业的技术相同，即 $A_{mt}^N = A_{mt}^S$。而南部地区由于气候和土壤等原因，在生产农产品方面具有比较优势，即 $A_{ft}^S > A_{ft}^N$，以至于最后所有农产品都在南部地区生产。两部门的技术进步是外生的，假定为 g_{ft} 和 g_{mt}。

假定每个时期 t 出生的新人为 $1-\lambda$，从 t 期到 $t+1$ 期，每个人的死亡概率为 $1-\lambda$。这样，就能保证每个时期的人数都为 1。新人出生后，面临着择业的问题。如果他选择了农业，那么他在活着的每个时期，都付出 1 单位的劳动；如果他选择制造业，那么他首先要接受培训，培训的时间为 ξ_t，$\zeta^i < 1$。其中，ξ_t 对所有的个体都是一样的，只是它会随着时间而变小。而 ζ^i 服从 $\mu(\zeta^i)$ 密度函数，反映个体之间的学习能力差异。

正如上面所述，每个时期总的人数总是为 1。它们的效用函数为：

$$\begin{cases} U = \sum_{t=0}^{\infty} \beta^t u(c_{ft}^i, c_{mt}^i) = \sum_{t=0}^{\infty} \beta^t \dfrac{[(c_{ft}^i - \gamma)^\tau (c_{mt}^i)^{1-\tau}]^{1-\sigma}}{1-\sigma} \\ \text{s.t.} \sum_{t=0}^{\infty} q_t(c_{ft}^i + p_t c_{mt}^i) = H_0^i \end{cases} \tag{1-4}$$

其中，β 为折现因子；$0 < \tau < 1$，$\sigma \geqslant 0$，$\gamma \geqslant 0$；q_t 为农产品价格，$q_t p_t$ 为制造业产品价格；H_0^i 为财富数量。

从效用函数可以看出，农产品的收入弹性为：$\varepsilon = \dfrac{c-\gamma}{c} < 1$。

2. 市场均衡

在要素市场(劳动力和资本)可以自由流动的前提下,市场均衡时工人实现效用最大化,农场和工厂实现成本最小化。根据式(1-1)、式(1-2)和式(1-4),可以得到:

$$\begin{cases} \dfrac{\partial u/\partial c_{mt}}{\partial u/\partial c_{ft}} = p_t \\[3mm] \beta \dfrac{\partial u/\partial c_{f(t+1)}}{\partial u/\partial c_{ft}} = \dfrac{q_{t+1}}{q_t} \end{cases} \tag{1-5}$$

$$\begin{cases} \partial F/\partial T_{ft} = a_t \\[2mm] \partial F/\partial L_{ft} = w_{ft} \\[2mm] \partial F/\partial K_{ft} = r_t \end{cases} \tag{1-6}$$

$$\begin{cases} \partial M/\partial T_{mt} = a_t / p_t \\[2mm] \partial M/\partial L_{mt} = w_{mt} / p_t \\[2mm] \partial M/\partial K_{mt} = r_t / p_t \end{cases} \tag{1-7}$$

其中, a_t 为以农产品形式表达的单位土地的地租; w_{ft} 为以农产品形式表达的农民工资; w_{mt} 为以农产品形式表达的制造业工人工资; r_t 为以农产品形式表达的利率。

由于 j 部门工资的现值为 h_{jt} :

$$h_{jt} = \sum_{s=t}^{\infty} \frac{q_s}{q_t} \lambda^{s-t} w_{js}, j = f, m \tag{1-8}$$

所以,在选择职业时,人们选择制造业,而不选择农业的基本条件是从事制造业的收入减去培训的费用,不小于从事农业的收入。即:

$$h_{mt} - \xi_t \zeta^i w_{mt} \geqslant h_{jt} \tag{1-9}$$

所以,当 $\zeta^i \leqslant \overline{\zeta_t} = \dfrac{1}{\xi_t} \dfrac{h_{mt} - h_f t}{w_{mt}}$ 时,人们选择制造业;当 $\zeta^i > \overline{\zeta_t} = \dfrac{1}{\xi_t} \dfrac{h_{mt} - h_f t}{w_{mt}}$

时,人们选择农业。

根据 $\mu(\zeta^i)$ 密度函数,可以得出 0 期新产生的从事农业、制造业和培训的人数。

$$
\begin{cases}
l_{et}^0 = \int_0^{\zeta_t} \xi_t \, \zeta^i \mu(\zeta^i) \, d\,\zeta^i \\
l_{mt}^0 = \int_0^{\zeta_t} (1 - \xi_t \, \zeta^i) \mu(\zeta^i) \, d\,\zeta^i \\
l_{ft}^0 = 1 - l_{mt}^0 - l_{et}^0
\end{cases}
\tag{1-10}
$$

所以,t 期从事农业、制造业和培训的总人口分别为:

$$
\begin{cases}
L_{et} = l_{et}^0 (1 - \lambda) \\
L_{mt} = (L_{m,t-1} + L_{e,t-1}) \lambda + l_{mt}^0 (1 - \lambda) \\
L_{ft} = L_{f,t-1} \lambda + l_{ft}^0 (1 - \lambda)
\end{cases}
\tag{1-11}
$$

其中,为了保证每一期的人数(等于 1)不减少,$l_{mt}^0(1 - \lambda)$,$l_{ft}^0(1 - \lambda)$,$l_{et}^0(1 - \lambda)$ 分别为新产生的工人、农民和培训者。

二、计算模拟

在对各参数进行设定后,对上述模型进行计算模拟,运行 100 期,得到学习成本不断下降情况下的结果(见表 1-2 和表 1-3)。

表 1-2　主要变量的数值模拟结果 1

变量	比例	变量	比例
$(c_f / c)_0$	0.31	$(w_f / w_m)_0$	0.20
$(c_f / c)_{100}$	0.08	$(w_f / w_m)_{100}$	0.69
$(L_f)_0$	0.50	$(w^S / w^N)_0$	0.41
$(L_f)_{100}$	0.10	$(w^S / w^N)_{100}$	0.97

表 1-3　主要变量的数值模拟结果 2

变量的年增长率	比例	变量的年增长率	比例
南部/北部人口比率	−0.0034	制造业资本/劳动比率	0.0099
农业资本/劳动比率	0.0243	制造业土地/劳动比率	−0.0034
农业土地/劳动比率	0.0094		

三、结构调整与空间优化的新经济地理逻辑

根据上面模型的模拟结果,可以发现产业结构以农业为主逐渐转化为以制造业为主,同时,南部的劳动力不断流向北部,使北部的制造业份额也发生了变化。

第一,产业结构转换的重要原因在于产品的需求弹性不同。由于农业的收入弹性小于1,因此,随着收入的增长,农业的经济比重和就业比重在不断下降,而制造业的经济比重和就业比重在不断上升,从而实现了产业结构的调整。

第二,在产业结构转换的同时,实现了空间优化。随着农业经济比重和就业比重的下降,南部的大量劳动力转移到了北部,并从事制造业的生产。这个过程实现了资源和产业的空间优化。

第三,在产业结构转换的同时,实现了经济趋同。经济趋同的原因在于随着农业工人的减少,从事农业生产的农民所拥有的土地增加,边际生产率上升。而工业的边际生产率得以相对下降。换句话说,产业结构转换的同时实现经济趋同的关键在于要素流动。模型中的要素流动,是指从 A 地流动到 B 地后,并生活、消费在 B 地。而当前中国的要素流动,比如农民工的流动,并不是完全的要素流动。因为他们只是工作在 B 地,把收入寄回到 A 地,因此,不是完全的要素流动。既然不是完全的要素流动,也没有实现经济趋同。因

此,对于未来的中国,一方面,要完善农民工的社会保障,给予农民工市民待遇,使他们居住在城市、生活在城市;另一方面,促进农村土地流转,增加农民的土地面积,从而提高农民的边际生产率。这是实现经济趋同的关键。

第六节　产业结构与空间结构的匹配理论

产业与空间的匹配属于产业空间组织范畴,是指在一定约束条件下对区域内或区域之间的产业进行空间优化配置的过程。正如阿卜杜勒和阿奈斯(Abdel 和 Anas,2004)在《区域经济学手册》(第四卷)中所言,解释为什么不同规模的城市中产业的组成不同,这种组成的效率如何是未来城市系统理论面临的三大挑战之一。因此,产业和城市的匹配研究是一项十分浩瀚繁杂的工程。产业与空间如何实现匹配? 力学之父阿基米德说过:"给我一个支点,我可以撬动地球。"胡安俊和孙久文(Hu 和 Sun,2014)、胡安俊(2016)从聚集经济的视角出发,选择"地方化经济、城市化经济"作为产业与空间匹配的支点,建立制造业与城市匹配的理论逻辑,并使用门槛模型,定量测度了中国制造业和城市的匹配关系(见图 1-3)。

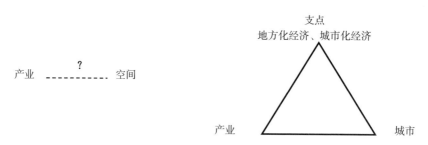

图 1-3　产业与空间匹配支点的选择

一、聚集经济与产业特征

不同技术层次的产业具有不同的聚集经济性质。对于创新部门,创新产品产生之前往往需要很长一段时间去探索它的设计、投入、工艺以及规格。这决定了创新产品的产生除了需要一批训练有素的高素质科研队伍外,首先,需要一个多样化的发展环境,从而为创新提供灵感。其次,创新产品能否打入市场,还需要不断地与供货商、消费者进行迅速有效的交流与沟通。并根据他们的需求,修正样品的缺陷与不足(Vernon,1979;Freeman 和 Soete,1997)。这些特点决定了创新部门需要在多样化的环境中布局,并享受城市化经济。

相反,标准化部门的技术流程都已经模块化,其对产品投入的灵活性要求不高。标准化部门更看重生产成本(Vernon,1966;Vernon,1979;Duranton 和 Puga,2000)。因此,标准化部门往往布局在劳动力成本、土地成本等比较低的区域,并通过大规模专业化生产,获取地方化经济。

二、聚集经济与城市规模

不同规模的城市具有不同的聚集经济性质。规模较大的城市拥挤效应较大,为了平衡较大的拥挤效应,规模较大城市的聚集经济也较大。而要产生较大的聚集经济,需要联合生产多种产品的固定成本小于单独生产各个产品的固定成本之和(Abdel-Rahman 和 Fujita,1993)。而这意味着规模较大城市的产业和产品种类较多。因此,规模较大的城市主要表现为城市化经济。

规模较小的城市拥挤效应相对较小,为了平衡较小的拥挤效应,规模较小城市的聚集力也较小。而这意味着规模较小的城市可以选择少量种类的产业和产品进行专业化生产,而不用承担多样化产业和产品带来的拥挤效应(Henderson,2003)。因此,规模较小的城市主要表现为地方化经济。①

---

① 美国的很多中小城市具有很强的创新能力,并享受城市化经济。但对中国而言,大城市主要表现为城市化经济(多样化),而中小城市主要表现为地方化经济(专业化)(周一星、孙则昕,1998;许锋、周一星,2008)。

三、产业与空间匹配的理论逻辑

基于上面的分析,创新部门和规模较大的城市主要享受城市化经济,标准化部门和规模较小的城市主要享受地方化经济。因此,可以根据享受的聚集经济类型,在制造业与城市之间建立匹配关系:创新部门与规模较大的城市匹配,标准化部门与规模较小的城市匹配。

产业与城市匹配的理论框架,定性描述了产业与城市的匹配关系。为了实现产业与城市的定量匹配,首先需要根据产业的创新程度和城市规模对产业与城市进行划分,借助门槛模型识别哪些产业与哪些城市享受地方化经济、哪些产业与哪些城市享受城市化经济。在此基础上,提出产业与城市匹配的模式与路径(胡安俊,2016)。

第二章　中国区域经济结构与国土 开发空间格局的演变

第一节　我国区域经济发展战略与 国土开发空间格局演变

一、改革开放前我国区域经济发展战略与国土开发空间格局的演变

改革开放前,在高度集中的计划经济体制下,我国国土开发格局的基本特征是资源配置向内地倾斜,对内地进行重点建设。但是,由于受诸多经济和非经济因素的影响,我国这种均衡式国土开发战略,并没有导致经济活动的空间分散化(见图 2-1)。根据这一时期国土开发侧重点的不同,大致分为以下几个阶段。

1. 国民经济恢复时期(1950—1952 年)

新中国成立后的三年时期,是我国恢复国民经济,为全面进行经济建设的恢复时期。这个时期,我国政府采取了苏联方面的专家和政府提出的建议,集中力量建设沿海和东北地区。三年期间,首先,是我国工业建设的重点是东北

工业基地,其次是华东和华北。在这种非均衡战略的影响下,到1952年,这三个区域①集中了全国GDP的60.72%;GDP占全国比重排名前五位的省份全部属于沿海②地区,分别是江苏省、山东省、辽宁省、河北省和上海市,沿海地区以其占全国不到1/8的国土面积,三年基本建设投资累计占比达到53%以上,1952年,其GDP占到了全国经济总量的50%以上,沿海地区人均GDP约为内地人均GDP的1.5倍。

2."一五"计划时期(1953—1957年)

国民经济恢复时期实施的集中力量建设沿海和东北地区的战略,使我国地区之间经济发展水平和居民生活水平存在极大的差异。根据国内外的时代背景,从国防安全和改变工业布局在全国各地区适当分布工业生产力作为主要原则,"一五"计划强调把经济建设的重点放在内地。

"一五"期间,我国经济建设主要是进行以苏联帮助我国设计的156③个大型建设项目为中心、由694个大中型建设项目组成的工业建设。其中,156项苏联援助项目中,内地安排了118项,约占全部项目的4/5,沿海地区约占1/5;694个大中型建设项目中,内地约占68%,沿海为32%。

从整个国土空间上看,"一五"期间的工业投资布局是比较分散的。这种向内地倾斜的均衡式投资布局,直接导致了"一五"期间的经济活动出现地理分散化趋势(见图2-1),同时,这时期的人均实际GDP变差系数整体呈现下降的趋势(见图2-2),说明中国省际人均GDP差距出现逐步缩小的

---

① 华东地区(包括山东省、江苏省、安徽省、浙江省、福建省、上海市);华北地区(包括北京市、天津市、河北省、山西省、内蒙古自治区);东北地区(包括辽宁省、吉林省、黑龙江省)。

② 沿海地区包括辽宁省、北京市、天津市、河北省、山东省、江苏省、上海市、浙江省、福建省、广东省、广西壮族自治区和海南省。由于数据的可得性,本部分计算暂时不考虑海南省。内地地区是除去沿海地区外的其他地区。

③ "156个项目"在"一五"期间投入施工的只有146项,另有4项推迟施工,还有6项没有实现。

趋势。沿海地区 GDP 比重从 1953 年的 53.29%，到"一五"时期结束（1957
年）下降到 52%，但仍然保持在 50% 以上；同时沿海地区 1953 年的人均
GDP 是内地的 1.76 倍，至 1957 年下降到 1.68 倍。可见，"一五"时期向内
地倾斜的均衡发展战略，并未改变我国发达的沿海地区和落后的内地地区
的国土空间格局。但是由图 2-2 可知，这期间我国省际人均 GDP 呈现缩小
的趋势，这说明向内地倾斜的均衡发展战略，在一定程度上缩小了区域经济
差距。

（单位：%）

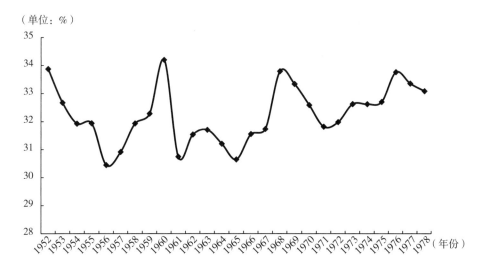

图 2-1　1952—1978 年我国经济活动（GDP）地理集中①的演化趋势

资料来源：笔者通过中经网、国研网数据库和新中国五十年统计资料汇编（剔除了西藏自治区和海南
省）计算得出。

---

　　① 本书用克鲁格曼空间基尼系数来衡量我国 GDP 地理集中的演化趋势。计算公式为：
$Gini_i = \dfrac{1}{2N^2 \bar{S}^k} \sum_i^N \sum_j^N |S_i^k - S_j^k|$ 其中，$Gini_i$ 表示空间基尼系数，N 为地区总数，$\bar{S}^k$ 表示行业 k 在
各地区间的平均份额（在本书，k 指 GDP），i 和 j 分别表示两个不同的地区；空间基尼系数值在
0—1 之间变化，若取值为 0，表示经济活动或产业分布完全均衡；若取值为 1，则表示该产业或经
济活动完全集中在一个地区。

（单位：%）

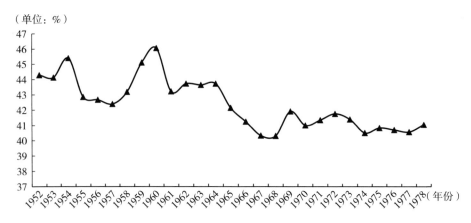

图 2-2　1952—1978 年我国省际人均实际 GDP 相对差距变化

注：人均实际 GDP 加权变异系数，是以 1952 年为基期使用各省份人均 GDP 指数进行缩减后，按人口
　　进行加权计算。
资料来源：中经网、国研网数据库和新中国五十年统计资料汇编（剔除了西藏自治区和海南省）。

3."二五"和调整时期（1958—1965 年）

1958—1965 年，我国经济建设经历了"二五"和调整时期，在一些"左"的和不正确的经济战略指导下，我国经济活动的国土空间变动趋势波动较大（见图 2-1）。

意识到"一五"时期向内地倾斜的经济建设战略，在一定程度上限制了沿海地区工业优势的发挥，毛泽东同志在《论十大关系》一文中论证了发展沿海对内地的促进作用，指出"真想建设内地，就必须充分利用沿海"。由此，"二五"时期前三年沿海地区基本建设投资占比由"一五"时期的 47% 上升到 55.5%，GDP 占比也由 1957 年的 52% 左右上升到 1960 年的 55%，经济活动呈现向沿海地区集聚的趋势（见图 2-1），省际区域经济差距也呈扩大趋势（见图 2-2）。

但是，在"二五"的后期，受到 1958 年我国制定的社会主义建设"总路线"的负面影响，出现了违背经济发展规律的"大跃进"和中苏等国际政治关系紧张的影响，从 1961 年"二五"的后期至 1965 年三年调整期结束，内地累计基本建设投资占比下降到了 44.2%，GDP 占比也下降到了 50.8%，这时期我国的经济活动呈现分散的趋势（见图 2-1），同时省际人均 GDP 差距逐渐缩小的趋势(见图 2-2)也说明了这期间区域经济差距逐渐缩小。

4."三五"至"五五"前期(1966—1978 年)

20 世纪 60 年代中期,鉴于我国周边形势的变化,出于备战的需要,国家决定在"三五"计划时期将集中在大城市和沿海地区的工厂转移,加快"三线"①建设,建立战略后方,强调建立地区独立的工业体系。

根据这一精神,"三五"计划明确提出,把国防建设放在第一位,加快"三线"建设,逐步改变工业布局。"四五"计划则提出建立各自为政、大力协同的经济协作区。"三线"建设的主要目标是要在"三线"地区建立一个工农结合、为国防和农业服务的完整的战略后方基地;建设的主要原则是"靠山、分散、隐蔽",即"山、散、洞";建设的主要内容是把沿海地区一些工业企业向西部和西北地区搬迁,大力发展国防、科技、工业和交通基础设施建设。根据"三五"计划的安排,在计划期内,向"三线"地区投资 360 亿元,占总投资额的 42.2%;全国新建的大、中型项目中,西南、西北、中南地区的项目数高达 60.2%。实际上,"三五"期间累计向"三线"地区投资 482.43 亿元,占基本建设投资总额的 52.7%,整个内地建设投资为 611.15 亿元,占全部基本建设投资总额的 66.8%,沿海投资为 282.91 亿元,占 30.9%。

到"四五"时期,"三线"建设的重点开始转向豫西、鄂西和湘西(即"三西"地区),同时向"三线"地区投资的强度有所减缓。这五年期间,沿海地区累计基本建设投资比重由"三五"时期的 30.9%上升到了 45.6%。其中,"三线"地区基本建设累计投资额为 690.98 亿元,占全国基本建设投资总额的 41.1%,较"三五"时期下降了 11.6%。

---

① "一线"地区主要指位于东部沿海省份和地处西部边疆的前线地区;"三线"地区主要指我国西部山区省份(包括四川省、贵州省、云南省、陕西省、甘肃省、宁夏回族自治区、青海省)和中部省份的后方地区(包括山西省、河南省、湖南省、湖北省、广东省、广西壮族自治区),共 13 个省份;二线地区指介于一、二线之间的中间地带,一般指京广铁路沿线的平原地区。其中四川省、贵州省、云南省和陕西省、甘肃省、宁夏回族自治区、青海省俗称大"三线",一、二线的腹地俗称小"三线"。

随着 20 世纪 70 年代中期国际形势的变化和我国对外关系的改善,"五五"前期(1976—1978 年)我国区域经济布局由内地向沿海逐步转移。其中,1977 年和 1978 年两次大规模的原材料和电站设备的引进所产生的新项目主要布局在东部沿海地区。在两批引进的 47 套主要成套项目中,布局在东部沿海地区有 24 个,占 51%,内地占 49%。同时沿海地区累计基本建设投资占到了投资总额的 52.7%,较"三五"和"四五"时期都有了较大的增长。

从图 2-1 可以看出,从 1966 年至 1978 年,我国经济活动在空间上呈现出集中的趋势,这种向"三线"地区倾斜布局的发展战略并未从根本上改变我国沿海与内地两大板块的空间经济格局。

综合以上分析,1978 年以前,我国实施了向内地倾斜、均衡发展的国土开发战略,使我国基本建设投资向内地进行布局,尤其是"一五"和"三线"建设时期,大批的工程建设项目投向内地,改变了新中国成立初期我国工业分布不均衡的局面。

首先,初步建立了我国的工业体系、改变了旧中国工业布局不合理的格局。新中国成立后到改革开放之前,在优先发展重工业战略的指引下,我国工业技术水平有了极大的提高,为我国在改革开放后大力进行经济建设打下了坚实的工业基础;同时,在"一五"和"三线"建设时期,我国投资重点向内地倾斜,改变了旧中国工业主要集中在沿海的格局,加快了内地工业的发展,使内地的经济有了较快的发展。

其次,这种向内地倾斜、均衡式发展的战略,并未改变沿海和内地两大板块的格局,但在一定程度上缩小了区域经济差距。由图 2-1 可知,我国经济活动的集中度从 1952 年的 34% 下降到了 1978 年的 33%,降幅并不明显。但是,从图 2-2 和图 2-3 我们可以看到,1952—1978 年,我国的整体区域经济差距无论是绝对差距还是相对差距都呈现出下降的趋势,同时沿海与内地的人均实际 GDP 相对差距也呈现下降的趋势(见图 2-4),说明这种均衡式的国土开发战略提高了我国落后地区的发展水平,缩小了区域经济差距。

（单位：元）

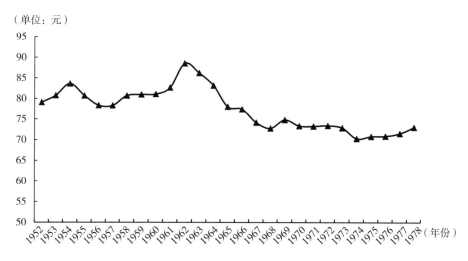

图 2-3　1952—1978 年我国省际人均实际 GDP 绝对差距变化

资料来源：由中经网、国研网数据库和新中国五十年统计资料汇编（剔除了西藏自治区和海南省）数据，以 1952 年为基期进行价格指数缩减后计算得出。

（单位：%）

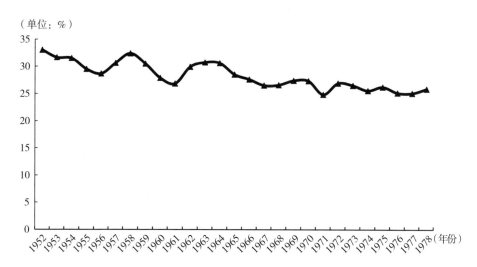

图 2-4　1952—1978 年我国沿海与内地区域人均实际 GDP 相对差距的变化

注：沿海与内地的相对差距系数＝（沿海指标值－内地指标值）/沿海指标值×100%。

资料来源：由中经网、国研网数据库和新中国五十年统计资料汇编（剔除了西藏自治区和海南省）数据，以 1952 年为基期进行价格指数缩减后计算得出。

　　最后，这些均衡发展战略的实施，虽然对改善我国产业空间格局和促进内地经济发展起到了重要的作用,但是却忽视了经济发展的基本规律、世界的发展趋势和我国的基本国情,从而导致了既没有达到沿海、内地经济发展水平均衡和我国整体经济效益的提高,又由于人为地抑制了沿海地区的经济发展,使东部地区丧失了与世界经济同步发展的机遇,拉大了我国与世界发达国家和地区的经济差距。据统计,1965—1978 年,中国国民收入与美国国内生产总值的差距由 10.1 倍扩大到 16.2 倍;与日本的差距由 0.4 倍扩大到 6.9 倍;与联邦德国的差距由 0.7 倍扩大到 4.2 倍。

二、改革开放以来我国区域经济发展战略与国土开发空间格局的演变

改革开放以来,我国经历了从不平衡发展到协调发展的国土开发战略的转变。根据区域经济发展思潮的重大变革,我们大体上可以把这期间中国区域经济发展战略与政策的转变分为三个不同的阶段,即 1979—1990 年向东倾斜的不平衡发展阶段、1991—1998 年开始关注中西部的区域协调发展战略启动阶段和 1999 年以后区域协调发展战略全面实施阶段。

（单位：%）

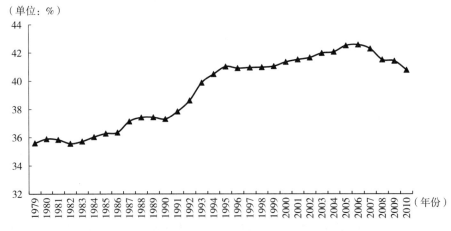

图 2-5　1979—2010 年我国经济活动（GDP）地理集中的演化趋势

资料来源:由中经网、国研网数据库和新中国五十年统计资料汇编(包括大陆 31 个省份)计算得出。

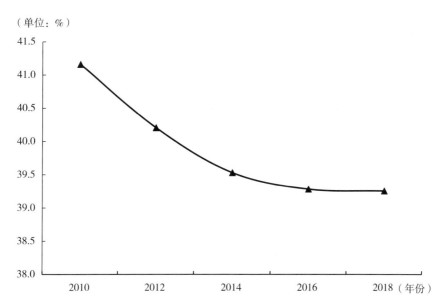

（单位：%）

图 2-6　2010—2018 年我国经济活动（GDP）地理集中的演化趋势
资料来源:通过国家统计局数据计算得出①。

1. 1979—1998 年我国区域经济发展战略与国土开发空间格局的演变

由图 2-5—图 2-7 可以看出,1979—1998 年,我国的经济活动在空间上呈现出不断聚集的趋势,并且我国的经济发展水平在空间上呈现出东部、中部、西部三大经济地带②的梯度差异,因此,"七五"计划时期我国政府按照地理位置和经济发展水平的差异,将全国划分为东部、中部、西部三大经济地带,并以此作为国家确定国土开发重点和生产力布局优先次序的依据。

---

① 2010 年及以后数据按国家统计局更改统计方法后录得,和图 2-13 中 2010 年数据有微小差距,但不影响结论判断。

② 根据国家"七五"计划提出的划分标准,东部地区为:辽宁省、河北省、天津市、北京市、山东省、江苏省、上海市、浙江省、福建省、广东省、海南省、广西壮族自治区;中部地区为:黑龙江省、吉林省、内蒙古自治区、山西省、安徽省、江西省、湖南省、湖北省、河南省;剩余十个省份为西部地区。

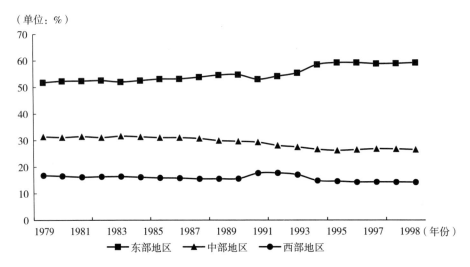

图 2-7　1979—1998 年中国各地区 GDP 占全国比重的变化

资料来源：中经网、国研网数据库和《新中国五十年统计资料汇编》（中国统计出版社 1999 年版）（剔除
　　　　了澳门、香港、台湾地区）。

（1）东部地区优先发展阶段（1979—1990 年）

1979—1990 年，我国国土开发的重点向东部地区倾斜，以实现全国经济
整体的发展。1979 年中央确定在广东、福建两省实行"特殊政策、灵活措施"，
利用其临近港澳和台湾的区位优势，加速经济发展，陆续设立了深圳、珠海、汕
头、厦门 4 个经济特区。根据国务院特区办公室材料，1990 年，深圳、珠海、汕
头、厦门 4 个经济特区的工农业总产值达 282.5 亿元，约为建区前 1979 年的
26 倍，特区的快速发展为我国的改革开放探索了一条成功的发展之路。

"六五"计划期间（1981—1985 年），我国国土开发重心继续向东部地区
倾斜。一方面，东部地区固定资产累计投资占全国比重为 54.7%，超过了中
西部之和；另一方面，国家继续在沿海地区设立开放经济区，进一步支持沿海
地区经济发展。1984 年，中央进一步开放天津、上海、大连、秦皇岛、烟台、青
岛、连云港、南通、宁波、温州、福州、广州、湛江和北海 14 个沿海开放港口城
市，扩大地方权限，给予这些地区在外资项目审批权、财税、信贷等优惠政策和

措施。1985 年,国务院决定将长江三角洲、珠江三角洲和闽南三角洲三个地区 59 个县开放为沿海经济开放区,以发展外向型经济为主。截至"六五"期末,东部地区 GDP 占全国的比重也由 1981 年的 52%,上升到 1985 年的 53%,经济活动进一步向东部地区聚集。

"七五"(1986—1990 年)计划首次提出了全国经济区域三大地带划分,并进一步突出东部地区优先发展的地位。1987 年,党中央提出加快沿海地区发展战略,强调沿海地区要按照"两头在外",即原材料在外和市场在外,发展外向型经济的原则,统筹考虑和调整沿海地区进出口商品结构,以及引进技术和利用外资的方向与重点,使沿海地区更多地利用国外资源、资金和技术,开展多元化的经济技术合作与交流;同时,加强沿海与中西部地区的横向经济联系,带动整个国民经济的发展。1988 年 3 月,国务院进一步扩大沿海经济开放区的范围,将天津市、河北省、辽宁省、江苏省、浙江省、福建省、山东省和广西壮族自治区的 153 个市县实施对外开放,同年 5 月,国务院设立了海南岛经济特区,同时开放了辽东半岛和山东半岛等 140 个市县。至此,我国东部地区形成了包括经济特区、沿海开放港口城市和沿海经济开放区在内的沿海开放地带。1988 年 9 月,邓小平同志提出了"两个大局"的思想:"沿海地区要加快对外开放,使这个拥有两亿人口的广大地带较快地先发展起来,从而带动内地更好地发展,这是一个事关大局的问题。内地要顾全这个大局。反过来,发展到一定的时候,又要求沿海拿出更多力量来帮助内地发展,这也是个大局。那时沿海也要服从这个大局。"[①]这一时期,东部地区累计全社会固定资产投资占全国投资比重由"六五"时期的 54.7%,上升到了 58.5%。由于这一时期,国家对中西部的援助相对减弱,中西部地区投资比重进一步下降,使中西部地区的经济发展受到严重的影响,经济占比也逐渐下降(见图 2-6、图 2-7)。

(2)区域协调发展战略的启动阶段(1991—1998 年)

随着改革开放的深入,东部地区与中西部地区的发展差距不断扩大,我国

---

① 《邓小平文选》第三卷,人民出版社 1993 年版,第 277—278 页。

政府从"八五"计划(1991—1995年)时期开始重视区域间的协调发展。1991年在《关于国民经济和社会发展十年规划和第八个五年计划纲要的报告》中首次提出"促进地区经济的合理分工和协调发展",并且认为"生产力的合理布局和地区经济的协调发展,是我国经济建设和社会发展中的一个极为重要的问题"。此后,为促进区域协调发展,1992年8月,国务院决定将沿江、沿边、内陆省会城市实施开放,先后开放了重庆、岳阳、武汉、九江、芜湖5个长江沿岸城市,哈尔滨、长春、呼和浩特、石家庄4个边境沿海地区省会城市,太原、合肥、南昌、郑州、长沙、成都、贵阳、西安、兰州、西宁、银川11个内陆地区省会城市。同年10月党的十四大报告中针对我国地区经济发展不平衡的状况,提出"充分发挥各地优势,加快地区经济发展,促进全国经济布局合理化",并指出:"应当在国家统一规划指导下,按照因地制宜、合理分工、各展所长、优势互补、共同发展的原则,促进地区经济合理布局和健康发展。"①但是,这种区域协调发展战略思想的提出并未缩小区域间的经济差距:"八五"时期东部沿海地区社会固定资产累计投资占比高达64.9%,远远高于中西部地区,也高于"七五"时期东部投资占比;同时,随着这一时期社会主义市场经济体制的确立,市场机制开始发挥作用,东部与中西部之间的经济差距逐渐扩大,东部地区GDP占全国比重由1991年的54%上升到1995年的59%(见图2-7),全国整体经济活动水平在国土空间上也呈现出加速集聚的趋势(见图2-5和图2-6)。

1996年通过的《中华人民共和国国民经济和社会发展"九五"计划和2010年远景目标纲要》,提出从"九五"时期开始"要更加重视支持内地的发展,实施有利于缓解差距扩大趋势的政策,并逐步加大工作力度,积极朝着缩小差距的方向努力"。1997年9月,党的十五大报告又进一步阐述了促进地

---

① 江泽民:《加快改革开放和现代化建设步伐,夺取有中国特色社会主义事业的更大胜利》,见中共中央文献研究室编:《十四大以来重要文献选编》上,人民出版社1996年版,第26—27页。

区经济合理布局和协调发展的战略思想。"九五"前期(1996—1998年),国家对中西部援助力度明显加大,中西部地区累计全社会固定资产投资占全国比重也由"七五"时期的35%上升到37%,这也导致了东部与中西部地区的经济差距没有继续扩大(见图2-7)。

综合以上分析,结合图2-6、图2-8和图2-9可以看出,1979—1991年,在向东部沿海地区倾斜的国土开发战略下,我国的经济活动呈现向东部集中的趋势,同时东部地区GDP占全国的比重也不断地增加。随着东部地区经济的集聚作用不断增强,这期间我国人均实际GDP省际绝对差距呈现逐渐扩大趋势(见图2-8),但是省际人均实际GDP加权变异系数呈现出下降的趋势,说明中国省际人均实际GDP相对差距呈现出逐步缩小的趋势。这主要是因为,在改革开放初期,东北、华北、上海等一些高收入地区和老工业基地经济增长不景气,而此时广东、浙江、福建等中低收入地区的经济迅速增长,导致中国省际人均实际GDP差距呈现缩小的趋势。

(单位:%)

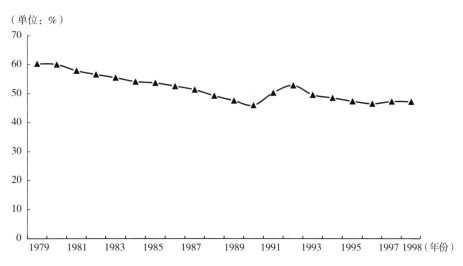

图2-8　1979—1998年我国省际人均实际GDP相对差距变化

注:人均实际GDP加权变异系数,是以1979年为基期使用各省份人均GDP指数进行缩减后,按人口进行加权计算。

资料来源:中经网、国研网数据库和新中国五十年统计资料汇编(包括大陆31个省份)。

1991—1998 年,是我国区域协调发展战略的启动阶段。尽管这个时期中央政府也意识到了区域差距的不断扩大会对我国整体经济的健康发展产生不利的影响,但是由于中央政府对中西部地区经济政策支援的力度不够,在市场经济的作用下,各种经济要素进一步向东部地区聚集,经济活动在空间上也呈现出加速集聚的趋势。由图 2-8 和图 2-10 可以得出,经济活动整体向东部进行集聚的过程并未导致东部与中西部地区以实际 GDP 为衡量的区域经济相对差距扩大,这主要是因为东部在发展的过程中也集聚了大量的中西部人口,这种人口的迁移在一定程度上缩小了区域间的差距。1991—1998 年,GDP 年均增速排名前五位的全部集中在东部地区,即福建、浙江、广东、江苏和山东,且年均增速均超过 10%;而 GDP 增速后五位全部是中西部地区,分别是陕西、宁夏、贵州、黑龙江和青海,且增速全部低于10%。这直接导致了我国省际间人均实际 GDP 绝对差距在不断扩大(见图 2-9)。

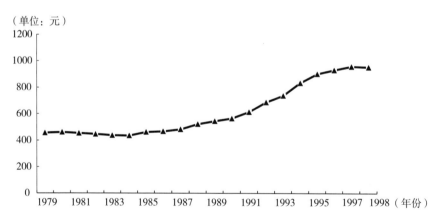

（单位：元）

图 2-9 1979—1998 年我国省际人均实际 GDP 绝对差距变化

资料来源:由中经网、国研网数据库和新中国五十年统计资料汇编(包括大陆 31 个省份)数据,以 1979 年为基期进行价格指数缩减后计算得出。

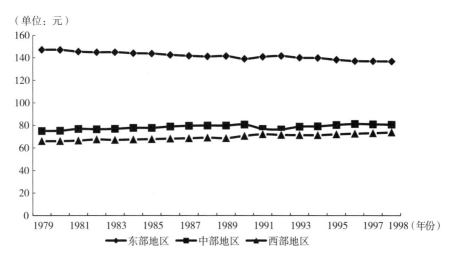

图 2-10　1979—1998 年我国三大板块人均实际 GDP 相对水平

注：各板块的相对水平是以各地区平均水平为 100 计算而得。

2. 1999—2014 年我国区域经济发展战略与国土开发空间格局的演变

为促进我国区域协调发展、缩小区域经济差距和构建高效、协调、可持续的国土空间开发格局，从"九五"计划期末，我国先后出台了一系列的财政、投资等政策支持中西部地区的发展，加快了中西部地区的对外开放步伐，进一步加强了东部地区对中西部地区发展的支持，先后实施了西部大开发、振兴东北老工业基地和中部崛起战略。

（1）1999—2014 年我国区域经济发展战略和国土开发战略的主要历程

"九五"期末，1999 年 3 月，国务院颁布《国务院关于进一步推进西部大开发的若干意见》提出了进一步推进西部大开发的十条意见，同年年底召开的中央经济工作会议正式提出西部大开发战略，中央政府决定要集中援助中西部地区。2000 年，在政府的工作报告中，我国正式提出实施西部大开发战略，并且成立了西部开发领导办公室。

2001年,《国民经济和社会发展第十个五年计划纲要》又进一步强调了"十五"期间(2001—2005年)要"实施西部大开发战略,促进区域协调发展"。在西部大开发战略提出之后,2002年11月,党的十六大报告正式提出了"支持东北地区等老工业基地加快调整和改造"。接着,2003年10月,中共中央、国务院发布的《关于实施东北地区等老工业基地振兴战略的若干意见》文件中,提出了振兴东北地区的指导思想、原则、任务和政策措施;同年11月,国务院成立了以时任总理温家宝为组长的振兴东北地区等老工业基地领导小组。2004年4月,国务院成立了振兴东北地区等老工业基地办公室,开始全面启动振兴东北老工业基地战略。为统筹区域整体协调发展,2004年3月,温家宝同志在政府工作报告中,首次提出促进中部地区崛起;同年12月,在中央经济工作会议上,温家宝同志提出要抓紧研究制定支持中部地区崛起的政策措施。2005年,在中央经济工作会议上再次提出"促进区域经济协调发展是结构调整的重大任务",并且促进中部崛起成为当年经济工作六项任务之一。至此,我国全面协调的区域发展战略初步形成。

2006年3月,十届全国人大四次会议通过的《国民经济和社会发展第十一个五年规划纲要》第十九章"实施区域发展总体战略"中强调"坚持实施推进西部大开发,振兴东北地区等老工业基地,促进中部地区崛起,鼓励东部地区率先发展的区域发展总体战略,健全区域协调互动机制,形成合理的区域发展格局"。同时,为深化实施我国区域发展总体战略,"十一五"规划从国土空间角度将我国大陆区域划分"四大板块",即东部、东北部、中部和西部。①2006年4月15日,《中共中央国务院关于促进中部地区崛起的若干意见》中要求"把中部地区建设成全国重要的粮食生产基地、能源原材料基地、现代装

---

① 根据"十一五"规划的划分:东部板块由北京市、天津市、河北省、山东省、江苏省、上海市、浙江省、福建省、广东省、海南省及港、澳、台地区构成;中部板块由山西省、河南省、安徽省、江西省、湖北省和湖南省构成;西部板块由重庆市、四川省、贵州省、云南省、西藏自治区、广西壮族自治区、陕西省、甘肃省、青海省、宁夏回族自治区、新疆维吾尔自治区和内蒙古自治区构成;东北板块由辽宁省、吉林省和黑龙江省构成。

备制造及高技术产业基地和综合交通运输枢纽,使中部地区在发挥承东启西和产业发展优势中崛起",标志着中部崛起战略进入实施阶段。

2011 年 3 月,《国民经济和社会发展第十二个五年规划纲要》中第十九章又提出要实施主体功能区战略。要求"按照全国经济合理布局的要求,规范开发秩序,控制开发强度,形成高效、协调、可持续的国土空间开发格局"。在此指导思想下,进一步优化国土空间开发格局,实施分类管理的区域政策,实行各有侧重的绩效评价以及建立健全衔接协调机制。

为深入推进区域总体发展战略、主体功能区战略和优化我国国土开发空间结构,探索建设和谐社会、创新区域发展模式、提升区域乃至国家竞争力的新思维、新思想、新路径、新模式和新道路,培育新的区域增长极,2005—2020年,国务院先后批准设立了 11 个综合配套改革试验区和 2 个国家综合改革试验区,并批复了 20 余个区域规划(见表 2-1)。

表 2-1　2005—2020 年国务院批准或批复的综合配套改革试验区和区域规划

地区	综合配套改革试验区	区域规划
东部	上海浦东新区综合配套改革试点、天津滨海新区综合配套改革试验区、深圳经济特区综合配套改革试点、义乌市国际贸易综合改革试点、温州市金融综合改革试验区、厦门市深化两岸交流合作综合配套改革试验区	《珠江三角洲地区改革发展规划纲要(2008—2020)》《关于支持福建省加快建设海峡西岸经济区的若干意见》《江苏沿海地区发展规划》《横琴总体发展规划》《黄河三角洲高效生态经济区发展规划》《海南国际旅游岛建设意见》《河北雄安新区总体规划(2018—2035年)》
东北	沈阳经济区国家新型工业化综合配套改革试验区、黑龙江省现代农业综合配套改革试验区	《辽宁沿海经济带发展规划》《中国图们江区域合作开发规划纲要》《东北地区振兴规划》
中部	武汉城市圈、全国资源节约型和环境友好型社会建设综合配套改革试验区、长株潭城市群全国资源节约型和环境友好型社会建设综合配套改革试验区、山西省国家资源型经济综合配套改革试验区	《促进中部地区崛起规划》《皖江城市带承接产业转移示范区规划》《长株潭城市群区域规划》《鄱阳湖生态经济区规划》《洞庭湖生态经济区规划》《赣闽粤原中央苏区振兴发展规划》《淮河生态经济带发展规划》

续表

地区	综合配套改革试验区	区域规划
西部	重庆市全国统筹城乡综合配套改革试验区、成都市全国统筹城乡综合配套改革试验区	《关中—天水经济区发展规划》《甘肃省循环经济总体规划》《广西北部湾经济区发展规划》《晋陕豫黄河金三角区域合作规划》

(2)1999—2014年我国区域总体发展战略和国土开发战略的实施效果

①从集中到扩散:我国经济活动的新趋势

根据图2-5可知,1999—2005年,我国经济活动空间上呈现集中的趋势,而在"十一五"时期我国经济活动的集聚水平不断降低,整体呈现一种扩散的趋势。

从1999年西部大开发战略的提出、2002年东北老工业基地振兴战略的出炉到2005年中部崛起战略成为当年经济工作六项任务之一,我国整体经济活动并没有因此呈现向中西部扩散的趋势;相反,经济活动进一步向东部地区聚集。如表2-2所示,从"九五"期末到"十五"计划结束,东部地区GDP占全国比重由54%上升到55%;东北地区GDP占全国比重由10%下降到9%;中部地区始终为19%,西部地区始终为17%,变化并不明显。可见,截至2005年,这种全面协调的区域发展战略,并未形成东部、东北、中部和西部协调发展的国土开发空间格局。究其原因可以从两个方面进行考察。一方面,国家对中西部优惠政策的倾斜力度不够,其中,东部地区全社会固定资产投资占全国比重由1995年的56.9%下降到2005年的53.1%,只下降了3.8%;而期间其他三个板块投资比重上升不大,其中东北地区和中部地区投资比重上升了0.8个百分点,西部地区投资比重上升了2.2个百分点。另一方面,虽然形成了全面协调的区域发展总体战略,但是东北振兴和中部崛起战略提出相对较晚,特别是中部崛起战略在"十一五"期间才真正进入实施的阶段,再加上区域政策实施本身就具有一定的滞后效应,因此,从"九五"期末至"十五"计划结束,这期间是我国区域协调发展总体战略的形成阶段,并未形成"四大板块"协调发展的国土开发空间格局。

"十一五"期间,随着中部崛起战略的全面启动,国家对中西部地区的投资力度不断加大。2006—2010年,东部地区全社会固定资产投资累计占全国比重为45.7%,自改革开放以来首次降到50%以下;东北地区累计占比为10.9%、中部地区为22.2%、西部地区为21.2%,均高于"十五"时期。同时,随着区域协调发展总体战略进一步向纵深推进、国务院批准或批复的一系列改革试验区和区域规划以及东部地区由于受世界金融危机的影响而不得不进行产业结构调整和升级,在这样的背景下,中西部地区获得了极大的发展机遇,2010年,东部地区国内生产总值占全国的比重为53.0%,比2005年下降2个百分点;中部地区、西部地区国内生产总值占全国的比重分别为20%、19%,分别比2005年提高1个和2个百分点,东北地区基本持平(见表2-2)。因此,"十一五"期间,我国的经济活动在空间上呈现分散化的趋势,我国的经济布局由过去的各种经济要素和经济活动高度向东部沿海地区集中,逐步转变为由东部向中西部和东北地区转移扩散,表明我国区域发展进入了"转折"时期。

随着区域总体发展战略的进一步推进,以及国家更加注重区域协调发展,这种空间上分散化的趋势更加明显,东部逐渐向中西部和东北地区转移,"十一五"时期的趋势得以延续。东部GDP占比较为稳定,近10年来一直在52%附近,2020年,中部地区和西部地区GDP分别占全国的22%和21%,分别较2011年上升2.0个百分点,呈现持续上升的趋势。表明产业转移初具成效,生产要素的区域分布更趋合理。①

---

① 中国2011年开始全面参与新一轮世界银行组织的国际比较项目(ICP)活动,使中国GDP可以通过购买力平价换算,2010年及以后的GDP衡量标准和之前出现不一致,2010年及以后GDP使用国家统计局数据。本书涉及的其他跨2010年前后的数据分析,参照此条。

表 2-2　2001—2020 年我国"四大板块"GDP 占全国 GDP 比重的变化

（单位：%）

年份	2001	2002	2003	2004	2005
东部地区	54	55	55	55	55
中部地区	19	19	19	19	19
西部地区	17	17	17	17	17
东北地区	10	9	9	9	9
年份	2006	2007	2008	2009	2010
东部地区	55	55	54	54	53
中部地区	19	19	19	19	20
西部地区	17	18	18	18	19
东北地区	9	8	9	9	9
年份	2011	2012	2013	2014	2015
东部地区	52	51	51	51	52
中部地区	20	20	20	20	20
西部地区	19	20	20	20	20
东北地区	9	9	9	8	8
年份	2016	2017	2018	2019	2020
东部地区	53	53	53	52	52
中部地区	21	21	21	22	22
西部地区	20	20	20	21	21
东北地区	7	6	6	5	5

资料来源：根据国家统计局数据中心、中经网、国研网数据库和《新中国五十年统计资料汇编》计算而得。

②形成了"四大板块"协调发展的空间格局

经过了"九五"期末和"十五"时期的酝酿，"十一五"时期，中西部及东北地区后劲勃发,呈现出沿海与内陆各具优势、协调发展的势头。

从 GDP 增速来看,"十一五"时期,东部地区 GDP 平均增长速度比"十五"时期加快 0.1 个百分点,中部地区加快 2.1 个百分点,西部地区加快 2.4 个百分点,东北地区加快 2.6 个百分点。从投资增速来看,随着各项区域性政策的逐步落实,中部、西部和东北地区投资增长加快,比重提高。西部地区 5 年累计完成固定资产投资 197758 亿元,年均增长 28.2%,比同期全国固定资产投资增速高 2.7 个百分点;中部地区 5 年累计完成投资 198084 亿元,年均增长 31.6%,比同期全国投资增速高 6.1 个百分点;东北地区 5 年累计完成投资 97613 亿元,年均增长 32.9%,增速比"十五"时期平均增速高 13.1 个百分点,比同期全国投资增速高 7.4 个百分点;东部地区 5 年累计完成投资 408767 亿元,年均增长 20.1%,增速比"十五"时期高 0.3 个百分点,比同期全国固定资产投资增速低 5.4 个百分点。可见,"十一五"时期,我国中部、西部、东北地区快速发展,区域间的协调性明显改善,并且区域投资结构呈现了东、中、西、东北地区投资协同发展的局面,总体上形成了"四大板块"协调发展的空间格局。

而在"十四五"时期,中部和西部继续保持了良好的发展态势,中部和西部固定资产投资完成额占全国比重分别从 2010 年的 23.2% 和 22.8% 上升到 2020 年的 24.6% 和 25.5%,和东部地区的差距进一步缩小。但近年来东北地区发展出现一定问题,固定资产投资完成额占比出现下降。总的来说,"四大板块"协调发展的空间格局有所推进。

③区域经济发展差距不断缩小

1999—2005 年,除了东北地区人均实际 GDP 相对水平呈现下降趋势外,其他板块的人均实际 GDP 相对水平则是一种平稳的趋势;而在"十一五"期间,除东部地区人均实际 GDP 相对水平呈现下降趋势外,其他区域人均实际 GDP 相对水平都在持续上升。说明以人均实际 GDP 相对水平衡量的我国"四大板块"之间的差距,自"十一五"期间呈现缩小的趋势。

自 2006 年以来,以人均 GDP 衡量的我国区域差距出现了明显缩小的趋势,表明我国的区域发展已经进入了相对均衡发展的时期。导致 2006 年以后我国区域发展差距缩小主要有以下原因:一是我国区域协调发展总体战略的深入实施,中西部和东北地区在获得国家政策支持的情况下,经济增长速度不断加快;二是沿海地区受国际金融危机的影响较大和自身生产成本不断提高的压力,迫使东部地区不得不进行产业结构调整和升级,加速了沿海部分产业向中西部和东北地区进行转移;三是人口迁移的影响,东部发达地区依靠其经济发达、适宜生活等优势,吸引了其他地区的人口向东部地区迁移,这也会缩小区域间的差距。

通过上述对新中国成立以来国土开发空间格局演变的分析,可以得出以下结论:

首先,从总体上看,改革开放之前,在我国实施向内地倾斜、均衡布局的国土开发战略,只是导致工业布局的分散化,并没有改变沿海与内地这种经济水平存在明显差异的空间格局。改革开放之后,从向沿海地区倾斜的国土开发战略到我国区域协调发展总体战略的深入实施,我国经济活动的空间分布从存在明显梯度差异的东、中、西格局到目前形成的东部、东北、中部和西部协调发展的空间格局。

其次,"十一五"之后,我国整体经济活动首次呈现出从集聚到扩散的转变,区域间差距也呈现出缩小的趋势,表明我国区域协调发展总体战略实施的效果开始显现,我国区域经济发展进入相对均衡协调发展的时期。

最后,随着沿海地区产业结构的调整和升级、中西部和东北地区在承接东部产业转移和国家政策支持中快速发展,在区域发展总体战略和主体功能区战略的指导下,我国的经济布局更趋于"集中均衡"①,未来将形成高效、协调、可持续的国土空间开发格局。

---

① 集中均衡式经济布局是指小区域集中、大区域均衡的开发模式。亦即在较小空间的区域集中开发、密集布局;在较大空间的区域,形成若干个小区域集中的增长极,并在国土空间相对均衡分布。

第二节　我国产业空间分布格局的演变

一、第一产业空间分布格局的演变

第一产业是国民经济的基础,其发展不仅关系着人民温饱的实现和生活质量的提高,而且还关系着工业化和现代化进程的推进。改革开放以来,我国第一产业生产力得到了大幅度的提高,在解决全国人民温饱的基础上,正在向全面小康迈进。在第一产业生产力得到突飞猛进提高的同时,其产业空间格局也发生了很大变化。

从总体上来看,1979—2019 年第一产业的地理集中度变化不大,始终在地理集中度 0.4 上下小幅浮动。大农业包含四个产业部门:种植业(狭义的农业)、林业、牧业和渔业。下面分析农业的总体特点。

1. 农业在全国分布相对分散

1979 年以来,农业的集中指数保持在 51 左右,集中度的绝对值在 0.23 左右(见表 2-3),说明农业由于其对土地的依赖性,在空间分布上呈现出比较明显的分散化特点。

表 2-3　1979—2019 年农业集中指数及集中度的绝对值①

指标	1979 年	1998 年	2000 年	2002 年	2004 年	2006 年	2008 年	2010 年
集中指数	51.38	52.28	50.28	52.20	53.06	51.80	51.62	52.28

① 集中指数=(1-H/T)×100,式中,T 表示全国或全区总人口,H 表示占全国或全区经济总量半数的地区人口。一般而言,集中度指数在 50—100 之间。指数小于或者等于 50 的,说明国家经济分布高度分散;指数在 50—60 之间的,说明较为均衡;指数在 70—80 之间的,说明相当集中;指数大于 90 的,则说明高度集中。集中度的绝对值=X1+X2+X3,式中,X1、X2、X3 分别表示占全国(或全区)经济总量的比重居前 1、2、3 地区经济比重。指标值越大,说明集中度越高。

续表

指标	1979 年	1998 年	2000 年	2002 年	2004 年	2006 年	2008 年	2010 年
集中度的绝对值	0.24	0.22	0.24	0.23	0.24	0.22	0.21	0.23
指标	2012 年	2013 年	2014 年	2015 年	2016 年	2017 年	2018 年	2019 年
集中指数	52.33	50.29	50.99	51.38	51.45	51.49	51.55	48.76
集中度的绝对值	0.23	0.24	0.24	0.24	0.22	0.22	0.22	0.22

资料来源:根据中经网相关数据计算。

　　根据表 2-4 可知,1999—2010 年我国农业总产值排名变化不大,其中排名前八位的省份,东部地区占了一半。与 1979 年相比,一些省份的排名有了很大的变化。排名上升较大的地区有河南省、新疆维吾尔自治区、广西壮族自治区和辽宁省;下降幅度比较大的地区有浙江省、北京市、云南省和陕西省等地区。总体来看,西部和东北地区大部分省份排名有不同程度的上升,东部地区大部分省份排名则有所下降。而 2010—2018 年,农业总产值排名变化不大,相对 2010 年,排名上升较大的地区有黑龙江省、云南省、贵州省、青海省等,下降幅度比较大的地区有河北省、辽宁省、吉林省、山西省、北京市等地区。趋势与前期有所不同,西部部分省份排名出现不同程度的上升,东部和东北的大部分省份保持不变或者有所下降。

表 2-4　1979—2018 年中国各省份农业生产总值排名变化

排名	1979 年	1999 年	2009 年	2010 年	2010 年较 1979 年排名变化	2018 年	2018 年较 2010 年排名变化
1	江苏省	山东省	山东省	山东省	1	山东省	0
2	山东省	河南省	河南省	河南省	2	河南省	0
3	四川省	江苏省	江苏省	河北省	9	江苏省	1
4	河南省	广东省	四川省	江苏省	-3	四川省	1
5	湖北省	河北省	河北省	四川省	-2	河北省	-3
6	浙江省	四川省	广东省	湖南省	2	湖北省	2

续表

排名	1979 年	1999 年	2009 年	2010 年	2010 年较1979 年排名变化	2018 年	2018 年较2010 年排名变化
7	广东省	安徽省	湖南省	广东省	0	广东省	0
8	湖南省	湖南省	湖北省	湖北省	-3	湖南省	-2
9	安徽省	湖北省	辽宁省	辽宁省	5	黑龙江省	3
10	黑龙江省	福建省	安徽省	安徽省	-1	广西壮族自治区	1
11	江西省	浙江省	广西壮族自治区	广西壮族自治区	7	安徽省	-1
12	河北省	辽宁省	黑龙江省	黑龙江省	-2	辽宁省	-3
13	辽宁省	广西壮族自治区	福建省	福建省	3	福建省	0
14	陕西省	江西省	浙江省	浙江省	-8	云南省	5
15	云南省	吉林省	吉林省	江西省	-4	浙江省	-1
16	福建省	黑龙江省	江西省	吉林省	1	江西省	-1
17	吉林省	云南省	云南省	新疆维吾尔自治区	9	内蒙古	1
18	广西壮族自治区	内蒙古自治区	内蒙古自治区	内蒙古自治区	4	陕西省	2
19	山西省	新疆维吾尔自治区	陕西省	云南省	-4	新疆维吾尔自治区	-2
20	北京市	陕西省	新疆维吾尔自治区	陕西省	-6	吉林省	-4
21	贵州省	重庆市	重庆市	甘肃省	3	贵州省	3
22	内蒙古自治区	贵州省	山西省	山西省	-3	重庆市	1
23	重庆市	甘肃省	甘肃省	重庆市	0	甘肃省	-2
24	甘肃省	山西省	贵州省	贵州省	-2	海南省	1
25	上海市	海南省	海南省	海南省	2	山西省	-3
26	新疆维吾尔自治区	上海市	北京市	北京市	-6	宁夏回族自治区	2
27	海南省	北京市	上海市	天津市	1	青海省	3
28	天津市	天津市	天津市	宁夏回族自治区	2	天津市	-1
29	青海省	宁夏回族自治区	宁夏回族自治区	上海市	-4	北京市	-3

续表

排名	1979 年	1999 年	2009 年	2010 年	2010 年较 1979 年排名变化	2018 年	2018 年较 2010 年排名变化
30	宁夏回族自治区	青海省	青海省	青海省	−1	上海市	−1
31	西藏自治区	西藏自治区	西藏自治区	西藏自治区	0	西藏自治区	0

资料来源:根据中经网相关数据计算。

2."四大板块"农业空间格局呈现向西部地区集中的趋势

从"四大板块"来看,1979—2010 年,东部、中部地区农业总产值占全国比重都呈下降趋势,比重分别由 1979 年的 37.48% 和 28.84% 下降到 2010 年的 36.42% 和 27.30%;而西部和东北地区的农业总产值占比都有所上升,分别从 1979 年的 23.61% 和 10.06% 上升到 2010 年的 25.47% 和 10.81%。从增长速度看,西部地区要快于东北地区(见图 2−11)。

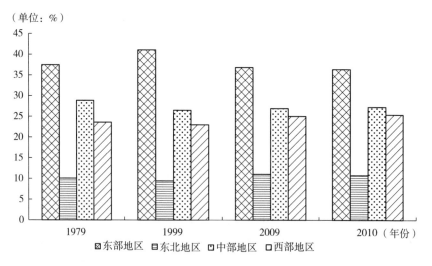

（单位：%）

图 2−11　1979—2010 年"四大板块"农业产值比重变化

资料来源:根据中经网相关数据计算。

从图 2-11 中我们还可以明显看出,1979—1999 年东部地区农业总产值比重呈上升趋势,而其他三个板块则呈下降趋势,从 1999 年之后东部地区农业总产值比重则明显下降,同期的其他板块则呈现上升趋势,其中西部地区上升趋势较为明显。

这主要是因为,由于东部地区的土地等资源适合农业生产,1979—1999年,在土地成本上升幅度不是很大的情况下,东部地区由于农业工业化的进程使农业生产效率大大提高,其农业产值的比重也呈上升趋势。随着东部地区工业化进程的加快,土地变得越来越稀缺,工业用地和商业用地需求越来越大,农业的利润已不足以维持其地租等成本,所以 1999 年之后,东部地区的农业比重呈下降趋势,农业整体空间分布格局开始向中西部地区转移。

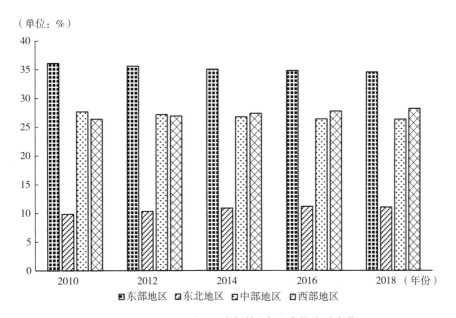

图 2-12 2010—2018 年"四大板块"农业产值比重变化

资料来源:根据国家统计局数据计算。

而 2010—2018 年,这种趋势基本保持不变,不过东部和中部的农业产值的比重进一步下降(见图 2-12)。东部地区由 2010 年的 36.42% 下降为 2018年的 34.51%,中部地区由 27.30% 下降到 26.31%。相对应,东北和西部地区保持一定比例的上涨,西部地区农业产值占全国的比重由 2010 年的 25.47% 上升至 2014 年的 28.17%,东北地区由 2010 年的 10.81% 上升至 2016 年的 11.13%,2018 年小幅回落到 11.01%。从增速来看,仍然是西部的增速最快。

二、第二产业空间分布格局的演变

1. 第二产业空间分布的特征

由图 2-13 可以看出,1979—1999 年,第二产业在全国的集中指数及集中度的绝对值都呈上升的趋势,说明在我国向沿海地区倾斜开发的国土空间战略下,第二产业逐渐向东部地区集聚;1999—2010 年,尤其是在"十一五"期间(2006—2010 年),随着区域发展总体战略的深入实施,中西部地区第二产业获得了极大的发展,这期间第二产业在全国地理集中度都呈下降的趋势,第二产业呈现空间分布扩散的趋势。

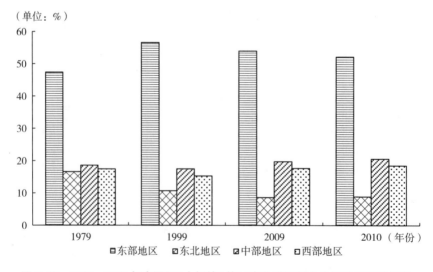

图 2-13 1979—2010 年我国"四大板块"第二产业增加值占全国比重变化趋势

资料来源:根据中经网数据库计算而得。

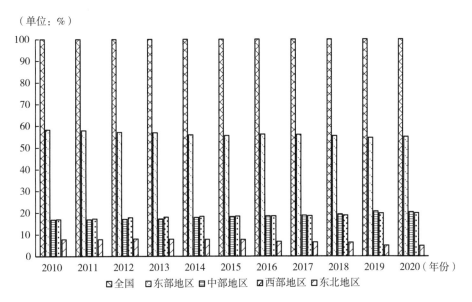

（单位：%）

图 2-14　2010—2020 年我国"四大板块"第二产业增加值占全国比重变化趋势
资料来源：根据国家统计局数据计算而得。

　　从各地区第二产业增加值所占的比重来看,2010 年排名前三位的省份为广东省、江苏省和山东省,这三个省份第二产业产值之和占到了全国的 1/3,而排名在全国后十位的省份第二产业产值占全国比重之和仅为 8.9%。1979—2010 年,我国第二产业整体布局逐渐从集中走向均衡分布;从方向上来看,逐步由东北地区向东部地区转移,并且广大的中西部地区除个别省份外没有明显的变化;从具体省份来看,黑龙江省、辽宁省等省份的第二产业产值所占比重在逐渐降低,而广东省、江苏省和山东省上升幅度明显。1979—2014年,我国第二产业重心由环渤海区域向长三角和珠三角区域转变,同时东北地区第二产业发展地位呈下降趋势,中部地区第二产业和内蒙古第二产业发展势头超过东北地区。

　　1979—2010 年,东部和中西部地区的第二产业占全国比重在上升,东北地区则在下降,其中:东部地区上升了 4.73 个百分点,中部地区上升了 1.98个百分点,西部地区上升了 1.02 个百分点,东北地区则下降了 7.73 个百分点。但是从 1999 年开始实施西部大开发战略以来，东部地区第二产业占全国比重呈明显下降趋势，占比从 1999 年的 56.53% 下降到 2010 年的 52.10%；东北地区第二产业比重下降趋势有所减缓，从 1999 年的 10.69% 下降至 2010 年的 8.85%；而中西部地区第二产业比重则呈上升趋势，在此期间，中部地区上升了 3.06 个百分点，西部地区上升了 3.21 个百分点。

由上述分析可以得出，1979—1999 年，我国第二次产业向东部地区集聚的趋势非常明显，1979 年我国第二产业增加值占全国比重排名前十位的分别是上海市、辽宁省、江苏省、山东省、黑龙江省、河北省、广东省、北京市、河南省和湖北省，东部地区占了五席；而 1999 年，我国第二产业增加值占全国比重排名前十位的是广东省、江苏省、山东省、浙江省、河北省、辽宁省、上海市、河南省、黑龙江省和福建省，其中东部地区占了七席，前六名全部属于东部地区。这主要是因为，改革开放以来，我国实施向东部地区倾斜的国土开发战略，东部地区获得了中央政府投资和政策的支持远远大于中西部和东北地区，东部地区的第二产业尤其是其中的工业获得了极大的发展。从 1999 年之后，中央政府为了协调区域发展、缩小区域差距和实现可持续发展，先后实施了西部大开发、东北振兴和中部地区崛起的发展战略，由此，东部地区第二产业比重开始下降，但是绝对数量仍在增加，中部地区和西部地区获得了极大的发展，东北地区第二产业衰落的势头得到了抑制；截至 2010 年，第二产业增加值比重排名前十名的省份分别是广东省、江苏省、山东省、浙江省、河南省、河北省、辽宁省、四川省、湖北省和福建省，东部地区和东北地区各减少了一个，增加了中西部地区的省份。

2010—2020 年，区域协调发展的趋势在第二产业中继续显现（见图 2-14），东部地区的第二产业比重出现下降趋势，从 2010 年的 52.10% 下降至 2014 年的 49.63%，"十三五"期间又缓慢回升，东北地区第二产业比重自 2011 年以来有所下降，从 2011 年的 9.01% 下降到 2020 年的 4.48%，衰落态势仍未得到根本性解决；中部地区和西部地区第二产业的比重则稳步提升（见图 2-14）。

2. 工业总体空间格局

工业是国民经济的主导部门,它担负着为其他部门提供设备、能源、原材料及为人民生活提供各种必需品的任务。实现工业的空间合理分布,这不仅关系到工业的效益,而且还关系到农业与服务业的发展和生态环境保护。

(1)工业总体空间分布的新趋势:从集聚到扩散

与第二产业总体空间分布类似,1979—1999 年我国的工业整体空间分布呈集聚特征,之后随着区域总体发展战略的实施,工业地理集中度开始呈现下降趋势。"十一五"期间(2006—2010 年),中国工业的空间分布呈现出扩散的趋势,地理集中度也由 2006 年的 0.476 下降到 2010 年的 0.442,降幅达7.2%。在工业活动扩散化趋势的影响下,中国整体经济活动也从 2006 年开始打破以往经济活动不断集聚的趋势,开始呈现出空间扩散的特征。

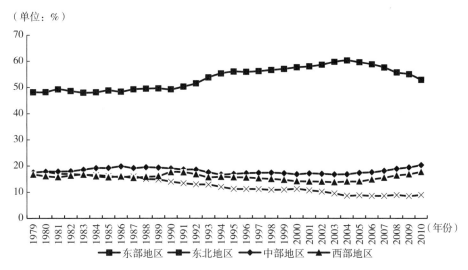

（单位：%）

图 2-15 1979—2010 年中国"四大板块"工业增加值占全国比重的变化

资料来源:中经网统计数据库。

结合图 2-15 我们不难发现,中国工业发展的空间格局呈现出明显的"北上西进"的新趋势,即工业开始由东部地区向东北地区和中西部地区转移。

由于工业化进程还远未结束,中国整体经济活动也"跟随着"工业的分布呈现出由东部地区向北部环渤海区域和东北地区以及中西部地区转移扩散的新趋势。中国的整体经济布局正在由过去各种经济要素和工业活动高度向东部地区集聚的趋势,逐步转变为由东部地区向中西部和东北地区转移扩散的趋势,表明中国区域发展总体战略实施效果开始逐步显现,中国区域经济发展已经进入一个重要"转折"期。

与"十五"期末相比,截至"十一五"结束,东部地区工业增加值占全国的比重由59.7%下降到52.9%,降幅达到6.8个百分点;东北地区只上升了0.2个百分点;中西部地区分别提升了2.9个和3.7个百分点。对于这种产业转移,可以从以下两个方面进行考察。

一方面,随着中国区域总体发展战略的深入实施,在国家一系列优惠政策的支撑下,东北和中西部地区的投资增长明显加快。另一方面,由于近年来,随着产业向东部地区尤其是向珠三角和长三角地区不断聚集,导致各种生产要素成本大幅度提升,土地、能源等供应趋于紧张,资源和环境承载力不断下降。同时,由于东部地区大部分企业属于外向型制造业,在欧美等国家陷入美国"次贷危机"引发的全球经济萎靡不振的"泥沼"的背景下,这些外向型企业面临外部需求大幅度减少并且短期无法恢复的局面。在面临外部需求萎缩、内部要素成本上升以及一些东部沿海省份为了加大产业升级和环境保护力度,纷纷提高市场准入门槛,由此导致一部分劳动和资源密集型企业向中西部地区进行转移。并且由于中国政府对中西部地区和东北地区在政策和资金上的全方位支持,中西部地区和东北地区的投资环境得到了较大的改善,也吸引了东部地区一些企业向该地区转移。

如图2-16所示,"十二五"和"十三五"时期,东部地区工业增加值继续下降,占全国的比重由52.9%下降到50.7%,降幅达到2.2个百分点;东北地区近年陷入发展困局,工业增加值占全国的比重下降了0.3个百分点;中西部地区工业发展稳步前进,比重分别提升了1个和1.5个百分点,保持了比重的增

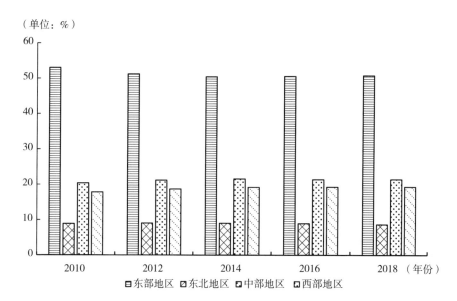

图 2-16　2010—2018 年中国"四大板块"工业增加值占全国比重的变化
资料来源：国家统计局数据。

加，表明近年工业的转移持续产生成效。

（2）各地区工业的专业化程度存在显著的差异，东部地区专业化程度高

根据表 2-5 可知，1979—1999 年，东部地区除北京市、海南省、上海市和天津市之外，其他地区的区位商都呈上升趋势，这主要是因为一方面我国工业布局的重心从环渤海区域向江苏省、浙江省和广东省转移；另一方面是因为北京市和上海市自身产业结构的高级化过程，工业已经不适合作为其主导产业，海南省则是以旅游业为主导产业的地区，从总体上看，东部地区的工业专业化程度要高于其他地区，并且期间呈上升趋势；同期的东北地区工业区位商呈下降趋势，衰退较为明显，而中西部地区大部分省份工业区位商呈上升趋势，但是专业化程度较低，大部分地区工业区位商都低于 1。

1999—2018 年，东部地区除福建和海南之外，其他地区的工业区位商都呈下降趋势，而中西部大部分地区工业区位商都呈上升趋势，东北地区工业区位商下降趋势有所缓解。这主要是因为从 1999 年以来我国区域协调发展战略的实施,中西部地区工业化进程加快,同时东部地区由于产业结构的升级其工业比重不断下降,而东北老工业基地的振兴还需要一定的时间。特别是自2010年以来,中西部地区工业区位商仍保持上升,东北地区除吉林省以外出现一定幅度下滑,东北振兴的效果仍值得继续关注。

表2-5 1979—2018年全国各地区工业区位商

地区	1979年	1999年	2009年	2010年	2014年	2018年
安徽省	0.71	0.78	0.94	0.98	1.06	1.07
北京市	1.43	0.70	0.44	0.44	0.43	0.43
福建省	0.79	0.93	0.97	0.98	1.02	1.05
甘肃省	1.22	0.89	0.82	0.88	0.85	0.86
广东省	0.88	1.07	1.06	1.06	0.91	0.93
广西壮族自治区	0.66	0.75	0.86	0.91	0.92	0.94
贵州省	0.74	0.81	0.74	0.74	0.80	0.84
海南省	0.38	0.34	0.42	0.42	0.49	0.50
河北省	0.98	1.09	1.07	1.06	1.02	1.03
河南省	0.80	0.99	1.18	1.17	1.02	1.02
黑龙江省	1.28	1.27	0.96	0.99	0.80	0.74
湖北省	0.70	0.91	0.93	0.96	0.93	0.94
湖南省	0.74	0.82	0.86	0.89	0.92	0.93
吉林省	1.09	0.86	0.97	1.01	1.04	1.06
江苏省	0.94	1.14	1.11	1.06	0.96	0.95
江西省	0.57	0.70	0.97	1.04	1.05	1.05
辽宁省	1.44	1.12	1.06	1.07	1.01	1.01
内蒙古自治区	0.82	0.80	1.07	1.08	1.06	1.03
宁夏回族自治区	0.99	0.82	0.89	0.89	0.96	0.98
青海省	0.79	0.74	1.01	1.02	1.07	1.08
山东省	1.01	1.11	1.16	1.09	0.98	0.97
山西省	1.19	1.06	1.11	1.14	1.03	0.99
陕西省	0.93	0.89	0.99	1.01	1.08	1.09
上海市	1.68	1.11	0.83	0.86	0.71	0.70

地区	1979 年	1999 年	2009 年	2010 年	2014 年	2018 年
四川省	0.71	0.78	0.93	0.98	1.00	0.98
天津市	1.46	1.18	1.12	1.09	0.99	0.99
西藏自治区	0.20	0.23	0.17	0.18	0.71	0.73
新疆维吾尔自治区	0.84	0.70	0.84	0.87	0.83	0.86
云南省	0.68	0.94	0.79	0.81	0.82	0.83
浙江省	0.79	1.28	1.06	1.03	0.94	0.96
重庆市	0.96	0.83	1.04	1.05	0.89	0.92

资料来源:根据中经网、国家统计局相关数据计算。

三、第三产业空间布局的特征

1. 服务业的集中化趋势及其影响

"十一五"期间,随着工业由东部向其他区域扩散转移,东部地区 GDP 占全国的比重由 2005 年的 55.5% 下降到 53%,降幅仅为 2.5 个百分点,而同期东部地区工业增加值所占比重降幅为 6.8 个百分点。可见,工业尤其是制造业的转移并未改变东部地区依然是中国经济活动中心的地位,这主要得益于服务业不断向东部地区集聚。

从 1992 年开始,随着中国社会主义市场经济体制的确立,服务业开始加速向东部地区集聚(见图 2-17),虽然 2008 年美国"次贷危机"引发的全球金融危机对东部地区的现代服务业产生一定的冲击,但也没有改变中国服务业活动整体向东部地区集聚的趋势。2010 年,东部地区服务业增加值占全国比重为 58.3%,较 1992 年增长 10.2 个百分点;中部和西部地区服务业增加值占全国比重分别为 16.9% 和 17%,较 1992 年分别下降了 1.9 个和 4.6 个百分点;东北地区则下降了 3.7 个百分点,达到 7.8%(见图 2-17)。

可见,服务业已经取代工业成为东部地区经济发展的新增长极,这也是东

（单位：%）

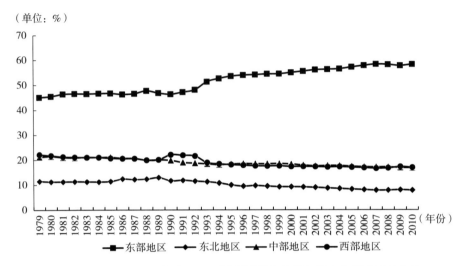

图 2-17　1979—2010 年中国"四大板块"服务业增加值占全国比重的变化

资料来源：中经网统计数据库。

部地区产业结构不断高级化的必然进程。由于东部地区已经进入了工业化后期，大力发展现代服务业是东部地区经济转型和产业结构调整与升级的重要内容，也是东部地区经济可持续发展的新的增长点，而中国整体服务业向东部地区集聚的趋势，为"东部率先发展"的国家区域发展总体战略顺利实施提供了现实基础。

但是自 2010 年以来，东部地区服务业占比小幅下降至 2020 的 55%，中部地区和西部地区的服务业占比分别上升了 3 个百分点（见图 2-18）。东部地区服务业占比仍然远高于中西部地区和东北地区，随着区域总体战略和协同发展理念的不断推进，东部地区的部分服务业缓慢向中西部地区转移，中西部地区服务业发展仍有继续增长的空间。

2. 金融服务业空间分布格局的特点

金融服务业是国民经济中的关键性产业，一国或一个地区所具有的金融资源是现代经济增长与发展的重要因素，金融服务业的发展甚至关系到整个

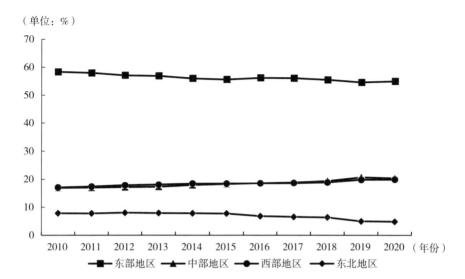

（单位：%）

图 2-18 2010—2020 年中国"四大板块"服务业增加值占全国比重的变化

资料来源：国家统计局数据库。

国家的经济安全。它不仅对地区的经济发展提供增加值贡献,而且是各种社
会资源以货币形式进行优化配置的重要领域。自改革开放尤其是近十年来,
随着我国经济的快速发展,我国金融服务业获得了长足进步,金融资产总量快
速增长,金融服务业成为增长最快的产业之一。在社会主义市场经济体系下,
金融服务业已基本形成了以信托、银行、保险、证券为四大支柱,以其他非银行
金融业为补充的金融服务业体系。

（1）总体来看,金融业主要集中在东部地区

1999—2014 年,我国的金融业呈现向东部地区集聚的趋势。这主要是因
为:一方面,金融业作为现代服务业的重要组成部分,其发展水平的高低与当
地区域经济整体发展水平的高低密切相关。一般来说,一个地区经济社会发
展水平越高、居民可支配收入越高等,其金融业就越发达,因此东部地区金融
业较中西部地区发达的原因与其经济发展水平较高是密切相关的。另一方
面,大力发展金融服务业,是东部地区产业结构升级、培育新的经济增长点的

重要内容,因此,东部各省份也非常重视金融业在当地的发展。

(2)空间集中程度较高,东部地区内部也呈现集聚趋势

1999 年,我国金融业生产总值排名前十位的地区是上海市、山东省、江苏省、北京市、广东省、河北省、湖北省、浙江省、福建省和四川省,大部分属于东部地区,其中排名前三位的上海市、山东省和江苏省金融业生产总值总和占全国的 32.6%。截至 2009 年,我国金融业生产总值排名前十位的地区分别是广东省、浙江省、上海市、北京市、江苏省、山东省、福建省、辽宁省、河北省和四川省,排名前七位的全部属于东部地区,其中广东省和浙江省金融业发展迅速,取代上海市和山东省成为前两名;排名前三位的广东省、浙江省和上海市金融业生产总值占全国的 33.28%。

近年来,这种趋势没有大的改变。东部地区的江苏省金融业发展迅猛,已在 2012 年超越浙江省,并于 2014 年超越广东省成为金融业发展重镇。截至 2018 年,我国金融业生产总值排名前五位的地区分别是江苏省、广东省、上海市、北京市和浙江省。

由以上分析我们可以得出:我国金融业不仅向东部地区集聚,并且在东部地区内部,金融业呈现向长三角和东南沿海的福建省、珠三角地区集聚的趋势,环渤海地区的金融地位逐渐变弱。

(3)受金融危机影响,东部地区金融业总产值比重下降

从"四大板块"来看:1999—2008 年,东部地区金融业生产总值占全国的比重增加了近 9 个百分点,达到 71.88%;在西部大开发战略的支撑下,大量金融资产涌进了西部地区,西部地区的金融业也获得了一定的发展,2008 年西部地区金融业生产总值占全国的比重为 13.35%,较 1999 年小幅增加 0.79 个百分点;由于正处于工业化进程的中期阶段,东北地区和中部地区金融业发展较为滞后,与 1999 年相比,东北地区金融业生产总值占全国的比重下降了 2.6 个百分点,达到 5.38%,中部地区降幅最大,下降了 7.18 个百分点,达到 10.22%。

2009 年,东部地区金融业生产总值占全国的比重较 2008 年骤降 5.75 个百分点,达到 66.13%,这主要是受到 2008 年美国"次贷危机"的影响,由于东部地区与美国等发达地区的贸易等经济联系较为密切,更容易受到海外金融市场动荡的影响。与此同时,其他地区的金融业在东部地区受到金融危机影响的情况下,抓住了机遇,其金融业生产总值占全国的比重较 2008 年都有不同程度的上升:其中,西部地区上升 2.53 个百分点,达到 15.88%;中部地区上升 2.39 个百分点,达到 12.61%;东北地区上升 0.83 个百分点,达到 5.38%。

2010—2018 年,金融业的比重分布和服务业整体保持高度相关,东部地区金融业比重由 2010 年的 66.14% 下降到 2018 年的 59.13%,东北地区金融业比重由 2010 年的 5.24% 上升至 2018 年的 6.13%;比重上升幅度比较明显的仍然是中部地区和西部地区,5 年内分别上升了 2.05 个和 3.57 个百分点。金融业整体分布呈扩散态势,中部地区和西部地区抓住产业转移和升级的机遇,发展较好。

由以上分析可以得出:金融业作为现代服务业的重要组成部分,与一个地区经济社会发展水平是密切相关的。虽然,东部地区受到国际金融危机的影响,对其金融业有一定的冲击,但是由于东部地区的经济发展水平较高,并具有人才、区位以及与国际接轨等优势,其在金融业的主导地位,短期内甚至未来十年内,中西部地区和东北地区是无法与其相提并论的。

第三节　内部需求空间结构的演变

按支出法核算,国内生产总值包括最终消费、资本形成总额以及货物和服务净出口三部分,因此,消费、投资和出口通常被喻为拉动经济增长的"三驾马车",其中,内部需求指的是消费需求和投资需求①,而外部需求则指出口需求。

---

① 本书以最终消费额和资本形成总额来反映中国消费需求和投资需求的变化。

改革开放以来,在出口导向型和投资驱动型战略的推动下,中国创造了30年GDP年均增长10%的奇迹,现已成为仅次于美国的世界第二大经济体。然而,在全球性经济衰退的背景下,中国无法"独善其身",外部需求的大幅度萎缩导致出口行业步履维艰,再加上中国目前生态环境不断恶化已无法支撑过去长期依靠过度投资的粗放型增长方式,因此,要走出金融危机的影响,摆脱对外需的依赖就必须扩大内需,而扩大内需的关键是如何协调投资与消费的关系。

投资与消费是相互影响和制约的。一方面,投资能增加就业和工人的工资收入,而工人的收入增加会增加居民的消费,消费的增加又会引致新的投资需求,通过投资与消费之间的循环作用,就会实现国家或地区的经济增长。而投资不足则会导致消费不足,最终会导致经济增长率下降或者经济衰退。另一方面,因为生产的最终目的是为了满足人们的消费,因此消费是投资的最终目标,如果投资过度而超过了消费的需求能力,则会形成过剩产能,造成社会资源的浪费,最终导致经济衰退。

切纳里(H.Chenery)通过研究各国发展的经验得出,随着一个国家工业化进程的推进,投资率开始上升,同时消费率开始下降;完成工业化之后,投资率开始下降而消费率逐渐上升,最终两者关系趋于稳定的状态。因此,转变发展方式、扩大内需,并不是简单地降低投资率和提高消费率。① 一方面,我们要根据中国目前发展的阶段合理地确定投资与消费之间的比例关系,同时,中国是一个地区性发展差异较大的国家,不同区域之间的发展水平不同、工业化进程也不一样;因此,另一方面我们要根据区域之间的差异和发展阶段确定各个区域的投资与消费之间的比例,以及区域之间的投资布局、消费分布的合理性,实现区域之间协调发展和整体的经济增长。本节采用国家"十一五"规划中的"四大板块"的划分方法,以区域经济学的角度探讨改革开放以来中国内需空间

---

① 投资率是一个国家或地区一定时期内资本形成总额占国内生产总值(GDP)的比率;消费率则是指最终消费支出占GDP的比率,因此,投资率和消费率是反映一个国家或地区内需结构的重要指标。

结构的变化过程并揭示其变化的规律性及其内在动力机制,为中国由外需导向型向内需导向型战略的顺利转变、国土空间结构的优化提供现实依据。

一、中国整体内需结构变化及区域差异

1. 从整体上看,中国内需结构呈现投资率上升、消费率下降的格局

1979 年以来,虽然中国整体最终消费额绝对数量呈不断增加的趋势,但其消费率呈不断下降的趋势,从改革开放初的 63.7% 下降到 2020 年的 54.3%,与之相反,中国投资率呈明显的上升趋势,从 1979 年的 36.8% 上升至 2010 年的 43.1%(见图 2-19)。由于中国处于工业化进程中,投资率的上升和消费率的下降,符合经济发展的一般规律,存在一定的合理性。但是,由于中国实施的是外部需求导向型经济发展战略,其中部分生产投资是直接面向国际需求,如果外部需求急剧萎缩,则凸显内需结构不合理,导致生产过剩。2011 年以来,在转变经济发展方式的背景下,消费率小幅走高,投资率小幅下降。

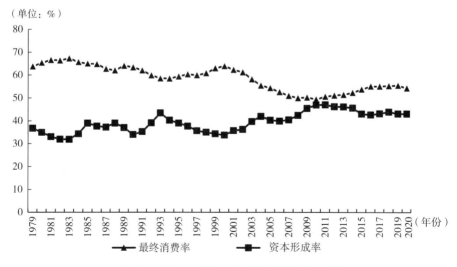

（单位：%）

图 2-19　1979—2020 年中国内需结构演变趋势

资料来源:国家统计局数据库。

2. 从"四大板块"来看，中国各个区域内需结构变动趋势与全国整体相似，但又表现出一定的区域差异性

根据表2-6可知，相比较其他区域，东部地区的平均投资率和平均消费率之间的差距最小，其次是中部地区、东北地区和西部地区。这主要是因为中国地区之间发展差异较大，区域之间的工业化进程不同。东部地区依托其优越的地理区位优势和中央政府对其政策支持，在外部需求的强劲带动下，工业化进程远远快于其他三大区域，目前东部地区已经进入工业化的中后期，投资率与消费率趋于稳定的状态，但是由于其外向型经济发展模式在本次金融危机中受到了严重的冲击，因此通过产业转移适当降低投资率的同时通过扩大消费需求提高消费率将是东部地区实现未来可持续发展的重点。中部地区近年来通过承接东部地区产业转移，其工业化进程大大加快，投资率也大幅上升，投资与消费之间的比例也处于相对比较合理的范围。东北地区在振兴东北老工业基地战略的扶持下，通过信息化、先进技术化改造传统工业的同时发展战略新兴装备制造业，这种再工业化进程使东北地区投资率大幅上升，但是由于其消费率与投资率之间的差距过大，如不适时调整内需结构可能对外来的发展带来隐患。西部地区由于其发展较为落后最先得到了中央政府的重视，从1999年中央政府提出西部大开发战略以来，西部地区的投资率开始大幅度上升，并远远高于其他三大区域。因为西部地区地处偏远，交通等基础设施较为落后，因此其投资重点投向交通等基础设施领域，尚未形成较为完备的工业化体系，其投资率远高于消费率也表现出一定的合理性，但是也要注意其投资率增长过快带来的过度投资现象。

表2-6　1979—2018年中国"四大板块"内需结构变化　（单位:%）

时间\地区	平均投资率				平均消费率			
	东部	东北	中部	西部	东部	东北	中部	西部
1979年	27.14	26.61	27.90	42.53	56.16	63.01	63.33	75.56

续表

时间 \ 地区	平均投资率				平均消费率			
	东部	东北	中部	西部	东部	东北	中部	西部
1980 年	27.55	23.77	25.64	34.80	57.01	64.63	67.77	78.37
"六五"时期	31.24	29.53	29.36	35.58	55.49	63.67	67.59	78.71
"七五"时期	42.67	37.97	35.64	39.85	55.04	59.96	65.05	72.94
"八五"时期	48.77	38.62	37.13	43.91	50.44	57.16	62.30	69.23
"九五"时期	47.91	35.70	40.69	44.73	50.31	55.62	58.64	67.17
"十五"时期	46.10	39.26	42.77	55.48	48.84	53.51	57.07	64.64
2006 年	47.35	49.90	48.42	61.44	46.74	45.17	53.37	58.01
2008 年	47.54	56.58	49.81	60.85	46.70	45.84	50.97	58.61
2010 年	47.35	63.73	51.92	62.01	45.46	43.59	48.55	55.17
2012 年	51.24	66.67	56.83	68.22	45.40	47.08	47.80	55.05
2014 年	51.91	65.02	57.79	72.92	45.20	44.90	46.48	52.81
2016 年	52.07	63.63	57.93	71.18	45.69	43.97	45.85	51.69
2018 年	53.12	64.63	59.33	75.55	46.67	44.13	46.40	52.78

注:这里的平均投资率和平均消费率指的是区域内各地区投资率和消费率的平均值,由于这里计算的
　　是区域平均值,因此所有区域平均投资率和平均消费率并不等于全国投资率和消费率。
资料来源:中经网统计数据库、国家统计局数据库。

二、消费需求的空间特征及其结构变化

1. 从大幅度集中到小规模分散:消费需求空间转移缓慢

1979—2006 年中国消费需求在空间上呈现出不断集中的趋势,2006 年地理集中度为 40.9%,达到了历史最高点,之后,在"十一五"后四年,消费需求呈现出空间扩散的趋势,地理集中度也下降至 2010 年的 39.7%,与 2006 年的最高点相比,降幅仅为 3.1%(见图 2-20 和图 2-21)。一直到 2016 年,消费的地理集中度开始有小幅微升。

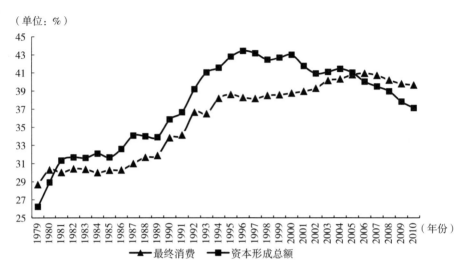

图2-20 1979—2010年中国最终消费和资本形成总额地理集中①演化趋势

注：由于数据的可获得性，该指数在1990年之前计算过程中剔除宁夏回族自治区、重庆市和西藏自治区，但不影响最终的趋势判断。

资料来源：中经网统计数据库。

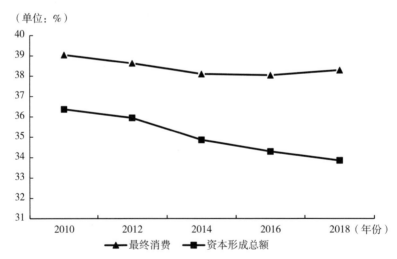

图2-21 2010—2018年中国最终消费和资本形成总额地理集中演化趋势

资料来源：国家统计局数据库。

———————————

① 本书用克鲁格曼空间基尼系数来衡量我国内需结构在地理上的演化趋势，空间基尼系数值在0—1之间变化，若取值为0，表示消费和投资在地理上的平均分布；若取值为1，则表示消费和投资完全集中在一个地区。

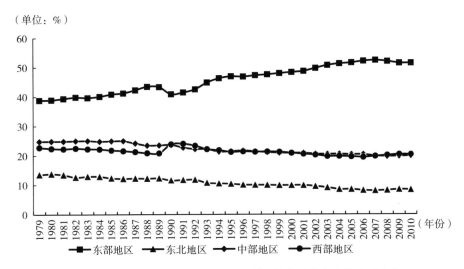

图 2-22　1979—2010 年中国"四大板块"最终消费占全国比重变化

注:由于数据的可获得性,在 1990 年之前计算过程中剔除宁夏回族自治区、重庆市和西藏自治区,但不
　影响最终的趋势判断。
资料来源:中经网统计数据库。

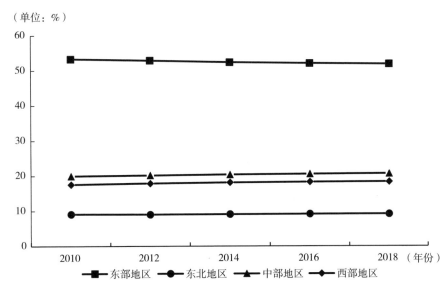

图 2-23　2010—2018 年中国"四大板块"最终消费占全国比重变化

资料来源:国家统计局数据库。

结合图 2-22 和图 2-23 来看,我们发现,从"十一五"开始,中国消费需求在空间上呈现从东部地区小幅向中西部地区转移。从 2006 年开始,东部地区最终需求占全国的比重从 52.09%下降到 2010 年的 51.42%,其他区域则呈小幅上升的态势,其中西部地区和东北地区增幅较大。2010 年以后,这种趋势得以延续。对于这种消费需求在空间上的差异和变动趋势主要基于以下两方面的原因。

一方面是因为经济发展水平的区域性差异和居民收入的不均等。虽然在区域协调发展战略和新规划的实施下东北地区、中部地区和西部地区获得极大的发展,但是东部地区 GDP 占全国的比重依然保持在 50%以上,占据了"半壁江山",这种发展水平的差距直接导致了区域之间居民收入的不均等,形成了"东强西弱"的消费空间格局。

另一方面是因为随着工业和投资向中西部地区进行转移,引致了中西部地区的潜在消费需求的增加,但消费需求增幅较小,导致中国整体消费需求空间转移缓慢。

2. 居民消费占比改善,城镇消费占比增长延续

按消费主体来分,最终消费分为政府消费和居民消费,其中居民消费又可以分为城镇居民消费和政府消费。居民消费是最终消费的重要组成部分,对最终消费的增长、消费率的增加都起着决定性的作用。因此,要实现中国扩大内需尤其是消费需求的经济发展战略,确定合理的消费结构至关重要。

从表 2-7 我们可以看出,2010 年以前,无论从全国层面还是从区域层面看,政府消费占最终消费的比重呈不断上升的趋势。相反,虽然居民消费绝对量呈上升的趋势,但其在最终消费中的比重呈不断下降的趋势,同时城镇居民消费占居民消费的比重呈上升趋势,农村居民消费占比则呈不断下降的趋势。

表 2-7　1994—2020 年中国及"四大板块"最终消费结构变化 （单位:%）

消费结构	时间地区	1994年	1995年	"九五"	"十五"	2006年	2008年	2010年	2012年	2014年	2016年	2018年	2020年
政府消费占最终消费比重	全国	25.3	22.8	24.0	26.0	27.1	27.3	27.4	27.4	28.7	26.8	26.8	26.8
	东部	20.5	19.9	22.6	28.3	29.7	30.5	31.1	30.0	29.8	29.3	29.3	28.8
	东北	19.1	18.5	22.8	28.6	29.9	30.0	31.2	31.8	32.0	31.3	30.7	30.1
	中部	20.1	19.4	21.7	24.7	25.4	25.7	25.9	25.7	25.6	25.6	25.9	26.0
	西部	24.1	23.9	25.3	31.1	32.1	34.0	33.9	33.6	34.7	34.6	34.7	33.7
居民消费占最终消费比重	全国	74.7	77.2	76.0	74.0	72.9	72.7	72.6	72.6	71.3	73.2	73.2	73.2
	东部	79.5	80.1	77.4	71.7	70.3	69.5	68.9	70.0	70.2	70.7	70.7	71.2
	东北	80.9	81.5	77.2	71.4	70.1	70.0	68.8	68.2	68.0	68.7	69.3	69.9
	中部	79.9	80.6	78.3	75.3	74.6	74.3	74.1	74.3	74.4	74.4	74.1	74.0
	西部	75.9	76.1	74.7	68.9	67.9	66.0	66.1	66.4	65.3	65.4	65.3	66.3
农村居民消费占居民消费比重	全国	40.6	39.7	37.0	28.9	25.9	25.2	24.9	23.8	23.2	23.3	22.8	22.5
	东部	39.0	38.2	35.6	27.1	22.3	21.5	20.4	19.5	18.3	18.6	18.8	18.9
	东北	30.8	30.5	28.4	23.9	22.8	22.0	22.1	21.9	21.2	22.8	22.5	22.8
	中部	56.8	55.3	51.6	41.0	36.1	34.9	31.7	30.9	29.9	29.7	29.0	29.2
	西部	49.9	49.3	47.5	37.3	34.0	32.1	31.1	30.1	29.2	30.2	30.1	29.9
城镇居民消费占居民消费比重	全国	59.4	60.3	63.0	71.1	74.1	74.8	75.1	76.2	76.8	76.7	77.2	77.5
	东部	61.1	61.8	64.5	72.9	77.7	78.5	79.7	80.5	81.7	81.4	81.2	81.1
	东北	69.2	69.5	71.6	76.1	77.2	78.0	77.9	78.1	78.8	77.2	77.5	77.2
	中部	43.2	44.7	48.4	59.0	63.9	65.1	68.3	69.1	70.1	70.3	71.0	70.8
	西部	50.1	50.5	52.4	62.3	66.0	68.0	68.7	69.7	70.9	69.8	69.9	70.1

注:这里的"四大板块"最终消费结构是指区域内的各消费主体的平均值。
资料来源:中经网统计数据库,国家统计局数据库。

　　2010 年以来,政府消费占比有所降低,无论从全国层面还是从地区层面来看,其中东部地区和东北地区降幅较明显;从居民消费来看,全国层面城镇居民消费有所增加,主要来自中部地区城镇居民消费比重上升的影响;全国层面农村居民消费有所减少。

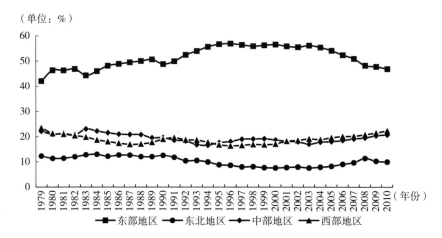

图 2-24　1979—2010 年中国"四大板块"资本形成总额占全国比重的变化

注:由于数据的可获得性,在1990年之前计算过程中剔除宁夏回族自治区、重庆市和西藏自治区,但不影响最
　　终的趋势判断。

资料来源:中经网统计数据库。

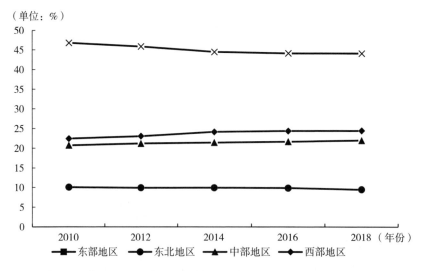

图 2-25　2010—2018 年中国"四大板块"资本形成总额占全国比重的变化

资料来源:国家统计局数据库。

三、投资需求的空间结构变化

根据图 2-20、图 2-21 和图 2-24、图 2-25,1979—2018 年,中国的投资需求呈现由集聚到扩散的趋势。这主要是因为,改革开放初期,东部地区依靠其区位优势和中央政府对东部地区优先发展战略的支持下,投资开始不断向东部地区集中。在投资不断向东部地区集中的过程中,中国区域之间发展差距尤其是东部地区与中西部地区的发展差距越来越大,为协调区域发展、缩小区域差距,中央政府从 1999 年开始加大对内地尤其是西部地区的投资力度,这样中国的投资需求在空间上开始呈现出向内地扩散的趋势。同时,受 2008 年全球性金融危机的影响,以及外部需求环境逐渐恶化和自身内部生态环境的制约,东部地区面临产业结构调整和升级的迫切要求,一部分产业资本开始从东部地区向中西部地区转移,加大了投资需求空间扩散的速度。

第四节 城乡二元经济空间结构的演变

1978 年发端于农村的改革开放,使我国国民经济和社会走上了"发展"和"改革"相互交叉和重叠的道路。"发展"意味着我国作为发展中国家,正在从传统农业社会向现代工业社会转型,是一个现代化过程;"改革"意味着我国从传统计划经济体制向现代市场经济体制转轨,是一个市场化过程。可见,改革开放后,我国城乡二元结构的演变,是在一个现代化和市场化相互交织的大背景中展开的。鉴于改革过程突出、阶段分明,而发展过程则是长时期的历史背景,只经历了工业化前期向工业化中期阶段的过渡;加之城乡二元结构的演变是以城乡利益关系的调整为主,其中制度变迁是主线,现代化进程是辅线。改革所经历的各个重要阶段,也是城乡二元结构发生变化的重要阶段。按照改革经历的若干重要阶段,可将城乡二元结构的演变大致划分为若干阶段。

一、1978—1984 年：农村改革松动城乡二元结构

1. 以农村为主、城市联动的改革松动城乡二元结构

1987 年安徽省凤阳县小岗村发起"包产到户"改革,在巨大丰产效应推动下,家庭联产承包责任制冲破传统意识形态的阻挡,经过 1981—1982 年包产到户的普遍发展和逐步完善后,到 1984 年基本普及全国。同时,农产品价格改革也随之启动。从 1979 年开始,逐年大幅度提高粮食、棉花等 18 种主要农产品收购价格,并对粮棉油等主要农副产品实行超购加价政策,扩大议价收购范围。为了适应家庭联产承包责任制,改革了基层行政组织。1982 年 12 月之后乡镇成为我国农村最基层的行政组织。

在农村改革启动后,城市也开始尝试性地进行某些领域的改革。(1)扩大企业自主权。主要围绕经济主体国有企业探索性地进行以"放权让利"为主线的改革。1978 年四川省率先进行"扩大企业自主权"试点,次年在全国推广。1981 年改革国有企业经济责任制之后,实行两步"利改税"改革,1984 年进一步明确了国有企业 10 项自主权。(2)尝试劳动就业制度改革。1980 年采取劳动部门介绍就业、自愿组织就业和自谋职业相结合的方式;1983 年按照新人新办法、老人老办法的设想在部分地区对新招收人员实行劳动合同制。(3)推行城市综合配套改革。1981—1984 年,国务院相继批准湖北省荆州市沙市区、江苏省常州市等为综合改革试点城市。试点内容除了对国有企业放权让利外,主要是适当扩大城市的财权和财力,实行计划单列市,扩大部分城市政府的经济管理权限等。(4)小幅提高城市农副产品和工矿产品售价,并补贴城市居民。1979 年国家提高了畜产品和蔬菜等 8 种副产品的销售价格,并给予城镇居民每人每月 5 元的价格补贴;同时提高了煤炭、生铁和水泥等产品的出厂价格;1981 年适当提高了烟、酒、铁制品等的价格。总之,经小岗村"包产到户"改革的起动,农村经营管理体制改革由点到面全面铺开,同时也

激发了城市改革,形成了以农村改革为主、城市改革相配合的局面,从而在制度层面开始松动坚固的城乡二元结构。

2. 农村主导型改革,促使城乡关系逐步改善、差距逐渐缩小

以包产到户为主的家庭联产承包责任制,启动了农村人民公社制度的瓦解过程,1983 年最终宣告了人民公社制度的终结。随着包产到户家庭联产承包责任制的不断推广,长期被人民公社体制压抑的农业生产潜力得到充分发挥。农村经济高速增长,全国粮食产量 1984 年达到 4037 万吨,人均 4000 公斤,创造了历史最高纪录。

在农村改革的大力推动下,加上城市改革的积极响应,城乡居民的生活水平得以显著提高。相比而言,改革初期阶段农村居民的收入、消费水平提高速度更快、幅度更大,城乡二元结构朝有利于农村的方向演变。城乡居民的收入差距呈显著缩小态势,城市居民人均可支配收入和农村居民人均纯收入的比例从 1978 年的 2.57∶1 降到 1984 年的 1.84∶1。城乡居民的人均消费水平差距逐年缩减,城乡居民人均消费额之比从 1978 年的 2.93∶1 降到 1984 年的 2.34∶1。农村居民比城市居民的人均居住条件改善快,1978 年农村居民的人均居住面积比城市多 1.4 平方米,到 1984 年则多 4.5 平方米。城乡居民的食品消费水平逐步趋近,城乡居民恩格尔系数的差距从 1978 年相差 10.2 个百分点,逐步缩小到 1984 年的 1.2 个百分点。

二、1985—1992 年:城市改革固化城乡二元结构

1984 年粮食大丰收后,社会舆论对农业生产普遍比较乐观,主流观点认为农村改革已取得重大突破,今后的道路将比较平坦。相反,城市改革起步慢,困难重重,风险大。从 1985 年开始,中央政府和地方政府的改革重心朝城市经济体制和社会管理方向发生战略转移。为了保证城市改革的顺利推进,财政资金和各种资源配置逐步向城市倾斜,以城市为中心的利益格局的恢复,

集中体现在城市收入分配、社会保障制度改革和国家财税制度改革等领域。

第二阶段的改革重心转向城市后,城乡二元结构的利益重心也由第一阶段向农村倾斜,转为向城市倾斜,城乡差距重新扩大,并恢复甚至超过改革前城乡差距的势头。在农村,虽然1985年取消农产品统派购制度是我国继家庭承包制瓦解人民公社制度之后的又一次追求改革,城乡二元社会结构的交换条件开始动摇,但这只是前一阶段松动城乡二元结构在第二阶段初期的延续,根本不能阻挡改革利益向城市的回归。由于旧体制的阻碍和1985年粮食的减产,以农产品流通为中心的改革只取得了部分成果。1988年前,粮食总产量没有达到1984年的水平,农民人均纯收入由第一阶段和扣除物价因素后年均增长15.1%降至5%。1985年取消农村教育补贴后,农民每年负担的教育经费高达300亿—500亿元。1990年全国社会保障支出1103亿元,其中城市社会保障支出977亿元,占支出总数的88.6%,农村仅支出126亿元。城市人均413元,农村人均14元,相差将近30倍。国家财政在卫生事业费中用于农村合作医疗的补助费1992年为3500万元,仅占全国卫生事业费的0.36%,农民人均不足4分钱。

三、1993—2001年:转轨阶段市场力量和行政力量共同深化城乡二元结构

1993年转轨阶段正式开始后,随着中央政府和地方政府的分权化趋势加深,城市和农村的利益主体多元化,政府力量特别是中央政府对城乡二元结构的调整能力减弱,欠规范的市场力量,对城乡二元结构的影响加剧。即使政府某一时期努力缩小了城乡差距、地方利益和城市偏斜性政策惯性,在机制不健全的市场力量作用下,城乡二元结构的利益中心又会进一步向城市倾斜。城乡差距越拉越大。具体表现为:财政资金的分配进一步向城市倾斜,城乡收入和消费差距呈波浪形扩大,城乡就业、教育和社会保障差距增大等。

四、2002—2020 年：城乡收入绝对差异继续扩大、相对差距开始缩小

2002—2020 年我国城乡居民收入基尼系数在 0.42—0.5 之间,远大于我国改革开放前的居民收入差距,在世界范围内也是比较大的,这种现象值得政府重视。但若从城乡分别来看,城镇的基尼系数是 0.34,农村的基尼系数是 0.37,也就是说,城乡作为两个部分各自的差距不是很大,但是把城乡综合在一起差距就变大了。

从表 2-8 我们可以得知,从整体来看,2002—2020 年,农村居民收入增长率与城市居民收入增长率差距呈现缩小趋势。2002 年城镇居民人均可支配收入与农村居民人均纯收入增速的差距仍高达 7.07%,而 2004 年之后逐渐降低,农村居民收入增速超过了城镇居民。其中,2020 年城镇居民人均可支配收入 43833 元,增幅 3.48%,农村居民人均纯收入 17132 元,增幅 6.93%。

表 2-8　2002—2020 年城乡居民人均收入增长率对比表　　　（单位:%）

年份	城镇居民人均收入增长率	农村居民人均收入增长率	差值
2002	12.14	5.07	7.07
2003	9.84	6.38	3.46
2004	11.06	12.50	−1.44
2005	11.22	11.35	−0.13
2006	11.92	10.70	1.21
2007	17.06	15.97	1.09
2008	14.31	15.53	−1.21
2009	8.69	8.73	−0.04
2010	11.12	15.41	−4.29
2011	14.10	17.88	−3.78
2012	12.60	13.46	−0.86
2013	9.70	12.40	−2.70
2014	8.98	11.23	−2.25

年份	城镇居民人均收入增长率	农村居民人均收入增长率	差值
2015	8.15	8.89	-0.74
2016	7.76	8.24	-0.48
2017	8.27	8.55	-0.38
2018	7.84	8.82	-0.98
2019	7.92	9.60	-1.68
2020	3.48	6.93	-3.45

资料来源:中国统计局网站 2020 年《中国统计年鉴》数据计算获得。

第三章 我国区域经济结构与国土开发空间结构的现状分析

"十一五"和"十二五"时期,以"四大板块"为特征的区域发展格局愈加凸显,"十三五"国民经济和社会发展规划纲要中也以"四大板块"为基础论述了区域发展总体战略,因而本章在论述全国区域经济结构整体情况的同时也基于"四大板块"进行区域经济结构对比分析,从而构建对区域经济结构从整体到局部的完整认识。

第一节 区域经济结构演变现状与趋势

一、要素市场发展现状与趋势

1. 要素市场整体发展情况

从劳动力看,"十二五"时期我国劳动力年龄人口发生了转折,2010年后呈现持续下降的趋势(见图3-1)。这就意味着,中国的人口红利正在消失,廉价劳动力时代已经终结,未来人工成本将不断上升。从流动人口规模看,"十二五"期间,中国流动人口规模持续扩大,2010年流动人口为2.21亿人。

第七次全国人口普查数据显示,2020年,全国省内流动人口为2.51亿人,10年间增长了85.7%;跨省流动人口为1.25亿人,10年间增长了45.37%。虽然中国的人口红利逐渐减退,但是流动人口的增加,也保证了要素市场中劳动力资源在区域间的有效配置。

（单位：%）

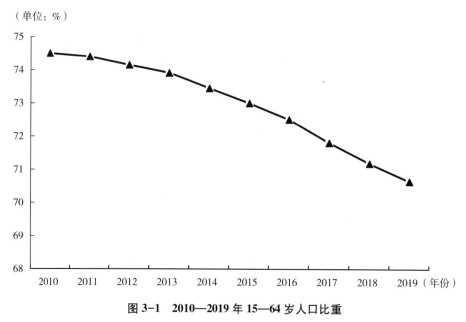

图3-1 2010—2019年15—64岁人口比重

资料来源:《中国统计年鉴》。

从资本市场看,"十三五"是我国资本市场快速发展的一个时期,在这期间不仅建立了多元化资本市场体系,市场的监督机制也不断完善。截至2020年年底,沪深两市上市公司共计4140家,其中主板公司2039家,中小板、创业板、科创板分别有上市公司994家、892家、215家,总市值突破80万亿元,较2010年年末(26.5万亿元)增加了近200%,居全球第二位,仅次于美国。"十三五"时期资本市场的繁荣和活跃,为我国要素市场的发展注入了活力,也极大地推动了我国现代金融体系的建设和完善。在资本市场的推动下,企业融资渠道得到扩展,国有企业兼并重组、上市的速度加快,有效推动了区域产业结构调整和经济发展方式转变的步伐。

从土地市场来看,城市土地市场发展极为迅速,市场化程度逐步提高,土地价格不断高升,供需相对平稳。2019 年,我国待开发土地面积 48977 万平方米,比 2010 年增加了 56%;土地购置面积达 25822 万平方米,比 2010 年减少了 35%;土地成交价款 14709 亿元,比 2010 年增加了 79%。

"十三五"期间,我国要素市场发展活跃,也取得了一定的成就,但要素市场扭曲的一些基本性问题仍没有得到有效的解决,在面对"十四五"经济社会发展的新局面,要素市场仍需不断进行改革和探索以激发市场活力。2015 年 12 月的中央经济工作会上提出了去产能、去库存、去杠杆、降成本、补短板,即"三去一降一补"供给侧结构性改革的五大任务。供给侧结构性改革的提出对优化要素资源配置、提高要素供给效率、改变价格双轨制、界定产权等方面具有重要意义,并对化解产能过剩问题方面发挥重大作用。它将改变过去土地、资本、劳动力、能源资源等要素资源仍掌控在政府手中的局面,最终将资源配置的权力交还于市场,让市场在资源配置中发挥决定性的作用。

2."四大板块"要素市场发育情况

根据表 3-1 我们可以发现,从劳动力资源来看,东部地区和中部地区蕴含着大量的劳动力人数,与这些地区本身人口居多有着很大关系。西部地区和东北地区劳动力人数相对较少,一方面与西部地区人口数量相对较少有关,另一方面也与多年来西部地区人力资源向东部地区流转有关。

表 3-1 2019 年"四大板块"要素市场发育情况（单位：万人；亿元）

	省份	劳动力	固定资产投资总额	土地购置费用		省份	劳动力	固定资产投资总额	土地购置费用
东部地区	北京市	13020	8370	1861	西部地区	内蒙古自治区	15158	14013	201
	天津市	9391	11289	1294		广西壮族自治区	26285	20499	1201
	河北省	40196	33407	728		重庆市	16475	17537	1414
	上海市	13845	7247	1964		四川省	44257	31902	1780
	江苏省	44567	53277	4553		贵州省	18690	15504	549
	浙江省	33116	31696	5364		云南省	27299	18936	978
	福建省	22575	26416	2152		西藏自治区	1863	1976	13
	山东省	52075	55203	1849		陕西省	22137	23819	760
	广东省	67479	37762	5880		甘肃省	14734	5828	237
	海南省	5232	4244	105		青海省	3406	3884	97
中部地区	山西省	21363	6041	446		宁夏回族自治区	3770	3728	81
	安徽省	33397	29275	2127		新疆维吾尔自治区	13328	12089	198
	江西省	25293	22085	541	东北地区	辽宁省	24972	6677	1105
	河南省	50562	44497	1627		吉林省	15692	13284	312
	湖北省	32895	32282	1362		黑龙江省	22247	11292	278
	湖南省	36009	31959	618					

注：劳动力人数指 15—64 岁人口数，其中固定资产投资总额为 2017 年数据。

资料来源：国家统计局：《中国统计年鉴（2020）》，中国统计出版社 2020 年版。

从土地市场来看,东部地区土地市场发育较早,土地市场化程度也较高,相对土地资源紧缺,构成了东部地区土地购置费用相对较高的情况。其中,浙江省和江苏省土地购置费用较高,远高于东部地区均值水平。中部地区和西部地区土地价格相对较低,这些地区大多是二、三线城市,城镇化水平、产业集聚度没有东部地区高,相对土地资源也较为丰富,土地价格也就较低。

从固定资产投资来看,中部地区固定投资高于东部地区,东北地区固定投资又高于西部地区。中部地区固定投资高于东部地区主要有两个方面的原因,首先,随着东部地区土地资源、人力成本的上升,东部地区竞争优势减弱;其次,随着东部地区产业转移,中部地区承接了大量产业转移,也使中部地区固定投资迅速增多了起来。

通过对"四大板块"生产要素的对比可以发现,东部地区随着成本的上升,要素价格不断提高,其竞争优势在不断减弱。反之,中西部地区随着国家的扶持和承接了大量的产业转移,其要素市场不断完善,优势逐步凸显。

二、区域产业结构调整与转移

1. 区域产业结构调整与转移

经过四十多年的持续、快速增长,我国经济增长速度开始放缓,2012 年经济增速下降至 7.8%,自 1980 年以来首次跌破 8%,预示着我国经济增长进入了"新常态"。在经济"新常态"下,我国经济增速将由过去保持 10% 以上的持续高速增长下降为 5%—8% 的中高速增长,我国制造业的比较优势正在发生深刻变化,经济增长的动力将由过去主要依靠要素驱动和投资驱动向主要依靠创新驱动转变,经济结构将由重化工业和低端产业为主向高端制造业和生产性服务业为主转变。加快产业结构调整,提升产业价值链,推动产业向中高端升级,是"十四五"我国转变经济发展方式的主攻方向,保障"中高速"增长的客观要求。

(1)三次"产业结构"演变

根据图 3-2 可以发现,"十二五""十三五"时期,我国产业结构不断优化升级,产业结构趋于合理,产业结构变化较大,主要变化趋势是第一、第二产业比重逐年降低,第三产业比重逐年提升,其中第三产业增幅水平最大,说明我国已进入工业化后期阶段。从第一产业来看,2011 年第一产业比重为 9.18%,2020 年下降至 7.7%,下降了 1.48 个百分点;从第二产业来看,2011 年第二产业比重为 46.5%,2020 年下降至 37.8%,下降了 8.7 个百分点;从第三产业来看,2011 年第三产业比重为 44.3%,2020 年上升至 54.5%,提升了10.2 个百分点。直至 2020 年"十三五"收官之年,我国产业结构呈现"三、二、一"的发展格局。

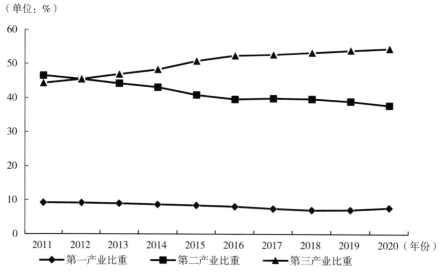

图 3-2 "十二五""十三五"时期我国产业结构变化趋势

(2)三次产业结构增速

"十二五"和"十三五"时期我国三次产业增长速度也大为不同。总体趋势是第一产业、第二产业增速减缓,第三产业增长迅速。从图3-3可以发现,2011年,第一产业增速为4.2%,2019年增速下降为3.1%;2011年,第二产业增速为10.7%,至2019年第二产业下降为5.7%;同时期,第三产业增速为9.5%,至2019年为6.9%,下降了2.6个百分点,可以看出,虽然三次产业增速均放缓,但第三产业增速仍然最高。第三产业快速发展一般发生在一个国家的整体经济由中低收入水平向中上收入水平转化时期。它反映了一个国家的工业化和城市化的发达程度。"十二五"时期,我国第三产业比重持续攀升,第三产业比重首次超过第二产业比重,成为拉动经济发展的新引擎,这说明我国经济结构和增长动力正在发生深刻变化,转型升级已到了关键阶段,经济由工业主导向第三产业主导加快转变,"服务化"进程已不可逆转,并且越来越快。

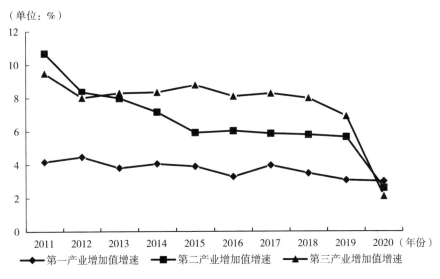

图3-3　"十二五"和"十三五"时期我国三次产业增加值增长率

(3)产业结构调整趋势

"十三五"期间,第三产业成为拉动经济发展的新动力。在这种新趋势下,国内产业结构也将发生重大变化。多项研究表明,消费对第三产业的拉动效应要高于投资。这就说明,国内市场对产业结构的影响效益会大大增加。今后,随着我国人均 GDP 的不断提升,城乡居民收入大幅增长,国内市场需求不断扩张,居民消费升级趋势扩大,对第三产业的拉动效益将更加凸显。

2."四大板块"产业结构现状与趋势

从第一产业来看,中部地区、西部地区、东北地区第一产业比例均较高。与全国第一产业均值进行比较后发现,东部地区第一产业比重均值低于全国平均水平,中部地区、西部地区、东北地区的第一产业比重高于全国均值。按照产业结构演变规律,第一产业在国民经济中的增加值是不断下降的。中部地区、西部地区、东北地区也是沿着这一规律在发展,但与东部地区相比仍存有差距。

从第二产业来看,中部地区第二产业比重最高。目前,我国产业结构正由工业主导型向服务业主导型转变。在这一转变过程中"四大板块"内部呈现了不同的特征。东部地区第二产业比重最低,西部地区和东北地区次之,中部地区最高。说明东部地区具有转变的优势,在"大众创业、万众创新"的新局面下,东部地区的第三产业发展很快,也成为产业结构升级、转变最快的地区。相对而言,中部地区因为重工业比重较高、产业结构单一,在转变过程中相对不易。

从第三产业来看,东部地区第三产业比重最高。从表3-2中可以看出,东部地区第三产业比重高于全国平均水平,说明东部地区第三产业发展很快,已经成为引领我国产业结构转变的地区。相对而言,中部地区第三产业比重最低,也说明中部地区产业结构不合理问题比较突出。事实上,西部地区和东北地区第三产业比重与全国相比也存在较大差距,说明这两个地区在产业结构调整和升级过程中将存在很大困难,结构性调整将成为这两个地区的重点任务。

表 3-2　2019 年"四大板块"三次产业结构对比　　　　（单位:%）

地区		第一产业比重	第二产业比重	第三产业比重	地区		第一产业比重	第二产业比重	第三产业比重
东部地区	北京市	0.3	16.2	83.5	西部地区	内蒙古自治区	10.8	39.6	49.6
	天津市	1.3	35.2	63.5		广西壮族自治区	16	33.3	50.7
	河北省	10	38.7	51.3		重庆市	6.6	40.2	53.2
	上海市	0.3	27	72.7		四川省	10.3	37.3	52.4
	江苏省	4.3	44.4	51.3		贵州省	13.6	36.1	50.3
	浙江省	3.4	42.6	54		云南省	13.1	34.3	52.6
	福建省	6.1	48.5	45.3		西藏自治区	8.2	37.4	54.4
	山东省	7.2	39.8	53		陕西省	7.7	46.4	45.8
	广东省	4	40.4	55.5		甘肃省	12	32.8	55.1
	海南省	20.3	20.7	59		青海省	10.2	39.1	50.7
中部地区	山西省	4.8	43.8	51.4		宁夏回族自治区	7.5	42.3	50.3
	安徽省	7.9	41.3	50.8		新疆维吾尔自治区	13.1	35.3	51.6
	江西省	8.3	44.2	47.5	东北地区	辽宁省	8.7	38.3	53
	河南省	8.5	43.5	48		吉林省	11	35.2	53.8
	湖北省	8.3	41.7	50		黑龙江省	23.4	26.6	50.1
	湖南省	9.2	37.6	53.2					

资料来源:国家统计局:《中国统计年鉴(2020)》,中国统计出版社 2020 年版。

　　从"四大板块"内部差距来看,其差距在逐步缩小。根据表 3-3,通过对比可以发现,中部地区、西部地区以及东北地区因为第一产业比重的降低,第三产业比重的提高,使"四大板块"的内部差距正在缩小。

表3-3　2005年、2014年、2020年"四大板块"三次产业构成　（单位:%）

	2005年			2014年			2020年		
	第一产业	第二产业	第三产业	第一产业	第二产业	第三产业	第一产业	第二产业	第三产业
东部地区	10.4	47	39.6	6.85	42.3	50.8	4.76	37.75	57.49
中部地区	16	46.7	37.2	10.6	50.2	39.2	9.04	40.62	50.34
西部地区	16.6	42	41.3	11.6	46.4	41.9	11.88	36.83	51.29
东北地区	13.2	49	37.7	12.1	46.5	41.3	14.23	33.66	52.1

资料来源:国家统计局:《中国统计年鉴（2021）》,中国统计出版社2021年版。

　　20世纪80年代,东部地区承接了大量的国际产业转移,这些产业大多属于资源密集型和劳动密集型产业,这些产业的发展也促进了东部地区人口城市化和产业集聚的发展。随着东部地区土地资源的紧缺和劳动力成本的上升,一部分资源密集型和劳动密集型产业逐步向中西部地区转移,对中西部地区经济发展起到了有效的促进作用。这个时期向中西部转移的产业大多是高污染、高耗能产业,虽然中西部地区在产业转移中获利较多,但其自然环境也受到了极大的破坏。"十三五"期间,随着经济发展形势的转变,国家对中西部地区、东北地区投入极大的关注,出台了相关政策促进中西部地区、东北地区的发展。在这一过程中,中西部地区对东部地区转移的产业有了更多的自主性,更加关注本地产业链的发展,往往会优先选择环境污染小、能延长或拓展本地产业链的相关产业和企业,这种形式的转变提升了中西部地区产业发展的层次。"十四五"期间,随着东部地区生产要素成本和环境成本的进一步提升以及新兴智能产业的发展,东部地区向中西部地区产业转移速度加快,会随着"长江经济带""一带一路"这些国家重要的经济走廊向中西部地区更甚者向中亚地区转移。"四大板块"的区际互动更加频繁,区际之间的差距将进一步缩小。

三、城乡二元结构现状与发展

1. 城乡二元结构现状

城乡二元结构形成有其历史的根源。首先,户籍制度的演变是城乡二元结构形成的基础。新中国成立初期,由于人口剧增,而粮食又严重不足,国家相应出台了一系列限制人口流动的文件,1953 年 4 月 17 日《政务院关于劝阻农民盲目流入城市的指示》、1954 年 3 月颁发的《关于继续贯彻"劝止农民盲目流入城市"的指示》、1955 年 11 月国务院颁布的《关于城乡划分标准的规定》等政策性文件可以看成是城乡二元结构形成的基础,1958 年 1 月全国人大常委会通过《中华人民共和国户口登记条例》,第一次以立法的形式明确将城乡居民区分为"非农业户口"和"农业户口"两种不同的户籍,城市和农村二元户籍管理模式基本形成。其次,城乡二元结构是国家优先发展工业战略的必然选择,新中国无论是政治、经济需要,还是从国家安全角度考虑,都要尽快增强国力,改变落后的状况,这就必然要以优先发展工业为战略,但当时的国情,要进行大规模工业化建设,就必然要求农业多提供一些积累,社会资源在政府主导下,优先向工业化城市倾斜。事实上也证明,当时的城乡二元结构体制为发展工业的战略提供了保证。①

---

① 李平:《打破城乡二元结构的对策研究》,《统计与管理》2016 年第 5 期。

城乡二元结构也有其演变过程,经历逐步加强到缓解、转化的过程。尤其是20世纪90年代中后期,城乡二元结构更加明显,究其原因主要是因为:随着改革开放继续深化,宏观经济形势出现了重要的转变,物价连续下跌和相对生产过剩现象严重影响经济和社会的正常发展。经济增速的下滑也使城市下岗失业人员增多等矛盾日益突出,出于维护社会稳定等诸多方面考虑,宏观调控部门明显加大了对城市经济的扶持力度,各种社会保障制度也明显向城市部门倾斜。同时波及全球的亚洲金融危机爆发,虽然没有给我国带来灾难性的后果,但是也给我国的城乡经济发展带来了较大冲击,尤其是对农业的冲击更大,其表现为:随着全球买方市场的到来,我国农产品出口更加困难,农民增收的渠道进一步缩小,因而城乡二元结构趋于明显。进入21世纪后,政府高度重视农村地区经济发展,为了减缓城乡二元结构,政府推出了一系列扶持政策,使城乡二元结构得以缓解。

"十三五"期间是我国城乡二元结构转化、缓解的一个时期。在经历城乡二元结构加剧的时期后,国家高度重视城乡差距问题,出台一系列政策缓解这一矛盾。相关政策从城乡二元结构的基本问题着手,着力健全城乡发展一体化机制,推动城乡基本公共服务均等化和新农村建设。在相关政策的推动下,城乡二元差距进一步缩小,城乡居民收入比由"十二五"末的2.99下降到"十三五"末的2.56,下降了0.43个百分点(见图3-4)。

"十二五"到"十三五"期间,我国城市化过程加快,大量的农民工涌入城市,这些农民工干着最苦、最累的活,却无法享受城镇基本公共服务。国家已经高度关注农民工问题,预计推进农业转移人口市民化是"十四五"时期的一个首要任务。通过逐步解决数亿农民工问题,实现大部分农业转移人口落户,城镇基本公共服务全覆盖,并最终消灭城乡二元结构,实现城乡一体化。此外,还会加快基本公共服务均等化建设,缩小城乡以及区域间基本公共服务的差距,使人人都能享有大致均等的基本公共服务。而这其中构建城乡均等的公共就业创业服务体系将成为重要内容,这将有力打破人力资本的城乡分割、

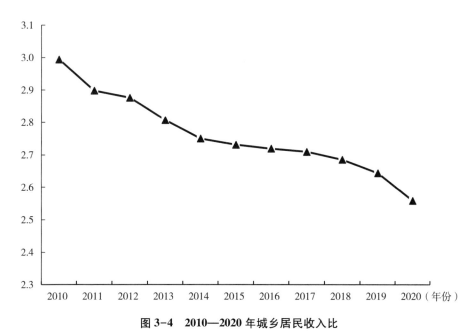

图 3-4 2010—2020 年城乡居民收入比

资料来源：EPS 全球统计数据/分析平台。

地域分割,促进和提高劳动力市场的匹配能力和效率。

2.“四大板块”城乡二元结构比较

我国地域辽阔,“四大板块”之间的经济资源条件各异,受到本地资源条件和经济发展程度的影响,城镇、农村居民收入差距也比较显著。从表3-4 中可以看出,东部地区城乡居民收入差距最大,西部地区次之,中部地区、东北地区差距最小。东部地区城镇居民可支配收入和农村居民纯收入分别超全国均值。除东部地区农村居民纯收入微高于全国均值外,中部地区、西部地区、东北地区城镇、农村居民收入都低于全国平均水平。从东部地区各省份城乡收入差距来看,同一时间点上,东部地区各省收入差距各异。北京市和上海市城乡收入差距最大,河北省和海南省城乡居民收入差距较小。

表 3-4 2020 年"四大板块"城乡居民收入变动 （单位:元）

地区	省份	城镇居民可支配收入	农村居民可支配收入	差值	地区	省份	城镇居民可支配收入	农村居民可支配收入	差值
东部地区	北京市	75601.5	30125.7	45475.8	西部地区	内蒙古自治区	41353.1	16566.9	24786.2
	天津市	47658.5	25690.6	21967.9		广西壮族自治区	35859.3	14814.9	21044.4
	河北省	37285.7	16467	20818.7		重庆市	40006.2	16361.4	23644.8
	上海市	76437.3	34911.3	41526.0		四川省	38253.1	15929.1	22324.0
	江苏省	53101.7	24198.5	28903.2		贵州省	36096.2	11642.3	24453.9
	浙江省	62699.3	31930.5	30768.8		云南省	37499.5	12841.9	24657.6
	福建省	47160.3	20880.3	26280.0		西藏自治区	41156.4	14598.4	26558.0
	山东省	43726.1	18753.2	24973.1		陕西省	37868.2	13316.5	24551.7
	广东省	50257	20143.4	30113.6		甘肃省	33821.8	10344.3	23477.5
	海南省	37097	16278.8	20818.2		青海省	35505.8	12342.5	23163.3
中部地区	山西省	34792.7	13878	20914.7		宁夏回族自治区	35719.6	13889.4	21830.2
	安徽省	39442.1	16620.2	22821.9		新疆维吾尔自治区	34838.4	14056.1	20782.3
	江西省	38555.8	16980.8	21575.0	东北地区	辽宁省	40375.9	17450.3	22925.6
	河南省	34750.3	16107.9	18642.4		吉林省	33395.7	16067	17328.7
	湖北省	36705.7	16305.9	20399.8		黑龙江省	31114.7	16168.4	14946.3
	湖南省	41697.5	16584.6	25112.9	全国	—	43834.0	17131.0	26703.0

资料来源:国家统计局:《中国统计年鉴(2021)》,中国统计出版社 2021 年版。

中部地区各省是我国主要粮食产地,但其农民人均纯收入与东部地区相比,也存在很大差距。从中部地区内部各省份来看,中部地区各省城乡居民收入差距并不大。中部地区城乡收入差距最大的省份是湖南省,差距最小的是河南省,远低于东部地区各省份间的差距。

西部地区是我国经济发展相对落后的地区,城乡居民收入普遍较低,城乡居民收入差距并不大。从西部地区各省份内部来看,由于西部地区各省份数量较多,扣除几个极端省份,大部分省份城乡收入差距并不大。东北地区除辽宁省外,黑龙江省和吉林省城乡居民收入差距并不大。从对城乡居民收入差距的对比可以发现,城镇居民可支配收入和农村居民纯收入水平最高的地区几乎集中在东部地区各省份。城乡居民收入较低,差距较小的省份大多分布在中西部地区。由此可见,东部地区城乡二元结构最为明显,东北地区次之,中部地区和西部地区相对较小。事实上,东部地区这种明显的二元结构不利于其未来经济发展。这会导致城乡联系断裂、城乡互动性减弱,阻碍东部地区农村经济结构的转型与发展,使东部地区农村地区经济发展落后于城市地区。

四、对外贸易格局

1. 对外贸易现状

(1)从进出口贸易总额看

"十二五""十三五"时期,我国对外贸易有了很大的发展。2011 年进出口贸易总额为 23.6 万亿元,至 2020 年增长了 36%(见图 3-5)。2020 年,出口总额 17.93 万亿元,比 2011 年增长 45.53%;进口总额 14.22 万亿元,比 2011 年增长 25.61%;全年贸易顺差 37095 亿元。我国进出口贸易总额已经连续获得全球第一,全球第一大货物贸易国的地位得到巩固。随着我国商品竞争力的提升,出口贸易占全球的比重也在不断提升。

(2)对外贸易发展趋势

"十四五"时期,未来世界经济仍将呈现温和且持续复苏的状态,这将有利于我国对外贸易的发展。从国内形势看,虽然我国进入经济发展的新常态,经济发展从高速增长阶段过渡到了中速阶段,但其向好的基本面并没有发生

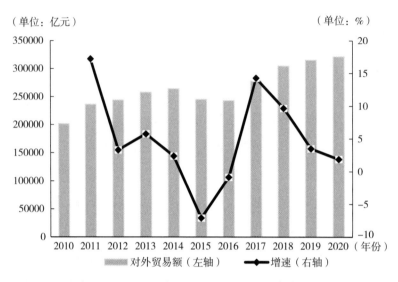

（单位：亿元）　　　　　　　　　　　　　　　　　　　（单位：%）

　　　　　　　　　　　　　　　　　　　　　　　　　　　　　　　　　　　　　　
□ 对外贸易额（左轴）　　　◆ 增速（右轴）

图3-5　2010—2020年中国对外贸易进出口总额及增速

资料来源：国家统计局：《中国统计年鉴（2021）》，中国统计出版社2021年版。

改变。随着"一带一路"倡议、"京津冀协同发展"、"长江经济带"这三大区域发展战略的提出，中国全面对外开放的格局已经形成，我们与周边国家的合作将借助这三大发展战略整合升级，进一步发挥各自的比较优势和竞争优势，各个要素也将得到更优的配置，推动整个区域的优化发展，因此我国对外贸易还有很大的发展空间，未来随着我国产业结构的调整和升级，我国对外贸易出口也不再仅以初级产品为主，将更加注重对高科技产品的生产与出口，改变过去出口商品结构不优的局面。此外，我国将更加注重对跨境电子商务的发展，可以减缓现实中一些贸易摩擦问题，而且其产业溢出效应也会带动国内金融、物流行业的发展，极具发展前景。

2."四大板块"对外贸易现状

（1）东部地区

2019年，东部地区进出口总额254487亿元，占全国进出口贸易总数的

80.63%。从东部地区各省份进出口贸易总额看(见图3-6),广东省、江苏省、上海市是东部地区重要的对外贸易省份。其中广东省一直是我国对外贸易的重要省份,占全国进出口贸易比重的23%。从增速来看(见图3-6),东部地区各省份平均增速达3.7%,其中河北省的进出口贸易总额的增速较快,超过了东部地区其他各省,而天津市进出口增速却呈现下降趋势。

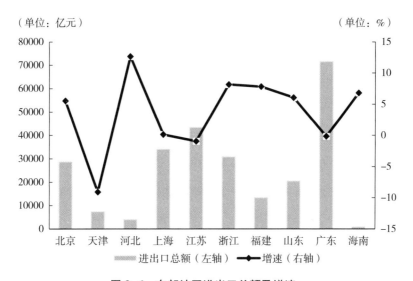

图3-6 东部地区进出口总额及增速

资料来源:国家统计局;《中国统计年鉴(2020)》,中国统计出版社2020年版。

(2)中部地区

2019年,中部地区进出口贸易总额达23696亿元,占全国进出口贸易总额的7.5%。从中部地区各省份来看(见图3-7),河南省、安徽省进出口贸易总额较高,占中部地区进出口贸易总额的24%、20%。从中部地区各省份增速水平看,中部地区各省份平均增速达15%。其中,湖南省进出口贸易增速较快,增速达41%。

(3)西部地区

2019年,西部地区进出口贸易总额达27015亿元,占全国进出口贸易总额的8.5%。从西部地区各省份看,重庆市、四川省的进出口贸易总额较高,

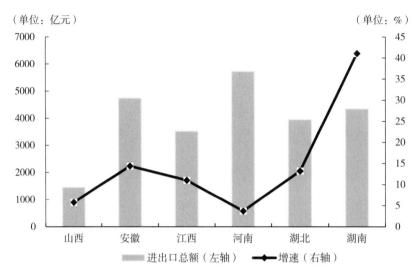

（单位：亿元）   （单位：%）

图 3-7　中部地区进出口贸易总额及增速

资料来源：国家统计局：《中国统计年鉴（2020）》，中国统计出版社 2020 年版。

分别占西部地区各省份的 21%、25%。从西部地区各省份进出口贸易增速来看，西部地区各省份平均增速达 4.3%，新疆维吾尔自治区和云南省增速较快，分别达 24%、18%，青海省和贵州省则出现负增长（见图 3-8）。

（4）东北地区

2019 年，东北地区进出口贸易总额达 10428 亿元，占全国进出口贸易总额的 3.3%。从东北地区各省份看，辽宁省进出口贸易总额较高，占东北地区各省份的 69.6%。从东北地区各省份进出口贸易增速来看，东北地区各省份平均增速为负，其中黑龙江省增长速度最快，增长了 6.71%（见图 3-9）。

通过"四大板块"进出口贸易总额对比可以发现，东部地区虽然是我国对外贸易的核心地区，其对外贸易总额占全国的 81%，但近两年的增速水平并不高。反而随着丝绸之路经济带的建设，中西部地区对外贸易水平不断增强，对外贸易量急速上升，令人担忧的是东北地区，其进出口贸易呈现停滞不前甚至出现个别省份下降的趋势。

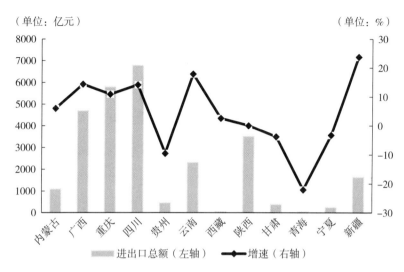

图 3-8　西部地区进出口贸易总额及增速

资料来源:国家统计局:《中国统计年鉴(2020)》,中国统计出版社 2020 年版。

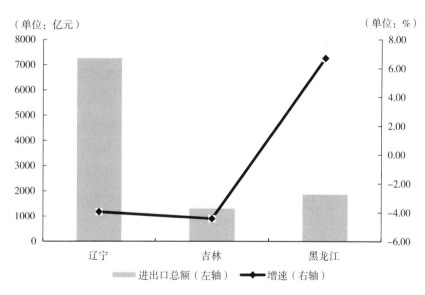

图 3-9　东北地区进出口贸易总额及增速

资料来源:国家统计局:《中国统计年鉴(2020)》,中国统计出版社 2020 年版。

第二节　国土空间开发结构现状

一、主体功能区规划构建了国土空间开发的基础性框架

主体功能区规划将深刻影响我国国土空间开发格局变化走势。主体功能区规划的核心内容是构建"三大战略格局",形成"四类主体功能区域"。其中,"三大战略格局"指的是,形成"两横三纵"为主体的城市化格局,推动人口经济合理集聚、引领中国现代化进程;形成"七区二十三带"为主体的农业格局,确保农产品供给安全得到切实保障;形成"两屏三带"为主体的生态安全格局,推动生态安全性得到显著提升。"四类主体功能区域"指优化、重点、限制和禁止四种类型功能区,通过对每个县级行政区指定主体功能,实现国家上层位规划的基础性、约束功能。明确一定区域的主体功能及其开发的主体内容和发展的主要任务,并不排斥该区域发挥其他功能。但是其他功能应该处于次要和从属的地位,这些功能不应当影响主体功能的发育和生长。主体功能区通过"三大战略格局"和"四类功能区域"两个层面,科学界定了陆域国土每个区域的发展导向和重点内容,成为我国国土空间开发格局的战略部署和总体方案。[①]

二、形成"三核多点、三横四纵、四大板块"的国土空间开发格局

珠三角、长三角、京津冀凭借其自身优越的区位条件和产业发展优势成为我国经济发展的核心地带。在这些大的核心区的带动和辐射下,我国山东半岛、川渝、辽中南、中原、长江中游、海峡西岸、关中等城市群发展起来,

---

① 盛科荣:《主体功能区作为国土开发的基础制度作用》,《中国科学院院刊》2016 年第1 期。

成为各自区域的经济增长点,并与三大核心城市群形成了"三核多点"的发展格局。

轴带引领战略一直是我国国土空间开发的重要内容。"十二五"时期,在主体功能区提出的"两横三纵"城市群发展格局的基础上,结合我国全面对外开放的新局面,基本形成了"三横四纵"空间发展格局。"三横"包括:珠江—西江经济带、长江经济带、陇海兰新经济带;"四纵"包括:沿海经济带、京广京哈经济带、包昆经济带和沿边经济带。在这种格局的引领下,实现了我国横贯东西、纵贯南北的经济发展大走廊。

随着我国西部大开发战略、东北振兴战略、中部崛起战略以及东部率先发展战略的部署和实施,形成了东部地区、中部地区、西部地区、东北地区这个"四大板块"。加之"十三五""十四五"发展规划都是以这"四大板块"为空间载体进行规划和布局,更是强化"四大板块"的发展格局。事实上,这"四大板块"内部差异较大,笼统地进行规划和布局并不能很好地促进其发展,应该从"四大板块"内部突破,对其内部进行更为细致的划分和界定。

三、四大板块成为区域发展战略和政策的空间载体

进入21世纪以来,国家高度重视对中西部地区、东北地区发展,先后实施了西部大开发战略、东北振兴战略、中部崛起战略,这些战略与东部地区率先发展战略一起构建了我国区域发展的总体战略。"十二五"时期,国家以"四大板块"为基础进行生态、产业发展部署,明确了各个板块的发展目标和重点。

"十三五"时期,国家以"四大板块"为载体推行不同的区域发展政策,政策更加明确具体,对各个区域发展的优劣势有了更清醒的认识,因而发展规划更具指导性和操作性。在这一时期,东部地区对全国的引领和辐射带动作用更强了,其不仅是产业发展高低,在生态环境改善、社会文明建设方面都走在

前列。中部地区侧重于贯通南北、连接东西的现代交通体系和现代物流体系
建设,着重培养沿江沿线城市群和都市圈增长极。西部地区则侧重于特色优
势产业发展,尤其对资源丰富的地区,要提升资源就地加工转化比重,这种做
法将在很大程度上带动西部地区产业集群的发展。东北地区将侧重于体制机
制改革,尤其需加大对国有企业的改革和探索力度,并且成为先进装备制造业
的基地(见表3-5)。

表3-5 "十二五"和"十三五"时期对"四大板块"的发展部署

地区	"十二五"发展重点	"十三五"发展重点
东部地区	着力提高科技创新能力,着力培养产业竞争优势,着力推进体制机制创新,着力增强可持续发展能力	加快实现创新驱动转型。打造具有国际影响力的创新高度。打造全球先进制造业基地。在公共服务均等化、社会文明程度提高、生态环境质量改善等方面走在前列
中部地区	发展现代产业体系,改善投资环境,提高资源利用效率和循环经济发展水平,加强大江大河大湖综合治理	支持中部地区加快建设贯通南北、连接东西的现代立体交通和现代物流体系。培育壮大沿江沿线城市群和都市圈增长极
西部地区	加强基础设施和生态环境保护,构筑国家生态安全屏障。在资源富集地区建设国家重要能源、战略资源接续地和产业集聚区。大力发展科技教育,增强自我发展能力	加快内外联通通道和区域性枢纽建设。大力发展绿色农产品加工、文化旅游等特色优势产业。建立国家级产业转移示范区,发展产业集群
东北地区	完善现代产业体系、深化国有企业改革、加快转变农业发展方式、着力保护好黑土地、湿地和草原,促进资源枯竭地区转型发展	加快市场取向的体制机制改革。加快服务型政府建设。推进先进装备制造业基地和重大技术装备战略基地建设,深入推进国资国有企业改革

四、中心城市和城市群成为区域发展的重要空间形态

中心城市在一国经济增长中发挥着重要作用,国家之间综合实力的竞争
主要是大城市或中心城市之间的竞争。美国及欧盟高等级中心城市的发展呈
现显著的多中心分布格局,功能分工高度扁平化,而且有完备的面向全球、国

际、国家等各层级的城市体系。中国的中心城市也呈现多层级分布,目前主要分为三个层级:国家中心城市、区域性中心城市、地区中心城市。

本书探讨的中心城市主要指国家中心城市。国家中心城市应具有跨区域层次的服务功能,它们不仅为本地区的城市居民服务,还承担着国家的重要服务功能,代表国家参与国际竞争。作为我国城镇体系最高位置的城镇层级,国家中心城市也被称为"塔尖城市"。它的定位决定了其在国内和国际上的重要功能,在国内主要是发挥引领、辐射、集散三大功能。立足国际视野,主要探索和发展外向型经济,另外也承担着推动国际间文化交流的重要作用。根据我国各国家中心城市的发展规划,部分国家中心城市未来的目标是发展成为世界金融、贸易、文化、管理中心。自 2016 年以来,在《成渝城市群发展规划》指导文件、《促进中部地区崛起"十三五"规划》和《关中平原城市群发展规划》三个文件中分别确立建设成都市、武汉市、郑州市、西安市 4 个中心城市,与之前的北京市、天津市、上海市、广州市、重庆市共同构成我国城镇体系的最高层级。地理格局上,这九个国家中心城市分别分布在华北、华中、华南、华东、西南、西北地区,多中心城市格局逐渐形成。党的十九大提出"建立更加有效的区域协调发展新机制","以城市群为主体构建大中小城市和小城镇协调发展的城镇格局"。在这一城镇格局建设中,国家中心城市具有关键性的作用。

与国家中心城市定位于统筹全国经济发展不同,区域性中心城市和地区性中心城市的影响力较小,对周边经济的辐射和带动能力有限,其影响力仅限于某几个城市,更多情况下是区域性的经济强市。关于此类中心城市在中央层面并未划定明确的名单,更多的是本市因在经济发展中在本区域或地区处于较为靠前的位置,在制定相关发展规划后向上级政府申请,即因经济实力成为区域或地区中心城市。在组成层级上,中心城市影响范围内有若干区域性中心城市,区域性中心城市影响范围内有若干地方性中心城市。

城市群和中心城市不是独立存在的,城市群的形成以各中心城市为支点,中心城市的发展以城市群为依托。中国的城市群也分为不同的层级,不同层级城市群由不同的中心城市引领,规模大的城市群还有若干个中心城市。目前已经形成由 5 个国家级城市群、8 个区域性城市群和 6 大地区性城市群组成的"5+8+6"的中国城市群空间结构新格局(见表 3-6),预计到 2030 年中国将逐步形成"两横三纵"的城市化战略格局。这些城市群包括了 424 个大中小城市,占全国城市总数的 63.94%,其中,直辖市 4 个、特别行政区 2 个、地级市 191 个,占全国地级市的比重达到 66.32%;县级市 231 个,占全国县级市的比重达到 62.77%;小城镇 11787 个,占全国小城镇的比重达到 60.73%。

表 3-6　中国主要城市群

规模	名称	定位
国家级城市群 (5 个)	长江三角洲城市群、京津冀城市群、粤港澳大湾区城市群、长江中游城市群、成渝城市群	以国家中心城市为核心,形成带动全国经济发展并有全球影响力和竞争力的增长极,优先建成国家级城市群,最终建成世界级城市群
区域性城市群 (8 个)	哈长城市群、山东半岛城市群、辽中南城市群、海峡西岸城市群、关中城市群、中原城市群、北部湾城市群、天山北坡城市群	国家二级城市群。在国家经济发展带动区域经济发展的重点城市化地区,一般以一个以上国家中心城市或国家区域中心城市为核心城市
地区性城市群 (6 个)	晋中城市群、宁夏沿黄城市群、兰西城市群、滇中城市群、黔中城市群、呼包鄂榆城市群	中西部地区各省份重点发展区域,尚处于城市群发育的初级阶段,未来通过努力有望培育成为规模较小的地区性城市群

注:2016 年以前一些学者将中国城市群格局概括为"5+9+6",即区域性城市群包括江淮城市群在内的 9 个。在 2016 年出台的"十三五"规划中没有提及江淮城市群,将原江淮城市群包含的部分地市划归到长江三角洲城市群,另有一小部分划归到长江中游城市群中,故这里概括为"5+8+6"格局(不含中国台湾地区,以下相同)。另外根据 2019 年 2 月 18 日,中共中央、国务院印发的《粤港澳大湾区发展规划纲要》,珠江三角洲城市群加上香港特别行政区及澳门特别行政区共同组成新的粤港澳大湾区城市群。

资料来源:通过政府规划文件整理得到。

五、交通建设引领国土空间开发布局

交通基础设施建设不仅是国土空间开发的重要内容,也是空间格局和空间结构形成的重要载体和基础。"十二五"期间,我国规划了"五横五纵"的综合运输大通道。"五横"大通道包括:南北沿海运输大通道、京沪运输大通道、满洲里至港澳台运输大通道、包头至广州运输大通道、临河至防城港运输大通道;"五纵"综合大通道包括:西北北部出海运输大通道、青岛至拉萨运输大通道、陆桥运输大通道、沿江运输大通道、上海至瑞丽运输大通道。"十二五"期间规划的"五横五纵"的综合运输大通道构建了横贯东西、纵贯南北、内畅外通的综合运输大通道体系,根据最新的《中长期铁路网规划》,未来我国铁路交通运输体系将发生更深层次的改变。规划中指出,"十三五"阶段,要完善现代综合交通运输体系,坚持网络化布局、智能化管理、一体化服务、绿色化发展,建设国内国际通道联通、区域城乡覆盖广泛、枢纽节点功能完善、运输服务一体高效的综合交通运输体系。2020 年,铁路网规模将达到 14.8 万公里,2025 年铁路网规模达到 17.5 万公里左右,2030 年将基本实现内外互联互通、区际多路畅通、省会高铁连通、地市快速通达、县域基本覆盖。

高铁是我国综合交通运输体系中非常重要的一环,它对促进我国交通运输提质增效、引领和支撑国土开发和城镇建设具有重要意义。自 2008 年 8 月 1 日中国第一条 350 公里/小时的高速铁路——京津城际铁路开通运营以来,中国迎来高铁时代。截至 2014 年,随着兰新、贵广、南广、杭长、大西等一批新建高铁的运营,我国高铁总运营里程达 1.6 万公里,成为世界上高铁投产运营里程最长、在建规模最大的国家。2008 年 10 月,国家批准的《中长期铁路网规划(2008 年调整)》中指出,通过建设京沈、商合杭、京张、南昌至赣州等客运专线,建成以京沪、京广、京哈、沿海、陇海、太青、沪昆、沪汉蓉为主骨架的"四纵四横"高速铁路网,同时配套建成贵广、合福等高铁延伸线,形成触角丰富、路网通达、运力强大的中国高速铁路网络。2016 年公布的最新《中长期铁路网规划》中,对高铁规划进行了新的布局。此次规划年限由 2016 年至 2025 年,远期展望到 2030 年。截至 2020 年,高速铁路网建成规模达 3.8 万公里,网络覆盖面进一步扩大、路网结构更加优化、骨干作用更加显著。规划中进一步指出了要构建"八纵八横"的高速铁路主通道。"八纵"通道为:沿海通道、京沪通道、京港(台)通道、京哈—京港澳通道、呼南通道、京昆通道、包(银)海通道、兰(西)广通道;"八横"通道为:绥满通道、京兰通道、青银通道、陆桥通道、沿江通道、沪昆通道、厦渝通道、广昆通道。可以预计,随着"八纵八横"高铁格局的建成,将有效地促进沿线地区经济发展、人口流动,加快新型城镇化建设。"八纵八横"高速铁路布局领先于目前"三横四纵"的空间规划布局,必将引领国土空间开发的走势,改变国土空间格局和结构。

六、沿边开放与重点口岸建设构建区域开放型格局

沿边开放与重点口岸建设在区域经济发展中发挥着重要作用。2014 年我国批准的国家级口岸 72 个。其中铁路口岸 11 个,包括广西壮族自治区凭祥口岸、云南省河口口岸、新疆维吾尔自治区霍尔果斯口岸、内蒙古自治区二连浩特口岸等;公路口岸 61 个,包括广西壮族自治区东兴口岸、云南省天保口岸、西藏自治区樟木口岸、新疆维吾尔自治区红其拉甫口岸等。自 1992 年至今,经国务院批准的边境经济合作区共计 16 个,跨境经济合作区有 1 个,即中哈霍尔果斯国际边境合作中心。2014—2014 年,16 个边境经济合作区实现地区工业总产值 873.94 亿元,进出口贸易总额 944 亿元,实际利用外资 27.73 亿元。目前已建设的跨境经济合作区中哈霍尔果斯国际边境合作中心于 2012 年 4 月封关运营,2014 年出入中心人员达 147 万人(次),出入车辆 38.3 万辆(次),出入货物 275.45 万吨,进出口贸易总额 5.05 亿美元。① 沿边开放和重点口岸建设从区域发展的全局考虑也有着重要意义,一方面保障"一带一路"倡议的有效实施,加快与周边国家之间的贸易与往来;另一方面促进了边境地区的快速发展,带动了兴边富民行动的开展。

一直以来,国家高度重视边境地区的开发与发展。2010 年 6 月《中共中

---

① 曹敏:《推进沿边重点地区开发开放步伐 构筑推进"一带一路"建设重要支撑》,《中国经贸导刊》2016 年第 1 期。

央 国务院关于深入实施西部大开发战略的若干意见》提出积极建设广西壮族自治区东兴市、云南省瑞丽市、内蒙古自治区满洲里市等重点开发开放试验区;2013 年 12 月国务院出台《关于加快沿边地区开发开放的若干意见》,对试验区建设进行了全面部署,提出研究设立广西壮族自治区凭祥市、云南省勐腊县(磨憨)、内蒙古自治区二连浩特市、黑龙江省绥芬河市(东宁)、吉林省延吉市(长白)、辽宁省丹东市重点开发开放试验区。2016 年国务院印发《关于支持沿边重点地区开发开放若干政策措施的意见》(以下简称《意见》),从推进兴边富民行动、改革体制机制等 8 个方面提出了 31 条政策措施支持沿边地区开发开放。《意见》进一步指出,重点开发开放试验区、沿边国家级口岸、边境城市等沿边重点地区是我国深化与周边国家和地区合作的重要平台,是沿边地区经济社会发展的重要支撑,正在成为实施"一带一路"建设的先手棋和排头兵。

七、海洋资源开发拓展国土空间

我国是海洋资源非常丰富的国家,尤其是沿海大陆架蕴含着丰富的石油资源和矿产资源以及多样的生物资源。在 21 世纪陆地资源面临枯竭、陆地生活环境日益恶化的今天,海洋成为人们扩展发展空间的重要领域。尤其是在"一带一路"倡议下,我国海上丝绸之路经济带与腹地经济带相互作用,将释放出巨大的经济发展动力。随着对海洋资源的重视,我国对海洋资源的发展与规划也逐步完善起来。2003 年,《全国海洋经济发展规划纲要(2001—2010)》第一次明确提出要把中国建设成为海洋强国。党的十八大报告中再次提出要发展海洋经济,建设海洋强国。2015 年推出《全国海洋主体功能区规划》,其提出,到 2020 年,我国海洋主体功能区将实现海洋空间利用格局清晰合理、海洋空间利用效率提高、海洋可持续发展能力提升的目标。

《全国海洋主体功能区规划》提出,到 2020 年我国主体功能区布局将基本形成"一带九区多点"海洋开发格局、"一带一链多点"海洋生态安全格局、以传统渔场和海水养殖区等为主体的海洋水产品保障格局、储近用远的海洋油气资源开发格局。"一带九区多点"的海洋开发格局，是以海岸带为主要载体，调整优化以辽东半岛、渤海湾、山东半岛、苏北、长江口及其两翼海域、海峡西部、珠江口及其两翼海域、北部湾、海南岛九区组成的近岸海域空间布局，以此保障国家沿海发展战略所确定的重点城市、重点产业和重大基础设施建设的有效实施，形成我国海洋开发战略格局。"一带一链多点"的海洋生态安全格局，将努力保护北起鸭绿江口，南到北仑河口的全部海域生态环境，形成蓝色生态屏障；以遍布全海域的海岛链和各类保护区为支撑，加强沿海防护林体系建设，以保护和修复滨海湿地、红树林、珊瑚礁、海草床、潟湖、入海河口、海湾、海岛等典型海洋生态系统为主要内容，构建海洋生态安全格局。

第三节　国家级区域发展战略构建
国土空间开发新格局

京津冀协同发展、长江经济带、粤港澳大湾区发展、长三角一体化发展、黄河流域生态保护和高质量发展是新时期我国构建全方面开放格局、区域协调发展的重要战略性决策，对我国区域经济协调发展具有重大而深远的意义。这些战略的实施打破了固有僵化的区域行政壁垒，实现国内区域间互助与协调，将生态文明与高质量发展融入区域发展新战略，构建区域经济发展合作新模式，并通过核心引领、轴带支撑，呈现了区域互助、组合式发展、网络化连接的新局面。

一、京津冀协同发展规划

2014 年 2 月，习近平总书记在北京召开座谈会时首次提出京津冀协同发展。2015 年 4 月，《京津冀协同发展规划纲要》由中央政治局会议审议通过，为推进京津冀协同发展指明了方向。

第一,功能定位。在《京津冀协同发展规划纲要》中,最受瞩目的无疑是京津冀三地功能定位。具体而言:北京市:全国政治中心、文化中心、国际交往中心、科技创新中心;天津市:全国先进制造研发基地、北方国际航运核心区、金融创新运营示范区、改革开放先行区;河北省:全国现代商贸物流重要基地、产业转型升级试验区、新型城镇化与城乡统筹示范区、京津冀生态环境支撑区。上述定位以三省份"一盘棋"为指导思想,体现了功能互补、错位发展、相辅相成的基本理念。三省份定位服从和服务于区域整体定位,符合京津冀协同发展的战略需要。

第二,发展目标。《京津冀协同发展规划纲要》阐明了京津冀协同发展的近期、中期及远期目标。近期:到 2017 年,有序疏解北京非首都功能取得明显进展,在交通一体化、生态环境保护、产业升级转移等重点领域率先取得突破,深化改革、创新驱动、试点示范有序推进,协同发展取得显著成效。中期:到 2020 年,北京市常住人口控制在 2300 万人以内,北京"大城市病"得到缓解;区域一体化交通网络基本形成,生态环境质量得到有效改善,产业联动发展取得重大突破;协同发展机制有效运转,区域内发展差距趋于缩小。京津冀协同发展、互利共赢的新局面初步形成。远期:到 2030 年,首都核心功能更加优化,京津冀区域一体化格局基本形成,区域经济结构更加合理,生态环境质量总体良好,公共服务水平趋于均衡,成为具有较强国际竞争力和影响力的重要区域,在引领和支撑全国经济社会发展中发挥更大作用。

第三,空间布局。经反复研究论证,京津冀以"功能互补、区域联动、轴向聚集、节点支撑"为基本思路,明确提出构建"一核、双城、三轴、四区、多节点"的空间格局。一核:以北京为核心,把有序疏解非首都功能、优化提升首都核心功能、解决北京"大城市病"作为京津冀协同发展的首要任务。双城:要进一步强化京津联动,全方位拓展合作广度和深度,加快实现同城化发展,共同发挥高端引领和辐射带动作用。三轴:京津、京保石、京唐秦三个产业发展带和城镇聚集轴。四区:中部核心功能区、东部滨海发展区、南部功能拓展区和西北部生态涵养区。多节点：包括石家庄、唐山、保定、邯郸等区域性中心城市和张家口、承德、廊坊、秦皇岛、沧州、邢台、衡水等节点城市，重点是提高其城市综合承载能力和服务能力，有序推动产业和人口聚集。

第四，功能疏解。疏解北京非首都城市功能是京津冀协同发展的工作重点。疏解对象：一般性产业特别是高消耗产业；区域性物流基地、区域性专业市场等部分第三产业；部分教育、医疗、培训机构等社会公共服务功能；部分行政性、事业性服务机构和企业总部。疏解原则：坚持政府引导与市场机制相结合，既充分发挥政府规划、政策的引导作用，又发挥市场的主体作用；坚持集中疏解与分散疏解相结合，考虑疏解功能的不同性质和特点，灵活采取集中疏解或分散疏解方式；坚持严控增量与疏解存量相结合，既要把好增量关，明确总量控制目标，也要积极推进存量调整，引导不符合首都功能定位的功能向周边地区疏解；坚持统筹谋划与分类施策相结合，结合北京城六区不同的发展要求和资源环境承载能力，统筹谋划，建立健全倒逼机制和激励机制，有序推出改革举措和配套政策。

第五，重点领域。京津冀协同发展的重点领域主要包括三类。交通一体化：构建以轨道交通为骨干的多节点、网格状、全覆盖的交通网络。重点是打通国家高速公路"断头路"，全面消除跨区域国省干线"瓶颈路段"，加快构建现代化的津冀港口群，打造国际一流的航空枢纽，加快北京新机场建设。生态环境保护：打破行政区域限制，推动能源生产与消费的革命，促进绿色循环低碳发展。重点是联防联控环境污染，建立一体化的环境准入和退出机制，推进生态保护，建设一批环首都国家公园。产业发展：加快产业转型升级，打造立足区域、服务全国、辐射全球的优势产业聚集区。注重三省份产业发展规划的衔接，制定京津冀产业转移指导目录，加快京津冀产业承接平台建设。

二、长江经济带发展规划

2016 年 3 月，中共中央政治局召开会议，审议通过了《长江经济带发展规划纲要》。纲要以"共抓大保护，不搞大开发"为总基调，从规划背景、总体要求、大力保护长江生态环境、加快构建综合立体交通走廊、创新驱动产业转型升级、积极推进新型城镇化、努力构建全方位开放新格局、创新区域协调发展体制机制、保障措施等方面描绘了长江经济带发展的宏伟蓝图。

第一，发展目标。纲要提出了长江经济带建设的近期目标与中长期目标。近期：到 2020 年。生态环境明显改善，水资源得到有效保护和合理利用，生态环境保护体制机制进一步完善；长江黄金水道瓶颈制约有效疏畅、功能显著提升，基本建成衔接高效、安全便捷、绿色低碳的综合立体交通走廊；创新驱动取得重大进展，培育形成一批世界级的企业和产业集群；基本形成陆海统筹、双向开放，与"一带一路"建设深度融合的全方位对外开放新格局；基本建立以城市群为主体形态的城镇化战略格局，城镇化率达到 60% 以上，人民生活水平显著提升，现行标准下农村贫困人口实现脱贫；协调统一、运行高效的长江流域管理体制全面建立，统一开放的现代市场体系基本建立；经济发展质量和效益大幅提升，基本形成引领全国经济社会发展的战略支撑带。中长期：到 2030 年。水环境和水生态质量全面改善，生态系统功能显著增强，水脉畅通、功能完备的长江全流域黄金水道全面建成；创新型现代产业体系全面建立，上中下游一体化发展格局全面形成；生态环境更加美好、经济发展更具活力、人民生活更加殷实，在全国经济社会发展中发挥更重要的示范引领和战略支撑作用。

第二，空间布局。长江经济带横跨 11 个省份，"一轴、两翼、三极、多点"是基本的空间布局。一轴：以长江黄金水道为依托，发挥上海市、武汉市、重庆市的核心作用，以沿江主要城镇为节点，构建沿江绿色发展轴。两翼：发挥长江主轴线的辐射带动作用，向南北两侧腹地延伸拓展，提升南北两翼支撑力。三极：以长江三角洲城市群、长江中游城市群、成渝城市群为主体，发挥辐射带动作用，打造长江经济带三大增长极。多点：发挥三大城市群以外地级城市的支撑作用，以资源环境承载力为基础，不断完善城市功能，发展优势产业，建设特色城市,加强与中心城市的经济联系与互动,带动地区经济发展。

第三,长江生态环境保护与黄金水道建设。一方面,长江生态环境保护是一项系统工程,涉及面广,要推动建立地区间、上下游生态补偿机制,加快形成生态环境联防联治、流域管理统筹协调的区域协调发展新机制。具体而言,包括建立负面清单管理制度、加强环境污染联防联控、建立长江生态保护补偿机制三项措施。另一方面,要着力推进长江水脉畅通,把长江全流域打造成为黄金水道,促进港口合理布局。在此基础上,加快综合交通网络建设,大力发展联程联运,率先建成网络化、标准化、智能化的综合立体交通走廊。

第四,产业发展。在提及增强自主创新能力、推进产业转型升级、打造核心竞争优势的基础上,纲要还特别强调了引导产业有序转移,主要包括三个要点:一是突出产业转移重点,下游地区积极引导资源加工型、劳动密集型产业和以内需为主的资金、技术密集型产业向中上游地区转移,严格禁止污染型产业、企业向中上游地区转移;二是建设承接产业转移的平台,推进国家级承接产业转移示范区建设;三是创新产业转移方式,鼓励上海市、江苏省、浙江省到中上游地区共建产业园区,发展"飞地经济"。

第五,新型城镇化建设。长江上中下游城镇化水平和质量差别很大,推进新型城镇化不能搞"一刀切",而是要大中小结合、东中西联动。纲要围绕提高城镇化质量这一目标,提出了优化城镇化空间格局、推进农业转移人口市民化、加强新型城市建设、统筹城乡发展等重点内容。

第六,对外开放。着力构建长江经济带东西双向、海陆统筹的对外开放新格局。立足上中下游地区对外开放的不同基础和优势,因地制宜提升开放型经济发展水平。一是发挥上海市及长江三角洲地区的引领作用。加快复制推广上海自贸试验区改革创新经验。二是将云南省建设成为面向南亚、东南亚的辐射中心。三是加快内陆开放型经济高地建设,推动区域互动合作和产业聚集发展,打造重庆市、成都市、武汉市、长沙市、南昌市、合肥市等内陆开放型经济高地。

第七,市场一体化。实现市场一体化不仅需要统一市场准入制度、加快完善投融资体制,清理阻碍要素合理流动的地方性政策法规,推动劳动力、资本、技术等要素跨区域流动与优化配置。在此基础上,通过 PPP 模式建设基础设施、推进公用事业项目,实现江海联运、铁水联运、公水联运,构建统一开放有序的交通运输市场,为市场一体化保驾护航。

第八,基本公共服务一体化。推进基本公共服务一体化发展,是长江经济带区域协调发展的重要内容。域内基本公共服务合作发展的关键,在于创新体制机制。纲要主要围绕加快教育合作发展、推进公共文化协同发展、加强医疗卫生联动协作三点展开论述。

三、粤港澳大湾区发展规划

2019 年 2 月,中共中央发布《粤港澳大湾区发展规划纲要》。该规划主要划分为三大部分:

一是总论。阐述了大湾区的发展基础、机遇挑战、重要意义,明确了大湾区建设的指导思想、基本原则与战略定位。纲要指出,在新一轮科技革命和产业变革蓄势待发、供给侧结构性改革持续推进、全面深化改革取得重大突破的背景下,湾区建设面临无限机遇,但湾区内部同时也存在产能过剩、供需矛盾、要素流动不通畅、内部发展差异明显、资源约束趋紧等问题。因此,只有在坚持新发展理念的基础上,深入贯彻"一国两制"的基本国策,才能实现到 2022 年"国际一流湾区和世界级城市群框架基本形成"与到 2035 年"国际一流湾区全面建成"的目标。

二是分论。围绕粤港澳大湾区的空间布局、科技创新、基础设施、产业体系、生态文明、人民生活、扩大开放、深度合作等关键问题展开系统性论述:

——空间布局:以香港—深圳、广州—佛山、澳门—珠海为核心,构建极点带动、轴带支撑网络化空间格局,完善中心城市(港澳深广)与节点城市并存的城市群体系,以辐射带动泛珠三角区域发展。

——科技创新：推进"广州—深圳—香港—澳门"科技创新走廊建设，建立以企业为主体、市场为导向、产学研深度融合的技术创新体系，打造高水平科技创新载体和平台，优化区域创新环境。

——基础设施：构建以广深港澳为枢纽的对外综合运输通道以巩固现代化的综合交通运输体系，推进粤港澳网间互联宽带扩容、加快新型智慧城市试点示范和珠三角国家大数据综合试验区建设、提升网络安全保障水平以优化提升信息基础设施，优化能源供应结构、强化能源储运体系以建设能源安全保障体系，完善水利基础设施、加强海堤达标加固、建设珠江干支流河道崩岸治理重点工程以强化水资源安全保障。

——产业体系：在加快发展先进制造业、培育壮大战略性新兴产业、加快发展现代服务业（多集中于金融领域）的基础上，大力发展海洋经济，促进产业优势互补、紧密协作、联动发展，培育若干世界级产业集群。

——生态文明：以建设美丽湾区为引领，打造生态防护屏障，加强水体、大气、土壤环境治理，创新绿色低碳发展模式。

——人民生活：在支持粤港澳三地合作办学、加快建设粤港澳人才合作示范区、拓展就业创业空间、促进社会保障和社会治理合作的同时，共同打造公共服务优质、宜居宜业宜游的人文湾区、休闲湾区、健康湾区，增进湾区人民生活福祉。

——扩大开放：落实内地与香港、澳门《关于建立更紧密贸易关系的安排》（CEPA）系列协议，进一步优化珠三角九市投资和营商环境，提升大湾区市场一体化水平，全面对接国际高标准市场规则体系，加快构建开放型经济新体制，形成全方位开放格局，共创国际经济贸易合作新优势，为"一带一路"建设提供有力支撑。

——深度合作：优化提升深圳前海深港现代服务业合作区功能，打造广州南沙粤港澳全面合作示范区，推进珠海横琴粤港澳深度合作示范，发挥各地优势，共建特色合作平台。

三是规划组织实施的基本要求。围绕加强组织领导、推动重点工作、防范化解风险、扩大社会参与四方面展开了系统性论述,多力并举,共同助力粤港澳大湾区发展。

四、长三角一体化发展规划

《长江三角洲区域一体化发展规划纲要》经 2019 年 5 月 13 日中共中央政治局会议通过,由中共中央、国务院于 2019 年 12 月印发实施。《长江三角洲区域一体化发展规划纲要》分为十二章。规划期至 2025 年,展望到 2035 年。

1. 战略定位

2018 年 11 月 5 日,习近平总书记在首届中国国际进口博览会上宣布,支持长江三角洲区域一体化发展并上升为国家战略,着力落实新发展理念,构建现代化经济体系,推进更高起点的深化改革和更高层次的对外开放,同"一带一路"建设、京津冀协同发展、长江经济带发展、粤港澳大湾区建设相互配合,完善中国改革开放空间布局。

长江三角洲地区是我国经济发展最活跃、开放程度最高、创新能力最强的区域之一,在国家现代化建设大局和全方位开放格局中具有举足轻重的战略地位。推动长三角一体化发展,增强长三角地区创新能力和竞争能力,提高经济聚集度、区域连接性和政策协同效率,对引领全国高质量发展、建设现代化经济体系意义重大。

2. 规划范围

规划范围包括上海市、江苏省、浙江省、安徽省全域(面积 35.8 万平方公里)。以 27 个城市为中心区(面积 22.5 万平方公里),辐射带动长三角地区高质量发展。以上海市青浦区、江苏省吴江市、浙江省嘉善县为长三角生态绿色一体化发展示范区(面积约 2300 平方公里),示范引领长三角地区更高质量一体化发展。以上海市临港新片区等地区为中国（上海）自由贸易试验区新片区，打造与国际通行规则相衔接、更具国际市场影响力和竞争力的特殊经济功能区。

《长江三角洲区域一体化发展规划纲要》将长三角生态绿色一体化发展示范区和上海自贸试验区新片区特别用两章内容进行阐述。对示范区，要推进统一规划管理、统一土地管理、建立要素自由流动制度、创新财税分享机制、推进税收征管一体化、协同公共服务政策等，为长三角地区全面深化改革、实现高质量一体化发展提供示范。对上海自贸区新片区，要以投资自由、贸易自由、资金自由、运输自由、人员从业自由"五个自由"为重点，打造特殊经济功能区，带动长三角新一轮改革开放。

3. 七大领域发力

《长江三角洲区域一体化发展规划纲要》从推动形成区域协调发展新格局、加强协同创新产业体系建设、提升基础设施互联互通水平、强化生态环境共保联治、加快公共服务便利共享、推进更高水平协同开放、创新一体化发展体制机制七大方面，提出了系列改革举措。

——推动形成区域协调发展新格局。发挥上海市龙头带动作用，苏浙皖各扬所长，加强跨区域协调互动，提升都市圈一体化水平，推动城乡融合发展，构建区域联动协作、城乡融合发展、优势充分发挥的协调发展新格局。

——加强协同创新产业体系建设。深入实施创新驱动发展战略，走"科创+产业"道路，促进创新链与产业链深度融合，以科创中心建设为引领，打造产业升级版和实体经济发展高地，不断提升在全球价值链中的位势，为高质量一体化发展注入强劲动能。

——提升基础设施互联互通水平。坚持优化提升、适度超前的原则，统筹推进跨区域基础设施建设，形成互联互通、分工合作、管理协同的基础设施体系,增强一体化发展的支撑保障。

——强化生态环境共保联治。坚持生态保护优先,把保护和修复生态环境摆在重要位置,加强生态空间共保,推动环境协同治理,夯实绿色发展生态本底,努力建设绿色美丽长三角。

——加快公共服务便利共享。坚持以人民为中心,加强政策协同,提升公共服务水平,促进社会公平正义,不断满足人民群众日益增长的美好生活需要,使一体化发展成果更多更公平惠及全体人民。

——推进更高水平协同开放。以"一带一路"建设为统领,在更高层次、更宽领域,以更大力度协同推进对外开放,深化开放合作,优化营商环境,构建开放型经济新体制,不断增强国际竞争合作新优势。

——创新一体化发展体制机制。坚持全面深化改革,坚决破除制约一体化发展的行政壁垒和体制机制障碍,建立统一规范的制度体系,形成要素自由流动的统一开放市场,完善多层次多领域合作机制,为更高质量一体化发展提供强劲内生动力。

五、黄河流域生态保护和高质量发展规划

《黄河流域生态保护和高质量发展规划纲要》于2021年10月8日由中共中央、国务院印发,规划范围为黄河干支流流经的青海省、四川省、甘肃省、宁夏回族自治区、内蒙古自治区、山西省、陕西省、河南省、山东省9省份相关县级行政区,国土面积约130万平方公里,2019年年末总人口约1.6亿人,这是指导当前和今后一个时期黄河流域生态保护和高质量发展的纲领性文件。

1. 战略定位

《黄河流域生态保护和高质量发展规划纲要》指出,要以习近平新时代中国特色社会主义思想为指导,坚持生态优先、绿色发展,坚持量水而行、节水优先,坚持因地制宜、分类施策,坚持统筹谋划、协同推进,将黄河流域打造成为

大江大河治理的重要标杆、国家生态安全的重要屏障、高质量发展的重要实验区、中华文化保护传承弘扬的重要承载区。

2. 发展目标

到 2030 年,黄河流域人水关系进一步改善,流域治理水平明显提高,生态共治、环境共保、城乡区域协调联动发展的格局逐步形成,现代化防洪减灾体系基本建成,水资源保障能力进一步提升,生态环境质量明显改善,国家粮食和能源基地地位持续巩固,以城市群为主的动力系统更加强劲,乡村振兴取得显著成效,黄河文化影响力显著扩大,基本公共服务水平明显提升,流域人民群众生活更为宽裕,获得感、幸福感、安全感显著增强。

到 2035 年,黄河流域生态保护和高质量发展取得重大战略成果,黄河流域生态环境全面改善,生态系统健康稳定,水资源节约集约利用水平全国领先,现代化经济体系基本建成,黄河文化大发展大繁荣,人民生活水平显著提升。到 21 世纪中叶,黄河流域物质文明、政治文明、精神文明、社会文明、生态文明水平大幅提升,在我国建成富强民主文明和谐美丽的社会主义现代化强国中发挥重要支撑作用。

3. 主要内容

加强上游水源涵养能力建设、加强中游水土保持、推进下游湿地保护和生态治理、加强全流域水资源节约集约利用、全力保障黄河长治久安、强化环境污染系统治理、建设特色优势现代产业体系、构建区域城乡发展新格局、加强基础设施互联互通、保护传承弘扬黄河文化、补齐民生短板和弱项、加快改革开放步伐等作出细化部署。

系统梳理与黄河流域生态保护和高质量发展相关的法律法规,深入开展黄河保护治理立法基础性研究工作,适时启动立法工作,将黄河保护治理中行之有效的普遍性政策、机制、制度等予以立法确认。

全面评估黄河流域及沿黄河流域省份资源环境承载能力,严格规范各类沿黄河开发建设活动。围绕贯彻落实本规划纲要,研究出台配套政策和综合改革措施,形成"1+N+X"规划政策体系。

把党的领导始终贯穿于黄河流域生态保护和高质量发展各领域各方面各环节,充分发挥党总揽全局、协调各方的领导核心作用,确保黄河流域生态保护和高质量发展始终保持正确方向。

坚持中央统筹、省负总责、市县抓落实的工作机制。中央成立推动黄河流域生态保护和高质量发展领导小组,全面指导黄河流域生态保护和高质量发展战略实施,审议全流域重大规划、重大政策、重大项目和年度工作安排,协调解决跨区域重大问题,确保在2025年前黄河流域生态保护和高质量发展取得明显进展。

第四章　调整区域经济结构促进国土开发空间结构优化的总体思路

第一节　形成"整体分散,优势集中"的区域发展总体格局

以克鲁格曼(Krugman)为代表的新经济地理学家,从研究区域经济聚集力与分散力的角度,研究区域经济空间结构模式。一些学者分析资本存量产生的溢出效应对新资本形成成本的影响,从而构建了将溢出效应与空间结合起来的内生 LS 模型(Martin,P.和 G.Ottaviano,1999;Baldwin,R.,P.Martin 和 G.Ottaviano,2001)。根据 LS 模型,经济一体化为聚集力(表现为运输成本的减少),创新的扩散为分散力(即知识溢出效应),图 4-1 给出了 LS 模型的稳定性图示:当交易成本很高,或知识溢出成本很小(图 4-1 中的左上部)时,对称结构稳定均衡而 CP 结构均衡不稳定;当贸易自由度很大,或知识溢出成本很高(图 4-1 中的右下部)时,对称结构均衡不稳定而 CP 结构均衡稳定。①

以上 LS 模型的分析框架为经济一体化增加了知识溢出政策这一额外的路径。以知识溢出为代表的分散力的作用,加快全国统一市场的形成,并促进

①　安虎森:《新经济地理学原理》,经济科学出版社 2009 年版,第 233 页。

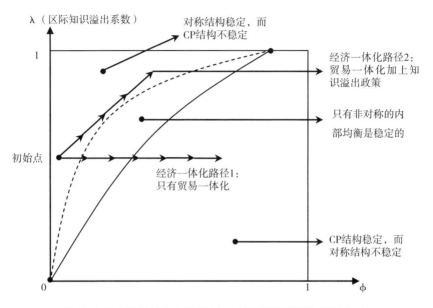

图 4-1　LS 模型的稳定性图示:一体化的稳定性和不稳定性

资料来源:Richard Baldwin,Rikard Forslid,Philippe Martion,Gianmarco Ottavino and Frederic Robert—Nicoud,*Economic Geography and Public Policy*,Princeton University Press,2003,p.183.

区域间的创新扩散。调整区域经济结构促进国土开发结构优化应该更加侧重于有利于分散布局的因素的作用,从而形成"整体分散、优势集中"的区域发展总体格局。具体地说,未来我国国土开发就是形成"四大板块并重—五条轴线共举—七个经济圈—若干城市群"四个层次组成的国土开发空间组织框架。

一、"四大板块"并重

东部地区。东部地区是我国发展基础最好、市场化水平最高、对外开放程度最深的地区,在新的历史条件下,东部地区要继续发挥引领国家经济发展的引擎作用,肩负着引领全国体制机制改革、参加国际竞争与合作的重任。在我国区域发展总体战略下,鼓励东部地区率先发展,就是要多渠道增加科技投入,着力提高东部地区自主创新能力,并积极推动科研人员流动和技术转移;

加快产业结构优化升级,优先发展以电子信息、生物医药、新材料等为代表的高技术产业、具有比较优势的先进制造业和现代服务业,并主动引导劳动密集型和一般低附加值产业向中西部地区转移;切实转变经济增长方式,发展循环经济,改善生态和人居环境,促进人与自然和谐发展;进一步深化改革、扩大开放,充分利用国内外两个市场、两种资源,不断拓宽经济发展空间;继续健全完善区域协调互动机制,加强在基础设施、市场开拓、产业发展和企业联合等方面的资源整合和优化配置,促进区域协调发展。

中部地区。中部地区位于我国内陆腹地,具有承东启西、连南通北的区位优势。区域内人口众多,自然、文化资源丰富,科教基础较好,初步形成了便捷通达的水陆空交通网络,是全国重要的粮食生产基地,工业基础比较雄厚,产业门类齐全。未来我国区域发展总体战略,要特别重视中部地区的发展,以加强粮食生产基地建设为重点,积极发展现代农业;进一步提高矿产资源开发利用水平,巩固和提升中部地区重要能源原材料基地地位;促进高新技术和先进适用技术与传统产业整合,推动传统制造业优化升级;加快构建综合交通体系,提高综合交通运输能力,强化其综合交通运输枢纽地位;积极承接东部地区产业转移,促进经济结构调整和战略升级。

西部地区。西部地区由于特殊的地理、自然条件的限制,长时期落后于全国经济发展水平,自实施西部大开发以来,西部地区在经济社会各领域都取得了一定的进展。新时期,尤其是国际金融危机致使大量开发国内市场的背景下,西部地区的发展仍然是政策支持的重点。应扎实推进生态建设和环境保护,实现生态改善和农民增收;继续加快基础设施重点工程建设,培育良好的经济发展的软硬件环境;进一步加强农业和农村基础设施建设,加快改善农民生产生活条件;发挥比较优势,发展能源、矿业、机械、旅游、特色农业、中药材加工等特色经济和优势产业;积极培育并发展壮大西陇海兰新线经济带、长江上游经济带和南昆经济区等重点经济区域,形成区域经济增长极;积极承接东部地区产业转移,实现产业优化升级。

东北地区。东北地区是我国早期重要的重工业基地,由于体制等方面的原因,东北地区发展困难重重,但东北地区具有雄厚的工业发展基础和得天独厚的资源优势,促进东北振兴战略有利于实现"整体分散、优势集中"的区域发展总体战略。未来一段时期内,应继续发挥产业和科技基础较强的优势,完善现代产业体系,推动装备制造、原材料、汽车、农产品深加工等优势产业升级,大力发展金融、物流、旅游以及软件和服务外包等服务业;并加快转变农业发展方式,建设稳固的国家粮食战略基地;注重保护好黑土地、湿地、森林和草原,打造国家生态安全的重要保障区,实现东北地区经济社会又好又快发展,着力打造中国经济增长第四极。

二、五条轴线共举

根据我国现有城市群的分布状况,未来中国的区域发展战略可以重点考虑构建五条主要发展轴线,形成"两横三纵"的城市发展网络,积极促进人才、资金、技术等经济要素由主要城市群向沿线延伸,提高对周边地区的辐射带动作用。

1. 沿江经济带

沿江经济带横亘我国东部地区、中部地区、西部地区三大地带,将长江三角洲地区与中部地区的武汉城市圈、长株潭城市群以及西部地区的成渝城市群紧密相连,作为沟通我国东、西、南、北经济技术联系的纽带和桥梁,具有广阔的腹地和国内市场。应充分利用长江"黄金水道"得天独厚的条件,大力整合经济带沿线的自然、产业等基础资源,充分发挥长三角对整个内陆地区的辐射带动作用,推进沿线主要区域开发进程,形成东西互动、南北扩展的发展格局。

2. 陇海—兰新发展轴

陇海—兰新发展轴作为欧亚大陆通道的重要组成部分,紧密连接了黄河三角洲地区与中部地区的中原城市群,向西一直延伸到西部陇海兰新经济带和天山北部经济带。开发陇海—兰新发展轴有利于加强我国东部地区与中西部地区的经济技术交流,同时也有利于推动与欧亚大陆沿线经济技术往来。而且,陇海—兰新发展轴还承担着我国领土绿色屏障的生态功能,更加注重经济发展与社会生态的协调。

3. 沿海经济带

沿海经济带一直是我国经济发展先行区域,具有较好的经济发展基础和较高的对外开放水平,无论是在经济规模、产业结构,还是在人才技术和国际化方面都走在全国前列。未来一段时间,沿海经济带应继续保持优势,继续进行沿海及城际通道建设,进一步扩大开放的广度和深度,并积极促进区域合作,推动网络化开发。不断提高自主创新能力,在经济转型升级、发展绿色循环经济以及参与全球合作与竞争方面为全国树立标杆。

4. 京广—哈大发展轴

京广—哈大发展轴横贯我国整个中部地区和东北地区两大板块,同时与环渤海湾地区与珠江三角洲相连,是我国承东启西、南北交汇的重要枢纽。京广发展轴既包括了我国重要的原材料工业、重化工业及装备制造业等重工业基地,也囊括了重要的商品粮生产基地,直接关系我国的粮食安全。未来一段时期内,京广—哈大发展轴应该依托京广铁路和哈大铁路及京港高速公路和哈大高速公路等,以主要城市和城市群为龙头,利用沿线已有产业基础优势,充分整合资源环境优势和综合交通运输优势,最大限度地发挥京广—哈大发展轴对沿线地区的辐射带动作用,从而促进各经济区和城市群加快开发进程,形成中部地区和东北地区新的开发框架。

5. 宝昆通道发展轴

目前,这一地带已成为西部地区纵贯南北的增长带,连接包兰铁路、陇海铁路西段、宝成铁路、成昆铁路等,是全国矿产和水力资源最富集的地区。西部地区经济社会的发展必须以该区域跨地区交通基础设施为依托,因而"十二五"期间要着重培育与建设宝昆通道发展轴,将关中—天水地区、成渝地区连为一体,促进该地区国土网络化开发,提高国土开发的辐射带动效应。

三、七大经济圈

以主要城市群为支点,根据其核心城市群对周边辐射范围的大小及其各主要城市群之间的经济联系程度,积极构造 7 个超越行政区域的经济圈组织。并通过核心城市群的示范和引领,带动其他邻近地区加快发展,提高我国区域发展空间结构的相对均衡和区域内部的有机联系。

1. 环渤海经济圈

环渤海经济圈是我国发展较早的地区,以京津冀城市群、辽中南城市群、山东半岛城市群为核心,包括三大城市群的腹地。具体而言是指以辽东半岛、山东半岛、京津冀为主的环渤海滨海地带,同时延伸辐射到山西省、辽宁省、山东省及内蒙古自治区东部。环渤海地区业已形成完善的交通运输体系,具有雄厚的工业基础和科技教育优势,三个核心城市群产业发展具有一定的互补性,并且在生态环境保护与建设方面存在密切关联,具备形成更紧密经济有机体的基础和条件。

2. 泛长三角经济圈

主要包括覆盖上海市、江苏省、浙江省的长三角城市群,和安徽省承接产业转移示范区,以及各自直接辐射的区域。该区域具有最完善的交通运输体系、最成熟的市场经济体制和最全面的对外开放水平。泛长三角经济圈的发展,应着重于经济发展转型的全面探索、侧重于区域合作和创新的初步尝试和产业转移与承接产业转移互动的有效实践,从而为全国区域合作先行先试。

3. 大珠三角经济圈

以珠三角城市群为支点,以粤港澳经济一体化合作为纽带的广大辐射带动区域。坚持"一国两制"方针,推进粤港澳紧密合作、融合发展,打造亚太地区最具活力和国际竞争力的城市,并有效利用较高的对外开放水平优势,积极创新国际区域合作机制,进一步全面提升大珠三角经济圈经济的国际化水平,完善内外联运、互利共赢、安全高效的开放型经济体系。

4. 海峡西岸经济圈

以海峡西岸城市群为主体,包括其周边地区。海峡西岸经济区要积极参与长江三角洲和珠江三角洲的区域分工与合作,逐步形成整个沿海一线的完整发展布局。同时,积极发挥海峡西岸经济圈独特的对台优势,努力构筑两岸交流合作的前沿平台,加强海峡西岸经济圈与台湾地区的全面对接,推动两岸交流向更大范围、更大规模、更高层次迈进。

5. 成渝—关中经济圈

以成渝城市群和关中城市群为主体,包括两个城市群的周边地区。尽管就全国而言,无论是成渝城市群还是关中城市群实力都偏弱,但在西部地区,其经济基础相对较好,也具有一定的人才和技术优势,具备集聚优势资源且辐射带动周边区域的能力。成渝—关中经济圈的发展,需要以构筑交通基础设施网络为重点,积极推动区域分工与合作,构建冶金、能矿等优势产业和特色产业体系。

6. 中三角经济圈

以中原城市群、武汉城市圈和昌九工业走廊为主体,包括其周边地区。中三角经济圈囊括中部地区各个省份,具有承东启西、连接南北的区位优势和四通八达的交通优势,而且具有雄厚的工业基础,是全国重要的商品粮基地。中三角经济圈应致力于产业集聚区的建设和承接产业转移示范园区的构建,并积极打造现代装备制造业基地。

7. 哈大齐经济圈

以哈大齐城市群为主体、涵盖东北三省及内蒙古东部地区的广大区域。哈大齐经济圈经济发展基础较好,是我国早期的重工业基地,具有完备的工业体系。该区域的发展应以机制体制创新为重点,破除区域发展的藩篱,并积极加强国际区域合作,打造东北亚地区重要经济增长极。

四、若干城市群

根据未来区域发展"整体分散、优势集中"的总体战略,以及当前人口迁移的趋势,可以认为未来一段时期内,我国人口和产业在小范围内流动的整体格局将进一步向主要城市群集聚,根据城市人口规模和经济规模,并综合考虑区位分布状况及其在全国经济版图中所处的地位和所担负的作用,将承载人口与产业聚集的城市群划分为三个层级:

一级城市群。包括长三角城市群、珠三角城市群、京津冀城市群,其肩负的使命主要是引领带动区域经济,并积极参与国际竞争,着力提升我国在经济全球化过程中的影响力和带动力。

二级城市群。包括辽中南城市群、山东半岛城市群、成渝城市群,主要作用是在更大范围内引导区域经济发展,集聚人口和经济活动,并着力布局国家基础性产业、战略性产业,并辐射周边城市的发展。

三级城市群。包括哈大齐城市群、长江中游城市群、关中城市群、长株潭城市群、北部湾城市群、天山北麓城市群、海峡西岸城市群、中原城市群等区域性增长中心,其主要功能是集聚国家战略产业,并作为区域性经济增长中心,充当促进全国经济社会统筹协调发展的重要载体。

第二节　打造"类型区+经济带+城市群"的空间经济新型增长极

中国应当将区域政策调控、区域经济开发和新型城镇化统一到新的增长极建设之中,进一步发挥新型增长极的带动和溢出作用。为此,采用"类型区+经济带+城市群"的增长极构建框架具有重要的理论和现实意义。主体功能区作为区域发展的基础性制度,是区域发展的"本底"。根据区域发展的实践和我国区域特色划分类型区,使类型区具有区域政策调控抓手和载体的重要属性,是国家指导和规范区域经济发展的必要手段。经济带和城市群互为依托、共同构成带动区域经济发展的经济增长极。其中,经济带的发育是城市群的重要支撑,城市群的建设是经济带的重要空间带动力量。将类型区与经济带和城市群有机结合在统一的增长极中将是国家政策指导和区域经济演化发展两种基本机制齐抓并举的重要空间开发模式。为此,应当从以下三个方面推动新型空间经济增长极的构建。

第一,依托类型区,干预聚焦化。国家空间干预应当以类型区为重要抓手,实现区域政策向"改革、开放、生态"三大领域的聚焦化。

要积极推动空间干预的"改革"聚焦化。新常态的宏观背景和中国经济社会发展的历史阶段都要求中国通过深化改革带动各方面工作的提升。区域战略和区域政策要突出"改革"导向,空间干预积极向"改革"领域聚焦。要积极推动综合配套改革试验区的改革试点工作,依托中国国土空间纵深容纳改革张力、总结改革经验、优化改革举措,从空间经济角度落实深化改革的各项进程。要调动地方改革动力、推进新型城镇化改革试点工作,增强城镇化体制机制改革创新动力,优化中国新型城镇化道路。

要积极推动空间干预的"开放"聚焦化。以开放促改革、促发展是改革开放以来中国经济发展的重要经验,区域经济发展和区域政策调控要进一步向"开放"聚焦。要加快上海市、广东省、天津市和福建省等自由贸易试验区建设,积极探索新的投资、贸易和金融新体制。要进一步加快沿边开放,构筑全方位的对外开放格局。

要积极推动空间干预的"生态"聚集化。建设"美丽中国"是中国经济社会发展的重要战略部署,区域经济战略和政策干预必须依托类型区、助力生态化。要进一步推进主体功能区制度的落实、落地,统筹经济社会发展和资源环境承载力两个方面的因素,实现区域经济"绿色发展"。

第二,构建经济带,联系东部地区、中部地区、西部地区。2013 年以来,新常态下区域发展的经济带建设的思路比较明确,目前已经形成或重点打造的国家级经济带主要有三个:第一,环渤海经济带。环渤海经济带处于东部地区,贯通南北、连接陆海,总人口 2.5 亿人,GDP 以及投资、消费、进出口等主要指标都约占全国的 1/4,作用独特、区位优越、基础雄厚,正处于转型发展的关键阶段,是中国经济最有潜力的新增长极之一。其中,京津冀协同发展是本区域发展的核心,也是打造国家首善之区的关键性战略。第二,长江经济带。长江经济带是继中国沿海经济带之后最有活力的经济带,依托长三角城市群、长江中游城市群、成渝城市群,做大做强上海市、武汉市、重庆市三大中心城市三大航运中心,推进长江中上游开发,拓展我国经济发展空间。第三,新丝绸之路经济带。新丝绸之路经济带是在古丝绸之路概念基础上形成的一个新的经济发展区域。东边牵着亚太经济圈,西边系着发达的欧洲经济圈,被认为是"世界上最长、最具有发展潜力的经济大走廊",是打造西部大开发的"升级版"。随着"一带一路"倡议的提出与实施,新丝绸之路经济带成为国家大战略的重要支撑。

中国经济带的建设是为了构建中国区域空间的战略格局,形成全部国土科学开发的框架体系。因此,目前还是处在"织网"的阶段。在中国区域空间的战略格局的大网中,至少还将有若干经济带可以打造:一是东南沿海经济带。随着沪深高铁的全线贯通,上海自贸区、天津滨海新区、粤港澳合作区等助其提速,一个连接长三角城市群、海峡西岸城市群、珠三角城市群和北部湾城市群的经济带已经呈现。二是珠江经济带。与长江经济带平行、支撑我国南方发展的珠江经济带,包括广东省、广西壮族自治区、贵州省、云南省,它是以珠三角为龙头、涵盖整个西江流域的一个经济整体的面貌出现,并将进一步拓展中国的区域经济空间。三是东北中部经济带。从黑龙江北部一直到辽东半岛,形成一个纵贯东北平原腹地的经济带。这里有中国最大的平原,有丰富的煤炭、石油、粮食等资源产品。东北中部经济带的建设将有利于本区的东北亚区域中心作用的发挥。四是黄河经济带。包括山东省、河南省、陕西省、甘肃省、青海省,黄河经济带东到黄海,西接新丝绸之路经济带,是中国的经济脊梁。五是长城经济带。在中国的北方,沿长城一线,包括北京市、河北省、山西省、内蒙古自治区、宁夏回族自治区,在中国的北方内陆形成一个强大的经济地带。这个经济带将承担起中国最大的能源基地的职能。

当这些经济带全部形成之时,中国区域空间的新格局将最后形成。

第三,谋划城市群,推进城镇化。改革开放以来,我国城镇化率年均提高1.02个百分点;2000年以来,城镇化率年均提高1.35个百分点,2014年城镇化率达到55%以上。中国的城镇化正以前所未有的速度向前推进。其中,城市群是我国城镇化的基本载体。虽然目前我国已经形成或正在形成的城市群多达二十多个,但从总体上来看,真正对中国区域经济格局起支撑作用的,仍然是长三角城市群、成渝城市群、珠三角城市群、京津冀城市群、山东半岛城市群、辽中南城市群、武汉城市群、长株潭城市群、关中城市群和江淮城市群十大城市群。这十大城市群GDP总量之和约占全国GDP总量的60%左右。

要坚持"东西联动、体系优化、分工合理"的方向优化城市群空间布局。

以长三角、珠三角和京津冀城市群为代表的东部沿海城市群,经济总量大,产业结构日趋合理。东部沿海城市群在产业结构方面也日趋合理,第一次产业比重不断下降,第二次产业内部不断调整优化,第三次产业比重逐渐提高且层次不断提高,总体来看,三次产业比重日益协调。广大中西部城市群在经济总量方面还相对较小,产业结构还不尽合理,但近年来发展速度迅猛。在未来,中西部城市群应抓住发展机遇,因地制宜积极主动承接产业转移,成为中国城镇化的主力军,为整个经济的长期可持续发展作出贡献。

"东部崛起、西部承接、东西联动"是优化城市群空间布局的重要方向。在促进城市群经济发展的过程中,注重优化城市群的等级体系,实现大中小城市的协调发展。同时,发挥中心城市的带动作用、提高城市群的分工水平,实现城市群结构优化和提质增量。

第三节　构建区域经济多支点协调、跨行政区协同、陆海统筹的"均衡协调"新格局

"十四五"时期,中国的区域协调发展应当提出更高的要求,我们认为,"均衡协调"是符合中国区域发展基本态势的重要目标定位。"均衡协调"的内涵就是多支点协调、跨行政区协同和陆海统筹。

在此之前,中国区域经济协同发展更多关注东部地区、中部地区、西部地区和东北地区的板块间协调,并且这一战略定位已经取得良好的成效,"四大板块"间的区域差距在 2005 年之后已经出现稳步下降的态势。在此背景下,"均衡协调"应当包括更加丰富的区域发展内容和更加与时俱进的发展定位。"均衡协调"是中国经济多极化趋势下多支点、多层次空间经济协调。在比"四大板块"划分更细尺度上的中国经济各个增长极和经济支点之间找寻新的空间经济平衡是新常态背景下区域经济的新命题。"均衡协调"更加强调突破行政区划的束缚、实现区域经济协同发展。以京津冀协同发展战略为代

表的区域协同发展战略要求突破原有行政区划的束缚、实现区域经济的协同发展,这必然是"均衡协调"的应有之义。"均衡协调"将陆海统筹作为新的分析维度。随着中国海洋权益重要性的日益提升,对海洋国土的规划发展成为新的任务,陆海协调成为协同发展的新维度。

积极推动区域经济"均衡协调"新格局的构建,包括以下三个方面的内容:

第一,建立多层次区域空间体系,形成全方位区域经济关系。建立优化的区域空间体系,逐渐形成以城市群发展为核心、发展轴打造为引导、经济区合作为重点的国土开发空间模式,形成全面区域开发新格局。随着区域间联系的紧密,区域间打破行政界限,推进区域经济一体化发展的趋势较为明显。2014 年,西咸新区、贵安新区获批成为国家级新区,晋陕豫黄河金三角区域合作也上升为国家战略,乌大张长城金三角区域合作也在推进当中,区域协同发展进程有所加快。目前,区域协同发展最为典型的是京津冀协同发展,成为国家三大区域战略之一,其协同发展的效果备受关注。此外,全国区域协同发展较为典型的地区还包括广佛、宁镇扬、厦漳泉、沈抚、成德、合淮、郑汴、乌昌、太榆等。

第二,突破行政区划固有束缚,谋求区域经济协同发展。全方位区域经济关系的形成,表现为区域协同发展进程的加快。一是国家重大战略的引导,例如,中央对京津冀协同发展作出了顶层设计,在全国形成了示范效应,在一定程度上影响各地区的政策安排,加强区域合作的政策指向更加明显;二是各地区的城市病问题日益凸显,降低了区域中心城市的运行效率,加快了这些城市进行功能疏解的步伐;三是中心城市产业升级的需要,区域中心城市的产业选择正在向总部经济、生产性服务业、绿色经济转变,需要向外转移传统、低端制造业,促进与周边地区的产业分工协作。

第三,拓宽区域协调发展分析维度,推动海洋国土优化开发。在各类区域关系中,根据不同地区和海域的自然资源禀赋、生态环境容量、产业基础和发展潜力,处理好陆海关系十分重要。按照以陆促海、以海带陆、陆海统筹、人海和谐的原则,积极优化海洋经济总体布局,形成层次清晰、定位准确、特色鲜明的海洋经济空间开发格局,推进我国的海洋经济发展。建设全民新观念,树立现代海洋观,既要有陆权意识,也要有海权意识。同时,要保障国家海上安全和经济发展为基本目标,建设强大的海洋综合力量,促进海洋经济、海洋科技、海洋生态环境保护事业全面发展。要通过全党和全国人民的长期不懈努力,科学开发海洋,发展蓝色经济;要建设生态海洋,促进人海和谐;谋求和平发展,推动合作共赢。要坚持走和平发展道路,不能牺牲国家的核心利益。在海洋权益的问题上,必须立场鲜明,行动有力。坚定不移维护岛屿主权,审慎处理海洋划界问题。

第四节　完善绿色发展的区域政策保障

近些年来,面对严峻的资源环境形势,中央日益重视生态文明建设。党的十八大报告提出"五位一体"的总布局,将生态文明建设作为中国特色社会主义事业的重要内容。2015 年 5 月,中共中央和国务院印发了《关于加快推进生态文明建设的意见》,将生态文明建设推向了新高度。党的十八届五中全会指出,要坚持绿色发展,建设美丽中国。生态文明建设的思想逐步体现在区域发展战略中,成为区域发展的新亮点。

第一,强化绿色发展区域政策的属性分析。生态文明导向的区域政策具有以下三个基本属性。一是地域性。所谓地域性,是指从全国层面的生态文明规划文件中可以看出,主要集中在重点生态区域,除了主体功能区规划明确的限制开发区和禁止开发区外,一些专项规划还聚焦在鄱阳湖、洞庭湖、黄河三角洲等地区,这是自然条件所决定的。二是阶段性。国家对一些非重点生态区批复了生态文明建设的规划文件或指导意见,例如福建省和浙江省湖州市,这些地区的经济发展程度较高,在培育生态文明文化、转变经济发展方式、调整政府考核机制等方面具备较有利的条件。对西部地区而言,大多数省份还处在工业化中期阶段,对经济发展的重视程度相对更高,生态文明建设只是处于初级阶段。三是经济发展关联性。在生态文明的专项规划中,生态文明多与经济发展相结合,鄱阳湖、洞庭湖、黄河三角洲均定位为生态经济区建设,其他地区也将循环经济、绿色工业、生态农业作为重要内容。生态文明与经济发展相融合,正所谓"绿水青山就是金山银山",做到在发展中保护,在保护中发展,应当看到其中的经济价值,这样能更有效地调动地方政府的积极性,增强生态文明建设的生命力。

第二,完善绿色发展导向的区域政策体系,缩小空间干预单元。在绿色发展要求下推进区域经济发展,需要完善区域政策体系,缩小空间干预单元。一段时间以来,我国区域政策的关键点放到大的区域板块上面,大区域的规划、主体功能区规划等,成为区域政策的主轴。从发挥市场在资源配置中的决定性作用促进区域协调发展的目标来讲,这样的顶层设计是十分必要的。从这个核心主轴出发,我国的区域政策是为区域发展总体战略和主体功能区战略服务的,是从战略规划的角度去指导我国区域发展的宏观布局,并在此基础上形成区域政策体系。这个政策体系在加快构建全国统一市场、实现生产要素在区域间自由流动和产业转移、促进区域之间的分工等方面,起到了关键性的作用,使各区域在要素流动、资源开发、产业发展、生态环境治理与保护等诸多方面,形成发展的合力。

然而,市场机制推动要素流动,自然资源在区域间的配置等,需要有一定的作用空间。生态环境具有鲜明的地域性特征,缩小区域政策的作用对保障区域经济绿色发展极为重要。例如,资源共享、机会共享、利益共享等,就只能在一个有限的空间做到,而不大可能在一个辽阔的区域做到。所以,不管是经济区划、主体功能区划、区域发展战略、空间规划、空间开发模式、空间管制等,都需要一定的能发挥作用的合适空间,以提高空间效率。推动绿色发展的区域政策应当坚持精细化调控原则,进一步细化空间尺度,提高干预精度。

总之,我国区域经济发展的基本面依然很好,这是我国区域发展的大趋势。近十年来出台的区域规划已经进入效果显示期,这些规划的实施和目前大力推进的经济带建设的效果,或将彻底改变我国区域空间的格局。

第五章　城市空间结构与
自主创新的影响

当今时代,经济全球化迅猛发展,科技变革日新月异,我国区域经济发展面临着新的战略机遇和挑战。一方面,我国要转变区域经济发展方式,就是要提高创新对经济增长的贡献率,突破劳动力、资本、土地等传统生产要素对经济发展的制约,减少发展的能源和环境代价;另一方面,我国要抓住科技革命带来的发展机遇,突破发达国家对核心技术的垄断。提高自主创新能力是突破区域经济发展约束、推进区域经济又快又好发展的重要途径。

第一节　中国城市格局演变与城市化进程

城市是区域的核心构成。城市分布与空间格局的变化,直接影响区域空间格局的变化和优化。中国城市化的进程演变伴随城市本身的发展,走过了一条曲折的道路,成为中国区域空间格局演化的一个重要组成部分。

一、区域均衡发展战略下的城市空间格局

新中国成立初期,出于政治、国家安全以及经济均衡发展的考虑,我国长期把经济发展重心放在中西部落后地区,以期改变国家生产力布局长期集中

在东南沿海地区的格局。根据当时的国际政治背景以及苏联援建的156个项目布局四原则出发,我国确定了城市发展的重点在西部地区的原则,1949—1957年西部城市数量年均增长2.13个,而同期东部年均新增城市不足0.5个。同时,受传统社会主义经济发展理论的影响,我国实行追赶型的经济发展战略,城市建设中强调城市的生产功能,而忽视城市的消费功能和服务功能。不仅在新建城市中强调城市的工业生产,而且对新中国成立初期的消费型城市(北京市、广州市等)进行了改造。1964年我国在中西部地区开展"三线"建设,直接导致了我国工业布局、城市布局的调整。大批工厂及工人从东部沿海发达地区转移到西部内陆地区。这一时期城市化的成果主要体现在西部地区,1954—1980年,大陆29个省级单元中,城镇人口增长速度最快的10个省份中除北京市外全部是中西部地区的省份,以内蒙古自治区、新疆维吾尔自治区、青海省、宁夏回族自治区、黑龙江省等西北方边远省份增幅最大。增长最慢的10个省份中却有7个是东部地区,除北京市、辽宁省外,所有的东部地区城镇人口在全国的比重都在下降。

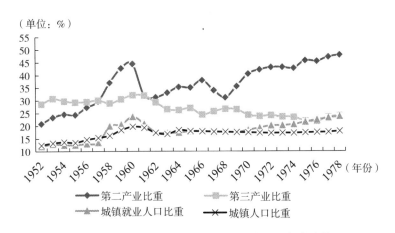

图 5-1　1952—1978 年中国城镇化和产业化变动趋势

在均衡发展战略的影响下,我国西部地区一批新城市得到培育,形成了一批中心城市,客观上带动了西部地区的经济发展,但是由于脱离了经济发展规律,新建城市普遍效率较低,功能单一,制约了我国经济的总体增长。这一时期的城市发展政策反复波动,1958—1960 年的城市政策过于激进,导致我国出现虚假城市化,三年间城市化率迅速由 15.4% 提高到 19.8%,直接导致1961 年之后的城市化停滞和倒退,1961—1978 年中国城市化进程长期停滞。1978 年我国城市化率为 17.9%,低于 1960 年的城市化水平(见图 5-1)。

二、区域非均衡发展战略下的城市空间格局

1978 年我国开始实现改革开放政策,与此同时,我国的区域发展战略也得到了及时调整。从第六个五年计划(1981—1986 年)开始,我国正式实施向沿海倾斜的区域发展战略。这一阶段城市空间格局演变特点是东部地区快于中西部地区,南部地区快于北部地区。改革开放后,由于东部地区具有地缘优势,我国在 1979—1980 年设立 4 个经济特区,1984 年开放 14 个沿海港口城市,1985 年长江三角洲、珠江三角洲、厦漳泉三角地带划为经济开放区,1988年 3 月,国务院进一步扩大沿海经济开放区的范围,将天津、河北、辽宁、江苏、浙江、福建、山东和广西的 153 个市县实施对外开放;同年 5 月,国务院设立了海南岛经济特区,同时开放了辽东半岛和山东半岛等 140 个市县。至此,中国东部地区形成了包括经济特区、沿海开放港口城市和沿海经济开放区在内的沿海开放地带。在地缘优势和政策优势的吸引下,大量外来资本进入我国东南沿海地区,在珠江三角洲地区掀起了以"三来一补"为特色的出口贸易产业,带动珠江三角洲地区形成大量专业镇。而在长三角地区则产生了以私营经济为特色的"温州模式"和以集体经济为特色的"苏南模式"。这些地区的农民摸索出了一条农村工业化带动城镇化的城市化模式,在乡镇企业的快速发展下,大量农村剩余劳动力进入乡镇企业,形成了"离土不离乡,进厂不进城"的农村工业化模式。

乡镇企业的快速发展带动了我国城镇化发展,1978—1995 年我国乡镇企业由 1978 年的 152 万个增加到 1995 年的 2203 万个,平均每年净增乡镇企业

120万个;乡镇企业从业人数由2827万人增加到12862万人,平均每年新增就业590万人。从城市发展的空间格局看,1949—1957年东部年均新增城市数量(0.5个),不到西部地区(2.13个)的1/4。1958—1978年,东部地区的城市数量总体上呈负增长。而改革开放之后,这一城市发展格局发生了变化,1978—1992年,东部地区城市年均增长12.2个,明显快于中部(8.5个)和西部地区(4.3个)。如以淮河—秦岭—白龙江为界将全国分为南北两半,则改革开放以前我国城市数量的增长北方略快于南方,1978年以后则是南方(年均增长14个)明显快于北方(平均增长11个)。

1978—1990年的12年间,我国城市化水平提高了8.5个百分点。可是该时期的城市发展存在一个明显的缺陷,就是城市化严重滞后于工业化。甚至有学者形容该时期的工业化为"没有城市化的工业化"。我国小城镇带动城市化的发展模式开始暴露出其弊端。1980年我国小城市在全国总城市中的占比为15%,到1990年小城市数量的占比超过30%,而大城市和特大城市占比不断减少,说明改革开放初期中小城镇得到较快发展。

三、区域协调发展初期的城市空间格局

随着我国市场经济制度改革不断深化,城市土地改革和户籍改革开始实施,加速了我国东部地区城市建设速度和中西部地区农村人口向东南沿海城市迁移。促使东南地区出现了上海市、广州市、深圳市、杭州市、南京市等大型城市,也促使我国东部地区形成了珠三角和长三角两大城市群。

20世纪80年代后期,我国开始推行城市土地改革制度,土地改革的重点是将以往土地无偿使用和无限期使用的制度废除,改为以招标、协议和拍卖制度为标志的土地出让制度,土地出让的款项主要用于城市基础设施建设、新区基础设施配套和老城区改造。城市土地改革制度充分调动了地方政府的城市建设积极性,各个城市开始扩建新区、工业区和高新技术开发区,促使经济发达的城市向大城市和超大城市发展。如广州市建立了广州开发区,建立了广

州高新技术开发区、广州加工贸易区,上海市开发了浦东新区,建立了国家级的外高桥保税区、张江高科技园区、金桥出口加工区等园区。土地制度改革促使我国东部地区大城市不断涌现,城市发展用地过快膨胀,1991—2000年我国城市建设用地每年平均为150万亩,东部地区城市建设用地平均为每年280万亩。在城市建筑用地规模上东部地区和南部地区明显超越了中西部地区和北部地区。到改革开放中期,东部地区城市建成区面积在全国的占比达到40%以上,是中西部地区城市建成区面积之和,而中西部地区城市建成区面积保持在20%左右。东北地区城市建成区面积占比在16%—19%之间,由于东北地区只有三个省份,所以东北地区城市密度要高于中西部地区。从空间分布看,西部地区面积广、省份多,但是城市建成区面积与中部6省相当,说明西部地区城市密度较低。

在城市土地制度改革的同时,我国放松了长期实施的户籍管理制度,城乡二元结构被打破,从1984年开始,我国允许农民到城市务工经商,大批中西部地区农民向东部沿海地区转移,极大地促进了东部沿海地区经济发展,也带动了东部沿海地区的城市化进程。1978—2000年我国东部地区的劳动力就业人口年增长率维持在3%左右,相对于我国0.6%—0.8%的生育率,要高出将近5倍,这些劳动力供给缺口都由来自农村的剩余劳动力弥补。在改革开放初期,东部沿海地区的城市化过程使大量本省的农民进入城市,大量城镇发展成为中小型城市。东部地区城市化达到一定程度之后,中西部地区的农民大量进入东部地区,扩大了东部地区城市人口。

从城市化水平看(见表5-1),2000年,上海市、北京市、天津市、广东省、辽宁省排名靠前。从完整的统计数据看,改革开放以来,广东省、浙江省、江苏省、福建省、湖北省、山东省等经历最快速的城市化,1982—2000年城市化率增加了20%。而这些地区中除了湖北省以外,都处于东部地区。在中西部地区,山西省、新疆维吾尔自治区、宁夏回族自治区等城市化进程缓慢,其中河北省到2000年城市化水平只有26.3%。从城市人口的分布看(见表5-2),东部地区城市人口数量最多,超过中西部地区之和。城市人口增长最多的省份是广东省,1982年广东省城市人口只有1060万,而2000年广东省城市人口达到了4829万,人口增长了4倍多。而东部地区山东省、江苏省在1982—2000年人口也增长了2倍以上。而中西部地区城市人口数量增长明显慢于东部地区。

表5-1 1982—2000年中国及前5位省份城市化水平 （单位:%）

地区	1982年	1985年	1990年	1995年	2000年
上海市	60.28	63.21	69.05	81.63	88.31
北京市	66.29	68.36	70.91	75.78	77.55
天津市	70.4	72.46	74.05	74.87	71.99
广东省	19.76	24.68	36.82	54.25	55.66
辽宁省	43.41	48.57	51.02	53.9	54.91
东部地区	24.75	29.3	34.39	41.64	46.47
中部地区	20.39	22.94	26.01	29.62	32.58
西部地区	17.02	19.69	22	25.55	28.77
全国	21.39	24.72	28.27	33.28	37.04

表5-2 1982—2000年中国及前5位省份城市人口数量 （单位:百万）

地区	1982年	1985年	1990年	1995年	2000年
广东省	10.6	15.66	24.11	40.67	48.29
山东省	14.55	19.49	25.46	32.32	34.95
江苏省	9.81	12.4	16.69	22.26	31.42
湖北省	8.49	11.2	15.53	20.58	24.52
辽宁省	15.51	17.7	20.07	21.98	23.38
东部地区	93.23	114.88	147.73	191.29	229.06
中部地区	69.27	80.63	98.64	118.68	135.55
西部地区	48.98	58.43	70.18	86.66	102.37
全国	215.71	258.17	319.74	399.83	469.57

在改革开放深化阶段,东部地区城市化速度明显超过了中西部地区和东北地区,显示改革开放初期东部地区城市化快于中西部地区,南部地区快于北部地区的趋势得到进一步加强。东南沿海地区城市密度高于中部地区,中部地区城市密度高于西部地区的空间分布趋势进一步得到加强。

四、区域协调深入发展时期的城市空间格局

在改革开放初的 20 年里,中国城市化得到快速发展,城市化水平得到较大提升,但是城市化水平仍然低于我国的社会经济发展水平,严重制约我国综合实力与国家竞争力的提高。《中国城市发展报告(2003—2004)》指出,截至 2003 年年底,中国城市化水平比世界平均低 10 个百分点,比世界发达国家平均低 30 个百分点。与此同时,快速的城市化也造成了我国城市化质量不高的问题,"伪城市化""半城市化""候鸟型民工"等现象非常严重。我国外出务工的农民数量庞大,这些农民工并没有实现城市化,而是像候鸟一样在城乡之间迁移,而当地的城市化发展非常缓慢。这一现象导致我国东部地区过度城市化,城市土地开发几乎殆尽,而中西部地区城市发育迟缓,城市空间格局失衡。2008 年年末我国统计城市化率为 45.7%,但是实际上有 2 亿农民被统计在内。

为了缓和经济空间发展的不均衡现象,促进经济协调发展,21 世纪以来我国陆续实施了"西部大开发战略""振兴东北老工业基地""中部地区崛起"等均衡发展战略,旨在缓和区域经济发展差距,改善经济发展空间格局。我国城市空间格局进入新的调整期。东部地区城镇化水平速度开始放慢,中部地区和西部地区城市化速度开始提升。"十五"期间(2001—2005 年),我国东部地区城市化率年均提高 1.21%、中部地区为 1.45%、西部地区为 1.27%、东北地区为 0.62%,说明中部地区和西部地区城市化速度超过东部地区。2005—2009 年,中西部地区城市化速度进一步提升,而东部地区城市化速度开始放缓。这一阶段中部地区城市化每年提高 1.43 个百分点,西部地区提高

1.22 个百分点,东部地区则降低 0.95 个百分点,东北地区年均提高 0.56 个百分点,增速最低。从四个区域的城镇人口增量看,东部地区城镇人口增长绝对量仍然是最大的,其次是中部地区、西部地区和东北地区。从城镇人口占全国人口的比重看,2005 年之后东部地区城镇人口占全国人口的比重开始下降,2005 年东部地区城镇人口占比为 43.97%,到 2009 年东部地区下降为43.45%,下降 0.52 个百分点。而中部地区城镇人口不断提升,到 2009 年城镇人口占比已经攀升到 23.82%。西部地区在 2000 年之后,城镇人口占比开始提升,但是低于 1982 年的占比情况。东北地区则受到产业结构调整和经济发展速度的限制,城镇化速度最慢。

从城市的密度情况看(见表 5-3),我国东部地区城镇密度最高,2005 年城镇密度达到每万平方公里 70.52 座,中部地区次之,西部地区的城镇密度最低。东部地区城镇密集,特别是在东南沿海地区形成了特大城市、大型城市、中小城市以及城镇组成的连绵不断的城市带。我国东部地区目前已经形成了以上海市为中心、南京市和杭州市为次级中心地的长三角城市群,以广州市、深圳市、香港特区为中心的珠三角城市群,以北京市、天津市为中心的京津唐城市群,以济南市、青岛市为中心地的山东半岛城市群等城市密集区。"十一五"以来,随着中西部地区城市化速度的提升,中西部地区部分发展条件优越和经济发展较快的地区也出现了城市群,如中原城市群、皖江城市群、成渝城市群、关中城市群等。这些城市群成为未来主导区域城市经济发展的主体。

表 5-3　2005 年我国城镇分布密度　　(单位:座/万平方公里)

项目	东部	中部	西部	东北	全国
城市密度	2.50	1.64	0.25	1.14	0.69
建制镇密度	68.02	48.69	10.35	19.45	20.91
城镇密度	70.52	50.33	10.60	20.59	21.61

五、区域发展新格局下的城市空间格局

这一阶段是以跨区域合作为导向的协同发展阶段。党的十八大以来,区域协调发展这一基本战略思想得到进一步深化,新时期的"区域发展总体战略",不是简单地重复已有的西部大开发、东北振兴、中部崛起和东部率先发展的战略,而是要通过深入实施区域发展总体战略,打造中国区域经济的"升级版"。长江经济带、新丝绸之路经济带、环渤海经济带是实现跨区域合作、构建中国经济新的增长极的载体,"京津冀""长三角""珠三角"是区域经济协同发展的重要支点。城镇化有利于培育新的增长极,促进经济增长和市场空间由东向西、从南至北梯次拓展,为区域协同发展提供了更有力支撑。

2005 年,中共中央已提出建设中国特色城镇化发展道路,坚持走中国特色的城镇化道路,按照循序渐进、节约土地、集约发展、合理布局的原则,努力形成资源节约、环境友好、经济高效、社会和谐的城镇发展新格局。其后,在"十一五"规划中,促进城镇化健康发展被写入"促进区域协调发展"一篇中,提出要"坚持大中小城市和小城镇协调发展,提高城镇综合承载能力,按照循序渐进、节约土地、集约发展、合理布局的原则,积极稳妥地推进城镇化,逐步改变城乡二元结构"①。并明确提出将城市群作为推进城镇化的主体形态,对京津冀、长三角和珠三角地区已经形成城市群发展格局的地区,要进一步增强其辐射带动作用和整体竞争力;对具备城市群发展条件的区域,要"加强统筹规划,以特大城市和大城市为龙头,发挥中心城市作用,形成若干用地少、就业多、要素集聚能力强、人口分布合理的新城市群"。2012 年,在破解资源型城市与独立工矿区可持续发展问题的进程中,首次提出走可持续的新型城镇化道路。2013 年,在党的十八届三中全会中正式提出"坚持走中国特色新型城镇化道路,推进以人为核心的城镇化,推动大中小城市和小城镇协调发展、产

---

① 《中华人民共和国国民经济和社会发展第十一个五年规划纲要》,人民出版社 2006 年版。

业和城镇融合发展,促进城镇化和新农村建设协调推进。优化城市空间结构和管理格局,增强城市综合承载能力"。并于 2014 年年初,国务院印发了《国家新型城镇化规划(2014—2020 年)》,提出了未来城镇化的阶段性目标。这是中国出台的首个有关城镇化的综合性规划,标志着中国城镇化已经步入了战略明确、综合布局和整体调控的阶段。

新中国成立以来,我国的城市化水平得到极大提升,城市的空间布局也受国家政策和发展战略的影响发生了深刻变化。目前,我国的城市化历程仍然处于中期,将近一半的人口仍是农业人口,如果要达到欧美的城市化水平,城市化率达到 75% 以上,我国仍有近 3.4 亿人口需要进入城市生活,如果考虑到我国目前 2.5 亿的"候鸟型"农民工,我国城市化的历程仍然非常艰巨。在城市空间格局上,由于我国西部地区山地多、水资源缺乏,适合城市建设的地区非常有限,所以我国未来城市建设的重心主要在中部地区和东北地区。而东部地区城市密度高,人口和环境压力较大,未来的城市发展应该以"控制规模、适当分散"为主要目标。

第二节　城市规模结构与自主创新的关系

创新驱动发展战略提出以来,自主创新成为我国转变经济增长方式、推动供给侧结构性改革的重要引擎,自主创新主要通过科技进步来表现,科技进步可以提高企业的合理规模,提高城市对产业和人口的环境容量,这些都将促使城市规模的进一步优化。

一、城市规模的内涵与影响因素

所谓城市规模是指在城市地域空间内聚集的物质与经济要素在数量上的差异及层次性,它主要包括城市人口规模、经济规模、土地利用规模这三个互相关联的有机组成部分。一定的经济规模吸纳着一定的人口规模,而一定的人口规模又要求有一定的土地规模。三者相互作用、互为因果。

1. 地形地貌

地形地貌是影响城市规模的一个基本因素。规模较大的城市一般都处在地形平坦的地区。地处山区和半山区的城市,其规模的扩大必然要遇到地形地貌的阻力,从而一方面加大了土地开发的成本,另一方面还要冒着破坏生态环境的危险。

2. 水资源

水资源是人类生产和生活必不可少的要素。水资源对城市规模影响很大,在干旱半干旱地区甚至具有决定性的作用。即使在水资源丰沛的地区,也往往由于水污染而减少了水资源可利用总量,从而限制了城市规模的进一步扩大。历史上,城市的兴衰和水资源关系很大,我国的楼兰古城因水资源枯竭而最终消亡。当代,我国北方许多城市严重缺水,直接限制了城市规模的扩大,不得不将希望寄托在远距离调水上。

3. 矿产资源

矿产资源的储量、开采条件和开采规模直接影响了矿产资源型城市的规模,比如黑龙江省的大庆和新疆维吾尔自治区的克拉玛依,其城市规模直接受到了石油开采和加工规模的制约。这类城市如果不进行"二次创业",寻找新的经济增长点,那么随着石油开采完毕,将趋于衰落。

4. 对外交通

现代城市发展越来越依赖于对外交通。原来默默无闻的小城市,由于对外交通运输条件的改善可能发展成大城市,比如石家庄市、郑州市等。相反,原来十分繁华的城市,由于对外交通运输条件的改变而可能趋于衰落,比如古老的京杭大运河沿岸的许多城市因铁路的兴起而衰落。

5. 规模经济

规模经济是指城市规模的扩大导致成本的节约和效益的提高。规模经济是城市聚集经济的最主要源泉,它既包括生产方面的利益即生产规模经济,表现为单位产品成本随产量的增大而递减,也包括消费方面的利益即消费规模经济,表现为单位消费品或消费品的平均支出随城市聚集规模的扩大而下降。规模经济利益的产生主要来源于投入的不可分性和因规模扩大而形成的生产、销售、管理等方面效率的提高。城市规模太小,不易取得规模经济效益;规模太大,会出现规模不经济现象。规模经济就像一只看不见的手,始终影响着城市的规模。

6. 科技进步

科技进步可以改变原有自然和社会经济条件对城市规模的束缚,从而使城市规模进一步扩大。比如,通过科技进步,可以实现远距离调水、远距离输送能源和副食品,进一步开发城市的地上和地下空间,延长矿产资源基地的寿命等,这些必将扩大城市对人口的承载能力。同时,科技进步也将提高产业的技术含量,降低用工数量需求,从而抑制城市规模的扩大。但信息技术的出现,将可能使技术密集型产业与劳动密集型产业结合起来,如软件产业。技术进步有可能不再表现为资本对劳动的替代,而是技术进步与劳动投入互补性的增长。

二、全国自主创新概况

目前关于自主创新的指标主要通过专利申请数量、专利申请受理数来度量,将全国各省、区、市(港、澳、台除外)的专利申请受理数进行排序发现,第一名是广东省,广东省的专利申请受理数量为 807700 件,占全国专利申请受理总数的19.25%;江苏省的申请受理数为594249件,排名第二,占全国专利申请受理总数的14.17%;浙江省、山东省、北京市、河南省分别为第三至第六名。在表5-4中,将各省份的GDP占全国的比重也列入表格,从GDP占比来看,广东省占比最高,为10.93%;其次为江苏省,占比为10.11%,第三至第五名为山东省、浙江省、河南省。从表5-4中可以看出,专利申请受理数量前两名的省份,GDP也是全国的前两名,专利申请受理数目多的地方往往有较好的经济发展。

表5-4 2019年各省份专利申请受理数与GDP占全国比重情况(单位:%)

省份	专利申请受理数占全国比重	GDP占全国的比重	省份	专利申请受理数占全国比重	GDP占全国的比重
北京市	5.39	3.59	湖北省	3.37	4.55
天津市	2.29	1.43	湖南省	2.53	4.03
河北省	2.41	3.56	广东省	19.25	10.93
山西省	0.76	1.73	广西壮族自治区	1.00	2.16
内蒙古自治区	0.50	1.75	海南省	0.22	0.54
辽宁省	1.66	2.53	重庆市	1.60	2.40
吉林省	0.74	1.19	四川省	3.14	4.73
黑龙江省	0.89	1.38	贵州省	1.06	1.70
上海市	4.14	3.87	云南省	0.84	2.36
江苏省	14.17	10.11	西藏自治区	0.05	0.17
浙江省	10.39	6.33	陕西省	2.20	2.62
安徽省	3.98	3.77	甘肃省	0.66	0.88
福建省	3.55	4.30	青海省	0.12	0.30
江西省	2.18	2.51	宁夏回族自治区	0.22	0.38
山东省	6.27	7.21	新疆维吾尔自治区	0.35	1.38
河南省	3.43	5.51			

资料来源:国家统计局:《中国统计年鉴(2020)》,中国统计出版社2020年版。

第三节　城市规模与自主创新关联性分析

当前,国内很多学者研究了自主创新与经济增长及经济发展方式转变的关系。比如,很多学者认为自主创新(包括技术创新)能够促进企业、产业和区域发展的质量,并通过优化生产要素的品质,提高产品技术含量和附加值、提升企业的经济效益,培育新兴产业及促进产业升级等路径来促进经济发展方式转变。同时,通过自主创新促进经济发展方式转变还存在其他路径,比如拓展对外开放的广度和深度、推动现代农业发展、节约能源和保护环境。就目前自主创新对中国经济增长的作用程度方面,刘和东(2007)和魏昊、陈柳(2008)等通过计量分析也认为自主创新与经济增长正相关,且是经济增长的格兰杰(Granger)原因,但他们对自主创新是否成为我国经济增长的重要推动力量方面的见解不同,前者认为通过自主创新促进经济增长的内在机制还未健全,后者认为自主创新已成为我国重要的推动力量。

一、计量模型与数据

1. 指标的选取

在经济模型中,大部分研究选择国内生产总值或人均国内生产总值作为一国或地区的经济增长情况,选择从业人员数、资本存量衡量劳动力和资本的投入。一般而言,在经济模型中,技术、制度、服务、知识等的创新产出很难衡量,也因得出的结果颇为迥异而难以总结。许多种类的数据可以获得,比如研发经费、授权专利数、科技人员数、人力资本、设备进口和扩散等。大部分研究者选择使用研发经费作为创新产出的衡量常常是基于数据的可获得性和可靠性,而不是基于确切的理论基础。虽然研发经费难以代表创新的产出,但从既有的文献中可总结出一点是,自主创新一般会促进经济的增长,下文将具体考察不同类型的自主创新对经济发展的作用。

知识产权已经成为一种强有力的商业竞争工具,能够支撑从"中国制造"到"中国创造"转变的基本点就是自主知识产权,自主知识产权是自主创新的基础,而专利是自主知识产权的主体和核心内容,很多学者进行实证分析时一般依赖专利数据测量创新,用应用专利数据进行实证分析,因为它可以反映公司或个人对知识产权保护的紧迫性和意愿程度(Guerrero 和 Sero,1997)。学者可以通过专利信息的分类识别特定地理区域的技术企业或其他机构在一些技术领域的专业化,以研究地区间的知识溢出(Jaffe,1989;Jaffe、Trajten-berg 和 Henderson,1993;Jaffe 和 Trajtenberg,2002)。世界银行、经济合作与发展组织等国际组织把每万人的专利申请数作为评价国家科技竞争力的一个重要指标。所以,本章节选取专利授权数作为衡量知识自主创新的指标。

能源的经济效益体现着先进技术的应用情况。能源的经济效益越高意味着单位国内生产总值的能耗越低,在中国经济转型期,必须要"走出一条科技含量高、经济效益好、资源消耗低、环境污染少、人力资源优势得到充分发挥的新型工业化路子"。加尔巴乔(Garbaccio)运用投入—产出分析法研究了1978—1995 年中国能源强度下降的原因,指出技术变革与创新相对于结构调整来说是能源效率提高的主要原因。陈军和成金华(2010)利用 1998—2007年面板数据研究了内生创新对能源效率的影响,分析发现,在控制了人文发展因素后,创新对能源的效率产生积极的影响。所以,本章节选取能源的经济效益作为衡量技术创新的指标。

人力资本作为自主创新能力的基础不可或缺,在知识经济时代,人力资本取代物力资本成为社会发展的主导性因素,人力资本是推动企业发展、国家进步的核心要素。贝克尔(Becker)认为,教育和经验是人力资本概念的关键特征,教育增加个体的信息、知识、技能的存量,经验既包括工作经验,也包括在职的实践性学习及培训等非正式教育。创新是知识存量的累积、知识的运用以及知识的扩散产出行为,而这与个体人力资本存量紧密相关。西蒙顿

（Simonton）认为,当个体拥有更多领域相关的专业知识,并通过增加的个人能力产生解决问题的方案,从而提高创新绩效。科技创业者的人力资本,包括相关的工作经验和正规教育水平都是基础创新的重要因素（Marvel 和 Lumpkin,2007）。随着新制度经济学的发展和制度对经济增长解释能力的增强,在深化技术进步和人力资本等要素对经济增长作用的同时,将制度纳入内生经济增长框架,认为制度能够通过刺激内生要素发展实现要素有效配置,影响经济增长。对我国而言,市场化程度体现了经济体制改革深化的程度。

2. 计量模型与数据

根据前人的研究,我们通过加入自主创新对柯布—道格拉斯生产函数进行扩展,考虑到变量之间可能存在的非线性关系,在估计模型上我们选择了对数模型,对变量均采取其自然对数形式。这种对数形式除了可以解决变量之间的非线性关系外,还可以估计出变量之间影响的弹性关系。具体的计量模型如下:

$$\ln Y_{it} = c_0 + c_1 \ln Paten\, t_{it} + c_2 \ln Energ\, y_{it} + c_3 \ln H_{it} + c_4 \ln Marke\, t_{it} + c_5 \ln K_{it} + c_6 \ln L_{it} + \varepsilon_{it}$$

其中, Y_{it} 表示地区 i 在第 t 年国内生产总值(单位:亿元),考虑到物价波动的影响,以 1997 年为不变价,对国内生产总值进行了缩减。

$Paten\, t_{it}$ 表示地区 i 在第 t 年的国内专利申请授权量,这是衡量自主创新的重要指标,包括国内发明专利申请授权量、实用型专利申请授权量和外观专利授权量。

$Energ\, y_{it}$ 表示地区 i 在第 t 年的能源经济效益(单位:万元/吨标准煤),用能源消费总量与国内生产总值的比值衡量。

H_{it} 表示地区 i 在第 t 年的人力资本存量,以从业人员的平均受教育年限来代表。教育年限法是现存的估算人力资本存量较为流行的方法之一,受教育年限不同的人具有不同的人力资本,受教育年限的多少反映了人力资本水平的高低。

Market$_{it}$ 表示地区 i 在第 t 年的市场化程度,用非国有企业的工业产值与全部规模以上工业企业总产值的比值来衡量。

K_{it} 表示地区 i 在第 t 年的固定资本存量(单位:亿元)。固定资本存量的估计采用永续盘存法。首先根据固定资产投资价格指数作平减将数据调整为1997 年的不变价,以 1997 年的固定资本存量作为初始值,折旧率取 10% 进行估计。估算公式为 $K_{it} = I_{it} + (1-\delta) K_{i,t-1}$,I_{it} 表示第 t 年的固定资本形成额,δ表示第 t 年的折旧率。

L_{it} 表示地区 i 在第 t 年的劳动投入量(单位:万人)。以年末从业人员数量来衡量。

所有数据来自中经网统计数据库、《中国统计年鉴》(1999—2014 年)、《中国能源统计年鉴》(1999—2014 年)与《中国劳动与就业统计年鉴》(1999—2014 年),少量缺失的数据用线性内插和外延方法来估计。鉴于数据的可得性及稳定性,我们的样本是中国大陆的 30 个省份,而没有分析西藏自治区、香港、澳门和台湾地区。

二、实证检验

1. 描述性分析

图 5-2 是全国的总量统计,反映了全国的知识创新能力与技术创新的总体状况。可以看出,全国的专利申请授权量和能源经济效益在 2010—2019 年呈现逐步增强的走势。专利申请授权量从 2010 年的 1222286 项,增长至 2019年的 4380468 项;能源经济效益从 2010 年的 0.87 吨标准煤/万元,增长至2019 年的 0.55 吨标准煤/万元。为了适应经济体制与经济增长方式的转变,要求通过制度创新对企业尤其是国有企业不断进行改革,随着改革的深化,非国有工业总产值占工业总产值的比重在急速上升,企业的活力不断增强,市场

化改革是生产率提高的重要原因之一。受教育年限作为衡量人力资本存量的重要指标之一取得了稳步上升,全国从业人员的平均受教育年限从2010年的8.21年上升到2019年的10.8年。

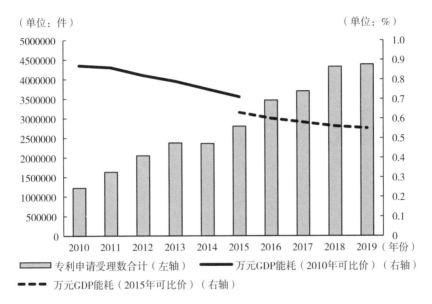

（单位：件）　　　　　　　　　　　　　　　　　　　　　　（单位：%）

□ 专利申请受理数合计（左轴）　　——— 万元GDP能耗（2010年可比价）（右轴）

- - - 万元GDP能耗（2015年可比价）（右轴）

图5-2　2010—2019年全国专利申请受理数量与能源经济效益

技术进步是引起中国经济持续增长的关键因素,促进技术进步的主要来源是自主创新,在过去的十多年中,知识创新、技术创新、制度创新中哪种类型创新对经济增长的弹性更高值得深入研究,为此,我们选择使用面板数据来考量这些因素。

2. 面板数据分析

由于面板数据包括横截面和时间序列数据,模型设定的正误差决定了参数估计的有效性。因此,首先要对模型的设定进行检验以得到有效的参数估计,主要检验模型参数在所有横截面样本点和时间上是不是相同的常数。我们采用协方差分析来检验以下两个假设:第一,截距和斜率在不同的横截面样本点和时间点上都相同,即混合估计模型;第二,斜率在不同的横截面样本点和时间上都相同,但截距不相同,即变截距模型。如果拒绝第一个假设接受第二个假设,则需要进一步分析面板数据应该采用固定效应模型还是随机效应模型,本书运用豪斯曼(Hausman)检验的方法来判断。

通过 F 统计量检验,我们使用面板数据的变截距模型。本书具体的计量分析结果如表 5-5 所示。

表 5-5　自主创新与区域经济增长的计量结果

变量	回归 1	回归 2	回归 3	回归 4	回归 5
C	0.4216 (0.95 ***)	2.0268 (5.79 ***)	0.6606 (1.56 ***)	−0.1581 (−0.48 ***)	0.9493 (3.08 ***)
lnK	0.4585 (31.48 ***)	0.3009 (17.64 ***)	0.3840 (21.37 ***)	0.2890 (20.26 ***)	0.1961 (12.92 ***)
lnL	0.7085 (8.36 ***)	0.3408 (5.09 ***)	0.5728 (6.86 ***)	0.2473 (3.64 ***)	0.0691 (1.12 ***)
lnPatent		0.2362 (13.09 ***)			0.1499 (9.50 ***)
lnH			0.1387 (6.53 ***)		0.0379 (2.40 ***)
lnEnergy				0.5477 (18.31)	0.4545 (16.54 ***)
Hausman	5.70	11.32	10.23	1.38	1.63
检验(p 值)	0	0	0	0	0
类型	FE	RE	FE	FE	FE
R²	0.9034	0.9308	0.9123	0.9464	0.9590
样本数	464	464	464	464	464

注:系数下的括号内为 t 检验值;* 、** 、*** 分别表示在 10%、5% 和 1% 水平上显著;类型中 *FE* 表示固定效应模型较优;*RE* 表示随机效应模型较优;R² 为组内拟合方差,尽管 *RE* 的组内拟合方差不具有重要的意义,但我们仍选择将其展示在这里。该表的估计结果是在 Stata13.1 计量软件上分析得到的。

首先,回归1是仅将资本与劳动力投入引入到模型中,尽管劳动力产出弹性异常得高,但整个模型的估计是显著的,这可能是由于在没有控制技术进步的情况下,使我们高估了劳动的产出弹性。其次,回归2至回归4是分别在资本和劳动力投入的基础上加入专利申请授权数、人力资本存量和能源的经济效益。结果发现,三者与经济增长均具有正相关关系,且加入这三个变量后,资本与劳动力的产出弹性下降。回归5是将资本、劳动力投入以及表征自主创新的三个变量全部引入模型,模型整体显著水平比较高,拟合度为0.959。对表5-5作进一步分析,结果如下:

(1)以专利申请授权量为代表的自主知识产权对经济增长具有显著的正面作用

在本书的双对数模型下,估计系数表征了弹性系数,从回归2中可以看出,专利申请授权量每增加1%,经济增长约0.2362%;在回归5中控制了其他类型的自主创新变量后,这个弹性系数变为0.1499,尽管这个系数看起来比较小,但对经济发展、产业结构变迁、企业竞争力的获取具有重要意义。这是因为专利制度有效地保证了发明创造者的垄断性利益回报,并且会带来一系列发明创造,从而提高企业在市场中的竞争力,也启动了产业的技术升级。

(2)以人力资本存量为代表的自主创新能力对经济增长的作用尤为显著

人力资本存量的增加常常表明了不断提高的劳动力素质。此处是以从业人员的受正规教育年限作为衡量指标,并不只是证明正规教育的重要性,一系列的职业教育、社会培训等同样不可或缺。

(3)以能源经济效益为代表的技术创新明显影响经济的发展与转变

相同的产出,所消耗的能源越少,意味着可以节约更多的能源,节约能源关系到人类的生存和可持续发展。将企业技术创新导入节能领域,节约能源的保障,是经济向资源节约型、环境友好型发展方式转变的重要保障。在回归5中,能源的经济效益弹性系数为0.4545,对我国经济的影响比较大,这是近几年大力优化传统能源利用技术和创新能源使用方式的努力下取得的成就。

国家不仅投入大量资金技术用于传统能源利用,以提高能量转换效率,而且更加注重新型能源和洁净能源,如核能、太阳能、风能等的开发利用。另外,能源经济效益的提高是由于技术创新提高了能源的效率从而节约了能源,但同时技术进步促进经济的快速增长又对能源产生新的需求,部分地抵消了所节约的能源。

从计量模型运行的结果来看,以专利申请授权量为代表的自主知识产权对经济增长具有显著正向作用,也就是说,自主创新能力与经济发展有着直接的正向关系,自主创新能力能够推动城市的经济发展,推动城市的集聚作用的发挥。另外,自主创新能力有利于城市经济效率的提升,改善城市经济结构。

第四节　构建城市自主创新的保障措施

一、人才队伍保障

人才是经济社会发展的第一资源,是创新的根基,创新驱动实质上是人才驱动。深入实施人才优先发展战略,坚持把人才资源开发放在科技创新最优先的位置,优化人才结构,构建科学规范、开放包容、运行高效的人才发展治理体系,形成具有国际竞争力的创新型科技人才制度优势,努力培养造就规模宏大、结构合理、素质优良的创新型科技人才队伍,为建设人才强国作出重要贡献。

1. 推进创新型科技人才协调发展

促进科学研究、工程技术、科技管理、科技创业人员和技能型人才等协调发展,形成各类创新型科技人才衔接有序、梯次配备、合理分布的格局。深入实施国家重大人才工程,打造国家高层次创新型科技人才队伍。突出"高精尖缺"导向,加强战略科学家、科技领军人才的选拔和培养。加强创新团队建设,形成科研人才和科研辅助人才的梯队合理配备。加大对优秀青年科技人才的发现、培养和资助力度,建立适合青年科技人才成长的用人制度,增强科技创新人才后备力量。大力弘扬新时期工匠精神,加大面向生产一线的实用工程人才、卓越工程师和专业技能人才培养。培养造就一大批具有全球战略眼光、创新能力和社会责任感的企业家人才队伍。加大少数民族创新型科技人才培养和使用,重视和提高女性科技人才的比例。加强知识产权和技术转移人才队伍建设,提升科技管理人才的职业化和专业化水平。加大对新兴产业以及重点领域、企业急需紧缺人才的支持力度。研究制定国家重大战略、国家重大科技项目和重大工程等的人才支持措施。建立完善老少边穷地区人才交流合作机制,促进区域人才协调发展。

2. 大力培养和引进创新型科技人才

发挥政府投入引导作用,鼓励企业、高等学校、科研院所、社会组织、个人等有序参与人才资源开发和人才引进,更大力度引进急需紧缺人才,聚天下英才而用之。促进创新型科技人才的科学化分类管理,探索个性化培养路径。促进科教结合,构建创新型科技人才培养模式,强化基础教育兴趣爱好和创造性思维培养,探索研究生培养科教结合的学术学位新模式。深化高等学校创新创业教育改革,促进专业教育与创新创业教育有机结合,支持高等职业院校加强制造等专业的建设和技能型人才培养,完善产学研用结合的协同育人模式。鼓励科研院所和高等学校联合培养人才。

加大对国家高层次人才的支持力度。加快科学家工作室建设,鼓励开展探索性、原创性研究,培养一批具有前瞻性和国际眼光的战略科学家群体;形成一支具有原始创新能力的杰出科学家队伍;在若干重点领域建设一批有基础、有潜力、研究方向明确的高水平创新团队,提升重点领域科技创新能力;瞄准世界科技前沿和战略性新兴产业,支持和培养具有发展潜力的中青年科技创新领军人才;改革博士后制度,发挥高等学校、科研院所、企业在博士后研究人员招收培养中的主体作用,为博士后从事科技创新提供良好条件保障;遵循创业人才成长规律,拓宽培养渠道,支持科技成果转化领军人才发展。培育一批具备国际视野、了解国际科学前沿和国际规则的中青年科研与管理人才。

加大海外高层次人才引进力度。围绕国家重大需求,面向全球引进首席科学家等高层次创新人才,对国家急需紧缺的特殊人才,开辟专门渠道,实行特殊政策,实现精准引进。改进与完善外籍专家在华工作、生活环境和相关服务。支持引进人才深度参与国家计划项目、开展科技攻关,建立外籍科学家领衔国家科技项目的机制。开展高等学校和科研院所部分非涉密岗位全球招聘试点。完善国际组织人才培养推送机制。

优化布局各类创新型科技人才计划,加强衔接协调。统筹安排人才开发培养经费,调整和规范人才工程项目财政性支出,提高资金使用效益,发挥人才发展专项资金等政府投入的引导和撬动作用。推动人才工程项目与各类科研、基地计划相衔接。

3. 健全科技人才分类评价激励机制

改进人才评价考核方式,突出品德、能力和业绩评价,实行科技人员分类评价。探索基础研究类科研人员的代表作同行学术评议制度,进一步发挥国际同行评议的作用,适当延长基础研究人才评价考核周期。对从事应用研究和技术开发的科研人员注重市场检验和用户评价。引导科研辅助和实验技术类人员提高服务水平和技术支持能力。完善科技人才职称评价体系,突出用人主体在职称评审中的主导作用,合理界定和下放职称评审权限,推动高等学校、科研院所和国有企业自主评审,探索高层次人才、急需紧缺人才职称直聘办法,畅通非公有制经济组织和社会组织人才申报参加职称评审渠道。做好人才评价与项目评审、机构评估的有机衔接。

改革薪酬和人事制度,为各类人才创造规则公平和机会公平的发展空间。完善科研事业单位收入分配制度,推进实施绩效工资,保证科研人员合理工资待遇水平,健全与岗位职责、工作业绩、实际贡献紧密联系和鼓励创新创造的分配激励机制,重点向关键岗位、业务骨干和作出突出贡献的人员倾斜。依法赋予创新领军人才更大的人财物支配权、技术路线决定权,实行以增加知识价值为导向的激励机制。积极推行社会化、市场化选人用人。创新科研事业单位选聘、聘用高端人才的体制机制,探索高等学校、科研院所负责人年薪制和急需紧缺等特殊人才协议工资、项目工资等多种分配办法。深化国家科技奖励制度改革,优化结构、减少数量、提高质量、强化奖励的荣誉性和对人的激励,逐步完善推荐提名制,引导和规范社会力量设奖。改进完善院士制度,健全院士遴选、管理和退出机制。

4. 完善人才流动和服务保障机制

优化人力资本配置,按照市场规律让人才自由流动,实现人尽其才、才尽其用、用有所成。改进科研人员薪酬和岗位管理制度,破除人才流动障碍,研究制定高等学校、科研院所等事业单位科研人员离岗创业的政策措施,允许高等学校、科研院所设立一定比例的流动岗位,吸引具有创新实践经验的企业家、科技人才兼职,促进科研人员在事业单位和企业间合理流动。健全有利于人才向基层、中西部地区流动的政策体系。加快社会保障制度改革,完善科研人员在企业与事业单位之间流动时社保关系转移接续政策,为人才跨地区、跨行业、跨体制流动提供便利条件,促进人才双向流动。

针对不同层次、不同类型的人才,制定相应管理政策和服务保障措施。实施更加开放的创新型科技人才政策,探索柔性引智机制,推进和保障创新型科技人才的国际流动。落实外国人永久居留管理政策,探索建立技术移民制度。对持有外国人永久居留证的外籍高层次人才开展创办科技型企业等创新活动,给予其与中国籍公民同等待遇,放宽科研事业单位对外籍人员的岗位限制,放宽外国高层次科技人才取得外国人永久居留证的条件。推进内地与港澳台创新型科技人才的双向流动。加强对海外引进人才的扶持与保护,避免知识产权纠纷。健全创新人才维权援助机制,建立创新型科技人才引进使用中的知识产权鉴定机制。完善留学生培养支持机制,提高政府奖学金资助标准,扩大来华留学规模,优化留学生结构。鼓励和支持来华留学生和在海外留学生以多种形式参与创新创业活动。进一步完善教学科研人员因公临时出国分类管理政策。

拓展人才服务新模式。积极培育专业化人才服务机构,发展内外融通的专业性、行业性人才市场,完善对人才公共服务的监督管理。搭建创新型科技人才服务区域和行业发展的平台,探索人才和智力流动长效服务机制。

二、体制机制保障

1. 完善科技成果转化机制,推动高校院所创新资源产业化

各省份应与驻地高校院所共建产业技术研究院、技术转移中心,畅通科技成果转化、产业化的渠道。北京市、上海市、深圳市等在高校、科研院所方面具有较强的优势,科技资源丰富,这些地区应着眼于建设科技成果转化中心,促进重大科研成果落地。其他地区也可打造创新资源产业化基地,通过引进科技成果,发挥在产业化过程中成本低廉的比较优势。应完善科技成果转化机制,建立市场化基金引导当地的创业投资与科技成果转化,通过建立转化、产业化机制,撬动高等学校、科研院所、军队单位科技成果高效转化并且产业化发展,激发各地区的创新活力。

2. 深化科技金融创新机制,促进中小微企业融资

科技创新的过程具有不可预见性,中小微企业的创新作用不可小觑,许多引领时代的企业都是从中小微企业发展而来的,但是中小微企业由于规模小、风险大,面临着融资难等一系列问题。因此,应该完善实施金融配套政策。首先,建立促进互联网金融等支持措施,建立信贷风险补偿机制,增加人才服务

水平,协调解决金融机构人才落户、子女入学、公租房等问题。其次,推动互联网小贷公司成立,比如京汇小贷是北京市首家互联网小贷公司,正在为小微企业解决融资难问题。最后,引导金融机构面向中小微企业开展产品创新,开发中小微创业企业银保共担引用贷款产品和纯信用贷款产品。

3. 建立健全知识产权多重保护机制

知识产权是企业重要的无形资产,尤其是对科技型创新企业而言,知识产权是企业资产最核心的部分,因此保护和利用好知识产权是维护企业自主创新成果,推动企业不断创新的重要内容。首先,整合知识产权局、文化委、工商分局、质监局以及“双打办”等部门执法力量,开展形式多样的知识产权执法维权专项行动,提升执法人员业务素质。其次,建立知识产权审核和侵权商品处置机制,指导企业建立内部商业秘密管理机制。再次,建立企业知识产权信用档案,联合工商、税务、财政、审计、统计等将故意侵权、反复侵权等情况纳入企业信用系统,增加知识产权侵权成本。最后,完善维权援助投诉机制,组织律师、专家团队、行业联盟、协会搭建维权平台,建立健全知识产权保护的信息沟通、案件移送、重大案件会商通报等制度,完善行政执法与司法相衔接的协作机制。

4. 完善知识产权资本化运营机制

对创新型企业来说,知识产权的价值意义重大,城市发展应该重视技术转移与知识产权服务平台各项功能,加大宣传力度,开展线上、线下技术转移及新技术新产品展示交易平台。把发展专项资金知识产权分析评议、完善评级体系,作为遴选具有自主知识产权优质项目的重要环节,提高产业资金使用效益。另外,不断开拓金融服务模式,实现知识产权商业化,推动专利运营基金开展运营业务,探索新的专利运营模式,组建知识产权保险基金、服务基金,鼓励金融机构、知识产权服务机构开展知识产权金融服务,拓展知识产权质押融资模式,创新知识产权的资本化运作机制。

5. 建立协同创新发展机制

协同发展已经成为区域经济发展的主题,自主创新已经不是互为割裂的过程,应当推动多领域协同创新中心建设。各省份间应该多建设一批协同创新中心,为转化重点项目提供良好的承载空间。协同创新所在地应该吸引区域内的龙头企业参与协同创新中心建设,提升创新中心的软硬环境。另外,组建协同创新母基金、子基金,完成母基金出资,成立并投入运营一批子基金,通过发挥基金在企业创新环节中的关键作用,实现对本区域的创新引领,完善市场化项目评价机制和流程,做好相关项目的跟踪和绩效评估工作。

第六章　城市群在优化国土开发
空间结构中的作用

　　城市群是国家参与全球竞争和世界分工的地域单元,同时作为我国推进城镇化进程的主体空间形态,是中国主体功能区划中的重点开发区和优化开发区,在全国生产力布局格局中起着战略支撑点、增长极点和核心节点的作用(方创琳,2005),将在未来经济结构调整和国土开发空间结构优化中发挥重要作用。最新的《世界城市状况报告》指出,世界各地的超级大都会正渐渐汇聚成更大的"超级都市区"和"超级城市群",这种趋势在发达国家的城市群中已露出端倪。国外发达国家的城市群已表现出其在国家经济发展中的重要地位。如在日本,东京、大阪神户、名古屋三大城市群,集中了日本65%的人口和70%的国内生产总值;在美国,大纽约区、大洛杉矶区和五大湖片区三大城市群区域,集中了67%的国内生产总值,而在欧洲,由慕尼黑和汉堡、伦敦、巴黎、米兰组成的大都市区,集聚了欧盟40%的人口和50%的国内生产总值。

第一节　中国城市群的演化过程

　　随着经济全球化与区域经济一体化的不断深化,全球要素集聚与经济发展的地域单元逐渐由单个城市转变为城市群。城市群已经成为一个国家经济发展中最具活力的增长点之一,是国家参与全球竞争与国际分工的新型地域单元。改革开放以来,中国经济社会发生了巨大变化,在全球的经济影响力逐步增强。随着改革开放的继续推进,中国的各类经济主体将更充分地参与全球竞争,在国际舞台上,城市群将会在国际竞争中发挥重要作用,同时在国内经济发展中也会发挥重要的引领作用。

一、中国城市规划的发展历程

从新中国成立到现在近七十年的时间,我国的城市建设从"一张白纸"到"主体形态",城市群在我国作为一个比较新的事物,它的成长不仅吸收了中国城市建设发展的经验教训,也得益于我国城乡规划体系的不断探索和日益完善。在探讨我国城市群演化过程前,有必要了解一下我国城市规划的变化情况。

总体上看,中国城市建设的发展史是一部从小城市到大都市再到城市群的新型城镇化发展史。刘士林(2018)从城镇化的发展角度将中国的区域和城市规划划分为三个阶段。第一阶段(1949—1977年):"政治型城市规划"主导下的"规划贫困"阶段。新中国成立初期,我国区域和城市规划主要以新工业基地和新工业城市为中心,城市规划方面多以服从政治、军事斗争等国家大局为主。由于特殊的历史原因,国家没有选择在基础设施较好、人口和人才集聚较高的东南沿海地区开展科学的城市规划和城市建设工作,而是选择在中西部地区规划建设了一批新兴城市。这一阶段主要模仿苏联,而且形式单一,数量少,因此将其称为"规划的贫困期"。第二阶段(1978—2010年):"经济型城市化"主导下的"规划过剩"阶段。改革开放后,中国的城市经济急速发展,城市人口也迅速增长,出于旧城基础设施改造和新城区建设的需要,我国城市规划很快陷入"过多、过滥"的新困境。以"换一届政府换一张规划图"等为代表的现象屡见不鲜,我国城市规划很快由第一阶段的"贫困时期"走向第二阶段的"过剩时期"。由于规划的频繁更改,无法做到"一张蓝图绘到底",这种"过剩"的规划不仅没有引导城市建设走向"理性"发展,反而往往成为一些城市"大拆大建"的根源。第三阶段(2011 年至今):"新型城镇化"战略下的"规划治理"阶段。2011 年 6 月 8 日,《全国主体功能区规划》发布,其将中国的国土空间划分为四类,分别是优化开发区、重点开发区、限制开发区和禁止开发区。这为城乡规划编制和建设作出总体性制度安排,是我国城乡规划治理的起点。2013 年《中共中央关于全面深化改革若干重大问题的决定》首次提出"推进国家治理能力和治理体系现代化",城市治理始于规划治理,在城市化背景下,城市治理首当其冲。2014 年中央全面深化改革领导小组第二次会议将"多规合一"确定为当年经济体制和生态文明的重要任务,之后各职能部委陆续下发了一系列文件,在相关市县和省级空间部署实施。"多规合一"是指以国民经济和社会发展规划为依据,以城乡规划、土地利用规划"两规合一"为核心,以自然资源保护、环境保护规划等为约束,以各类专项规划为支撑,构建形成的全域空间规划体系,以及通过规划编制、审批、管理的全过程合一,实现城乡空间统筹发展,目的在于建立健全统一衔接的空间规划体系,提升国家国土空间治理能力和效率。党的十八大以来,"多规合一"取得实际性进展,把国民经济和社会发展规划、城乡规划、土地利用规划、生态环境保护规划等纳入"一张蓝图",为空间规模巨大、城市层级多远、社会关系复杂的城市群规划编制和建设提供了基本遵循和有力支持。

改革开放四十多年来,虽然我国在城市建设方面走了不少弯路,但是经过不懈的探索也积累了丰富的经验,取得了丰硕的成果,从当初的几乎一穷二白开始,逐步构建了具有中国城市发展特色和符合中国国情需要的城乡规划体系。目前我国区域与城市规划自下而上、由初级到高级共分为九个层级,基本实现了对我国国土空间和不同行政单元的完整布局和规划的全覆盖,按照从下到上、从小到大、从初级到高级的排列顺序,依次是乡村规划、小城镇规划、城市规划、大都市规划(与一般城市规划的区别是特别强调中心地位和国际化)、大都市区规划(与大都市规划不同的是比较侧重远郊区县和周边农村地区)、大都市圈规划(以 2018 年上海大都市圈规划进入国家战略为代表)、城市群规划、湾区规划(以粤港澳大湾区的提出和规划编制为代表)和经济带规划(以长江经济带规划为代表)。城市群作为我国城乡规划体系"金字塔"塔尖的组成部分,发展情况直接反映了我国城镇体系建设的质量和经济社会的发展情况,厘清并研究我国城市群的发展情况具有很重要的现实意义。

二、城市群概念的起源与发展

城市群(City Cluster)指由若干都市区构成、空间相邻和功能紧密相关的巨型城市化区域。一些学者又将城市群称作大都市区、都市圈、都市连绵区等,西方学术界与城市群含义接近的概念包括 Megalopolis、Megapolitan Area、Mega-region 和 Mega-city Region。

早在 1957 年,法国城市学家简·戈特曼(Jean Gottmann)就指出,城市群是城市地域体系组织形式演进的趋向,并且还预言到 20 世纪和 21 世纪初,城市群将成为人类高级文明的主要标志。20 世纪 10—90 年代,美国学者认为,城市群的研究对象主要是城市及与其紧密联系的腹地,当时认为城市群应当具备中心城市人口规模在 5 万人以上、非农业劳动力的比例>75%或绝对数>1 万人、人口密度不低于 50 人/平方英里、通勤率单向不低于 15%或双向不低于 20%等标准。日本学者在 20 世纪 50—60 年代研究城市群问题较为集中,主要观点是城市群的研究重点是其估测城市的某一力量所能涉及的范围,如先后出现的商业圈、生活圈、通勤圈。随着快速交通的发展,通勤圈要相对更大,可以在一定程度上具有城市群的特征。麦吉(1987)将其称为 Desakota 区域,是一种处于大城市的交通走廊地带,借助于城乡间的强烈相互作用,以劳动密集的工业、服务业和其他非农产业的迅速增长为特征的原乡村地区。

在改革开放前,中国绝大多数人对城市群这个概念是闻所未闻。城市群作为一个城市和人口数量众多的经济体量巨大、社会和文化关系极其复杂的区域性综合体,不仅是我国改革开放事业的一个主要表现形态,也是我国工业化、城市化和现代化发展进程在空间上最突出和最集中的反映。随着改革开放的进行,国内学者对城市群的研究逐渐增多,周一星(1986)认为,城市群是以都市区为基本组成单元,若干大城市为核心并与周围地区保持强烈交互作用和密切社会经济联系,沿一条或多条交通走廊分布的巨型城乡一体化地区,又称为都市连绵区。20 世纪 90 年代以来,具有代表性的有姚士谋、顾朝林、方创琳等。他们对城市群的概念主要是在特定的地域范围内具有相当数量的不同性质、类型和等级规模的城市,依托一定的自然环境条件,以一个或两个超大或特大城市作为地区经济的核心,借助于现代化的交通工具和综合运输网的通达性,以及高度发达的信息网络,发生与发展着城市个体之间的内在联系,共同构成一个相对完整的城市"集合体"。在城市群的识别上,姚士谋认为城市群要具备以下特征:总人口 1500 万以上;具有特大超级城市;城市、城镇人口比重高;城镇人口占全省比重高;具有城市等级;交通网络密度高;社会消费品零售总额占全省比重高;流动人口占全省比重高;工业总产值占全省比重高。方创琳的观点认为:大城市多于 3 个,且至少一个城镇人口大于 100万;人口规模不低于 2000 万人,城镇化率大于 50%;人均 GDP 超过 3000 美元;经济密度大于 500 万元/平方公里;基本形成高度发达的综合运输通道;非农产业产值比率超 70%;核心城市 GDP 的中心度>45%。中国科学院主持的《2010 中国城市群发展报告》提出的中国城市群标准为:城市群内都市圈或大城市数量不少于 3 个,至少有 1 个特大或超大城市为核心;人口规模不低于2000 万人;城市化水平大于 50%,非农产业产值比率超过 70%;人均 GDP 超过 3000 美元,经济密度大于 500 万元/平方公里等。

按城市群的空间分布,可将其分为以下三种基本类型:放射状城市群,主要以一个或几个大城市为核心,其中的首位城市经济强大,起支配作用,在其周围形成放射状城市群。多边状城市群,其特点是组成城市群的各城市的实力相差不大,彼此互有分工与协作。沿交通线路分布的线状城市群,世界上著名的城市群,如北美五大湖城市群、美国东北部大西洋沿岸城市群、欧洲西北部城市群以及日本太平洋沿岸城市群等,在各自地区的经济发展甚至是世界经济的发展中起到了重要的作用。

三、中国城市群发展演化情况

近代中国,战乱多发、政局不稳、自然灾害频发,城市发展较为落后,城市群的发展也很缓慢。据程光裕《中国都市》一书中记载,20世纪30年代,全国有207个都市,其中,1万—5万人的城镇有68个,占33%;6万—10万人的城镇有46个,占22%;11万—25万人的城镇有58个,占28%;26万—100万人的城市有28个,占13.5%;100万人以上的城市有7个,占3.5%。当时出现的长江三角洲、珠江三角洲、辽宁省与河北省的一些城市地带,是具有一定规模的城市集聚区域,但城市群尚未发育完善。

1. 改革开放以来我国城市群发展及空间分布

新中国成立以后,随着国民经济的迅速发展,中国的城市化与城市群体不断发展提高。一大批新兴城市崛起,中国的城镇在数量和规模上都有了空前的发展,城市群体的地区结构和功能结构也日趋合理。沿海各大中城市的工业开发区吸引了大量的外资和农村剩余劳动力,促进了各个城市的人口集聚与用地扩展。在全球经济一体化的推动下,中国的城镇化、工业信息化的特征越来越明显。1995年中国的城镇化水平从1978年改革开放之初的17.9%增长到了29%,2009年城镇化水平增长到46%,2015年中国的城市发展到657个,还有1.7万个建制镇,城镇总人口增加到7.6亿人(包括全国的农民工2.6亿人),城镇化水平上升到56.2%(户籍城市人口的城镇化率仅为46%),达到了中等发达国家的水平。在城市群方面,新中国成立后我国第一个被国外学者称作城市群的应当是长三角地区以上海为中心的城市密集区,早在1976年,改革开放前夕,戈特曼就提出了这一观点,并在其文章中提出了后来产生广泛影响的"世界六大城市群",其中就包括以上海为中心的城市密集区,也就是后来的长江三角洲城市群。

改革开放以来,中国城市化进程加快,城市群逐渐成为一种新的地域单元在中国经济发展中发挥着越来越重要的作用。我国第一个正式城市群概念的提出应当是 2005 年的《中共中央关于制定国民经济和社会发展第十一个五年规划的建议》一文,它不仅在国家规划中首次提出和使用了"城市群"概念,明确要求"以特大城市和大城市为龙头,通过统筹规划,形成若干用地少、就业多、要素集聚能力强、人口合理分布的新城市群",还对已经具有一定规模和实力的珠江三角洲、长江三角洲和渤海地区布置了"继续发挥对内地经济发展的带动和辐射作用,加强区内城市的分工协作和优势互补,增强城市群的整体竞争力"的战略任务。2006 年《中华人民共和国国民经济和社会发展第十一个五年规划纲要》提出"把城市群作为推进城镇化的主体形态",首次明确了我国的城镇化要走城市群发展道路,由此终结了长期以来"走大都市,还是走小城镇"的模式之争,解决了我国城市群规划建设的战略定位和指导思想问题。2008 年我国发布了《国务院关于进一步推进长江三角洲地区改革开放和经济社会发展的指导意见》,提出将长三角建成"具有较强国际竞争力的世界级城市群",次年的 2009 年《珠江三角洲地区改革发展规划纲要(2008—2020 年)》发布,提出将珠江三角洲建设成为"全球最具核心竞争力的大都市圈之一"。2014 年《国家新型城镇化规划(2014—2020 年)》提出"把城市群作为主体形态",这是首次对"新型城镇化"发展模式和道路的定调,在新中国成立以来我国城市发展道路上具有里程碑意义。它意味着在经过将近四十年的争论、博弈和探索后,不再是一直占据主导地位的"小城镇",也不是一些政策研究部门和地方政府过于热衷的"大都市",而是在空间形态上更具包容性、在城市层级分工上更具有协调性的城市群,正式成为我国新型城镇化的主角和中心。此后,城市群建设规划如雨后春笋般在全国各地推行开来。

2016 年 3 月,《中共中央关于制定国民经济和社会发展第十三个五年规划纲要》(以下简称《纲要》)出炉。《纲要》提出,要优化城镇化布局和形态,加快构建以陆桥通道、沿长江通道为横轴，以沿海、京哈京广、包昆通道为纵轴，大中小城市和小城镇合理分布、协调发展的"两横三纵"城市化战略格局。加快城市群建设发展，增强中心城市辐射带动功能，加快发展中小城市和特色镇。关于城市群规划，《纲要》的细化表述是：加快城市群建设发展，优化提升东部地区城市群，建设京津冀、长三角、珠三角世界级城市群，提升山东半岛、海峡西岸城市群开放竞争水平。培育中西部地区城市群，发展壮大东北地区、中原地区、长江中游、成渝地区、关中平原城市群，规划引导北部湾、晋中、呼包鄂榆、黔中、滇中、兰州—西宁、宁夏沿黄、天山北坡城市群发展，形成更多支撑区域发展的增长极。目前中国已经形成由 5 个国家级城市群、8 个区域性城市群和 6 大地区性城市群组成的"5+8+6"的中国城市群空间结构新格局（见表 6-1、表 6-2、表 6-3），预计到 2030 年中国将逐步形成"两横三纵"的城市化战略格局。

2019 年 2 月 18 日，中共中央、国务院印发《粤港澳大湾区发展规划纲要》。按照规划纲要，粤港澳大湾区不仅要建成充满活力的世界级城市群、国际科技创新中心、"一带一路"建设的重要支撑、内地与港澳深度合作示范区，还要打造成宜居宜业宜游的优质生活圈，成为高质量发展的典范，以香港、澳门、广州、深圳四大中心城市作为区域发展的核心引擎。

表 6-1　国家级城市群范围界定

名称	包含省份	包含城市/地区
长江三角洲城市群	上海	上海
	江苏	南京、无锡、常州、苏州、南通、盐城、扬州、镇江、泰州
	浙江	杭州、宁波、嘉兴、湖州、绍兴、金华、舟山、台州
	安徽	合肥、芜湖、马鞍山、铜陵、安庆、滁州、池州、宣城
粤港澳大湾区城市群	香港	香港
	澳门	澳门
	广东	广州、深圳、珠海、惠州、东莞、肇庆、佛山、中山、江门

名称	包含省份	包含城市/地区
京津冀城市群	北京	北京
	天津	天津
	河北	石家庄、张家口、秦皇岛、唐山、保定、廊坊、邢台、邯郸、衡水、沧州、承德
长江中游城市群	湖北	武汉、黄石、黄冈、鄂州、孝感、咸宁、仙桃、天门、襄阳、潜江、宜昌、荆州、荆门
	湖南	长沙、岳阳、常德、益阳、株洲、湘潭、衡阳、娄底
	江西	南昌、九江、景德镇、鹰潭、上饶、新余、抚州、宜春、萍乡、吉安
成渝城市群	重庆	重庆主城区、万盛经济技术开发区、双桥经济技术开发区、万州、黔江区、涪陵、綦江、大足、长寿、江津、合川、永川、南川、潼南、铜梁、荣昌、璧山、梁平、丰都、垫江、忠县
	四川	成都、自贡、泸州、德阳、绵阳(除北川县、平武县)、遂宁、内江、乐山、南充、眉山、宜宾、广安、达州(除万源市)、雅安(除天全县、宝兴县)、资阳

资料来源:《中华人民共和国国民经济和社会发展第十三个五年规划纲要》;各城市群规划资料整理。

表6-2 区域性城市群范围界定

名称	包含省份	包含城市/地区
哈长城市群	黑龙江	哈尔滨、大庆、齐齐哈尔、绥化、牡丹江
	吉林	长春、吉林、四平、辽源、松原、延边朝鲜族自治州
山东半岛城市群	山东	济南、青岛、淄博、潍坊、东营、烟台、威海、日照
辽中南城市群	辽宁	沈阳、大连、鞍山、抚顺、本溪、丹东、辽阳、营口、盘锦
海峡西岸城市群	福建	福州、厦门、泉州、莆田、漳州、三明、南平、宁德、龙岩
	浙江	温州、丽水、衢州
	江西	上饶、鹰潭、抚州、赣州
	广东	汕头、潮州、揭阳、梅州

续表

名称	包含省份	包含城市/地区
关中城市群	陕西	西安、宝鸡、咸阳、渭南、铜川、商洛、杨凌示范区
中原城市群	河南	郑州、洛阳、开封、南阳、安阳、商丘、新乡、平顶山、许昌、焦作、周口、信阳、驻马店、鹤壁、濮阳、漯河、三门峡、济源
	山西	长治、晋城、运城
	山东	聊城、菏泽
	安徽	宿州、淮北、阜阳、亳州、蚌埠
	河北	邢台、邯郸
北部湾城市群	广西	南宁、北海、钦州、防城港、玉林、崇左
	广东	湛江、茂名、阳江
	海南	海口、儋州、东方、澄迈县、临高县、昌江县
天山北坡城市群	新疆	乌鲁木齐、昌吉、米泉、阜康、呼图壁县、玛纳斯县、石河子、沙湾县、乌苏、奎屯、克拉玛依

资料来源:《中华人民共和国国民经济和社会发展第十三个五年规划纲要》;各城市群规划资料整理。

表6-3　地区性城市群范围界定

名称	包含省份	包含城市/地区
呼包鄂榆城市群	内蒙古	呼和浩特、包头、鄂尔多斯
	陕西	榆林
晋中城市群	山西	太原、晋中
宁夏沿黄城市群	宁夏	银川、石嘴山、吴忠、中卫、平罗、青铜峡、灵武、贺兰、永宁、中宁
兰西城市群	甘肃	兰州、定西、天水、平凉、庆阳、陇南、白银、武威、金昌、张掖、嘉峪关、酒泉
	青海	西宁、海北州、海西州、玉树州、海南州、果洛州、黄南州、海北州
滇中城市群	云南	昆明、曲靖、玉溪、楚雄、红河北部的蒙自、个旧、建水县、开远、弥勒、泸西县、石屏县
黔中城市群	贵州	贵阳、遵义、安顺、毕节、黔东南州、黔南州

资料来源:《中华人民共和国国民经济和社会发展第十三个五年规划纲要》;各城市群规划资料整理。

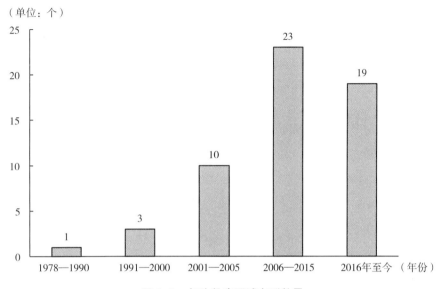

（单位：个）

图6-1 各阶段我国城市群数量

2. 改革开放以来我国城市群数量演变

图6-1是根据历史资料整理的改革开放以来我国城市群数量变化情况。自改革开放以来,我国城市群建设经历了先慢后快的发展历程。20世纪90年代以前我国只有一个长江三角洲城市群,20世纪最后十年又新增两大城市群。21世纪初我国城市群建设进入飞速发展阶段,仅仅不到15年,城市群数量就由最初的3个增长到23个,之后又经历了城市群间的整合,形成了目前的19个城市群的空间格局。

表6-4是相应阶段我国规划建设的城市群详细的名称。

表6-4 各阶段我国规划建设城市群名称

年份	城市群名称
1978—1990	长江三角洲城市群
1991—2000	长江三角洲城市群、珠江三角洲城市群、京津冀城市群

年份	城市群名称
2001—2005	长江三角洲城市群、珠江三角洲城市群、京津冀城市群、海峡两岸城市群、辽东半岛城市群、山东半岛城市群、成渝城市群、中原城市群、武汉城市圈、长株潭城市群
2006—2015	长江三角洲城市群、珠江三角洲城市群、京津冀城市群、海峡两岸城市群、辽东半岛城市群、山东半岛城市群、成渝城市群、中原城市群、武汉城市群、长株潭城市群、呼包鄂城市群、南北钦防城市群、哈达长城市群、晋中城市群、江淮城市群、关中城市群、银川平原城市群、环鄱阳湖城市群、天山北坡城市群、滇中城市群、黔中城市群、兰白西城市群、酒嘉玉城市群
2016年至今	长江三角洲城市群、京津冀城市群、粤港澳大湾区城市群、长江中游城市群、成渝城市群、哈长城市群、山东半岛城市群、辽中南城市群、海峡西岸城市群、关中城市群、中原城市群、北部湾城市群、天山北坡城市群、包呼鄂榆城市群、晋中城市群、宁夏沿黄城市群、兰西城市群、滇中城市群、黔中城市群

四、中国五大国家级城市群发展比较

根据"十三五"规划和2019年2月18日中共中央、国务院印发的《粤港澳大湾区发展规划纲要》，我国现在有19大城市群。其中有五大国家级城市群，分别为京津冀城市群、长江三角洲城市群、粤港澳大湾区城市群、长江中游城市群以及成渝城市群。这五大城市群在我国城市群的发展中处于引领地位，代表着我国城市群建设的最高水平。下面具体比较分析我国五大国家级城市群目前的发展状况。

1. 五大国家级城市群包含城市数量

图6-2是我国五大国家级城市群所包含的城市数量，其中长江沿线的两大城市群长江三角洲城市群和长江中游城市群中所包含的城市数量是最多的，前者包含26个城市，后者包含28个城市（其中仙桃、天门和潜江是湖北省直管的三个县级市，在此不计数），其中数量最少的粤港澳大湾区城市群包含

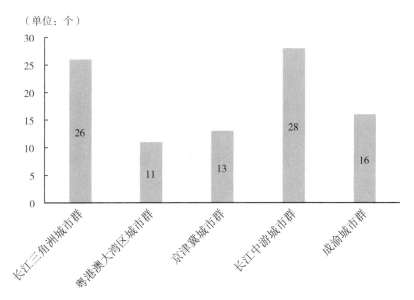

（单位：个）

图 6-2　2019 年各城市群包含城市数量

资料来源：《中华人民共和国国民经济和社会发展第十三个五年规划纲要》；各城市群发展规划。

11 个城市。这五大城市群共计 94 个城市，包括北京、天津、上海、重庆共 4 个直辖市以及香港特别行政区和澳门特别行政区。另外像杭州市、南京市、广州市、深圳市等也是我国东南沿海引领性的城市，武汉市、长沙市等是中部地区的代表性城市。成都市、重庆市等是我国西部地区的支柱型城市。值得一提的是，这五大城市群覆盖了目前我国全部的九大国家中心城市[①]的 7 个，仅郑州市与西安市没有包括在内。可见，这五大国家级城市群的发展情况极大地影响中国东部、中部、西部各大区域的经济发展情况，在中国经济发展中具有举足轻重的作用。

2. 五大国家级城市群行政区及建成区面积比较

根据图 6-3 可以发现，我国五大国家级城市群的各自总面积也有较大区

---

① 根据正式发布的政府文件，我国共有九大国家中心城市，它们分别是北京市、天津市、上海市、广州市、重庆市、成都市、武汉市、郑州市、西安市。

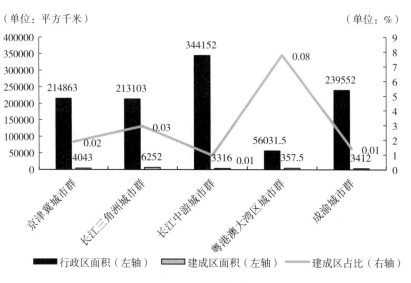

图6-3 2017年各城市群面积

资料来源:《中国统计年鉴(2018)》;香港特别行政区政府统计处①;澳门特别行政区政府统计暨普查局②。

别,从城市群的总行政面积看,京津冀城市群、长江三角洲城市群和成渝城市群的面积比较接近。长江中游城市群的面积最大,最低的是粤港澳大湾区城市群。但是从总的城市建成区面积看,长江三角洲城市群的城市建成区面积最大,京津冀城市群和粤港澳大湾区城市群比较接近,最低的分别是成渝城市群及长江中游城市群。和总的行政区面积相比较,还是粤港澳大湾区城市群的占比更高,达到了7个百分点,部分城市群如长江中游城市群和成渝城市群只有1%,虽然都是国家级城市群,但城市群内部各地区的发展差距还是较大的。

<hr />

① https://www.censtatd.gov.hk/gb/? param = b5uniS&url = http://www.censtatd.gov.hk/home/index_tc.jsp.

② https://www.dsec.gov.mo/Statistic.aspx? NodeGuid = d45bf8ce - 2b35 - 45d9 - ab3a - ed645e8af4bb.

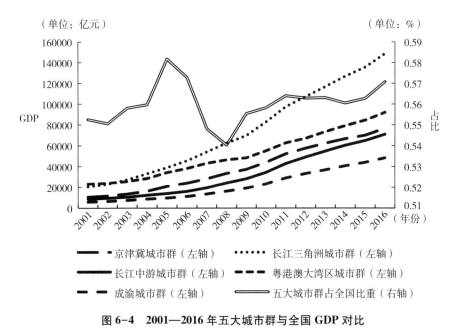

图 6-4　2001—2016 年五大城市群与全国 GDP 对比

资料来源：《中国统计年鉴(2012—2017)》；香港特别行政区政府统计处；澳门特别行政区政府统计暨普查局。

3. 五大国家级城市群经济总量比较

前面提到了,五大国家级城市群覆盖了我国全部的直辖市、2 个特别行政区、7 个国家中心城市以及众多的经济发达城市,对国民经济的发展有着举足轻重的影响。图 6-4 则是对其经济水平的对比,可见近十几年来这五大国家级城市群的经济总量均占全国①人均生产总值的半数以上。其中又数长江三角洲城市群的经济总量最大,并且发展势头最为迅猛,从图 6-4 中可见,长江三角洲城市群的经济增长速度最快。在经济总量上在纳入香港和澳门之后的粤港澳大湾区城市群要高于京津冀城市群,长江中游城市群处于第四位,位于西部地区的成渝城市群的经济总量最小。

① 为了计算的一致性,由于粤港澳大湾区城市群中包含香港和澳门,全国数据均为加上香港及澳门相应数据后再做比较。本节数据均为这种方法,不再另作说明。

（单位：亿元/平方公里）

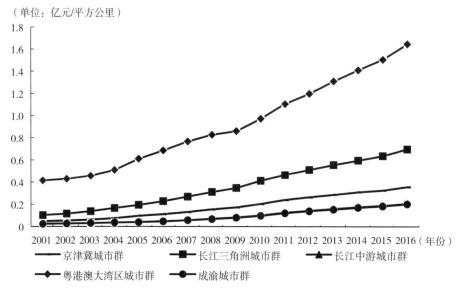

图 6-5 2001—2016 年五大城市群地区生产总值对比

注：长江中游城市群与成渝城市群数据高度相似，在图中存在覆盖的情况。

资料来源：《中国统计年鉴（2012—2017）》；香港特别行政区政府统计处；澳门特别行政区政府统计暨普查局。

4. 五大国家级城市群经济密度比较

地区生产总值最能够体现一个地区经济密度的高低。图 6-5 是五个国家级城市群的地区生产总值对比图。其中比较突出的是粤港澳大湾区城市群，从所选取的年份看，所有年份其地区生产总值都是最高的，并且曲线的斜率最高，地区生产总值的增长速度也是最高的，这与其城市建成区的占比最高相一致。其次是长江三角洲城市群和京津冀城市群。而长江中游城市群和成渝城市群的地区生产总值曲线在图上是重合的，实际数据也是基本一致。和东部地区相比，中西部地区的经济发展水平有一定的差距。

5. 五大国家级城市群城市建成区变化情况

城市建成区面积是分析一个城市发展水平的重要指标，建成区面积的变

（单位：平方公里）

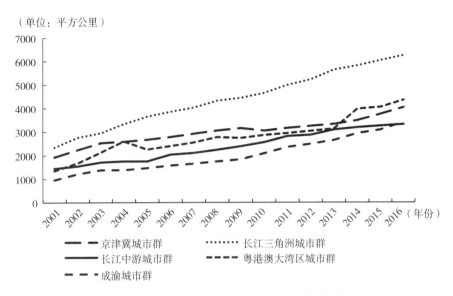

图 6-6　2001—2016 年五大城市群建成区面积

资料来源：《中国统计年鉴(2012—2017)》;香港特别行政区政府统计处;澳门特别行政区政府统计暨普查局。

化则是衡量一个城市扩张与收缩程度的一个有效方式。在城市群建设方面也可以采取这种方法。图 6-6 是近十几年五大国家级城市群建成区面积的对比图。从图 6-6 中可以看出,长江三角洲城市群的城市建成区面积是最高的,并且在绝大部分年份,其曲线斜率均大于其他四大城市群,这说明长江三角洲城市群内部城市在城市建设方面的速度比较快,其他四个城市群则相对较慢,其中成渝城市群的建成区面积较低,但总体速度要高于长江中游城市群。京津冀城市群和粤港澳大湾区城市群则处于中间位置,但粤港澳大湾区城市群的增速稍快。

第二节　城市群发展与分布中存在的若干问题

城市群由于众多城市聚集在一定范围内发展,使各城市在基础设施、环境治理、政策协调等方面面临激烈的冲突。近年来,城市群内部及城市群之间各自为政、重复建设、利益冲突等问题突出并饱受诟病。从国土空间开发格局上看,人口分布、经济布局、国土利用与城市群发展之间需要进一步统筹规划,人口、经济与环境之间的协调性有待加强。需要说明的是,城市群发展过程中出现的问题,并不能简单地归结为其自身的问题,而是我国处在转型期政治、经济、社会等方面诸多矛盾的集中体现。

一、城市群协调发展程度低

1. 城市群内部城镇体系尚未健全,城乡发展不平衡

中国城市群的核心城市集聚与扩散效应不够强大,综合经济功能相比较而言较为薄弱,中心城市的综合辐射和影响力不突出,导致城市群区域内经济发展无法协调。在现行的行政管理体制框架下,中心城市的法定管理权限只限于其所辖的行政区划范围,根本不具备跨行政区的管理协调权限,导致其无法在市场经济条件下充分发挥中心城市的核心作用。中心城市"管理协调权"的缺位和现有职能的不完备在很大程度上制约和影响了城市群区域内的协调发展,无法克服和解决城市群区域内的产业结构趋同、产业布局近似、重大基础设施建设重复、环境污染以及市场过度竞争等问题。例如:在京津两地,虽然天津有国际大港,但北京仍远赴唐山新建港口;在珠江三角洲地区,广州、深圳、珠海都建有国际机场,在业务上不仅三者之间竞争激烈,而且与香港、澳门两地的国际机场也存在竞争。城市群内部城乡发展水平明显不平衡。城市凭借良好的地理位置优势、发展中积累的经验基础、优惠的政策优势发展已达到相当的规模与程度,目前正在向现代化方向推进。农村地区发展尚处在工业化状态,城市数量少且规模小。城乡不平衡发展加剧了城乡差距。

2. 内部结构功能不完善

由于中国区域经济发展呈现明显的"行政区经济"特征,这种"板块经济"

模式使城市群的发展备受现行行政管理体制的制约和束缚。一个城市群大多分属不同的行政区,在发展目标、产业结构、产业布局和环境保护等方面,城市群区域与各行政区域之间、城市群内部各城市之间都有可能存在明显的冲突,集中表现为区域行政壁垒对要素自由流动的限制,导致要素流动与进入成本偏高,致使区域资源要素不能顺畅流向优势区位——城市,从而影响和制约了城市群的发展。

3. 发展规划和空间布局规划难以衔接

规划期限不一致是发展规划和空间布局规划难以衔接的重要表现。众所周知,发展规划期限只有 5 年,而城市总体规划的时间跨度通常在 15—20 年,土地利用总体规划期限为 10—15 年。由于发展规划缺少远景的战略目标,所以对空间规划难以起到有效的支撑作用。发展规划所确定的人口、经济总量、战略定位等一系列发展目标、发展速度以及重大的比例关系等,也难以成为空间布局规划的直接依据。

4. 不同空间规划对同一内容的规划结果不同

以城镇体系规划和主体功能区规划为代表的空间规划类型,在描绘我国城市化格局以及由此确定的点—轴开发系统的总体框架时,存在一定的差异。具体表现在轴带的方向、数量及结构上。全国城镇体系规划所表达的我国城市化战略格局更多地侧重于东部地区对我国中西部地区的带动作用,增加了"长三角""珠三角"对我国西南地区的通道建设,因此东西向垂直于海岸带的轴带是它的重要布局指向。而主体功能区规划所确定的"两横三纵"城市化格局,则主要依托我国已经形成的大战略格局框架。长期以来,南北向的联系一直是我国主要的联系,如"北煤南运""南粮北调"等。且我国地形特点呈由沿海向内陆的阶梯状分布,所以垂直于海岸带的通道难以打造,而南北向的通道建设则具有比较好的自然条件。因此,在主体功能区规划确定的城市化格局中纵轴的数量多于横轴的数量。但无论如何评价,以及不管战略意图如何,对于同是由国务院部门主持编制的全国层面的规划,在城市化格局及点轴开发系统等方面应该是完全一致的,不应该出现对同一个问题在表达上存在差异性。

5. 同一类空间规划因行政区划不同而不相协调

以城乡规划为例,城市总体规划的编制过程遵循自下而上的方式,地方编制的规划往往从自身利益考虑不断做大城市的规模。若对我国各城市规划规模进行简单求和,建设用地规模、人口规模以及产值规模都将远远大于我国在同时期可能达到的总量规模。而城镇体系规划的编制按照从上而下单方面占主导的方式,缺乏上下结合,与很多地方的城镇化趋势相反。对全国城镇体系规划进行拼图,发现存在空间结构无序的问题。空间结构方面:东部沿海省份三大城市群与周边省份欠缺紧密的联系;中部地区各省份均在打造各自的经济集聚区,形成相互分割的城镇体系空间形态,缺乏真正的区域中心城市;西南地区地形破碎,不具备集中发展的条件,却仍然规划城市群;西北地区地广人稀,城镇规模小、间距大,也用轴带规划城镇体系;东北三省过于注重省域内空间结构的完整性,忽视整个东北地区整体发展。

二、城市群产业合作有待提高

城市合作包含很多领域,如基础设施建设、区域污染治理以及相应协调机制的建立等,产业合作是其中的重要组成部分。考察我国各城市群可以发现,我国城市群内的城市间联系不够紧密,各城市各自为政,城市定位大体类似,产业结构雷同的现象比比皆是,最终结果是导致整个区域的资源浪费和效率低下。如珠三角各城市发展的基础条件都是承接港澳台制造业转移,发展"三来一补"的加工贸易,传统劳动密集型产业居多,发展依赖国际市场,各城市在产业发展上很难形成产业协作,造成了城市间竞争大于合作的态势,部分产业争相向中西部地区转移的同时,其内部有些区域却也面临着招商引资难的问题。即使在区域规划中明确了功能布局,但由于没有体制机制和政策上的配套,操作起来难度还是很大。再如,在长三角16个城市的产业发展中有11个城市选择汽车零配件制造、8个城市选择石化、12个城市选择通信产业作为它们的主导产业。产业同构加剧"引资大战",而反过来"引资大战"又使本已严重的低层次产业同构现象重演,此种情况在跨省级行政区的城市群中表现得更明显,在一省很畅销的产品却始终很难迈出省界,推广到周边省份,更别说走向全国和全球了,只能是省内畅销,严重束缚了企业的成长,长期如此下去,各地在原材料、资源等的要素配置上都出现了理论上不应出现的种种不可思议的低效率。

此外,还存在合作主体单一问题,现有的合作决策主体主要是政府机构和以追求个人利益的商家,而更多的主体如民间团体和民众个体尚未有效地加入进来,特别是个别地方存在政府机构的表面合作、背后拆台,更影响了合作进程的推进。

三、城市群内基础设施建设协调性较差

城市群内基础设施建设的协调是一个难题,这是因为基础设施投资具有较强的外部性,可以有效降低企业的生产经营成本,增强城市对资本的吸引力,因此各城市对基础设施的投入都有较大的积极性,这是针对其市域范围而言的;从区域利益或更大的空间范围看,相邻城市间的竞争往往会引发"囚徒困境",都不愿意让对方分享正效应。双方都出于这样的考虑,就会出现以下情况:一方面,城市群内重大基础设施供给不足,每个理性的城市从自身利益出发,不给其他城市以"搭便车"的机会;另一方面,又存在城市群内部重大基础设施重复建设,各地都从提升自身竞争力的角度进行建设,造成巨额投资浪费,又使设施处于高空置率,经营困难。对于经济效益大的大型生产性项目,各地争先上马,不顾区域内市场容量早已饱和的现实,对于没有经济利益的环

保生态治理等项目,则能拖就拖,呈现结构型失衡。从机场来看,长三角机场密度0.8个/万平方公里,已超过美国0.6个/万平方公里的水平。如不算军用机场,整个长三角地区有17个民用机场,分布在16个城市。有规划显示,到2020年,华东地区还将新建或改建12个机场,使民航机场数量达到48个,平均每间隔四五百公里就有一个机场覆盖。而实际上数据显示,旅客运量的七成集中在上海市的虹桥和浦东两个机场,货邮运量的近九成也聚集于上海市,货运量七成以上集中在浦东机场,而剩余的运量也依次分布在萧山机场、禄口机场和宁波机场,且都小于10%。再如环渤海地区几乎每个市都有港口,各市政府对建设港口热情高涨。京津冀区域内有四个港口,距离近且拥有共同的腹地。曹妃甸港具有天然深水航道,距离天津港只一步之遥。又如,公交一体化,受部门规章限制,推进乏力;环境同治,由于责任机制和补偿机制不到位,无法形成强大合力;通信同城,受现行电信规则制约,未能实现同城收费、统一区号等。

四、行政区等级对城市群内部城市的影响较大

在行政区经济尚未有所改观的情形下,分税制下的地方行政官员依然把本地区利益最大化作为其追求目标。市场割据造成产业趋同,尽管以政府名义排斥外地产品进入本区域的情况已经不多,但地方政府通过开协调会等方式人为限制商品和服务等要素自由流动的事件还屡见不鲜。行政分割使经济要素在区域市场中的流通受阻,行政区经济对城市群的影响还体现在不同行政层级的城市,其拥有的资源控制能力和政治影响力不同。直辖市、省会城市、副省级城市与其他中小城市和小城镇相比,其占据绝对主导地位,在资金分配、规划和重大项目的建设方面享有较大的话语权。而对于中小城市而言,这种情况下将长期在城市发展竞争中处于边缘和落后的位置。这不仅影响城市公平竞争,而且不利于城市群内部各城市之间合作关系的建立。当然,从发展趋势看,行政区经济具有典型的过渡性特点,未来将退出历史舞台,其对城

市关系的影响也将随之终结。但由于我国的现实国情,其在相当长一段时期内还将影响城市关系,在特定时间内还有可能得到强化(陈明,2008)。

五、一些城市群区域面临自然资源和环境的硬约束

我国陆地国土面积广大,但约60%为山地和高原,适宜工业化城镇化开发的180多万平方公里中扣除必须保护的耕地和已有建设用地,未来可用于开发和建设的只有28万平方公里,仅占全国陆地国土面积的3%。长三角和珠三角人口密度位居各城市群之首,一方面表现了其强大的"气场",众多的发展机会吸引着全国各地的人蜂拥而至,表现出勃勃生机;另一方面也是一种预警,人口压力过于集中在有限的土地上必然对区域的可持续发展产生严重威胁。从全国范围看,受地貌、气候、土地利用等自然生态条件的限制,不适宜和较不适宜人居的地区约占国土面积的75%,较适合人居的地区约占22%,即粮食主产区,最适合人居的地区仅占3%。生态环境脆弱面积广大,中度以上生态脆弱区域占全国陆地国土空间的55%,其中极度脆弱区占9.7%、重度脆弱区域占19.8%、中度脆弱区域占25.5%。东部地区由于人口稠密,工业化和城镇化水平较高,面临土地资源严重紧缺和环境污染问题。1920—2000年,80年间上海中心城区地面平均累计下沉约1.892米,平均每年累计下沉2.365厘米,最大累计沉降量达到2.63米,沉降面积约400平方公里。在长三角,人均耕地只有0.043公顷,低于联合国粮农组织规定的0.0533公顷/人的最低警戒线,在73个县市区中有38个县市区低于上述标准,其中浙江省有25个县市区低于警戒标准,特别是核心区太湖流域内的城市地区的人均耕地不足全国人均耕地的一半(年福华、李新,2005)。长三角的16个城市中,有14个处于酸雨控制区,江苏省南部、上海市和整个浙江省更是酸雨的重污染区,养殖污染、化肥农药污染、有机肥污染、生活污水肆意排放,水土流失正成为长三角水土环境的"五大杀手"。这些环境污染都属于跨界污染,污染源和受污染者分属不同的行政辖区,而现行环境行政管理体制只要求当地政府对本地的环境负责,

由此,各地在环保工作中的各自为政就成为一种常见现象了。

第三节　未来城市群的发展方向

城市群是城市发展到成熟阶段最高的空间组织形式,是我国城镇化的主体形态。我国的城市群建设目前正处于加速阶段,仅前五大城市群的经济总量已经超过全国经济总量的一半,而且各种城市群规划密集出台,城市群的合理健康发展在我国国民经济发展中起着举足轻重的作用,关乎我国城镇化建设的前途。因此,认清我国城市群发展中的关键问题以及我国未来城市群的发展方向至关重要。

一、城市群仍然是我国城镇化的主体形态

城市群成为中国新型城镇化的主体形态。国家"十一五"规划明确提出:"要把城市群作为推进城镇化的主体形态,逐步形成以沿海及京广、京哈线为纵轴,长江及陇海线为横轴,若干城市群为主体,其他城市和小城镇点状分布,永久耕地和生态功能区相间隔,高效协调可持续的城镇化空间格局"。国家"十二五"规划进一步明确提出:"积极稳妥推进城镇化,坚持走中国特色城镇化道路,遵循城市发展客观规律,以大城市为依托,以中小城市为重点,逐步形成辐射作用大的城市群,促进大中小城市和小城镇协调发展"。国务院批准实施的《全国主体功能区规划》首次将全国国土空间划分为优化开发区、重点开发区、限制开发区和禁止开发区四类主体功能区。对比分析中国城市群的空间分布状况可以发现,中国绝大部分城市群分布在主体功能区中的重点开发区和优化开发区,说明城市在国家主体功能区划中占据着十分重要的主体地位。

党的十七大、十八大报告连续把城市群作为新的经济增长极。党的十九大报告指出,以城市群为主体构建大中小城市和小城镇协调发展的城镇格局。

习近平总书记在参加十三届全国人大一次会议广东代表团审议时强调,要抓住建设粤港澳大湾区重大机遇,携手港澳加快推进相关工作,打造国际一流湾区和世界级城市群。建设世界级城市群,发挥其优化空间布局和集聚生产要素的重要作用,推动区域经济发展质量变革、效率变革、动力变革,是贯彻落实习近平新时代中国特色社会主义经济思想、推动经济高质量发展的重要体现,是实施区域协调发展战略的重要内容。

二、合理控制城市群规模,大力推动都市圈发展

从近几次的全国代表大会报告和密集出台的政策足见城市群建设的重要性。我国城市群目前已经形成"5+8+6"以及"两横三纵"的空间结构格局,即5个国家级城市群、8个区域性城市群和6个地区性城市群。从改革开放初期到现在,城市群的数量迅速增长,空间范围一扩再扩。但是从理论角度分析,城市群空间范围的扩展过程经历了从城市到都市区,再到都市圈,然后才是城市群这样一个漫长的过程,城市群的建成绝对不是一蹴而就的。因此,未来中国城市群的建设和发展要遵循城市群的成长过程,不可盲目扩容而脱离了城市群发育的基本要求。2019年2月21日,国家发展改革委发布了《国家发展改革委关于培育发展现代化都市圈的指导意见》。在国家层面首次明确了都市圈的概念,即都市圈是城市群内部以超大特大城市或辐射带动功能强的大城市为中心、以"1小时通勤圈"为基本范围的城镇化空间形态。提出了推动统一市场建设、基础设施一体高效、公共服务共建共享、产业专业化分工协作、生态环境共保共治、城乡融合发展等重点任务。培育发展现代化都市圈必将对我国新型城镇化进程和高质量发展产生重大而深远的影响。"都市圈"的正式提出填补了我国新型城镇化空间尺度的重要一环,即从乡村振兴到特色小镇,再到以中心城市为核心的大中小城市协同发展,从中心城市到都市圈,再从都市圈到城市群。同样也填补了城市群发育中的重要一环,都市圈的提出避免了城市群的盲目扩容和无序发展。在不满足建设城市群的区域优先发

展若干都市圈,有助于我国城镇化良性发展。

三、科学制定城市群发展体制机制

城市群的建设并不是为了将一群城市归集到一起,而是为了发挥城市间的协同作用,在更大范围内实现资源的优化配置,增强辐射带动作用,同时促进城市群内部各城市自身的发展,是推动城市化或城镇化的重要举措。未来要加大以下几方面的研究,助力中国城市群发展。首先,研究创立城市群形成发育的管理体制以及政府间协调机制。设立制定和执行规则的权威性区域协调机构是避免城市群最终成为"一群城市"的重要手段。在权利、职责、资金等方面给予区域协调组织以保障,使其能够高效运行。其次,研究制定城市群公共财政制度。这是解决城市群区域内资源配置与空间布局的重要保证。特别是跨区域公共基础设施建设方面,城市群公共财政制度有利于跨区域公共物品的共建共享,还能避免重复建设等问题。最后,科学合理制定城市群内部发展规划。城市群的规划并非各城市规划的简单相加,而是以整个城市群作为整体为出发点,对城市群发展的战略部署。虽然在国家层面上,国家发改委和国家住房与城乡建设部联合地方政府编制了不同城市群的发展规划,但是到目前为止城市群规划仍然不属于法定的空间规划体系,不但缺乏城市群规划的统一编制标准,还缺乏规划执行的长期跟踪监督机构,使这种跨区域规划执行连续性不够。

第四节 城市群实现经济结构调整和国土开发空间结构优化的路径与政策建议

一、充分发挥空间规划的指导、协调和约束功能

市场经济条件下利益驱动与全国区域协调发展所要求的社会利益的不一

致,要求通过规划协调区域间、城市间的利益冲突,一个高起点、高标准、统揽全局的全国空间规划对于规范和优化国土开发结构有着无可比拟的重要意义。空间规划就是全国国土开发的顶层设计,要求兼具科学性、前瞻性、权威性和可操作性等,要经得起历史考验,同时面对世界上自然要素差异最大、地区发展差距最大、行政区壁垒最大的中国现实,其规划的任务和难度可想而知。正因如此,有学者称,在区域发展与城市建设中,政府最大的责任是规划,最大的资源是规划,最大的浪费也是规划(方创琳等,2007)。对于城市群发展过程中出现的宏观性、关系地区未来长远发展的关键性问题,必须有协调区域利益、推进区域共同发展的空间规划作出安排。

尽早启动全国及不同类型区域的空间规划,将全国及各区域的经济发展置于空间规划和经济社会发展规划的双重指导下。空间规划必须统筹全国,各地区应以此为依据,结合不同地区的具体情况制定各类型区的规划与建设。应先编制跨行政区域的经济社会发展战略和空间发展战略,在此基础上,按照发展战略—概念规划—总体规划—详细规划—分区设计的思路,进行规划的编制。规划需要考虑以下一些因素:既要考虑城市群的整体发展,又要站在城市群内部各个城市的角度考虑发展;既要规划各城市群未来的发展方向,也要实现城市群内部各城市发展的相对平衡;既要考虑当前的发展,又要考虑未来的发展,使发展能够保持长期的连续性;规划应该是一个具有指导意义的发展规划,而不是具有强烈行政强制的规划,应突出以下内容:发展定位、发展战略和发展目标;经济结构调整的方向、任务和重大工程;区域空间结构调整的方向、原则和重点;基础设施、资源环境和公共服务的任务;区域规划实施的保障措施;其他需要纳入规划的事项等。编制出科学的规划只是完成了万里长征第一步,规划的实施和监督任务更加艰巨。因为就目前我国的规划技术而言,编制全国及各地的空间规划在技术上并不存在困难,但规划本身并不只有技术属性,而是更多地具备公共政策属性,其核心要点是要规划落实和区域管制(陈明,2008)。建立规划实施的基本政策,包括人口与就业政策、产业与城乡发展政策、区域水环境协调政策、财税与补偿政策等。

二、加快完善城市群的空间分布结构

构建城市群之间、城市群内部双层网络合作机制。城市群的合作是分层次的,城市群之间的合作更凸显大区域的概念,强调多个城市群形成合力,共同推动区域发展,需要进一步畅通城市群之间的跨行政区基础设施建设等一体化手段,可进行配置的资源更加丰富,带动的区域更广泛,牵涉的关系也更复杂。城市群内部合作即城市间的合作,只是区域合作的一个环节,对实现区域协调的作用有限,与城市群之间合作的双层网络合作机制的建立对城市间合作的广度和深度的提升有着极为重要的意义。同时提出的要求也更高,各级政府要对不同城市群之间的城市合作创造软环境,出台相关奖励和优惠政策,促进民间团体、行业组织在合作中发挥不可替代的功能,将合作的利益分享机制与各方在促进合作中所付出的努力、采取的实际行动相挂钩,排除一切不利于城市间合作的因素。

针对联合发展区在一体化过程中存在的障碍和问题,需要从区域层面进行关注和解决,又在重点推进区内设立若干个协调发展区,用来解决区域内城镇功能和产业、环境保护协调、区域性基础设施协调、跨省际历史文化传承保护合作及旅游的协调发展方面的冲突(陈明,2008)。将跨省际的协调发展地区作为规划中的重点推进地区,联合发展区各自发挥对外扩散、辐射作用,促进内部的融合,在区域环保、文化发展、创新培养、旅游休闲等方面,共同推进城镇群发展。

三、通过产业转移与承接密切城市群的产业联系

产业转移与承接是产业集群发展和产业链延伸的重要形式,是实现产业合作的重要途径。充分发挥市场机制的作用,各级部门营造好软环境,制定相应的投资政策,通过国内外资本的进入和参与,推进承接产业的园区化,引导

企业投资配套产业,按照产业链的不同环节进行分工协作,推动现代制造业与现代服务业的协调融合。在这个过程中要避免出现两种情况:一是产业承接地由于急于发展,对高污染高能耗产业不加限制,不设门槛地承接,承接产业的同时承接了污染,不利于区域的可持续发展;二是产业转移地由于没有发育成熟或引进新的产业,又将原有产业转移出去造成产业空心化,腾笼换鸟过程中变成空笼,这样也会影响区域的发展,对两地的长远合作造成障碍,无法实现区域的共同繁荣。

四、推进城市群内部城市间的体制改革

构建有利于区域经济整合的体制和机制,设置主要着力于开展城市间横向经济合作的机构,鼓励发展各种非政府的横向协调机构,如区域性行业协会和企业联合会等,减少经济活动的摩擦,进而降低交易成本(王小卫、陈克禄,2008)。促进达成对地方政府和经济主体具有约束力的经济合作多边框架协议,规定商品、生产要素自由流动和投资便利化,促进区域大交通体系、统一市场体系和公共服务体系建设,促进信息资源共享,加强生态建设和环境保护的合作机制。建立相应的监管和仲裁机制,保障框架协议的实施。建立区域共同发展基金,主要用于跨行政区基础设施和公共服务设施建设及生态环境治理。鼓励邻近城市或具有紧密联系的城市之间建立战略合作伙伴关系,建立部门之间的协调机制和针对某个主题的专门协商机制。改革环保、国土、交通、规划、质检、金融、城建等部门按照行政区划管理的现行模式,设立城市群规划建设管理机构,负责指导监督规划实施,形成区域发展合作的新机制。要注重发挥行业协会、社会团体和其他具有区域影响力的非政府组织在城市关系协调、冲突解决中的积极作用。

五、实施跨地区的重大基础设施建设战略

城市群的发育和成长需要空间市场一体化,而空间市场一体化又以区际

综合交通通信系统、完善的网络体系以及强大的专业化物流为主要标志。制定国家跨行政区基础设施建设项目的时间表,提出具体的建设内容、时间及其需要配套的政策。在道路建设方面,建议国家进一步加大跨区域高速铁路建设的力度,尽快完善和充实铁路网建设,加强双线改造建设和电气化改造步伐。进一步加快国道网、国道主干线以及高速公路的建设步伐,增加国道网及国道主干线的路网密度,提高公路的等级,提高高速公路在国道网及国道主干线中的比重。针对各地对机场项目的热情,建议国家从航空业的特点和规律出发,针对目前机场的现有布局,在进一步合理调整机场布局的基础上,有计划地建设一批中小型机场,继续加大民用机场建设的力度,提高我国航线布局与经济发展和人民生活的契合度和便捷性。此外,加强通信、水利、环保等重大设施建设的合作,实现跨行政区基础设施的共建共享,最大限度地发挥基础设施的经济效益和社会效益。针对重大项目融资问题,可以按照"政府引导、市场运作"的方式,积极促进民间资金进入基础设施建设领域,建立与市场经济相适应的民间投资项目管理体制,为民间投资的跨区域投资搞好服务。

六、加强基础概念的界定和基础理论的研究

科学的理论源于实践并需要理论工作者加以总结和提炼,而伟大的实践需要科学的理论作为支撑并进行指导。对我国城市群发展而言,有着与西方不同的在国内外背景、发展阶段、体制机制等方面的特殊性,盲目照搬或不加条件地对比、攀比,只能误导实践的进展而不是进行有益的指导。"城市群"已写入五年规划纲要并上升为国家战略,因其较高的知名度,在城市和区域规划中得到广泛应用。然而,与之相关的概念如大都市带、都市连绵区、多中心巨型城市区域等极易混淆,为此必须加强概念界定,明确其人口规模和空间范围。2000 年第五次人口普查数据,主要反映 20 世纪 90 年代的情况,2000 年以来,我国陆续发布了众多区域规划和针对相关地区的发展意见等重要文件,城镇化进程加快并于 2011 年进入城市型国家,城市群发展出现了新的境况。

再加上第六次人口普查数据等资料的陆续公布等,都为城市群界定和研究提供了很好的契机和基础。需要强调的是,在研究中要避免出现生造概念,盲目引进国外理论等做法,概念的使用要建立在充分论证、科学分析的基础上,体现出我国学者城市群理论研究的特色。

此外,由于多个部门多重规划再加上跨行政区,使包含城市群在内的区域规划编制难产,科学性、合理性和执行力不够,只有有了法律的效力,执行起来才会顺利而且有保障,才能真正推动资源要素、基础设施、产业合作等多方面、全方位的一体化进程,从这个意义上讲,区域规划的立法工作也应尽快提上议事日程。需要规定规划编制的单位、规划的内容、总体规划、专项规划、审批程序以及对编制过程中的各个环节作出安排,克服部门利益和实施过程中的官员色彩。

科学的研究要实事求是,成果要具有前瞻性,对策建议要具有针对性和可操作性,这些都需要城市和区域工作者深入挖掘,潜心探索,为我国城市群在调整经济结构和优化国土开发空间结构中发挥更加重要的作用、形成经济结构更加优化、国土开发空间结构更加合理的城市群格局而不懈努力。

第七章 产业转移与结构优化

随着"十四五"规划的启动,我国的经济发展面临前所未有的复杂环境。中央对当前形势的判断是:世界处于百年未有之大变局。这主要从三个方面来看:一是世界经济重心从北大西洋转向太平洋;二是世界政治格局非西方化与多极化的趋势明显,全球化进程的主要推动力量面临重组;三是世界的科技与产业正在发生巨变,对我们是机遇与挑战并存;四是全球治理方式的转变,新兴国家或成全球治理的重要角色。

毫无疑问,这些趋势都会对我国的宏观经济和区域经济产生影响,也必然会影响到我国正在发生的产业转移。本书从历史和现实出发,对我国的产业转移进行梳理,对一些重大问题给出判断,并提出相应的政策建议。

第一节 国内外产业梯度转移的历史背景

国际产业转移首先是从发达国家开始,按照梯度依次转移到次发达国家、发展中国家。回顾产业转移浪潮:第一次国际产业转移中,英国是当时工业化水平最高的国家,将产业转移到具有自然资源优势的美国。这次产业转移奠定了美国后来领跑第二次科技革命的物质和技术基础,并在 19 世纪末崛起成为世界第一工业强国。第二次产业转移中,美国向西欧和日本转移产业,德国、日本通过承接转移产业，工业竞争力迅速提高，成长为发达国家。第三次国际产业转移中，美国和日本向亚洲"四小龙"国家和部分拉美国家转移劳动密集型产业和重化工业，催生了亚洲"四小龙"成为新兴的工业化国家或地区。第四次国际产业转移中，日本、亚洲"四小龙"、美国向东盟四国和中国内地转移劳动密集型、一部分资本密集型和低附加值的技术密集型产业。中国的制造业在此次产业转移中得以迅速发展，奠定了"世界工厂"的地位。当前，国内外产业转移态势发生了新的变化，梳理国际、国内产业转移的历史背景对理解当前产业转移的新趋势具有重要参考价值。

一、国际产业转移的演进与特征事实

回顾世界经济发展的历史，早在第一次科技革命之后，英国成为世界工厂之时，就曾发生过国际产业转移，主要的转移路径是英国到欧美。但产业转移成为主要的长期趋势，则是在20世纪中叶才出现的。具体来说，第二次世界大战之后，全球范围内出现了四次规模较大的国际产业转移浪潮。

1. 国际产业转移的历程

第一次国际产业转移发生在20世纪50年代。第二次世界大战之后，随着军事技术民用化的加速、自然科学理论的重大突破、科学技术社会化程度的提高，第三次科技革命率先在美国兴起，美国在确立了经济、科技上的领先地位之后，率先进行产业结构的调整升级，在国内积极发展汽车、半导体、集成电路、精密机械、化工等资本技术型产业，而把国内的传统劳动密集型产业如纺织业、钢铁业等向欧洲和日本转移。日本凭借其丰富、廉价的劳动力资源，主动承接美国移出的轻纺工业，劳动密集型产业迅速发展，实现了制造业的转型升级。

第二次国际产业转移出现在20世纪60年代。在第三次科技革命的推动下，美国、日本、德国等西方发达国家重点发展资本、技术密集型产业，实行产业转型升级,而把劳动密集型产业尤其是轻纺工业大量向外转移,亚洲的新兴工业化国家和地区(韩国、新加坡、中国香港、中国台湾)把握住了这一轮产业转移机遇,积极发展出口导向型的轻纺工业,实现了产业的转型升级,经济得以迅速发展。

第三次国际产业转移发轫于20世纪70年代后期。两次石油危机及世界性经济危机的爆发推动了科技革命与产业转型,发达国家重点发展微电子技术、新能源、新材料等低能耗、高附加值的技术密集和知识密集型产业,而将钢铁、造船、化工等重化工产业和资本密集型产业进一步转移到经济发展水平较低的地区。亚洲"四小龙"积极承接从发达国家转出的资本密集型产业,而东盟国家则结合自身发展阶段,沿着亚洲"四小龙"的发展路径,承接从亚洲"四小龙"转出的劳动密集型产业,这种逐次组成梯队承接产业转移的模式,就是著名的"雁行模式"。通过这样的发展模式,东亚范围内不同梯度层次的国家实现了资源整合与经济互补,形成了共赢的局面。

第四次国际产业转移开始于20世纪90年代,这次的产业转移明显受到美国计算机产业模块化发展的影响。产业转移的特点也由整个产业的转移转变为产业链条的转移。亚洲"四小龙"、日本的经济发展越来越受到内部市场狭小、生产成本剧增、资源环境问题突出等因素的制约,而中国则凭借低廉的生产成本、较好的资源禀赋、巨大的国内消费市场、极具吸引力的招商引资政策脱颖而出,成为第四次国际产业转移的主要承接地。正是把握住了产业转移的机遇,中国尤其是东部地区实现了产业的转型升级,经济发展取得了巨大飞跃。

2. 国际产业转移的典型特征

回顾第二次世界大战后国际产业转移的历程,笔者对历次国际产业转移的空间趋势与产业特征进行了总结归纳(见表7-1)。

表7-1　国际产业转移的空间趋势与产业类型

年代	产业转出地	产业承接地	产业类型
20世纪50—60年代	美国	日本	资本密集型产业
	美国、日本	亚洲"四小龙"	劳动密集型、部分资本密集型产业
20世纪70—80年代	美国	日本	技术密集型产业
	美国、日本	亚洲"四小龙"	资本密集型产业
	美国、日本、亚洲"四小龙"	东盟国家	劳动密集型产业
20世纪90年代—2008年国际金融危机	美国	日本	创造性、知识技术密集型产业
	美国、日本	亚洲"四小龙"	标准化资本、技术密集型产业
	美国、日本、亚洲"四小龙"等	中国和东盟国家	劳动密集型产业、部分资本和技术密集型产业
2008年国际金融危机以来	部分发达国家	中国沿海地区	部分资本密集型产业、技术密集型产业和服务业
	部分发达国家、中国地区	中国中西部地区、东盟国家	劳动密集型产业、部分资本密集型产业、技术密集型产业

资料来源:吕政、曹建海:《国际产业转移与中国制造业发展》,经济管理出版社2006年版。

从表7-1中可以看到,国际产业转移无论是在空间趋势还是在产业类型上都表现出明显的梯度特征。具体而言:

(1)国际产业转移呈现出由高梯度地区向低梯度区域渐次转移的特征

产业转移从经济发达地区如美国转移至经济较发达的日本,待到日本的经济起飞之后,再转移至亚洲"四小龙"、中国、东盟国家等。

(2)国际产业转移呈现出由低技术梯度产业转向高技术梯度产业的特征

随着产业在空间上的渐次转移,转移的产业类型也由资源密集型、劳动密集型转变为资本密集型、技术密集型、知识密集型。国际产业转移基本遵循了产业演进的顺序。上述两个特征与赤松要的"雁行模式"产业转移理论、小岛清的"边际产业扩张论"、邓宁的"国际生产折衷理论"、蔡宏伟的"产业梯度转移理论"的观点是一致的。

3.2008年国际金融危机后国际产业转移的新趋势

2008年国际金融危机之后,世界经济深度调整,制造业大规模转移速度放缓,而服务业的转移速度加快。国际产业转移出现了许多新的发展趋势:一是科技创新步伐加速,国际产业转移的产业结构不断升级。2008年国际金融危机之后,科技创新的步伐加速,信息技术、生物技术等前沿产业取得突破,新一轮产业转移也随之而来,新的国际价值链分工也逐步形成。制造业链条正沿着由低附加值链条和部门向高附加值链条和部门的顺序,持续地向低成本国家外移和外包。二是国际产业转移的链条不断延展。制造业的转移规模、转移速度都有所放缓,而服务业的转移速度却不断加快。三是国际产业转移的空间不断拓展。2008年国际金融危机以来,发达国家、我国东部地区向我国中西部地区进行产业转移的趋势越发明显,我国东部地区向东盟国家进行产业转移的趋势也逐步显现。

二、我国产业转移的演进与特征事实

1. 我国承接国际产业转移的历程

20世纪80年代以来,在国际产业转移的浪潮下,我国抓住机遇,逐渐成为国际产业转移的主要承接地。我国承接国际产业转移的历程经历了三个阶段:

1979—1991年起步阶段:这一阶段亚洲"四小龙"向外转移其轻纺业为代表的劳动密集型产业,我国抓住这一历史机遇,承接以轻纺工业为代表的轻工业,主要是玩具、服装、鞋帽和家用电器等。这一时期外商在华投资还处于试验性阶段,投资规模小,我国引进的外资较少,主要是对外借款,主要承接方式是加工贸易。

1992—2001年加速阶段:1992年中国社会主义市场经济体制得以确立,

承接国际产业转移的制度基础得以完善。我国抓住良好机遇,承接劳动和资本密集型相结合的产业,机电产业得以发展,出口增加,产业转移进入加速阶段。这一阶段承接产业转移的方式趋于多样化,外商投资特别是跨国公司开始在中国进行系统化、大规模的投资。

2002 年之后的发展阶段:我国在 2001 年年底加入世界贸易组织,经济的持续高速增长带来了巨大的市场空间,我国对国际产业的吸引力进一步增强,中国成为外商直接投资的首选地之一。外商直接投资的方式之一是现有企业从单环节、单产品的加工生产延伸到下游产品和相关产业。发达国家将成熟的资本密集型、技术密集型产业大规模地向中国东南地区转移。

2. 我国承接国际产业转移的典型特征

随着我国市场逐步开放,市场空间不断拓展,国际产业转移的速度加快、规模扩大、范围也在延伸,承接国际产业转移的区域以东部地区为主,中西部地区的吸引力有待加强。东部地区尤其是东南地区凭借其优越的地理优势,加之国家的开放政策,成为我国承接国际产业转移的主要地区。从历年各省份外商投资企业年末投资额的变动情况可以看出,东部地区的比重一直稳定保持在 75% 以上,中部地区、西部地区的比重基本在 7% 左右徘徊,而东北地区从 2013 年开始呈现出不断下降的趋势。[①] 我国承接国际产业转移的产业表现出由低技术梯度到高技术梯度变化的特点。承接的产业逐渐由资源密集型、劳动密集型转向资本密集型、技术密集型。

3. 我国承接国际产业转移的趋势

2008 年国际金融危机之后,原有的国际产业分工格局出现重大转变,我国承接国际产业转移呈现出新的发展趋势:一是国际产业向我国转移的规模

---

① 资料来源:国家统计局、中国商务部。

继续扩大,跨国公司在产业转移中发挥主导作用。2000—2017 年,我国实际利用外商直接投资规模年均达到 882.7 亿美元,2017 年实际使用外商投资金额达到 1310.4 亿美元,成为世界上吸引外商直接投资最多的国家之一,是国际产业转移的主要承接地,我国承接国际产业转移的规模继续扩大。随着国内竞争环境的变化,跨国公司也逐渐改变投资方式,大规模、全方位、全系列、系统化的投资成为主流,跨国公司在产业转移中的作用日益突出。二是转移产业由制造业向服务业延伸,产业链日益完善,向高端延伸。随着我国服务领域的逐步对外开放,金融业、流通业、专业咨询业等高端服务业的外商直接投资日益增多,2011 年,服务业实际使用外商直接投资金额超过制造业,占我国实际使用外商直接投资额的 48.6%,2017 年服务业实际使用外商直接投资金额达到 884.4 亿美元,占实际使用外商直接投资额的比重接近 70%。跨国公司为应对"国内竞争国际化"的新形势,在华投资逐渐从生产的单环节向上下游拓展,实行整个产业链的大规模投资。跨国公司也逐渐将研发中心、地区总部等产业链的高端部分向我国转移。这使我国的产业链日益完善,向高端延伸。三是国际产业转移的方式日趋多样,证券投资、跨国并购方式占比逐渐提升。随着股权限制的不断放开,我国承接国际产业转移的方式逐渐由单一的直接投资和单一的股权安排向独资、合资、收购、兼并、非股权安排并重的方向发展。

4. 我国区域间产业转移的特点与趋势

进入 21 世纪之后,国内的区域间产业转移开始出现。国内产业转移的突出特点是梯度推进,主要表现为从东部地区向中西部地区转移。改革开放以来,东部地区实现了飞速发展,但曾经的原材料、劳动力、土地等生产要素的成本优势逐渐消耗殆尽,一些劳动密集型、资源密集型产业的发展也越来越受到资源、环境、政策等因素的制约。在这一背景之下,21 世纪以来,东北地区加快了产业结构优化升级的步伐,提出"腾笼换鸟"的战略,鼓励部分产业向中西部地区转移,同时中央提出的西部大开发、东北振兴、中部崛起战略,也对推动产业按区域梯度转移起到了较大的推动作用。目前来看,东部地区向中西部地区的产业转移呈现出以下几个特点:一是转移的产业以劳动密集型、资源密集型产业为主;二是产业转出地主要分布在四个沿海区域,也即京津区域、北部沿海区域、东部沿海区域、南部沿海区域;三是区位条件、基础设施较好的中部地区是主要的产业承接地,西部地区在承接产业转移方面与中部地区存在较大差距。

当前,区域产业转移正呈现出四大趋势。一是劳动密集型产业转型将在较长时期占据重要地位。劳动密集型产业从开始到形成竞争优势大约需要20年,我国劳动密集型产业从东部地区向中西部地区转移,促进中西部地区产业的发展也可能持续20年。二是能源密集型产业西移规模会更大。近年来能源价格上涨、碳排放标准的提升和东部能源资源衰竭,将进一步推动能源密集型产业向中西部地区转移。三是资本密集型产业转移将急剧增多。资本要素的过度集聚将会推动资本密集型产业转移,2006年以来,中西部地区资本要素的集聚程度开始明显上升,电子通信制造业、交通设备制造业、金属制品业等资本密集型产业开始大规模转移,产业转移趋势将持续较长时间。四是技术密集型产业转移速度逐渐加快。东部地区生产要素和技术集聚经济效应、国外技术和知识的外溢效应显著,将不断加快技术密集型产业的集聚,2006年以来,技术密集型产业的转移速度不断加快。

5. 我国产业转移的新变化——"制造业外流"的现象

"制造业外流"现象符合我国开放经济发展和产业升级的一般规律。近年来,我国对外投资和利用外资呈现历史性变化(见图7-1),2014年我国对外投资规模超过利用外资规模,首次成为资本净输出国[①];2015年中国超越日

---

① 2014年我国对外投资规模达到1231.2亿美元,超过实际利用外资金额1197.05亿美元。

（单位：亿美元）

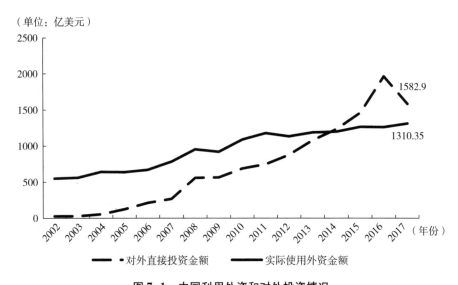

图 7-1　中国利用外资和对外投资情况

资料来源：实际使用外资金额数据来自历年《中国统计年鉴》；对外直接投资金额数据来自历年《中国
对外直接投资统计公报》，其中 2002—2005 年数据为中国对外非金融类直接投资数据，
2006—2017 年为全行业对外直接投资数据。

本，成为全球第二大直接投资来源国；2015 年我国对美国直接投资首次超过美国对华投资。

　　这组数据表明我国在"走出去"和"引进来"方面更加平衡。我国自 2002年设立对外直接投资统计制度以来，实现了连续 15 年的增长，2017 年对外直接投资流量虽有一定程度的下滑，但自 2014 年开始就一直高于对应年份的实际利用外资金额。过去我国以利用外资为主，而随着综合国力的提高、产业竞争力的增强、"一带一路"倡议的推动，我国"走出去"的步伐也不断加快。这组数据也反映出我国在国际产业分工体系中的地位持续提升，产业竞争力不断增强。目前，我国在高端装备制造、电力信息等领域已经具有较强的实力，形成了一批优势产业和骨干企业。一些具有竞争优势的企业积极"走出去"，在全球范围内进行产业链布局，实行资源整合，提升了自身的国际竞争力。此外，需要指出的是，"走出去"也是我国部分产业为化解产能过剩，进而实现产业结构调整升级的主动选择。

我们在研究当中也注意到：我国国内企业的"走出去"与外商投资企业的"逃跑"是同时存在的。国内企业"走出去"分为通过对外投资和并购等方式主动"走出去"、通过获得生产的新技术和老品牌知识产权加速国际化发展两种主要方式，但也有一部分是为避免国内生产的高成本而转移到东南亚等国家的被动"走出去"，这部分企业大多是出口型企业，尤其是向美国市场出口产品的企业，为避免关税的增加和人力成本的上升，迁往海外也是很正常的。

"制造业外流现象"反映出我国制造业比较优势变化与综合成本上升的现实问题。可以说，"走出去"虽有其积极的一面，但也与制造业综合成本持续上升有直接关系。这在劳动密集型产业、资源密集型产业中表现得尤为明显。据第一财经研究院在博鳌亚洲论坛 2018 年年会发布的《中国与全球制造业竞争力》报告①的研究结果显示，中国制造业竞争力相对优势下滑、劳动力成本上升是主因。报告指出，虽然中国单位劳动力成本竞争优势排名从 2000 年的第八位上升到了 2016 年的第四位，但其绝对竞争力优势却出现了下滑，反映为单位劳动力成本与全球平均水平差距的缩小，其中名义劳动力成本的大幅上升是主要原因。并且，报告指出，2008 年国际金融危机之后，中国制造业的平均劳动力成本增长速度并未像大多数经济体那样呈现出放缓的态势，反而从危机前的 11.0% 攀升到了危机后的 13.1%，在全球主要制造业国家中最高。相比之下，印度从 10.6% 降到了 4.7%，巴西和俄罗斯的平均劳动力成本则出现了绝对意义上的下降，全球制造业第三大国——日本的单位劳动力成本一直在下降，第四大制造业大国德国在危机后单位劳动力成本不断下降，美国单位劳动力成本的上升速度也慢于中国。此外，2014 年美国波士顿咨询集团（BCG）发布的《全球制造业转移的经济分析》②显示，2004—2014 年这十

---

①　http://business.sohu.com/20180409/n534367579.shtml.

②　https://www.bcg.com/en-cn/publications/2014/lean-manufacturing-globalization-shifting-economics-global-manufacturing.aspx.

年,工资、汇率、劳动生产率、能源成本这四个决定制造业成本竞争力的关键因素促使全球前 25 名的出口经济体的制造业竞争力发生巨大改变。中国作为制造业大国的竞争优势在 2004—2014 年发生大幅削弱。其中,尤其值得注意的是,2004—2014 年中国制造业劳动生产率提高 100% 以上,低于制造业工资成本的增幅。此外,从现实情况来看,除了劳动力成本、能源成本外,我国的税费成本、综合交易成本较高,存在一定的降低空间。

第二节　我国当前产业转移态势分析

产业转移是同时具有空间和时间维度的动态过程。改革开放以来,我国通过大规模吸引外资、积极参与国际分工和贸易,承接了大量来自国际的产业转移。特别是东部地区,广泛承接了来自欧洲、美国和日本等发达经济体以及韩国、新加坡等区域的产业转移,工业化进程得到了快速推进。随着我国经济发展水平的不断提升,东部地区的土地、资源、劳动力等成本日益抬升,之前承接转移的多属于劳动密集型和资本密集型产业,处于价值链相对低端的位置,附加值较低,已无法满足当地的发展需要。同时,由于东部地区长期受到政策的倾斜,再凭借得天独厚的区位条件,发展速度迅猛,其与中西部地区的差距明显拉大,区域间的发展不平衡问题越来越严峻,已经成为影响中国整体经济社会稳定发展的关键因素。在这样的背景下,政府出台了一系列产业结构调整指导目录,在保证市场发挥决定性作用的前提下,有力推动产业在我国区域间合理有序转移。分析当前我国产业转移趋势,对展望"十四五"期间的产业转移情况有重要意义。

一、产业转移的测度方法

本节所测度的是广义的产业转移,即由于资源和生产要素等条件发生变化使产业从一个区域转移到另一区域的过程,包括产业研发设计、生产、服务、销售等环节发生的转移,也就是说,同一产业内部的不同层次、不同方式、不同规模、不同阶段的研发设计、生产、服务、销售活动的转移。

一般情况下,通过比较地区产业经济指标的此消彼长来说明产业转移的方向和程度。国内外关于产业转移的识别方法存在较大差异,发达国家具备完善的企业区位信息,可以依据企业的区位变迁来直接判断产业转移的规模和方向。

国内由于缺乏企业地理区位变动的详细数据,一般采用间接指标测度转移程度,如以产业份额为基础的区位熵、绝对份额指标、赫芬达尔指数、外商直接投资及省外投资额、产业梯度系数和基于区域间投入产出的转移指标。

为了精确反映转移前后的差异,赵晓莉和尹海涛(2011)依据份额变动的思想使用一种衡量产业转移的新方法,该方法将产业转移看作一个事件,转移发生前产业的发展比较平缓,转移的发生会导致产业发展发生较大变动,转移发生前后产业经济指标的相对变化量即为转移的大小。因此,如果将转移发生前的年份定义为基期,则地区产业转移的程度可以定义为式(7-1):

$$IR_{ci,t} = P_{ci,t} - P_{ci,t_0} = \frac{q_{ci,t}}{\sum\limits_{c=1}^{n} q_{ci,t}} - \frac{q_{ci,t_0}}{\sum\limits_{c=1}^{n} q_{ci,t_0}} \qquad (7-1)$$

其中,$IR_{ci,t}$ 为 c 地区 t 年份 i 行业的转移程度,$q_{ci,t}$ 为 c 地区 t 年份 i 行业的产值,n 为全国地区总数,$\sum\limits_{c=1}^{n} q_{ci,t}$ 为该行业的总产值。

尽管式(7-1)通过不同地区的产业相对变化间接地识别了产业转移程度,但没有充分考虑由于地区经济规模扩大带来的行业自然增长,包括产出扩张或企业数量的增加。也就是说,某地区某一行业产值占全国份额的增减可能主要来自本地区总体生产规模的变动,而不是其他地区的产业迁移。基于这种考虑,孙晓华等(2018)对式(7-1)进行改进,加入地区经济规模占全国总体经济规模的比重,以消除地区生产状况变化对行业份额造成的干扰,改进后的产业转移程度可以表示为:

$$IR^{'}_{ci,t} = P^{'}_{ci,t} - P^{'}_{ci,t_0} = \frac{\dfrac{q_{ci,t}}{\sum\limits_{c=1}^{n} q_{ci,t}}}{\dfrac{\sum\limits_{i=1}^{m} q_{ci,t}}{\sum\limits_{i=1}^{m}\sum\limits_{c=1}^{n} q_{ci,t}}} - \frac{\dfrac{q_{ci,t_0}}{\sum\limits_{c=1}^{n} q_{ci,t_0}}}{\dfrac{\sum\limits_{i=1}^{m} q_{ci,t_0}}{\sum\limits_{i=1}^{m}\sum_{c=1}^{n} q_{ci,t_0}}} \tag{7-2}$$

将改进后的 $IR^{'}_{ci,t}$ 界定为产业转移指数，m 为所考察的行业数量，$q_{ci,t}$ 为 c 地区 t 年 i 行业的生产规模，$\sum\limits_{i=1}^{m} q_{ci,t}$ 为地区全部行业的总体规模。为了更加全面地刻画地区间产业转移的现实情况，同时采用产值和企业数量代表行业生产规模进行测算，既体现某地区行业生产要素的收缩与扩张，又反映企业数量的空间流动。如果 $IR^{'}_{ci,t} > 0$，表明所考察年份 c 地区 i 行业规模相对于初期发生了转入；若 $IR^{'}_{ci,t} < 0$，则意味着 c 地区该产业相对于初期发生了转出。这样，改进后的产业转移指数既体现了产业转移的方向性，又可以反映地区间产业转移量的大小。

二、数据说明和实证分析

在外部经济环境和内部经营条件变化的情况下，产业转移与生产要素的使用密切相关。不同要素密集型行业在土地、劳动力、资本和技术等资源的使用方面存在一定差别，加之每类生产要素对价格变动的敏感程度和空间流动性也不尽相同，从而导致劳动力、资本和技术密集型行业随着生产所在地经济环境的变化，在利益最大化驱使下出现迥异的空间变迁路径。相反，同一类要素密集型行业由于生产要素的投入比例比较相近，往往表现出一致的空间转换特征，下面将分别测算劳动力、资本和技术密集型行业的转移指数，以发现中国制造业转移的大致规律。基期选择是产业转移程度测算的前提，这里将2006年作为基期，其依据是：2006年，中国沿海省份"用工荒"越发严重，劳动力使用成本不断上升。同时，大量的研究表明，2006年沿海省份的劳动密集型制造业陆续出现向中西部地区转移的情况,步伐不断加快,资本技术密集型行业在2006年以前一直向沿海地区集中,直到2006年向其他地区转移才初露端倪。因此,以2006年作为中国制造业转移的基期是合理的。产业转移指数测算所用到的行业产值和企业数量数据均来自2007—2017年《中国工业经济统计年鉴》,按照国际通行标准,把制造业中二位码行业合并为劳动密集型、资本密集型和技术密集型三大行业类型(见表7-2)。

表7-2　要素密集型行业分类标准

行业分类	制造业行业
劳动密集型	纺织业、纺织服装、服饰业、皮革、毛皮、羽毛及其制品和制鞋业、木材加工和木、竹、藤、棕、草制品业、家具制造业、其他制造业、废弃资源综合利用业
资本密集型	农副食品加工业、食品制造业、酒、饮料和精制茶制造业、烟草制品业、造纸和纸制品业、印刷和记录媒介复制业、文教、工美、体育和娱乐用品制造业、石油加工、炼焦和核燃料加工业、非金属矿物制品业、黑色金属冶炼和压延加工业、有色金属冶炼和压延加工业、金属制品业、金属制品、机械和设备修理业
技术密集型	化学原料和化学制品制造业、化学纤维制造业、医药制造业、橡胶和塑料制品业、通用设备制造业、专用设备制造业、汽车制造业、铁路、船舶、航空航天和其他运输设备制造业、电气机械和器材制造业、计算机、通信和其他电子设备制造业、仪器仪表制造业

按照改进后的产业转移衡量方法[见式(7-2)],对中国31个省份2006—2016年制造业产业转移指数进行了测算。将2006—2016年划分为三阶段,阶段Ⅰ为2006—2009年,阶段Ⅱ为2010—2013年,阶段Ⅲ为2014—2016年。其间各省份产业转移情况见表7-3、表7-4、表7-5:

表7-3　2006—2016年各省份劳动密集型产业转移情况

省份	阶段Ⅰ	阶段Ⅱ	阶段Ⅲ
北京市	−0.00091	0.014447	−0.00856
天津市	−0.00694	0.071479	0.164877

续表

省份	阶段 I	阶段 II	阶段III
河北省	−0.06365	0.062022	0.265685
山西省	−0.04519	−0.02722	0.000407
内蒙古自治区	−0.09464	−0.13313	−0.20198
辽宁省	0.069826	0.125428	0.129352
吉林省	−0.00259	0.154629	0.491203
黑龙江省	−0.03075	0.129451	0.559219
上海市	−0.0501	−0.09691	−0.15244
江苏省	−0.1161	−0.35618	−0.58454
浙江省	0.063749	−0.12465	−0.46558
安徽省	0.042535	0.275029	0.483168
福建省	0.154175	0.318296	0.48007
江西省	0.071392	0.217956	0.428653
山东省	0.046588	0.026937	−0.19003
河南省	0.067746	0.232951	0.31359
湖北省	0.008723	0.101274	0.064052
湖南省	0.005642	0.105202	0.268613
广东省	0.077028	0.233809	0.292765
广西壮族自治区	−0.01731	0.221494	0.647807
海南省	−0.09492	−0.13479	−0.14602
重庆市	0.04143	0.109583	0.104252
四川省	0.055419	0.172145	0.248967
贵州省	−0.00811	0.079111	0.417858
云南省	−0.00543	0.021412	0.134716
西藏自治区	0.20532	0.353309	0.17861
陕西省	−0.06952	−0.06646	−0.04944
甘肃省	−0.01467	0.037455	0.1481
青海省	0.046389	0.035464	0.072981
宁夏回族自治区	−0.02913	−0.06291	0.02089
新疆维吾尔自治区	−0.02636	−0.23299	−0.30955

表 7-4 2006—2016 年各省份资本密集型产业转移情况

省份	阶段 I	阶段 II	阶段 III
北京市	−0.01309	−0.06775	−0.15136
天津市	0.138917	0.251482	0.297199
河北省	−0.02708	−0.12031	−0.23214
山西省	−0.03209	−0.11189	−0.15859
内蒙古自治区	−0.04731	−0.09034	−0.06802
辽宁省	−0.11621	−0.14989	−0.14582
吉林省	0.08708	0.126156	0.159007
黑龙江省	0.005637	0.144005	0.184831
上海市	−0.07353	−0.08941	−0.08298
江苏省	−0.02406	−0.07019	−0.03969
浙江省	−0.00908	−0.00599	0.002106
安徽省	−0.0519	−0.1668	−0.22266
福建省	0.057218	0.092769	0.133222
江西省	−0.07404	−0.19267	−0.25886
山东省	−0.05373	−0.08707	−0.08487
河南省	−0.05527	−0.16261	−0.24997
湖北省	0.009445	0.0463	0.027225
湖南省	−0.11388	−0.25882	−0.29907
广东省	0.029102	0.061449	0.084457
广西壮族自治区	−0.0248	−0.05972	−0.10927
海南省	0.356247	0.326565	0.335618
重庆市	−0.02449	−0.03529	−0.06924
四川省	−0.03214	−0.06589	−0.12537
贵州省	−0.05428	−0.0247	−0.0184
云南省	−0.07562	−0.08697	−0.04862
西藏自治区	0.005665	0.074754	0.276435
陕西省	−0.01602	0.080088	0.103736
甘肃省	−0.05407	−0.10953	−0.05766
青海省	−0.06302	0.004716	0.046482
宁夏回族自治区	−0.0724	−0.00192	0.031642

续表

省份	阶段 I	阶段 II	阶段 III
新疆维吾尔自治区	−0.16372	−0.1893	−0.21499

表 7-5　2006—2016 年各省份技术密集型产业转移情况

省份	阶段 I	阶段 II	阶段 III
北京市	0.008462	0.06048	0.154484
天津市	−0.12481	−0.23046	−0.24801
河北省	0.01138	0.069191	0.151406
山西省	0.000844	0.072058	0.172662
内蒙古自治区	0.034354	0.078421	0.110272
辽宁省	0.069501	0.08971	0.122878
吉林省	−0.07992	−0.13922	−0.20167
黑龙江省	−0.02303	−0.17168	−0.25296
上海市	0.072325	0.099402	0.117179
江苏省	0.055083	0.136705	0.129187
浙江省	0.024905	0.049593	0.039329
安徽省	0.02617	0.086314	0.099294
福建省	−0.05904	−0.12989	−0.24425
江西省	0.037358	0.113574	0.132164
山东省	0.040042	0.072351	0.098254
河南省	0.019332	0.083274	0.155146
湖北省	−0.01165	−0.05746	−0.03273
湖南省	0.077482	0.185543	0.213765
广东省	−0.02996	−0.08311	−0.12604
广西壮族自治区	0.002186	−0.01047	−0.01421
海南省	−0.30954	−0.27226	−0.20984
重庆市	0.011553	0.014737	0.062255
四川省	0.005922	0.017111	0.074427
贵州省	0.020957	−0.01689	−0.03097
云南省	0.029645	0.038183	0.05786

续表

省份	阶段 I	阶段 II	阶段Ⅲ
西藏自治区	−0.0687	−0.14942	−0.21495
陕西省	0.009414	−0.06929	−0.0465
甘肃省	0.009016	0.049401	0.063247
青海省	0.019185	−0.03285	−0.01775
宁夏回族自治区	0.050369	−0.00156	−0.02454
新疆维吾尔自治区	0.165036	0.251009	0.285393

由于资本规模测算的产业转移指数无法准确反映制造业转移的真实情况,本书选择以销售产值衡量的转移指数加以分析。由各大类行业的测算结果可知,劳动力、资本和技术三类要素密集型行业的地区间转移均存在扩大趋势。

在时间维度上:2006—2009 年,资本密集型制造业转移幅度最大,随后是劳动密集型制造业,最后是技术密集型制造业,尽管三者存在转移幅度的差异,但基本上持平;2010—2013 年,三类制造业转移速度均增幅明显,其中转移增速最快的是劳动密集型制造业,资本密集型制造业和技术密集型制造业的地区间转移也毫不逊色;2014 年之后,劳动密集型制造业转移速度急剧增加,明显高于资本密集型制造业和技术密集型制造业,但是部分省份间的转移速率也出现放缓趋势,虽然资本密集型行业和技术密集型行业转移也迅速加快,但增幅相比上一阶段略有减缓。上述测算结果,既反映出要素成本升高带来地区间比较优势的不断变化,又证实了地区间产业梯度的存在性。

在空间维度上:三类要素密集型制造业均在省际间出现大规模转移。劳动密集型制造业呈现以东南沿海地区和西北地区为核心,向东北地区、中部地区和西南地区转移的特征;资本密集型产业则表现为以河南省、安徽省、江西省和湖南省的中部地区为主转出区,大部分西部地区为次转出区,转入广东省、福建省与江苏省等沿海地区,以及部分东北地区;技术密集型产业逐步向东中部地区转移,总体上呈现出由相对南部的地区向相对中部及北部的地区转移的趋势。

从行业角度看:不同类型的制造业具有不同的转移特征。可以发现,劳动力、资本和技术要素密集型行业的空间转移呈现出一定的规律:从全国范围来看,三类密集型行业均出现了大范围的空间迁移,随着要素成本差异的不断扩大,沿海发达地区的产业倾向于向周边次发达地区转移,形成典型的"洼地效应",而中西部落后地区的要素则向区域内经济社会环境更优的地区汇聚,形成新的比较优势;其中,劳动密集型制造业总体向中部地区集聚,资本密集型制造业总体向东南地区和东北地区扩散,技术密集型则主要表现为转入除广东省以外的经济发达省份。

三、制造业行业产业转移态势

根据上述方法,我们计算了我国制造业各行业在各省份之间的转移态势,具体情况体现在后续章节之中。我们依据上文劳动密集型、资本密集型和技术密集型的分类,对于各类制造业行业在省份间的转移特征进行初步的描述。

具体地,劳动密集型行业转移趋势分析:2006—2009 年,劳动密集型制造业主要表现为从华北地区、东北地区和西北部地区转入中部地区和广东省、福建省、浙江省、山东省和辽宁省等沿海地区的特征,其中福建省吸纳的劳动密集型制造业最多,中部地区的河南省、江西省和东部地区的浙江省次之。河北省、内蒙古自治区和山西省则是劳动密集型制造业转出最多的地区。劳动密集型制造业对于劳动力数量、质量有一定要求,不难理解其整体上由劳动力数量相对较少、质量相对较低的区域转入劳动力数量相对较多、质量相对较高的区域的趋势。2010—2013 年,劳动密集型制造业转移情况与上一阶段略有不同,西南地区的云南省、贵州省和广西壮族自治区,西北地区的甘肃省,京津冀和东北地区均由上一阶段的劳动密集型制造业转出地变为转入地,而与之相对应,仅有浙江省由转入地变为转出地。这大致反映出劳动力大省的劳动密集型制造业承载力逐渐饱和,因而劳动密集型产业开始向一些其他区域转移。2014—2016 年,北京市不断将劳动密集型制造业转出,以疏解非首都核心功能。此外,部分地区也在此时开始空前规模地承接劳动密集型制造业的转入,其中以西南部地区的福建省等、中部地区的安徽省、河南省、江西省等和东北地区最为突出,此阶段的劳动力密集型制造业转移主要是缘于创新驱动和高质量发展两大理念的提出,东部地区产业转型升级加速,转出该类产业。整体上来看,转出后的劳动密集型制造业主要向中部地区和西南地区集聚,契合当前产业转移的战略思路。

资本密集型行业转移趋势分析:2006—2009 年,资本密集型制造业转入地分布呈现"中间两点、南北两块"的态势,这两个点状转入区域分别是湖北省和天津市,两个块状转入区域分别是北方的黑龙江省和吉林省以及南方的广东省、福建省和海南省。东北地区在此时仍然具有工业基础雄厚的优势,而广东和福建是沿海开放的省份,所以在这一阶段资本密集型制造业不断涌入这两块区域。2010—2013 年,资本密集型制造业转移空间分布没有太大变化,值得一提的是,中部地区的湖南省、江西省、安徽省和河南省的资本密集型制造业转出大大加速,超越了以往水平,而甘肃省也由上一阶段的转出地变为转入地。随着劳动密集型制造业向中部地区涌入,中部地区的产业结构发生战略性调整,于是资本密集型制造业开始另觅发展之地。2014—2016 年,包括山西省和京冀在内的省份其资本密集型制造业转出速度加快,主要承接地集中在安徽省、河南省、福建省、浙江省等,交通在产业转移中的重要作用愈加明显,这一阶段,内陆省份如安徽省,特别是河南省在高速铁路和高速公路的建设上卓有成效。山西省过去长期依赖于资源开发型产业以发展经济,但随着产业结构单一的弊端逐渐显现、环境污染日益加深,山西省不断将属于资本密集型制造业的资源开发型产业转移出去,河北省和山西省情况类似,高污染的钢铁厂也在转出以适应新时代要求。整体上来看,相对于劳动密集型制造业,资本密集型制造业整体上转移幅度稍大,与阶段Ⅰ呈现的"中间两点、南北两块"的转入地空间分布基本无差别,在上述区域资本密集型制造业转入的现象,是东北地区振兴、中部地区崛起和沿海地区产业转型等国家战略的缩影。

技术密集型行业转移趋势分析:2006—2009 年,技术密集型制造业转移速率相对偏慢,其转移趋势与资本密集型制造业恰恰相反,呈现"点上转出,多地开花"的局面,主要转出地是中部地区的湖北省、北部地区的天津市、东北地区以及东南沿海地区的广东省、福建省和海南省。随着此时互联网和计算机行业的不断壮大,各地均开始出台政策吸引和吸收相关精尖企业,技术密集型产业的转入成为大势所趋。2010—2013 年,技术密集型制造业主要转入西南地区和北部地区。总体上看,绝大多数省份产业转移绝对值份额增加了,具体而言,东部地区的京津冀和长三角,东北地区的辽宁省,中部地区的湖北省为转出区,西部地区的四川省和重庆市为转入区。北京市和上海市作为主要的人才集中地,吸引了技术密集型制造业在两地的孵化,并且不断辐射周边所覆盖的区域,而西部地区的四川省和重庆市作为区域经济发展的"领头羊",使技术密集型制造业在这里落地生根。2014—2016 年,与上一阶段相比,技术密集型制造业转移的空间分布变化不大,但转入速率却大幅提高,主要体现在山东省、安徽省和河南省等地区,而转出程度大幅提高的有湖南省、陕西省以及东北地区等部分省份。可见华中地区和华北地区等部分地区均以实际行动通过调整产业结构以实现创新驱动发展。整体上来看,技术密集型产业主要向东部地区和部分中部地区的省份转移,地区分化也同时存在。

第三节　区域间产业梯度转移的动力机制

宏观的产业转移则是指一定时期内由于区域间产业竞争优势的此消彼长而导致产业区位重新选择的结果,是产业发展在空间上的重构。产业转移的动力机制,可以从产业的转入和转出两个角度进行分析,其中资源禀赋、要素价格和政策引导发挥了重要作用。

一、产业转出的动力机制

1. 比较优势弱化导致产业转出

日本学者小岛清教授从比较优势的角度提出边际产业转移论[1]。该理论的中心思想是投资国应当将本国不具备比较优势的产业向海外转移,而承接这种产业转移的投资对象国则具备或潜在具备该产业发展的比较优势。边际产业转移理论适用于分析区域间产业转移,当基于当地比较优势而发展起来的产业在原址的比较优势消失的时候,这些产业有动力去寻找新的比较优势,从而有产业转出的动力。例如,某些资源密集型产业是基于当地具有比较优势的自然资源而兴盛的,随着自然资源开发殆尽,这些产业则有激励去寻找新的比较优势,则有了转出的动力。又比如东部地区的劳动密集型产业,随着东部地区经济发展水平不断提高、工资水平不断上升,这些劳动密集型产业在国际贸易中的比较优势不复存在,则主动寻求劳动力更廉价的中西部地区和海外地区。

2. 区位租金高企迫使产业转出

在市场环境下,产业转型升级是产业转出的重要机制。产业升级成功的企业凭借较高的生产率和环保节能的优势,仍能在原址继续获得产业竞争优势:一方面,产业升级成功的企业获得了较高的生产效率,能够支付在原址较高的土地租金;另一方面,产业转型升级成功的企业减低了能耗,通过技术改造成为环保型的企业,在绿色发展理念指导下,原址所在地的政府也积极发展绿色产业,支持企业绿色转型。因此,产业升级过程受阻或者是不愿意产

---

[1]　Kojima, Reorganization of North-South Trade: Japan's Foreign Economic Policy for the1970's. *Hitosubashi Journal of Economics*, Vol.2, 1973, p.13.

业升级的企业则更有激励去寻找具有竞争优势的区域,更具有产业转出的激励。

产业转出的市场机制可以分为三类。首先,一般而言,东部地区的区位条件优于中西部地区,各个产业会争相利用东部地区的区位优势,使具有较高生产率的企业留在东部地区,生产率较低的企业在竞争中处于劣势,会逐步从东部地区转出,去寻找其他竞争程度较低的发展环境,从而这些产业存在转出的动力。其次,即使在优越的区位条件下,生产率较高的企业也会发生产业转移,由于享受优越的区位条件要付出高昂的生产要素成本,比如较高的土地租金和劳动力成本,当从区位优势中获得的正外部性小于为获得区位优势而付出的成本时,生产率较高的产业也有可能去寻找土地租金较少或者劳动力成本较低的区域。最后,在市场经济下,不同区域也会竞相创造优越的区位条件,存在竞争关系,随着中西部地区工业化和城市化的进一步推进,国家交通基础设施投入不断优化,区域一体化的趋势明显。随着中西部地区区位条件的不断改善,产业趋向于转入生产成本较低的区域,其他优势地理环境的相对成本下降也是产业转移的动力。

3. 政府干预促使产业转出

政府的政策也是产业转出的重要动力之一,政府可以改变产业的发展环境,影响企业的生产成本和营业利润,就产业转出而言,不符合政府发展规划的产业,政府主要通过产业疏解和产业规制等政策,促使不符合政府发展规划的产业转出。

(1)产业疏解政策

产业疏解政策,是指政府通过经济和行政手段,疏解部分不符合政府未来发展规划的产业。在京津冀协同发展战略下,北京市提出疏解非首都功能,通过产业疏解政策,引导非首都功能的产业从北京市转移出去,根据产业竞争优势理论,政府利用行政和经济手段,影响产业的生产要素供给、产品需求条件和相关产业的发展,进一步促使某些产业在产业转出地失去竞争优势,推动某些不符合地方政府发展规划的产业向外转移。产业疏解政策的目的是调整经济结构,从供给侧调整产业结构,使北京市的产业越来越高端化和精细化,从事产业的门槛也越来越高。因此,政府的产业疏解政策是产业转出的重要动力之一。但是,产业疏解政策可能会破坏已有的产业布局,造成企业生产和城市居民生活不便,甚至诱发产业"空心化"和经济衰退,所以产业疏解政策不仅会使政府期望的产业转出,也有可能会使政府不期望的产业转出。

（2）产业规制政策

产业规制政策最主要可以分为两类:一类是产业税收规制政策;另一类是污染产业规制政策。政府为了限制某些产业发展,对某些产业征收高额税率,以提高这类产品的价格,减少消费,最终压缩企业的利润空间,比如烟草产业不利于国民身体健康,是政府重点规制的产业,当地方政府对烟草产业课以重税,限制烟草产业发展,则烟草产业有激励转向税收较少的地区。因此,产业的税收规制政策是产业转出的动力之一。污染规制政策与税收规制政策类似,这类政策对产业转出的作用机制被称为"污染天堂假说"或者"产业区位重置假说",指污染密集产业的企业倾向于建立在环境标准相对较低的国家或地区。如果各个国家或者地区除了环境标准外,其他方面的条件都相同,那么污染企业就会选择在环境标准较低的国家或者地区进行生产,这些国家或地区就成为"污染的天堂"。在完全贸易自由化条件下,产品价格与产地无关,特别是在国内市场一体化的背景下,污染密集型产业有激励从环境保护政策较为严苛的区域转移到环境保护政策强度较小的区域。因此,污染产业规制政策成为产业转出的动力之一。综合来看,政府产业规制政策的目的是限制某些产业发展,通过产业规制政策,压缩规制产业的发展空间,对所规制的产业转出形成推力。

二、产业转入的动力机制

产业转入,是企业进行区位选择的结果,企业通常会权衡生产地的边际成本和获得正外部性,决定企业是否转入某地,因此,当地的资源禀赋、市场规模和政府政策都能够影响企业的生产成本和所获得的外部性,由此导致产业转入。

1. 生产要素的绝对优势是产业转入的条件

关于产业转入转移的动力机制,学术界一般从产业供给条件、产品需求状况、国家发展战略和政策制度、经济发展的内外部环境等方面展开分析。一般认为,产业转入地的市场化、工业化、区域一体化是产业转入的主要动力机制,王忠平、王怀宇(2007)提出,区域间比较优势差异是区域产业转移的根本动力,产业转出地比较优势的形成为基于比较优势的产业转入提供了强大的吸引力。蔡昉(2009)详细分析了劳动力成本的地区差异对于产业转移的影响,并指出中部地区具备承接东部地区产业转移的比较优势,强调产业转入地生产要素成本相对较低是产业转入的重要动力。邹篮等(2000)指出,由于东西部区域差距所造成的势差,为区域间产业转移创造了条件,由于在工资、房租、地租、原材料价格、公用事业费用等方面存在很大的区域差异,产业主动或被迫向低成本地区流动以控制成本上升。日本学者大山道广(1990)在其著名的大山模型中,使用模型证明了国际贸易的必要条件是比较优势,但国际产业转移和对外投资的必要条件是绝对优势,如果是国内区域之间的产业转移,同样区域之间只是具有比较优势是不足以发生产业转移的,产业转入的动力机制必须是产业转入地相对于产业转出地拥有生产绝对优势而不是比较优势。因此,在产业转入地基于资源禀赋形成的生产的绝对优势,才是产业转入的动力。

2. 企业获取产业竞争优势是产业转入的动力

市场机制是产业转移起决定性作用的机制,经济学理论通常认为降低生产成本、获取生产的正外部性、邻近消费市场等是产业转入的经济动力,20世纪迈克尔·波特提出了在市场环境下的竞争优势概念,并认为产业在市场环境里应该追求的是竞争优势而不是比较优势,因为竞争优势就是针对市场竞争而言的,对企业长期的生存发展至关重要。根据全球各国产业布局的经验发现,产业通常集中布局在一个国家的部分地区。这种产业在地理上的布局特点,迈克尔·波特认为是产业寻求竞争优势的结果。

在市场经济机制下,产业转移的动力是为了获得更大的竞争优势。因此,产业转入的市场机制是产业在市场条件下选择具有竞争优势的地方从事生产。根据迈克尔·波特产业竞争优势分析理论:每个地区的人力资源都是有一定限度的,最理想的情况是把资源应用到最有生产力的领域,产业要在市场经济环境里获得利润,则产业必须为消费者提供具有竞争力的价值,比竞争对手更高效率地生产产品,也即获得竞争优势。图7-2给出了市场经济条件下产业竞争优势的形成机制,根据竞争优势理论,有六个主要方面的因素塑造了产业的竞争优势:生产要素;国内需求;相关产业和支持产业;企业的战略、结构和同业对手;机遇和政府。其中,除政府之外,其他五个方面都是通过市场机制促使产业形成竞争优势。总的来说,产业以获得持续的竞争优势为目标,是产业在市场环境里转入动力机制的一个最好概括。

(1)生产要素

产业会为了获得竞争优势,寻找优质生产要素,是产业转移的重要动力之一。我国中西部地区土地和劳动力价格低于东部地区,是部分劳动密集型产业转入中西部地区的重要原因。最小化企业的生产成本是产业获得竞争优势的主要方式之一,在市场经济环境下,生产要素的价格影响生产成本,进而影

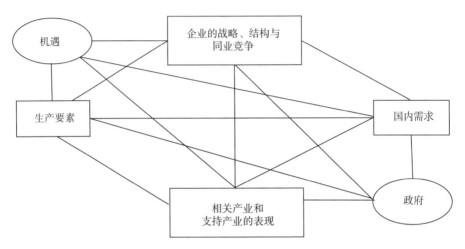

图7-2 迈克尔·波特产业竞争优势理论示意图

响产业所能获得的利润和竞争优势,产业转入地在相同质量前提下生产要素价格最低,成为产业转入的主要动力之一。

(2)国内需求

国内需求是指国内市场对该项产业所提供或服务的需求数量和成熟度。影响产业区域转移的市场需求水平,可分为区域市场需求总量、产品市场价格水平等。对区位选择的市场因素分析可以从市场切近度、市场规模和市场成长性三方面入手。切近市场可以降低产品的运输成本,更好地捕捉到目标市场的特殊需求,并且根据目标市场结构的变化对产品结果和生产量作出及时调整。另外,巨大的市场潜力和高度成长性也是企业选择在该地区进行投资的重要原因。一方面,大规模的目标市场具有足够的吸引力,不仅可以通过大幅度提高收入从而提高利润,而且容易产生规模经济效应,共享基础设施、劳动力和信息,导致成本下降;另一方面,市场的高成长性可以保证企业未来的预期利润。例如日本家庭因为地狭人稠,所以家电朝向小型、可携带的方向发展,由于本国市场拥有一群挑剔的消费者,使日本拥有全球最精致、最高使用价值的家电产业。产业转入地具有庞大的市场规模是产业转入的重要动力之一。目前,西部地区为了招商引资,提出"以市场换产业"的口号,产业转入市场需求庞大的地区,有利于产业充分了解产品的需求信息,及时根据产品需求的变化适时作出调整。综上,市场的需求规模是产业转入的重要动力。

(3)相关产业和支持产业的表现

随着中西部地区交通等基础设施不断完善,运输成本持续下降。随着运输成本的下降,地理因素对产业布局的影响持续下降,使产业不再布局于东部地区,而是转入到中西部地区以实现错位发展。随着中西部地区交通基础设施的改善,产业转移到中西部地区,以充分利用便捷的交通体系。另外,如果有相互关联的产业支撑,企业可从其他产业的发展中获得生产和销售的外部性。因为各个产业集聚在一起,可以共享投入品,传递有效信息,进而实现对生产要素更好的匹配,提高生产效率。因此,产业转入地便捷的交通体系和发达的相关产业,是产业转入的强大动力。

(4)企业战略、结构和同业竞争

企业是市场的产物,也是市场的主体,企业的组织方式、管理方式、竞争方式都是所在地的市场环境所塑造的。若是一个产业转入地鼓励创新,创新的氛围浓厚、市场制度健全、市场经济活跃,将蕴藏无限商机。因此,企业的战略选择也是市场机制发挥作用、驱动产业发生转移的重要机制之一。

(5)机遇

上述四个方面是产业形成竞争优势的关键维度,但它们的作用并不是单一的,而是相互作用的。机遇这一要素被认为是上述四个维度相互作用而产生的。在市场经济条件下,产品的供需状况随时发生变化,为了抓住市场机遇,产业主动转移到某地,这也成为产业转入的市场动力机制之一。

通过市场开发,扩大已有市场的规模,形成对转移产业的吸引力。在市场经济条件下,遵从优胜劣汰的竞争规则,企业追求市场竞争优势,以获得生存空间和持续不断的利润。从空间维度上看,产业转移的市场动力是企业为获得市场竞争优势以进行的区位选择,因为不同的地理环境能够提供异质的生产环境,在不同的地方生产会有不同的生产效率。我国中西部地区有庞大的市场需求,邻近市场,以便和消费者发生充分互动,迅速发现市场需求潜力和市场需求变化,是产业转移到中西部地区的目的之一。

3. 政府政策是产业转入的助力

为了平衡发展地方经济,政府通常会出台区域性的产业发展政策,这些政策的目的是集中发展当地产业,促进地方经济发展。具体到产业转入地的产业发展政策而言,可以分为两类:一类是中央政府的区域经济政策,目的是协调区域发展,减少产业结构与空间结构的失衡性;另一类则是地方政府的产业发展政策,目的是促进地方经济发展。

(1)上级政府的区域经济政策为产业转入提供外部动力

区域经济政策通过发展部分区域的产业,以促进地方经济发展和区域之间的协调发展。区域政策的制定者是中央政府,产业转入到部分区域的动力机制来源于中央政府的财政和特殊政策安排。目前,为了顺利实施产业转移,中央政府设立了国家级承接产业转移示范区。在沿海省份主动调整经济结构的背景下,中央政府分别设立了晋陕豫黄河金三角承接产业转移示范区、内蒙古赤峰承接产业转移示范区、皖江城市带承接产业转移示范区、湘南承接产业转移示范区、湖北荆州承接产业转移示范区、江西赣南承接产业转移示范区、重庆沿江承接产业转移示范区和广西桂东承接产业转移示范区八个产业转入示范区,这些承接产业转移区在土地和税收方面具有较大的优势,又具有中央政府产业转入政策的特殊安排,因此,中央政府的区域经济政策是产业转入的动力机制之一。

(2)地方政府产业发展政策为产业转入提供内部动力

地方政府是地方经济发展的重要推动力量。地方政府通过积极改善营商环境,提高市场开放程度,吸引产业转移到地方政府行政管辖的区域内是地方政府产业发展政策的重要内容之一。例如,东北振兴战略中,重点强调改善地区营商环境,突破体制机制对经济发展的阻碍,以激发东北地区的经济活力,为产业发展营造良好的环境。市场经济需要在健全的制度规范下运行,树立市场意识、尊重市场规律能够为产业的发展提供适宜的环境,这是政府能够促使产业获得竞争优势的重要原因之一。

政策环境直接影响到一个区域发展某种行业的条件和约束,良好的政策环境有利于促进经济活动的发展,从而成为吸引经济活动集聚的因素之一。一方面,政府以有利于经济活动的发展为原则,通过制定相应的政策、法规规范市场主体的经济行为,提高市场的开放度,维护市场秩序,加强市场的法制环境建设,保证自由竞争环境的形成;另一方面,政府通过对特定地区的基础设施投入以及税收优惠、财政补贴等经济政策,改善经济活动的相对区位,优化经济活动的空间格局。经济活动区位一般是在经济活动行为主体的预期收益大于成本的情况下决定的。对于那些成本高、预期收益低于成本的区域,如果政府通过给予税收优惠或是财政补贴来鼓励其发展,客观上能起到增加该区域预期收益的作用;当预期收益与成本的差额达到某一临界值时,经济活动就可以在这一地区兴起与发展。

在一些拥有特殊政策环境的区域,企业发展受到的限制可能大大减弱,土地、税收等各种成本费用也相对较低,还有可能得到更多融资机会,吸引更多的人力资源以及实现更显著的技术进步,这些优势都使该区域具有明显的吸引力,从而成为企业集聚的核心区域。以我国为例,从1980年设立深圳、珠海、汕头、厦门四个经济特区开始,到目前,全国共设立了215个国家级经济技术开发区、113个国家级高新技术产业开发区、63个国家级出口加工区、16个国家级保税区和16个国家级边境经济合作区。这些特别区域都在不同程度上享受国家级特殊的优惠政策,对企业区位选择产生了不可忽视的影响。

此外,地方政府的产业招商政策也是产业转入的主要动力之一,地方政府为了吸引产业入驻,通过补贴降低产业转入的成本,给予新入驻的产业以土地和税收优惠,对优先转入的产业给予生产补贴。因此,地方政府的招商引资政策促进了产业的加快转入,减少了产业转移的成本,为新转入的产业提供适宜的生产环境。

第四节 "十四五"时期产业转移
趋势研判和总体思路

四十多年来,中国经济发展的优势因素得到充分发挥,制约因素尚未充分显现,开放带来的增长动力强劲。然而,在"十四五"时期,这种状况将逐渐发生改变。

一、"十四五"期间经济发展面临的新挑战

首先,在国际经济环境不稳定的情况下,以出口和投资为主的经济增长模式无以为继,货物和服务出口增长对经济的拉动作用不断减弱。除外部有效需求缩减以外,国内经济下行压力依然存在,由于人口结构、资本流动、土地存量、技术水平等方面的变化,中速增长正在成为新的常态。扩大内需、提高创新能力和促进经济增长模式转变,成为实现经济持续健康发展的主要途径。

其次,大国战略竞争加剧,国际格局与政治力量对比加速演变。以印度为代表的环印度洋—太平洋国家正成长为世界的重要一极,现有的国际力量格局由"1超+5强+1新兴"逐渐转变为"1超+5强+2新兴",世界经济发展的不确定性逐渐增大。主要表现为:全球性保护主义叠加、劳动力要素供给下降和生产技术水平停滞,各国潜在增长率水平下降;国际直接投资稳定性不足,贸易增速前景不乐观;新兴经济体金融市场风险日益上升,全球债务水平持续攀高等。"十四五"是我进入世界舞台中央的关键时期,也是新型大国关系形成的战略机遇期,如何有效应对外部环境干扰,对我们保持战略定力、智慧和能力是一个巨大的挑战。

最后,缩小区域间经济发展差距,实现区域经济协调发展,是构建社会主

义和谐社会的必然要求。在市场经济体制下，缩小区域间经济发展差距，既要依靠政府的宏观调控，更要依靠市场的力量。在国内产业区域梯度转移过程中同时发挥政府宏观调控与市场的作用，从而实现区域经济协调发展。推动国内产业区域转移，将促进生产要素流向的区域间变化、工业化布局的区域间变迁以及产业结构的区域间调整，为缩小东中西部地区的区域经济发展差距，实现区域经济协调发展奠定坚实的产业基础。

二、"十四五"时期产业转移的新趋势

1. 国际产业转移新趋势

自第一次工业革命至今，全球共完成了四次大规模的国际产业转移。每次都极大地推动了世界经济的发展和国际格局的变迁。2008 年国际金融危机以后，全球掀起新一轮国际产业转移。中国在此次产业转移中成为主要的输出国和引领者，承接地则主要是中国中西部地区和东南亚、南亚等"一带一路"沿线国家和地区，转出产业为劳动密集型产业。新一轮的国际产业转移中，处于引领者地位的中国面临的是更加复杂的国际国内经济环境。从国际上看，高收入国家，例如美国特朗普政府实施"再工业化"战略，对内实施减税、加强基础设施建设等措施改善制造业营商环境，对外通过挑起贸易摩擦提高其他国家的成本，从而推动汽车、电子信息等制造业回流，实体经济在一定程度上实现复苏。而低收入国家凭借成本优势加速吸引劳动密集型产业转移。从国内看，我国面临着诸多难题，如成本快速上升、金融去杠杆化、环保约束强化、快速老龄化、经济脱实向虚等。目前我国制造业发展面临着"前有堵截，后有追兵"的严峻形势。在产业转型发展中，要时刻夯实实体经济根基，防止过早去工业化。

2. "十四五"时期国内产业转移趋势

"十四五"时期（2021—2025 年）是我国"两个一百年"奋斗目标的历史交

汇期,是全面开启社会主义现代化强国建设新征程的重要机遇期,也是中国经济由中等收入阶段迈向高等收入阶段的关键时期。产业转移的合理筹划直接影响到我国各地区经济的转型升级,对于我国在"十四五"跨入高等收入阶段具有举足轻重的作用。当前,我国中西部地区作为产业转移的主要承接地,承接产业多为劳动密集型产业以及部分技术密集型产业,以上产业基本上来自我国东部地区。相对应地,东部地区则为产业转移的主要移出地,移出产业多为劳动密集型产业。但是,在承接地上,除了国内的中西部地区外,还包括国外的东南亚等"一带一路"沿线国家和地区。"十四五"时期,产业梯度转移趋势大体不变,但又会有一些新的特点。

中国在过去的一百年里发生了两次规模比较宏大的产业转移。第一次发生在抗日战争时期,为了保护民族工业,国家将沿海及沿江下游的工业内迁。第二次是20世纪六七十年代的"三线"建设,大批的国防军工企业迁往西北和西南地区。第三次产业转移发生在改革开放后,生产要素能够自由流动,伴随国际贸易经济的蓬勃发展,中国区域经济发展整体呈现出"东强西弱、南升北降"的局面。近年来,人口红利的消失、高房价等均成为推动产业转型升级的重要因素。"十四五"时期的产业转移伴随着更加复杂的国内国际形势,国内产业梯度转移总体趋势仍然是较为低端的产业由东部地区向中西部地区转移,这是由土地、劳动力、技术等要素决定的,但是也可能出现一些新特点。

第一,产业转移的集中化态势更为明显。包括化纤、纺织、钢铁、多元化工等在内的传统制造业逐渐向更有效率和成本优势的地区集聚,"马太效应"将发挥个体筛选作用。在此背景下,低端制造业从东部地区向中西部地区转移并非必然规律,原因在于:首先,劳动力和土地成本不是产业发生转移的充分条件,是众多因素综合作用的结果;其次,东部地区仍然存在很多劳动力和土地成本不高的区域。因此,东部地区仍然会存在不同层级产业长期共存的格局,只是产业集中度会逐渐增强,成为未来产业转移的趋势。

第二,产业转出将促进东部地区产业升级。东部地区的经济最为发达,也是产业转移的主要输出地。产业转出是当地经济转型的重要机遇。在过去两百年里,中国先后失去了两次工业革命的机会。现在,第三次科技革命方兴未艾,人工智能、量子信息技术、虚拟现实、清洁能源、机器人技术以及生物技术蕴藏无限的潜力。中国第一次与美国、日本、欧盟站在同一起跑线上,对中国来说这是一次千载难逢的机会。东部地区一线城市具备资金优势、人才优势,是我国产业创新的高地,要有选择地引入相关产业,在产业布局上支持上述前沿科技的发展。东部地区的产业转出并不意味着产值比重的下降,由于东部地区独特的区位优势,服务业的增长将会补充和替代转出制造业的产值。此外,也会有大型制造业,例如钢铁、造船、石化等产业大规模地向沿海地区的集中,促进沿海地区产值的增加。

第三,中西部地区核心城市成为产业转移的集中承接地。在"十三五"时期,中国的新兴制造业,如半导体、通信设备、电子元件等,都不同程度地从北京市、上海市、广东省等一线城市向中西部地区的核心城市转移,使中国广大中西部地区的中心城市逐渐成为中国中高端制造业的战略高地。例如,江西省的支柱产业包括半导体产业,陕西省是国家半导体器材与器件研发和生产的重要基地,合肥市、武汉市、郑州市、西安市、贵阳市、重庆市等均在大力推动新兴制造业的发展。而新兴制造业生产的多为高价值密度产品,采用航空运输具备"运输速度快、在途时间短、单位体积/重量货值高、运输成本占货值比重低"等明显优势。在国家高铁网络逐渐完善的"十四五"时期,空铁联运等运输方式将大大降低中西部地区的空间劣势,中高端制造业将在中国中西部区域的中心城市崛起。

第四,产业转移难度加大,集群招商成为重要模式。产业梯度转移理论认为发达地区应首先加快发展,然后通过产业和要素向较发达地区和欠发达地区转移,以带动整个经济的发展。在东部地区人力成本上升后,劳动密集型产业自然向中西部地区转移,转移的结果不仅是东部地区的经济结构优化,中西部地区经济也得到了发展。但是,在实际经济发展中,以此为模式的大规模产业转移并没有发生,原因在于全国劳动力市场统一化、高铁等快速交通工具普及化,劳动力的空间流动更为简单,劳动力差价反映的只是附着在劳动力上的生活成本差异,同工种劳动力能力的价格差并不显著。至于土地成本,上文已经论述,东部地区同样存在众多土地成本较低的区域。价值密度较低的劳动密集型产品多采用水运这种更低成本的运输方式,广大中西部地区在这一方面有很大劣势。因此,随着产业转移的进行,"十四五"期间,产业转移的难度将会加大。

承接地政府的行为也会极大影响产业转移,集群招商经实践检验的确是承接产业转移有效模式,它是从市场细分和市场分工的原则出发,利用产业配套环境和产业集群效应,致力于对集群内配套项目、相关企业的招引。政府在此过程中要为企业的发展创造良好的环境,比如产业园,并且政府通过设计引入企业的标准,逐渐形成产业链。比如成都市围绕英特尔、中芯国际等,着力引进集成电路、终端产品等 IT 产业集群落户;郑州市围绕着富士康作配套,搭建电子制造的产业链集群,建设五千亿级电子信息产业基地;重庆市也是通过集群招商成为全球最大的笔记本电脑制造基地。因此,"十四五"时期,集群招商是承接产业转移的重要模式。

三、"十四五"时期产业转移的重点问题

"十四五"期间,我国区域间产业转移出现了新的趋势,这也给引导产业转移政策的制定提出了新的问题。主要包括以下几方面的内容:

第一,如何避免产业过度向国外转移。在当前国际产业转移的进程中,中国逐渐成为主要的输出国和引领者,承接地主要在东南亚地区、南亚地区等"一带一路"沿线国家和地区。部分产业,特别是劳动密集型产业,开始向境外转移,但有必要防范产业过度向外转移。其原因在于:一方面,在当前的国际竞争中,我国竞争力的一大来源就是完备的制造业工业体系,"世界工厂"的地位不仅使我国的经济实力大大强化,也增强了我国应对各方面压力的经

济韧性；另一方面，从历史发展规律上看，站在世界舞台中央的国家往往都经历过"世界工厂"的发展阶段，而当制造业外流之后，若未建立起与之相适应的金融治理体系，则往往伴随着国际竞争力的下降，因此避免产业过度向外转移具有很高的战略意义。在保证我国国际竞争力的意义下，避免产业过度向国外转移有两点内涵：一是保证我国制造业产业体系的完整，确保我国应对国际局势变化的经济韧性；二是保证我国在国际分工体系中的地位，确保我国在部分核心产业上具有绝对的话语权，这对引导产业转移提出了要求。因此，在实施对外投资，特别是对"一带一路"通道建设时，应进行国家产业发展安全评估，对那些可能对国内产业发展造成负面影响的区域的基础设施建设，不再追加投资，不提供配套服务，以减轻对国内产业外流的压力。

第二，如何引导产业向中西部地区有序转移。当前，我国区域发展不平衡不协调的问题仍然十分突出：一方面，我国东西部地区发展差距非常明显；另一方面，我国的南北差距也呈现出扩大的趋势。在此背景下，促进区域间的产业转移是实现区域协调发展的重要抓手。此外，引导产业向中西部地区转移也是实现我国区域合理分工的重要抓手，对于发挥我国大国优势、重塑我国区域空间格局具有重要意义。引导产业向中西部地区转移也面临一定的困难，按照产业转移的一般规律，企业的生产成本是引发产业梯度转移的重要因素，但是随着我国基础设施建设的推进和市场一体化程度的不断提高，生产要素在区域间充分流动，因此中西部地区在劳动力、资金成本方面并不具有明显的优势，同时在运输成本、营商环境等方面与东部发达地区存在明显的差距，这限制了产业向中西部地区的转移。因此，启动中西部地区的消费市场，是进行产业转移的重要步骤。生产地靠近市场、原料产地或者燃料产地的产业布局原则，在今天的产业转移当中，仍然发挥着关键的作用。通过补贴购置耐用消费品、文化用品和旅游产品的方式，能够提升消费的质量和规模。

第三，如何在产业转移过程中优化产业结构。无论对于转出地还是承接地，产业转移都是实现产业升级和优化的机会。一方面，产业转移使我国沿海发达地区能够转出处在产业发展和产品生命周期后期的成熟产业和衰退产业,有助于发达地区顺利完成转型;另一方面,产业转移也使欠发达的产业承接地承接相对本地而言技术、设备更为先进的产业,更有助于发挥本地资源禀赋优势的产业,更有助于本地经济发展的产业。同时,企业在产业转移的过程中也可以实现自身技术、管理上的升级与重组,提升自身的生产效率。因此,在这个意义上,产业转移不应该仅仅局限于落后产业的疏解,将高污染、产能过剩的产业从发达地区迁出,而是应该以优化产业发展为出发点,综合协调转出地和承接地的转移问题。也就是说,产业转移是产业结构优化的具体过程。

四、"十四五"时期产业转移的总体思路

虽然产业转移还存在很多阻碍因素,但产业转移已经成为加快我国区域经济发展的重要途径,并且是区域协调发展的主要抓手。为促进东西联动,推进产业转移,我们提出以下总体思路。

1. 促进产业加快向中西部转移的基本原则

国内区域产业转移需要遵循以下五个原则:

(1)经济效益原则

东部地区、中部地区、西部地区通过产业的转出与承接实现联动发展过程中,要贯彻经济效益原则。只有讲求效益,才能降低成本,使资源得以优化。成本因素是东部地区、中部地区、西部地区联动发展的动力。当经济效益和区域发展产生矛盾时,经济效益应服从于区域发展。特别是对于区域合作项目,短期内看不到经济效益或经济效益微薄,但社会效益显著,长期也能获得经济效益,这样的项目也必须去做,以突破中西部落后地区的发展"瓶颈"。

(2)可持续发展原则

产业转移不是简单地将东部地区的技术与西部地区的资源相结合,不能无节制地掠夺性地开发资源,而是要对资源进行保护性开发,分阶段、有步骤

地开发特色资源、特色产品。在产业转移过程中,要保护环境,切忌把联动发展局限于联合开发,更不能变成联合开采。针对高污染产业制定特殊的布局政策,加强对污染产业转移的管理,避免东部地区向中西部地区的污染转移,通过财政、金融等政策措施直接鼓励环境保护型产业的转移。

(3)规范化原则

产业转移与承接必须要站在长远的战略角度,防止盲目转移与盲目开发。要规范产业转移的内容,东部地区要制定产业转出规划,中西部地区则以现有园区为基地,结合承接产业转移的实际需要,做好产业承接规划。国家主管部门要本着科学合理布局的要求,对转出和承接产业的顺序、目录等作出明确规定。

(4)因地制宜原则

在产业转移与承接过程中,各地区要科学分析本地区及周边地区在资源、产业、人才等方面的特点,结合现代科技的发展趋势和经济社会发展规律,以战略的眼光审视本地区在世界产业分工中的发展方向,通盘考虑本地区的现有产业升级,结合本地区产业基础做好产业对接,有针对性地发展地方特色产业,实现错位发展,提高地方产业竞争力。

(5)技术进步原则

中西部地区承接东部地区产业转移必须要考虑其技术先进性,包括考察产业能否吸收先进技术,能否利用新技术改造传统产业,推动产业存量调整与改造,产业对经济环境变化适应力和抗衡力的强弱,承接产业的发展和改造,能否延伸出新的产业,转移产业的技术与中西部地区现有产业技术基础是否相适应。

2. 实现产业加快转移的战略目标

第一,依托产业转移,促进产业升级。产业转移对产业转出地和转入地的产业转型升级具有重大的意义,是实现产业转型的首要途径。也就是说,推进产业转移不仅会直接促进产业转出地和转入地产业结构的调整和优化,对产业转出地和转入地都具有重大意义。产业承接能够有效带动中西部地区发展新兴产业,促进中西部地区在生产技术、管理水平、发展理念上的创新突破,带动中西部地区优化自身产业机构。并且,新产业的移入可以为中西部地区创造新的就业机会,使剩余劳动力转移到劳动报酬率较高的产业,实现资源的优化配置。鉴于产业转移对产业转出地与产业承接地的重大意义,中央政府应该对区域间的产业转移给予高度重视,充分调动"两个积极性",也即产业转出地和产业承接地的积极性。在顶层设计中,既要给予人、财、物等政策层面的大力支持,也要合理推进国家、区域层面的产业布局,不断完善产业转出地与产业承接地间政府与产业的对接协调机制。东部地区要积极主动实施产业转移,实现自身产业转型升级,中西部地区要不断优化自身的软硬投资环境,加快完善基础设施和产业配套,积极承接产业转移。

第二,依托产业转移,保障国内完整的制造业产业链。完整的制造业产业链对我国实现由制造业大国向制造业强国的转变,实现中国制造业由中低端迈向中高端,对巩固加强我国制造业的全球竞争力具有极其重大的战略意义。可以说,推动区域间的产业转移既能够有效地保留制造业产业链条中的低端部分,也能够有效地提升制造业产业链条中的高端部分。应该清醒地认识到,促进区域间的产业转移是保障国内产业链完整的重要抓手。决策层应该对此问题高度重视,保证制造业产业链的完整性,统筹推进,有序引导产业转移。

第三,依托产业转移,促进区域协调发展。当前,我国区域发展不平衡不协调的问题仍然十分突出,虽然国家层面相继出台实施了西部大开发、振兴东北地区等老工业基地和中部崛起等区域发展战略(不仅仅是经济,这是"五位一体"的),但受内外部发展环境变化、经济发展阶段转换、结构性问题突出等因素的影响,我国中西部地区的经济发展仍然面临不少问题,经济增长亟待由"粗放速度型"向"质量效率型"转变。此外,我国的南北差距也呈现出扩大的趋势。在此背景下,应该清醒地认识到,促进区域间的产业转移是实现区域协调发展的重要抓手。决策层应该对此问题高度重视,从促进区域协调发展的角度来统筹推进,有序引导产业转移。

第四,依托产业转移,防止出现产业"空心化"的问题。随着我国经济发展阶段的变化,劳动力成本普遍上升,比较优势发生转换,与经济发展的一般规律相符。如何认识和把握好这一规律,在培育新的比较优势的过程中加快推进本国产业升级和产业转移,同时通过改革创新为制造业营造一个低成本、投资便利和公平竞争的环境,对保持本土制造业的可持续发展,防止制造业外流、产业空心化而言至关重要。应该清醒地认识到,我国中西部地区在承接产业转移上具有较大的空间,应该充分发挥我国中西部地区腹地纵深及成本优势,加快改善各种软硬条件,积极承接东部地区产业转移,建设符合当地特色的主导产业集群。

3."十四五"时期产业转移的主要任务

(1)建成开放统一的全国大市场

产业转移与资本、技术、劳动力、信息等生产要素流动密不可分,生产要素自由、跨地区流动是产业转移的必要手段。生产要素的流动以健全的市场体系为基础。缺乏统一市场势必造成区域之间交易成本扩大,导致产业结构同化、产业相似度偏高、竞争过于激烈、竞争费用和保护成本增加等问题。因此,区域间的产业转移,必须建立公开、公平、公正的市场竞争机制,冲破地区封锁和行业垄断,消除市场割据和地方保护,消除区域经济产业转移的体制障碍,以拓展市场容量和空间,推动地区经济在更高层次和更大规模上持续发展。

坚持发挥市场在资源配置中的决定性作用,进一步打破行政性垄断和地区封锁,健全全国统一开放市场,推行现代流通方式。继续发展金融、土地、技术和劳动力要素市场,规范各类中介组织,完善商品和要素价格形成机制,提高生产要素在地区间、产业间的配置效率。进一步整顿和规范市场秩序,坚决打击制假售假、商业欺诈、偷逃骗税和侵犯知识产权行为。

（2）建立产业承接示范园区

产业承接示范园区是产业转移的重要空间载体,加强此类园区建设是增强产业承接能力、吸引优秀企业转移的重要措施。在园区建设过程中,根据产业发展的整体布局,划分园区功能,明确园区主导产业,制定外来投资产业指导目录,实现对园区功能的精准定位,增强产业协作配套能力,形成错落有致的产业配套集群,使这些园区成为承接产业转移的有效平台,发挥地区经济发展的增长极作用。根据企业的不同情况,给予土地不同价格、所得税地方留成等方面的优惠,按照"设施条件最好、行政效率最高、社会服务最优、交易成本最低"的要求,支持园区加快环境建设和体制创新,不断增强园区的承载容量、服务功能和配套能力。示范区可以设立承接产业转移专项基金,用于支持承接产业转移的基础设施建设、科技孵化器建设、重大公共服务平台建设和重大产业转移项目贷款贴息以及风险补偿等。此外,示范区需要提供足够的政策支持,保证转移进入的企业享受优厚的政策和服务。

（3）建立区域产业转移基金

产业转移需要支付成本,在当前各类机制有待完善且转移成本居高不下的情况下,建立产业转移基金是加快产业转移的有效选择。各个省份可根据经济发展状况每年向相关机构缴纳一定的费用,以法规形式明确规范使用范围,完善制约措施,以实现基金的有效使用,用以支持迁移企业顺利迁出或支持承接地为企业迁入提供各项基础条件。当然,得到支持的企业必定是鼓励类的产业或由于环境限制应该迁出的企业,不得扶持国家明令禁止或淘汰的企业,以防止高耗能、高污染的产业向中西部地区转移。

（4）明确产业转移次序,推进产业转移有序发展

促进区域间产业的有序转移需要明确产业转移的次序、行业和模式。首先,要确定转移顺序。选择能发挥地方产业特色、依托区域资源禀赋优势、促进相关产业在当地集聚的产业。在产业转移过程中,关注核心企业,充分利用其带动作用来加快承接产业转移的步伐。其次,要确定转移目录。依据产业

定位,对产业链进行深化研究,找出产业链上的缺失和薄弱环节,按照形成完善产业链的要求引进配套企业,促进以产业链为纽带的产业集群的形成与发展。依托区位优势,积极引进和承接高端制造产业,加快发展金融、商贸物流、交通运输等现代服务业,构建高效、快捷的现代服务业体系。最后,要优化转移形式。产业转移的形式多样,各地应根据实际情况,通过高新技术产业化、名牌产品扩展转移、零部件或初级产品生产基地转移、市场临近引导转移和联合开发建立特色产业等多种模式,因地制宜地引导产业转移。

4. 构架促进产业转移的动力机制

(1)技术梯度转移机制

密切联系各地发展的实际情况,通盘考虑,把承接产业转移与产业结构调整、推进新型工业化紧密结合在一起,以现有支柱产业为依托,紧紧围绕提升产业综合竞争力这一中心,在强化产业配套和环境兼容性的基础上,有的放矢地开展承接工作,注重在承接过程中发展壮大本地产业,推进技术创新,从而积极引进高新技术产业和新兴产业,在关键技术领域实现突破。采用国际标准,提高中高档产品、高附加值产品、绿色环保型产品比重。大力发展以信息技术为主导的高新技术产业,构筑工业的战略先导产业,积极运用高新技术和先进适用技术改造传统产业,走出一条科技含量高、经济效益好、资源消耗低、环境污染少、人力资源优势得到充分发挥的新型工业化道路。

(2)利益共享机制

通过联合建立工业园区、双方共同招商、利益分成,鼓励东部地区开发区和企业通过股份经营等方式在中西部地区现有开发区和工业园区内设立"区中区""园中园",以实现互利共赢。建立合理税收分享机制,引进的优势产业产生的增值税和企业所得税,可由产业转出地政府参与项目的税收分享,具体分配办法可由转出方和转入方政府协商确定,实现共同发展。

(3)沟通协调机制

为促进产业转移,中西部地区地方政府应与东部地区地方政府在平等互惠的基础上建立固定的沟通与协调机制,建立日常性的合作组织机构,实行省市联动、政企联动、部门联动,处理产业转移过程中可能出现的问题,以此增进双方的了解,消除转出企业的顾虑。要结合各地自身优势,不断创新合作机制,构建更为有效的产业转移合作模式,增强产业转出与转入的整体合力。利用现代信息技术,特别是互联网技术,建立东西经济合作交流信息服务体系,建立网上技术交易市场和网上人才市场等。鼓励东西部各地区建立跨地区行业协会,从而为企业在各地投资发展和开展东西合作提供信息交流中介和协调服务。

第五节 "十四五"时期产业梯度转移的政策建议

一、发挥中心城市作用,实现产业承接的空间布局从分散式向集中式转变

我国的中西部地区约占整个国土面积的81.7%,广阔的土地对承接产业转移的阻碍作用体现在两方面:一是不同地区间距离过大,这不仅增加了运输成本,还形成了技术交流的障碍;二是人口分布不均,中部地区约占全国10.7%的土地,承载全国约26.51%的人口,而西部地区约占全国71%的土地,承载全国约28%的人口。这决定了中西部地区在承接产业转移时应当采取集中式承接的方式,这不仅有利于提升当地的城镇化质量,还有利于提高承接产业转移的经济绩效。除政府引导外,企业自主区位选择在实施集中式承接过程中具有不可忽视的作用,转移企业更倾向于选择产业基础好、基础设施完善、制度成本较低、市场更大的地区,因此中西部地区的大中城市成为企业选

择的目标。当前,中西部地区的国家中心城市和区域中心城市也有必要承接产业转移。因此,要从以下几方面着手。

首先,中心城市应当致力于设计更好的产业支持政策,给予转移产业更好的落地条件。各市应把产业园区作为承接产业转移的重要载体和平台,要加强对现有产业园区的整合,引导转移产业和项目向更大的产业园区集聚,形成各具特色的产业集群。地理上距离较近的城市应当发挥协同作用,在承接产业的选择上相互协调,以达到最优的效果。

其次,积极支持承接企业提高创新能力。要将创新资源陆续投向企业,逐步增强对企业创新基础能力建设的投入力度,并在此基础上积极支持产业技术创新战略联盟根据产业发展需求培育创新链。应积极支持具备条件的企业承担或参与工程中心、重点实验室、技术转移平台建设。进一步鼓励企业在承接地成立研发中心,合理支持企业与承接地科研院所开展合作,不断强化企业的根植性。合理塑造技术创新服务平台,借助于一系列方式鼓励入驻的中小企业主动参与创新。陆续革新科研院所体制,把更多的资源集中于企业绿色转型升级的关键性技术研发和推广应用领域,逐步形成与产业、区域经济紧密联系的技术研发、成果转化机制,且以此为基础,大力促进协同创新。支持龙头企业与承接地高等院校、科研院所、行业协会相关联的上下游企业培育与发展研发机构,有效解决企业转型升级中的核心技术难题。基于知识创造、创新成果快速转移扩散的发展目标,不断加强科技中介机构的培育与发展,增强面向社会的科技信息、决策咨询服务的能力。

最后,积极发展职业教育,快速补齐人才短板。中西部地区普遍存在人才缺乏的问题,职业教育的最主要的贡献之一是满足劳动力市场的技能需求,缓解一些行业技能短缺的状况,并且有培养周期短、与实际应用结合紧密等优点。要充分了解劳动力市场和各行业的技能供求状况,实现产学研融合。合理有效地制定相关职业教育政策,确保职业教育项目和课程都具有较高的行业相关性。提升职业教育的公众认可度,促使更多的学生把参与职业教育和技能培养视作引以为傲的选择，将成为"大国工匠"作为职业目标。

二、依托产业园区，构建完整的政策体系，优化承接模式

产业园区能够有效集聚产业，通过资源共享，克服负的外部效应，带动关联产业，从而有效地推动产业集群的形成。目前中国国家级产业园区共计626家，省级产业园区1166家。根据同济大学发布的《2017中国产业园区持续发展蓝皮书》，2016年全国365家国家级经开区和高新区的生产总值合计为170946亿元，超过全国GDP的1/5；合计上缴税收29327亿元，超过全国的1/4；合计出口55254亿元，占全国总出口的2/5。因此，依托产业园区，通过政府引导产业转移，完善产业园区之间的承接政策，实现东中西各个产业园区内产业有序转移是我国产业转移的主要方式之一。

首先，中西部地区产业园区应加强集群招商。空间经济分布理论认为，产业的空间分布是由生产要素的集聚、选择和群分三种机制作用的结果。依托产业园区的政策优势，可以加速各类生产要素的集聚，通过产业园区建设推进产业转移。在区域经济发展中，产业集聚发挥了重要作用，它通过市场力量调整产业集聚的区域分布，加快区域产业转移以促进中西部地区经济中心的形成。其中，集群招商已被证明是一种有效的承接产业转移的模式，从市场细分和市场分工的原则出发，利用产业配套环境和产业集群效应，致力于对集群内配套项目、相关企业进行招引。集群招商的关键在于引进龙头企业，发挥龙头企业的带动作用。充分发挥产业园区、周边上市公司或行业龙头企业的优质资产端优势。园区可以与上市公司等行业龙头企业合作或引入国内外知名投资机构，共同设立产业发展基金，为上市公司的科技创新和产业转型升级服务。在帮助上市公司做强做大的同时，进一步发挥其行业引领和产业集聚功能，充分发挥园区在产业招商、吸引人才等方面的新优势。

其次，为了实现产业转入地与产业转出地有效配合与衔接，建议充分发挥产业转移示范区的政策作用，由产业转出地和产业转入地共同建设"飞地经

济",打破原有行政区划的限制,共同实施行政管理和经济开发,实现两地资源互补、协调发展。产业转入地主动加强与发达省份的园区对接,积极探索园区共同开发、共同收益的模式,为承接东部地区产业转移、产业转型升级和集群化发展提供良好条件。将产业转移示范区由点对点的企业转移升级为区对区的产业转移,由单纯的资金承接转变为项目承接,由以往发达地区带动不发达地区转变为二者共同发展、互惠互利。充分发挥产业转入地的市场规模效应,吸引企业入驻,通过产业转入地的市场规模优势促进竞争优势的形成。

另外,加强对中西部地区产业园区的招商引资力度。在中西部地区设立产业园区,通过产业园区内税收优惠、提供产业用地和水电补贴等政策,降低企业的生产成本,提高产业园区的吸引力。为企业提供搬迁补贴,降低产业转移的成本,确保产业转移以后能够在产业转入地持续获得市场竞争优势。产业的发展是各个关联产业共同协同推进的结果,东部地区、中部地区、西部地区所处的工业化阶段不同,由此导致了产业转出地和产业地处于不同的发展阶段,为了促进国土空间结构与经济结构的均衡,建议产业分梯度依次转移到中西部地区,产业承接地将进入的工业化阶段恰好是产业转出地已经经历过的工业化阶段。

最后,产业园区应注重科创平台建设,发展服务经济。传统工业园区建设经常忽视科创平台建设,服务经济较为滞后。为了有效承接东部地区的优质产业转移,要努力打造科创经济载体和环境,具体措施包括:一是建设孵化器、众创空间和科技加速器;二是吸引科研院所分支机构、公共实验室和企业研发中心,建立公共技术交流平台等;三是引进多元化的创新人才,打造互动交流平台,促进跨界创新,通过优质的科创服务提升产业园区的产业吸引力。传统工业园区通常存在重生产、轻服务的问题,这也为承接和发展服务业提供了空间。为此,应通过服务经济规模和质量的提升吸引制造业企业入驻,一方面,要积极承接生活商贸型服务业如餐饮、购物、休闲娱乐、社区服务等,满足园区内产业工人的生活需要;另一方面,为满足制造业的发展需要,应加快仓储物流、会展商贸、教育培训、技术服务、检验检测等生产性服务业转移,助推产业的集聚和转移。

三、因地制宜,在不同区域实施差异化的产业转移政策

区域间产业梯度转移要获得最大效益,需要统筹"四大板块"的发展,发挥区域比较优势,综合考虑自然资源、环境容量、要素价格、运输成本和产业特征等因素,形成良性互动、优势互补、分工合理、特色鲜明的现代化产业发展格局。通过分析"四大板块"的特点,提出各板块产业转移的主要思路和重点任务。

1. 东部地区

东部地区在改革开放后承接了大量的国际产业转移,加上国家政策的扶持,经济发展水平不断提升,远远领先我国其他地区。随着经济发展水平不断提升,东部地区自然资源日渐匮乏,劳动力价格日益抬升,传统产业已不具备生产优势,且无法带动地区经济持续增长,产业转型升级迫在眉睫。

一方面,东部地区的资源和劳动力已不再具备优势,因此要推动资源密集型和劳动密集型等传统产业向中西部地区转移。降低转移企业的门槛,简化手续办理程序,完善转移后续保障,并为企业转型升级提供政策支持。另一方面,东部地区要依托雄厚的产业基础和相对完善的市场机制,积极承接国际高端产业转移,完善区域营商环境,吸引外商来华投资,将东部地区建设为我国先进制造业的先行区、参与经济全球化的主体区。同时,发挥人才集聚和资源集中的优势,依托高校和科研院所,建设全国科技创新与技术研发基地。

2. 东北地区

东北地区作为老工业基地,20世纪90年代以来逐渐走向衰落。此外,市场化改革缓慢、对外开放滞后是东北地区的突出短板。但东北地区的相对优

势也十分明显:自然资源丰富、劳动力数量充足、成本较低且素质较好,工业基础雄厚,加上地处东北亚地区中心,具有巨大的对外开放潜力。

首先,加快传统产业转型升级。依托良好的制造业基础,扩大与制造业强国和国内发达地区的技术合作,提升重大技术装备自主化程度,加强核心技术与关键零部件研发,加快制造业转型升级,打造具有国际竞争力的装备制造业基地和国家新型原材料基地。其次,发展附加值高、带动力强的高新技术产业。设立高级技术开发区,打造具有代表性的高新技术产业,使东北地区成为重要的技术研发与创新基地。最后,加快对外开放的步伐,探索设立辽沪特别合作区、吉浙特别合作区、黑苏特别合作区等,共同打造对外开放新平台。此外,还要推进沿边重点开发开放试验区的创新发展,增加货物贸易量,强化生产技术的交流,将东北地区建成我国北方重要的开放窗口和东北亚地区合作的中心枢纽。

3. 中部地区

中部地区经济基础相对薄弱,但是其优势十分明显。中部地区自然资源丰富、劳动力数量巨大、人力资源储备丰富、工业体系门类齐全。同时,中部地区在地理位置上具有承东启西、沟通南北、维系四方的重要作用,交通基础设施相对完善,在承接产业转移方面具有得天独厚的优势。

首先,在承接产业转移过程中,中部地区作为国家重要的粮食和制造业基地,应将食品加工、装备制造、汽车及零部件制造作为承接重点,各省份要依据当地资源条件和已有产业基础,加强主动招商,在细分领域错位发展,促进产业集群形成。其次,对中部地区一些产业条件好和产业联系度高的城市群进行集中投资和重点开发,重点加强武汉城市群、皖江城市群、中原城市群和长株潭城市群的建设,在这些地区培育农产业深加工群、新型能源产业群、化工产业群、汽车产业群等,发挥产业集群效应,为承接东部地区产业转移和加工贸易转移创造良好的配套环境。最后,积极引进东部地区电子信息、机械等高端产业,增强地区可持续发展能力。

4. 西部地区

西部地区的经济发展较为落后,并且地处内陆、交通不便,运输成本高昂。但是,西部地区在以下多个方面具有明显优势:地域辽阔,自然资源储备丰富,劳动力数量多且成本低。西部地区地处内陆,是我国向西开放的桥头堡。同时西部地区还能享受多种政策优惠。

西部地区是产业转移的重要承接区,要发挥重庆市、成都市、西安市等区域性重点城市的领头作用,利用当地的科技、人才资源优势,积极吸引发达国家和东部地区的电子信息产业以及高端加工制造业,打造区域性高新技术和先进制造业基地。最后,加大向西开放的力度。产品运输成本高昂是制约西部地区承接产业转移的重要因素,如果能够向西部地区打通市场,就能做到就近生产、就近出口,化被动为主动,化劣势为优势。

第八章 空间结构演变走势与产业支撑研究

"十三五"规划为我国区域空间结构演变描绘了一幅新的蓝图:以区域发展总体战略为基础,以"一带一路"建设、京津冀协同发展、长江经济带发展为引领,形成沿海沿江沿线经济带为主的纵向横向经济轴带,塑造要素有序自由流动、主体功能约束有效、基本公共服务均等、资源环境可承载的区域协调发展新格局。

第一节 中国空间结构演变

一、中国区域空间结构演化的过程

中国空间结构的演变经历了四个时代。在新中国成立之初,中国空间结构的基本特征是现代工业集中于沿海地区,内地广大地区的现代工业则基本空白,这是中国空间结构的第一个时代,即"二元时代"。20 世纪 80 年代后,在改革开放战略的推动下,沿海地区利用国际产业转移的机遇迅速崛起;中部地区在能源、原材料等资源性产业上的优势,成为东部地区的原料供给地,取得了一定的发展;西部地区由于处于偏远内陆,加之自然环境恶劣、开放程度低,经济发展相对滞后,形成了东部地区、中部地区、西部地区三大地带,中国空间结构进入第二个时代,即"三元时代"。1999 年以西部大开发的启动为标志,"东北振兴""中部崛起"和"东部率先发展"的区域战略先后实施,"十一五"时期正式形成中国区域发展总体战略,中国空间结构进入到第三个时代,即"四元时代"。党的十八大以来,中国区域经济从集聚到扩散,逐步实现空间均衡,长三角地区、珠三角地区和环渤海地区成长为全国的战略支点,"中部崛起"促成了长江中游地区和中原经济区两大新的战略支点,西部大开发促成了成渝经济区和关中—天水经济区,北部湾经济区、天山北坡地区、东北中部地区、海峡西岸地区逐步形成了次一级的战略支点,较为成熟的长三角、珠三角和京津冀地区已经实现了单一中心向多中心网络化布局模式转变,中国空间格局进入"多极点、网络化时代"。

中国区域空间格局为什么会有这样的变化?应该说这是中国改革开放的结果,空间结构变化的过程与改革开放的过程紧密相连。具体的原因有三点:首先是中国东部地区面向太平洋和西部地区深入欧亚大陆内陆深处的陆海分布的自然地理空间格局;其次是国际经济发展的趋势和国际产业大尺度空间转移的影响;最后是面向沿海、融入国际、加快发展的改革开放战略的正确取向。

二、区域空间结构演化的内涵

中国区域空间格局演化的过程证明了一个核心观点:不平衡的经济增长与和谐发展可以并行不悖、相辅相成,这是 2009 年世界银行"发展报告"的核心观点,也为我国改革开放以来区域协调发展的现实所证明。笔者将这种状态称为"均衡协调"。中国区域经济发展的均衡协调包括以下几个方面的内涵:

1. 发挥区域优势

我国是一个有 960 万平方公里国土的大国,各区域的区位条件、资源条件和发达程度差异很大。东部地区区位条件好,距离国际市场近,市场机制建立较早也较为完善,在承接国际产业转移的过程中,实现了高速发展;而中西部地区的区位条件不利,市场发育程度相对较低,商品流通不够顺畅,土地、技术、资本等要素市场地区分割严重,发展速度在一段时间内落到东部地区之后,是不可避免的。

发挥区域优势是区域协调发展的客观基础。改革开放以来的区域发展过程,是准确把握全国各地区不同经济发展程度和市场发达程度,在市场发展较好、经济较发达地区调整生产力布局,更多发挥市场经济行为主体的作用,协调主体利益;而在市场机制欠发达、经济欠发达地区调整生产力布局,在发挥市场配置资源主体作用的同时,更加注重发挥政府的作用,用区域规划引领区域发展。

2. 追求空间平等

实现空间平等有两种思路:"空间中性"与"基于地区"。①"空间中性"是假设空间均衡的存在和生产要素的完全流动,区域发展总体战略是"空间中性"的政策体现。"空间中性"要求经济与人口在一定空间趋于均衡,各地区获得大致相同的发展机遇。"基于地区"的政策则具有明显的针对性,直接针对某一个地区给予相应的发展政策,比如国家级新区、承接产业转移示范区、综合配套改革示范区等,都属于此类政策区域。

是否实现空间平等,是地区发展差距是否缩小的衡量标准。从区域差距的变化情况看,2013 年沿海地区人均 GDP 为 6 万元,而内陆地区仅为 4 万元。从 1997 年到 2013 年的 16 年间,绝对差距从不到 5000 元扩大到 25000 元以上。实现空间平等的目标还任重道远。

---

①　周玉龙、孙久文:《论区域发展政策的空间属性》,《中国软科学》2016 年第 2 期。

3. 外向开放发展

经济全球化的进一步发展,注重开放条件下的外向发展是优化区域空间格局的重要导向。随着国际贸易和生产要素的国际流动,我国经济与国际经济的关系日益加深。区域经济发展受国际经济的影响日趋明显,以融入国际经济大循环为目标来发展区域经济,受到加快空间发展的回应。

例如,我国石化工业的布局,随着我国原油进口量的不断增加,对外依存度逐年提高,由于国内相当部分炼油、石化企业都依靠进口原油,石化工业布局向沿海地区移动就成为必然的趋势。当前优化我国生产力布局,必须考虑开放条件下的全球化产业发展态势,外贸依存度大的行业应考虑向沿海布局,内需为主的行业应当随人口分布而布局。

总之,改革开放以来,中国区域空间发展是不平衡的,地区之间的发展差距仍在拉大,但并没有影响中国的区域经济发展。也就是说,在沿海经济发展水平提高的同时,内地的经济发展水平也在提高,差距在于提高的速度不一样。

三、区域空间布局的模式变化

我国地域广阔,自然地理差异显著,资源分布不均衡,经济发展差距明显,在不同时期采用不同的产业布局模式,是地区生产要素的种类和数量、产业发展状况和人口分布情况的客观要求所决定的。

1. 增长极模式

改革开放初期,由于当时中国经济发展落后的现实,只有少数地区具有发展的有利条件,因此当时的区域发展,各区域选择的大多是增长极的布局模式。加快城镇建设,加速人口积聚,解决经济发展与资源瓶颈之间的矛盾。重点发展增长极,通常就是选择发展条件较好、产业综合优势比较突出、区位条件明显、投资环境较为优越、发展潜力巨大,并有望在短期内迅速崛起的点状区域,如城市、资源富集区、工业区、经济特区等。在对某一区域进行开发时,有计划地在物质技术基础和经济实力较强、生产要素较为集中的中心城市等经济活动相对集中的地区形成启动经济发展的增长极,并通过增长极自身的迅速成长及产生的乘数效应,辐射周边地区,最终带动整个区域经济的全面均衡协调发展。

2. 点轴模式

点轴模式是增长极模式的延伸。从区域经济发展的空间过程看,产业特别是工业一般都先集中于少数增长极上。随着经济的进一步发展,工业点逐渐增多,点与点之间适应经济要素联系需要,特别是交通等基础设施的建成,沿交通线布局产业成为可能,从而形成经济轴线。经济轴线的发达程度主要是由它在区域经济中的影响力决定的。城市内部的发展轴线、区域内部的短距轴线,都可以成为产业聚集的主要空间区域。不能把经济带看作是经济轴线。经济带的发展模式也不是点轴模式。我国生产力布局应当把握各地区在经济发展过程中所承担的功能的差异性。

3. 网络布局模式

区域产业网络布局模式中的网络是指一定区域内增长极与增长极之间的经济联系以及经济轴线与轴线之间按照一定的经济技术规律经纬交织而发展成的点、线、面统一体。主要包括商品、资金、技术、信息、劳动力等生产要素的流动网及交通网、通信网等。这一模式主要适用于经济比较发达的地区,例如长三角地区是最先形成网络布局模式的区域之一。长三角发展的初期,首先形成的是上海市这个经济中心,其次形成了苏州市、无锡市、南京市、杭州市、宁波市等增长极;改革开放之后迅速形成了苏锡常和杭嘉湖两个发展轴线,生产力的聚集十分明显;进入 21 世纪,在长江以北形成了扬州—泰州—南通的轴线,在杭州湾形成了杭州—绍兴—宁波轴线,各条轴线的相互融合与渗透,特别是跨江和跨海大桥的修建,长三角逐渐完成了区域空间织网的过程,一个网络型的区域空间就此形成。

4. 经济带布局模式

中国区域空间布局模式的最新发展,是经济带的形成与发展。区域经济的发展是一个动态过程,处于不同发展阶段的不同类型区域发展的基础和条件不同,区域空间布局的模式就不可能完全一致。经济带的布局模式是在一个比较大的空间范围内,由区域的经济结构、产业结构、技术结构等交汇而成的基本特征。目前形成国家战略的三大经济带:环渤海经济带(京津冀为核心)、长江经济带和新丝绸之路经济带,都是在一个开放的区域空间中,由相对发达的区域与相对不发达的区域结合构成的。经济带的形成在一定程度上可以优化相对落后区域的生产力布局,促使区域要素配置发生积极变化,进而推动产业布局模式的高级化。从这个意义上讲,未来我国形成更多的经济带是一种必然趋势。笔者估计,东南沿海经济带、珠江—西江经济带、东北中部经济带、长城沿线经济带、黄河经济带等,都将在未来逐步形成。一个由若干经济带串联起"四大板块"的中国区域空间格局,将会最终显现。

第二节　空间结构演变与产业支撑

把"四大板块"与"三大经济带"相结合,构建我国区域发展空间新格局,从以往的单独区域支撑发展到现在的区块与支撑带连接的共同支撑,这意味着中国的区域经济发展战略逐步走向整体性和全局性,空间结构的优化正在逐步实现。第一条支撑带是"一带一路",通过路上丝绸之路与海上丝绸之路与沿线国家和地区互联互通,全面构建我国对外开放的格局;与丝绸之路经济带遥相呼应的第二条支撑带——长江经济带,贯通长三角城市群、长江中游城市群和成渝城市群,长江经济带横跨我国东部、中部、西部三大区域,中央明确提出,"有序开工黄金水道治理、沿江码头口岸等重大项目,构筑综合立体大通道"。京津冀协同发展战略,需要打破行政分割,改变"分灶吃饭"的现象,以协同创新为先导,构建京津冀区域分工新格局。通过构建产业分工格局,实现三地融合,联动发展,打造协同创新共同体,构建一条从京津冀经长三角到珠三角的沿海支撑带。

一、空间结构、市场潜能和区域产业支撑的关系

在新经济地理理论中,由于规模报酬递增和贸易成本的相互作用,企业选址在市场潜能较大的地区,这样有利于节约贸易成本。市场潜能比较大的地区,工资水平较高,但企业间的配套能力较好,贸易成本较低,于是尽管厂商支付较高的工资水平,但相对于其他地区而言,只要节约的贸易成本高于多支付的工资,厂商仍然是有利的。借鉴了克鲁格曼等建立的新经济地理模型,在垄断竞争条件下,市场中有无限多厂商,且各厂商仅生产一种差异化产品。设定 j 地区生产制造业产品的总成本为 $c_j q_j - F_j$,其中 q_j 表示 j 地区生产的制造业产品总数量,c_j 和 F_j 分别表示边际成本和固定成本。对于 j 地区的某个代表性厂商,它在 i 市场的利润函数为:

$$\pi_{ij} = (p_j - c_j) q_j - F_j = (p_j - c_j) \tau_{ij} q_{ij} - F_j \tag{8-1}$$

其中,τ_{ij} 表示"冰山成本",即 i 地区每获得 1 单位 j 地区生产的产品,有 $(\tau_{ij} - 1)$ 的损耗。假设消费者的效用由制造业产品的消费量决定,即 $U = C_M$,并且对制造业产品的需求服从不变替代弹性函数(CES),产品间的替代弹性为 σ,在厂商利润最大化的条件下,$\dfrac{\partial \pi_j}{\partial q_j} = 0$,得到 $p_j = \dfrac{\sigma c_j}{\sigma - 1}$。

地区 i 的消费者对制造业产品的支出 E_i,消费者效用最大化下,i 地区对 j 地区生产的制造业产品的需求数量为 $x_{ij} = E_i p_{ij}^{\sigma} G_i^{\sigma-1}$,将 j 地区销售到各地区的产品加总,则 j 地区的产出水平为 $x_j = \sum_i \tau_{ij} (E_i p_{ij}^{-\sigma} G_i^{\sigma-1}) = p_i^{-\sigma} \sum_i E_i \tau_{ij}^{1-\sigma} G_i^{\sigma-1}$。

在市场均衡条件下，$q_j = x_j$，将 p_j 和 x_j 代入式(8-1)，得：

$$\pi_j = \eta c_j^{1-\sigma} RMP_j - F_j \tag{8-2}$$

其中，常数项 $\eta = \dfrac{1}{\sigma}\left(\dfrac{\sigma}{\sigma-1}\right)^{1-\sigma}$，$RMP_j = \sum_i E_i \tau_{ij}^{1-\sigma} G_i^{\sigma-1}$ 为真实市场潜能（Real Market Potential，RMP），E_i 表示 i 地区用于制造业产品的支出，各地区面临的制造业产品价格指数为：$G_i = \left[\sum_j n_j (\tau_{ij} p_j^{1-\sigma})\right]^{1/(1-\sigma)}$，$n_j$ 为 t 地区生产的制造业产品种类。

在式(8-2)中加入时间下标 t，自由进出下，j 地区新增厂商的最优数量由 $\pi_{j,t}$ 决定，即 $\Delta n_{j,t} = n_{j,t} - n_{j,t-1} = f(\pi_{j,t})$，为了推导方便，不妨假定。

$\Delta n_{j,t} = \ln(\pi_{j,t})$ 及 $F_j = f$，则地区厂商新增模型为：

$$\Delta n_{j,t} = \beta_0 + \beta_1 1nc_{j,t} + \beta_2 \ln RMP_{j,t} \beta \tag{8-3}$$

上述的推导过程需要许多假设条件，除了对消费者效用、厂商生产技术、市场结构作出假定外，还隐含厂商和消费者的最优化决策，以及支撑两者实现合理互动的市场出清条件。尽管式(8-3)的推导是在许多苛刻的假设条件下得出的，但如果它与现实较一致，那么它可能传递的有价值的信息便不能被忽视。

考察式(8-3)中参数的符号，当贸易成本较低时，节约生产成本相对于接近市场更重要，企业成本节约导向（cost saving），它们会选择生产成本较低的地区，接近市场相对不重要。反之，当贸易成本较高时，通过节约贸易成本弥补较高生产成本，厂商是市场导向（market seeking）的。尽管 2001 年年底中国加入了世界贸易组织，但是国际壁垒依然存在，倾销与反倾销行为屡见不鲜。同时，21 世纪以来中国地区之间的区域冲突虽然有所缓解，但是并没有完全消除，地区之间的重复建设问题仍然严重，原材料、劳动力、产品等尚未实现地区间的自由流动。① 鉴于上述分析，企业在中国进行产业布局主要是由市场导向的。

---

① 《北京晚报》(2011 年 9 月 21 日)题目为《中国物流成本为何如此之高?》的文章指出，在中国百度地图上搜索"收费站"，会显示 18900 个收费站，单广东省内就高达 2030 个。

1. 变量、数据及处理

使用城市作为基本研究单元,数据主要来自历年《中国城市统计年鉴》报告的地级及地级以上城市相关数据资料,构建1999—2010年数据集。使用该数据区间的原因在于中国工业企业统计口径的调整,1990—1998年,各城市报告的工业企业数口径为"乡及乡以上工业企业单位数",该数据某些年份未报告;1999—2006年,工业企业数的统计口径为"全部国有企业及规模以上(销售额>500万元)非国有工业企业"[①];2007年以后,统计口径变为"所有规模以上工业企业",规模以下国有企业不再纳入统计。在计算城市的企业增量时,本节考虑了口径调整,只选择口径相同的年份计算。

对式(8-3)进行估计之前需要构建市场潜能变量,实证研究中,构建实际市场潜能(Real Market Potentlal,RMP)极为困难。在关于新经济地理学(New Economic Googrophy,NEG)理论"工资方程"的实证研究中,许多学者沿用瑞丁和维纳伯尔斯(Redding 和 Venables,2004)的方法,利用贸易引力模型,使用进出口国的固定效应表示供给潜能(SP)和实际市场潜能(RMP),利用从中得出的系数计算供给潜能和实际市场潜能,但是由于这种方法需要地区间的贸易流数据(包括各地区与自己本身贸易的部分),因而限制了它在研究一国内部问题的应用。还有许多学者(Fally 等,刘修岩等)直接使用哈里斯(Harris,1954)介绍的名义市场潜能(Nominal Market Potential,MP)代替真实市场潜能,其计算方式为 $NMP_j = \sum_i Y_i/d_{ij}$,相对于实际市场潜能,名义市场潜能实际上多添加了假设条件:$\mu_i = \mu_j$,$G_i = G_j = 1$ 和 $\tau_{ij}^{1-\sigma}$,对于任意的 i 和 j 均成立。对于国内需求,本节也使用了名义市场潜能作为对实际市场潜能的近似,并且将其分解为区内市场潜能(mpi)、境内区外市场潜能(mpo)。mpi_i 和 mpo_i 的计算方式分别为 $mpi_i = GDP_i/d_i$ 和 $mpo_i = \sum_{j \neq i} GDP_j/d_{ij}$,城市内部

---

① 此处的限额指"国有及年销售收入500万元以上非国有工业企业"。

距离 $d_i = (2/3)\sqrt{S_i/\pi}$，$S_i$ 为城市面积；d_{ij} 为两城市中心距离，GDP 为各城市的地区生产总值，各城市的 GDP 利用其所在省份的地区生产总值指数调整到以 2000 年为基期、亿元为单位的可比价。

作为开放性的国家，各城市除了面对城市内部、中国其他城市的需求外，还可能面临国际市场需求，本节纳入各城市的出口额变量用来刻画国际市场需求，各城市的出口数据来自各省份历年统计年鉴或相关数据公报，借助各省份的地区生产总值指数调整到以 2000 年为基期、亿元为单位的可比价。需强调的是，上述主要从需求方向考虑地区的市场潜能，这与新经济地理学强调的市场潜能稍有区别，后者除了强调需求因素外，还考虑供给因素。当然，众多的研究显示，地区的需求与供给是高度正相关的（Redding 和 Venables，2004）。

式（8-3）中除了市场潜能变量，还包括企业在不同地区面临的特定的可变成本，在经济学理论中，资本和劳动力经常被当成主要投入要素，因此需要考虑它们的成本。资本要素难以衡量，学者倾向于使用资金成本代替，考虑到中国各地区的利率统一由官方法定利率决定，因此，本节主要考虑劳动力成本，使用各城市的在岗职工平均年工资来表示。原始数据来自历年《中国城市统计年鉴》，并利用其所在省份的城市居民消费价格指数调整到以 2000 年为基期、元为单位的可比价。

此外，本节在许多时候还引入人均道路铺装面积（$proad$）或人均公共汽电车量数（$pcar$）、沿海或东部省份城市虚拟变量（$dum1$）、省会城市虚拟变量（$dum2$）等作为控制变量。人均道路铺装面积（$proad$）或人均公共汽电车量数（$pcar$）作为城市基础设施的代理变量，可能直接或间接地影响厂商的生产成本，进而影响企业的区位选择；沿海或东部地区的城市所拥有的经济发展基础、临近港口的区位优势等是其他地区的城市所无法比拟的，因此有必要将其纳入考虑，当城市属于沿海或东部地区城市虚拟变量时，$dum1 = 1$，否则 $dum1 = 0$；当城市属于直辖市或省会城市时，不可避免地受到中央或地方政府的政策倾斜，特别是在经济发展初期，省会城市往往成为地方培育企业、吸引外资的突破口,而当经济发展进入较高阶段时,随着工业化进程的加速,工业不可避免地让位于服务业,比如北京市、上海市等大城市相继出现第二产业比重下降的趋势,因此有必要控制这类因素,本节中,当城市属于直辖市或省会城市时 $dum2=1$,否则 $dum2=0$。

上述变量除城市出口额外,均分全市与市辖区两栏报告,考虑到全市数据缺失较严重以及数据的可获得性,本节最终选择市辖区作为基本研究单元,而城市出口额数据使用全市数据。

2. 计量模型构建及内生性问题

鉴于上述获得的数据特点,对于式(8-3)的估计,本节使用以下线性和非线性的形式引入市场需求变量:

$$\Delta n = \alpha_0 + \alpha_1 \ln mp(i) + \alpha_2 \ln mp(o) + \alpha_3 \ln ex + \alpha_4 \ln wage + X\rho + \varepsilon \quad (8\text{-}4)$$

$$\Delta n = \gamma_0 + \gamma_1 \ln\{mp(i) + \gamma_2 mp(o)\} + \gamma_3 \ln ex + \gamma_4 \ln wage + X\Psi + \varepsilon$$

$$(8\text{-}5)$$

其中,X 包括城市基础设施变量及各类虚拟变量矩阵,ρ 和 φ 为对应的系数向量。相对于式(8-4)而言,$mp(o)$ 的系数 υ_2 对估计方程而言是非线性的,考虑到 ex 与 $mp(i)$ 和 $mp(o)$ 并没有采用同一种方式计算,因此将其独立为一项。雷丁和维纳布尔斯(Redding 和 Venables,2004)的研究显示,使用各项市场潜能求和取对数后的模型,其拟合效果优于用各市场潜能分别取对数的模型,而且前者与理论的融洽性更强。

在对计量模型进行估计时,内生性是学者们不能回避的问题,因为它可能引起系数紊乱,严重影响我们对估计结果的判断。如果不考虑测量误差,内生性问题产生的原因可分为两类:一类由经济现象本身决定,因变量与自变量同时存在双向因果互动关系;另一类则由收集的数据特点或模型的设定(比如遗漏关键)引起的。针对第一类内生性问题,可以使用解释变量滞后的方法得到较好解决,这也是学者经常采用的方法;而处理第二类内生性问题,采用解释变量滞后可能无法完全解决问题,假设模型中存在关键变量 x_1 和 x_2,回归时遗漏了变量 x_2 并且使用 x_1 的滞后项 $L.x_1$ 作为解释变量,则残差项将与 $L.x_1$ 相关,违背线性回归的基本假设,导致估计结果产生偏差,这种情形下,使用固定效应模型或工具变量法(IV)进行估计是较合理的选择。

本节可能存在内生性问题,城市的需求越大,企业布局越多;反之,企业布局越多将导致需求增加,因为更多的企业布局可能提供较多的较低价格的产品。[1] 特别是文中使用城市 GDP 代表地区需求时,还可能存在由数据特点引起的内生性问题。为了克服第一种内生性问题,本节将解释变量滞后一期,同时,在计算 Δn 时,使用两年的时间跨度,比如 $\Delta n_{2010} = f(X_{2008})$ 中,使用 $\Delta n_{2010} = n_{2010} - n_{2008}$ 计算 2009 年和 2010 年城市新增企业数,而解释变量使用 2008 年的值。这种做法的好处是可以增加因变量的变异性,并体现企业应对市场变化作出的区位选择或调整有一定的滞后性;[2]其缺点是减少样本量。此外,对于遗漏变量产生的内生性问题,本节使用类似固定效应模型的方法引入各种虚拟变量,包括沿海虚拟变量、省会城市虚拟变量、省(市)的虚拟变量、时间虚拟变量等,以捕捉企业各城市的特性,减少可能因遗漏变量而产生的内生性问题。

二、区域产业对空间结构的作用影响分析

本节使用的数据集构建方法为:将城市新增企业数 Δn 分为 5 个时间段(分别为 Δn_{2002}、Δn_{2004}、Δn_{2006}、Δn_{2008} 和 Δn_{2010},其中 $\Delta n_t = n_t - n_{t-2}$),使用滞后的解释变量(分别为 X_{2000}、X_{2000}、X_{2004}、X_{2006} 和 X_{2008}),构成 N×T(T=5,N 随 T 变化)的面板数据。首先,分时间段对式(8-4)和式(8-5)进行回归,然

---

[1] 哈里斯(Harris,1954)很早就发现美国产业的集聚存在这种"自我强化"的现象,后来普雷德(Pred,1966)、克鲁格曼(Krugman,1991)在研究区域增长及集聚时均体现了这种"循环累积因果关系"的思想。

[2] 许多企业在刚设立时,往往没有被进入统计,或者是规模太小,或者是故意压低上报规模,以减免税费。

后再利用整个面板数据对式(8-5)进行各种稳健性检验。

根据前面的分析,首先,利用各年截面数据,使用普通最小二乘方法(OLS)和非线性最小二乘(NLS)分别估计式(8-4)和式(8-5),并将结果报告于表8-1中的模型(1)—模型(8)。[①] 为了进行比较,表中报告的系数均还原为 y 的条件期望对原始解释变量求偏导,即 $\partial E(y/X)\partial x$,而非式(8-4)和式(8-5)中的半弹性系数 $\partial E(y/X)\partial \ln x$。其次,由于非线性回归中变量系数的大小与其他变量的取值可能相关,因此,本节报告的系数值均为各变量在样本均值处时的系数值。

表 8-1　2004—2010 年回归结果

模型	模型(1)	模型(2)	模型(3)	模型(4)	模型(5)	模型(6)	模型(7)	模型(8)
因变量	Δn_{2004}	Δn_{2004}	Δn_{2006}	Δn_{2006}	Δn_{2008}	Δn_{2008}	Δn_{2010}	Δn_{2010}
X 年份	2002	2002	2004	2004	2006	2006	2008	2008
地区	全国	全国	全国	全国	全国	全国	全国	全国
方法	OLS	NLS	OLS	NLS	OLS	NLS	OLS	NLS
$mp(i)$	20.871 ** (2.22)	30.356 *** (2.64)	29.933 *** (3.98)	49.966 *** (4.56)	28.396 *** (2.88)	42.024 *** (3.27)	13.970 *** (3.45)	22.192 *** (3.34)
$mp(o)$	0.385 (0.53)	1.089 (1.16)	1.072 (1.20)	2.303 *** (2.94)	−0.664 (−0.91)	1.425 (1.43)	1.295 *** (2.95)	1.418 *** (3.03)
ex	0.238 ** (2.21)	0.173 ** (1.32)	0.321 ** (2.38)	0.159 (1.43)	0.449 *** (3.01)	0.278 *** (2.86)	0.204 ** (2.04)	0.120 (1.19)
$wage$	0.012 *** (2.72)	0.011 ** (2.05)	0.015 ** (2.30)	0.012 ** (2.01)	0.007 * (1.69)	0.007 * (1.68)	0.002 (0.69)	0.001 (0.40)
$proad$	−5.934 * (−1.93)	−7.661 ** (−2.18)	−3.268 (−0.48)	−5.972 (−0.98)	−9.567 * (−1.88)	−11.765 ** (−2.18)	−1.587 (−0.24)	−1.807 (−0.80)
$dun1$	−7.534 (−0.26)	−32.164 (−0.73)	−23.330 (−0.48)	−51.89 (−1.03)	−113.55 *** (−2.56)	−164.77 ** (−2.42)	−6.1667 (−0.24)	−3.526 (−0.14)
$dun2$	−181.61 (1.61)	−199.14 ** (1.90)	−129.36 (0.80)	−181.74 (1.20)	−338.01 ** (2.00)	−334.93 ** (2.28)	−56.558 (0.52)	−100.16 (0.93)
RMSE	192.86	185.61	325.30	305.14	302.38	287.81	232.68	228.11

---

① 限于篇幅,第一个时间段的回归未报告。

续表

模型	模型(1)	模型(2)	模型(3)	模型(4)	模型(5)	模型(6)	模型(7)	模型(8)
Adj-R^2	0.33	0.36	0.37	0.44	0.38	0.37	0.24	0.25
样本量	194	194	238	238	248	248	242	242

注：***、**、*分别表示通过1%、5%和10%的显著性水平，系数下文括号内的值为t统计量的值，协方差矩阵使用robust方法计算。将ln($proad$)换成ln(par)基本不改变各系数的估计结果；模型(4)—模型(8)中mpi和mpo位置调换不改变两者系数大小；各年的ln(mpi)和ln(mpo)相关系数均<0.34，而ln(mpi)和ln(ex)相关系数在0.67—0.73之间，本节剔除变量ln(ex)后，各变量系数并无多大变化，ln(mpo)显著性也未发生改变，结果可索取。表中$dum2$的系数值位数较多，因此只保留两位小数。

对比模型(1)—模型(8)中的系数不难发现，无论是使用OLS方法或是使用NLS方法估计①，不同年份各变量的系数大小及显著性存在差异；对于同一时间段的回归而言，使用OLS和NLS方法估计的系数也有所差异，使用NLS方法倾向于出现较高的$mp(i)$和$mp(o)$系数，而使用OLS方法似乎更突出国际市场的作用，这体现在较高或较显著的ex系数上。② 然而从各组回归的均方根误差(RMSE)看，使用NLS方法估计的均方根误差均比使用OLS的小，这反映了采用式(8-5)的非线性形式对数据拟合得更好。

对比OLS或NLS回归中各市场潜能系数不难发现，城市内部市场潜能$mp(i)$呈现先上升后下降的过程，其下降从2007年开始，并在2009年后进一步降低；境内外市场潜能$mp(o)$在2005—2006年和2009—2010年这两个时间段显著异于零，国内城市之间的市场一体化尚不充分，虽然近年来有好转迹象；国际市场潜能ex是影响中国工业企业布局的关键因素，尽管某些年份影响并不显著，但都偏向为正。

---

① 使用OLS或NLS方法不仅意味着估计方法的不同，同时隐含对式(8-4)和式(8-5)不同模型形式的选择。

② 这可能由于线性模型中$mp(i)$和ex相关程度较高引起，其相关性在0.68—0.73之间，而$mp(i)$和$mp(o)$或$mp(o)$和ex的相关度均在0.4以内。

1. 市场因素通过作用企业区位选择,影响区域空间结构

工资变量 $wage$ 系数在 2003—2008 年显著地大于零,说明工资水平越高的城市,工业企业数量越多;2009—2010 年工资变量系数为正,但 t 统计量的值极小,可认为与零没有差异。从本节研究的时间段看,得不出工资水平负向影响工业企业布局的任何迹象,可见,21 世纪以来,以市场为导向的企业区位选择已经显现出来,接近市场相对于节约生产成本对企业而言更有利,这也从侧面反映了中国城市、地区之间较高的贸易成本或壁垒。

从表 8-1 中模型(1)—模型(8)的回归中,用来衡量城市公共基础设施的变量 $proad$ 并未出现显著大于零,甚至出现负向影响企业分布的迹象,而将人均道路铺装面积换成人均拥有公共汽(电)车量数 $pcar$ 基本不变化回归结果。这可能与近期看来相对落后地区大规模进行基础设施建设有关,大量的基础设施建设致力于改善当地人民的生活,但并没有起到搞活经济的作用。

东部地区城市虚拟变量 $dum1$(东部城市 $dum1 = 1$)系数为负,除了2007—2008 年显著外,其他年份的 t 值均很小。此外,省会城市虚拟变量 $dum2$(省会城市 $dum2 = 1$)的系数在 2003—2004 年和 2007—2008 年这两个时间段均显著小于零,其他年份偏为负,但是并不显著。可见,考虑了其他因素之后,省会城市的新增企业数量并没有高于非省会城市。这可能与中国的经济发展阶段有关,如今中国的省会城市新增企业数量平均高于非省会城市,但这更多的是由于省会城市所积累起来的雄厚市场引起,而非其他因素导致。

2. 东部地区市场潜能对区域空间格局的作用远高于中西部地区

使用上述的截面数据回归有利于考虑解释变量在不同时间段对因变量的影响情况,但是当模型中遗漏关键变量时,内生性将使用回归系数产生偏误。利用面板数据回归方法有助于减轻遗漏变量而导致的内生性问题,在使用面板数据回归时,通过引入截面个体效应,可以用来控制地区不可观测的特性,

获得参数的一致估计。同时,假设解释变量影响因变量的机制在短时间内不发生改变,使用面板数据可以充分利用跨个体和跨时间两个维度的信息,从而获得更精确的估计。但是在短面板数据(N≥T)情况下,估计各个城市的个体效应会损失极大自由度,使估计结果不一致。这里使用一种折中的办法,即假设同一省份的城市具有相同的特性(比如同一套省政府领导班子,类似的资源禀赋等),因此在利用 NLS 估计式(8-5)时,引入 N—1 个省份的虚拟变量,类似面板数据回归中的固定效应。

本节将全国 279 个地级及地级以上城市、5 个时间段(Δn_{2002}、Δn_{2004}、Δn_{2006}、Δn_{2008} 和 Δn_{2010})的数据放在一起,构成 T=5 的面板数据。当某个城市的因变量或自变量数据存在缺失时,则该城市不纳入回归,这样整理出 5 个时间段的城市个数分别为 114、194、238、248 和 242。在设置截面省份的虚拟变量时,考虑到西藏自治区、陕西省、海南省份数据缺失比较严重,为防止共线性,最终引入的虚拟变量个数为 27 个。同时,2007 年起规模以下国有企业不再进入统计、2008 年国际金融危机等这类时间上的冲击对所有城市均产生影响,因此有必要引入时间虚拟变量。由于本节未能获得外资企业前两个时间段的数据,因此,除 2005—2006 年时间段不引入虚拟变量以外,其他 4 个时间段均引入时间虚拟变量,分别为 T_2002、T_2004、T_2008 和 T_2010。相对2006 年来说,2007 年起工业统计口径不再包括规模以下国有企业,因此可以预期 T_2008 系数的符号为负,而受 2008 年国际金融危机的影响,可以预期 T_2010 系数进一步小于 T_2008 系数。

根据上述方法,首先使用全国数据对式(8-5)进行拟合,报告于表 8-2 中的模型(9),而模型(10)则是在此基础上,剔除北京市和上海市两个城市数据后所做的回归,剔除可能的离群值影响。① 不管是否考虑北京市和上海市这两个城市,模型中各市场潜能系数均为正,并且高度显著。并且,剔除北京市、

①　通过各年散点图发现,上海几乎在每一个时间段都属于离群点。

上海市后,市场潜能的系数变大,可见北京市、上海市这类离群点对估计产生影响。工资变量系数为正,且 t 值较高,虽然未能通过10%的显著性水平检验。人均道路铺装面积偏为负,但不显著。与表8-1结果不同的是,东部地区城市虚拟变量 $dum1$ 系数符号变为正,并且剔除北京市、上海市后,$dum1$ 系数通过5%的显著性检验。剔除北京市和上海市,工业企业向东部城市有更强的倾向性。

表8-2　稳健性估计

模型	模型（9）	模型（10）	模型（11）	模型（12）	模型（13）
DY 年份	2002—2010	2002—2010	2002—2010	2002—2010	2006—2010
X 年份	L2. X	L2. X	L2. X	L2. X	L2. X
地区	全国	除 BJ,SH	东部	非东部	外资
估计方法	NLSDV	NLSDV	NLSDV	NLSDV	NLSDV
因变量	Δn^a	Δn^a	Δn^a	Δn^a	Δn^a
$mp(i)$	28.620*** (4.78)	30.030*** (4.77)	21.196*** (3.03)	18.864*** (3.48)	3.169** (2.19)
$mp(o)$	2.188*** (2.74)	2.488*** (3.21)	2.176** (1.98)	0.297* (1.89)	0.322** (1.96)
ex	0.111*** (2.19)	0.136** (2.32)	0.113* (1.81)	0.566* (1.71)	0.065*** (3.10)
$wage$	0.004 (1.64)	0.003 (1.55)	0.007** (1.98)	0.000 (0.37)	0.000 (0.75)
$proad$	−1.176 (−0.56)	−1.631 (−0.79)	−1.529 (−0.52)	−2.837 (−1.45)	1.671* (1.92)
$dum1$	38.889 (1.07)	48.597** (2.02)	—	—	37.863*** (2.56)
$dum2$	−155.50** (2.50)	−150.51** (2.52)	−171.81 (1.56)	−33.531 (0.86)	−34.989** (2.21)
prov_dum	yes	yes	yes	yes	yes
T_dum	yes	yes	yes	yes	yes
T_2002	13.808 (0.40)	20.006 (0.57)	9.908 (0.13)	−19.743** (−1.98)	—

续表

模型	模型（9）	模型（10）	模型（11）	模型（12）	模型（13）
T_2004	−15. 105 （−0. 64）	−4. 097 （−0. 19）	−55. 276 （−1. 00）	−2. 774 （−0. 29）	—
T_2008	−63. 868 ** （−2. 07）	−67. 332 ** （−2. 39）	−161. 23 *** （−2. 86）	41. 366 *** （2. 81）	−25. 188 *** （−3. 40）
T_2010	−113. 51 *** （−3. 08）	−105. 25 *** （−3. 07）	−201. 76 *** （−3. 07）	−2. 333 （−0. 19）	−49. 059 *** （−5. 25）
RMSE	231. 71	216. 10	328. 67	98. 20	65. 13
Adj-R^2	0. 49	0. 35	0. 49	0. 15	0. 35
迭代次数	10	11	12	24	14
样本量	1063	1054	464	599	653

注：*** 、** 、* 分别表示通过 1%、5%和 10%的显著性水平，系数下文括号内的值为 t 统计量的值，方差协方差矩阵使用 robust 方法计算。将 proad 换成 pcar 基本不改变表中第 2—5 列的回归结果。

第一，工业企业在东部地区选择区位时，受到国内市场潜能的影响高于中西部地区城市，而对城市是否拥有较大的国际市场则较中西部地区不敏感。

上述研究中，假设在不同区域市场潜能对城市新增企业数的影响是一样的，模型（11）和模型（12）则将全国样本分为东部地区和非东部地区（以下称"中西部地区"）两组城市样本分别进行回归①，同时利用 N—1 的原则引进省份虚拟变量，用以考察市场潜能对城市新增企业数的影响是否存在地区差异。对比模型（11）和模型（12）市场潜能的系数发现，模型中市场潜能的系数均显著地大于零，但是东部地区城市 $mp(i)$ 和 $mp(o)$ 的系数高于中西部地区，而中西部地区城市 ex 的系数高于东部地区。可见，工业企业在东部地区选择区位时，受到国内市场潜能的影响高于中西部地区城市，而对城市是否拥有较大的国际市场则较中西部地区不敏感。这与事实也基本符合，东部地区城市经济基础较强，并且大多属于沿海地区，出口便利性较好，因此企业除了选择接

---

① 东部地区数据包括北京市、天津市、上海市、辽宁省、山东省、浙江省、江苏省、福建省、广东省、海南省；其中北京市不属于沿海城市，而属于沿海城市的广西壮族自治区没有被纳入。

近国际市场,更倾向于选择国内需求较大的城市进行生产;而企业在中西部地区城市投资时,除了尽量选择国内需求较大城市的同时,更注重选择出口便利性较好的城市,而城市的出口便利性往往以城市前期的出口能力来衡量。企业在中西部地区投资时,对城市的国际市场接近度更敏感。

在东部地区城市组中,工资变量的系数大于零,并且通过5%的显著性检验。可见,企业在东部地区城市选址时,更愿意忍受高工资成本,因为接近市场相对于节约工资成本而言是更有利的,而该现象在中西部地区城市则不明显。东部地区和中西部地区组城市,$dum2$的系数均不显著,这表明考虑了上述因素并控制时间和省份虚拟变量后,省会和非省会城市的新增企业数差异并不明显。

第二,国内外市场潜能是企业城市布局的关键。

上述通过解释变量滞后、引入省份虚拟变量的方法都是为了克服内生性问题,在此基础上,本节还选择城市的新增外资企业数作为稳健性估计,考察市场潜能对企业区位选择的影响。相对于内资企业而言,外资企业根植性较低,占企业总数的份额少,因此以上各类城市解释变量更接近外生。研究外资企业城市区位选择有利于帮助我们了解企业选址的市场行为。将表8-2中模型(9)的因变量改为城市新增外资企业数,样本个数由1063个减少至653个,这主要由于2001—2002年和2003—2004年两个时间段的城市未报告外资企业数引起,其中653个城市中,属于东部地区和非东部地区城市的样本数分别为319个和314个。使用城市新增外资企业数的估计见表8-2中的模型(13),结果表明,各市场潜能系数仍然显著地异于零,国内和国外市场潜能均是吸引外资企业在我国城市布局的关键变量;外资企业更偏好于生活基础设施较好的城市;$dum1$的系数为37.863,并且高度显著,外资企业在东部地区城市布局较中西部地区多,这可能因为许多来华投资的外资企业实际上都属于出口加工型或转手加工型企业,企业生产的产品许多是销往国际市场的。同时,外资企业投资出现了向非省会城市倾斜的局面,但总体而言没有全部工业企业明显,这主要体现在 $dum2$ 的系数上。

首先,市场潜能正向影响中国工业企业在城市的投资决策,并存在一定的地域差异。国内市场潜能影响中国工业企业城市布局,并且东部地区城市企业所受的影响强于中西部地区的企业;工业企业也倾向于在国际市场潜能较大的城市布局,并且这种倾向性在中西部地区表现得更加明显。

其次,中国地区之间存在较高的运输成本或贸易壁垒。城市内部市场潜能对企业的吸引能力远远高于城市的境内区外市场潜能;工资水平越高的城市,新增工业企业数量越多的结论基本成立。新经济地理理论预测企业倾向于布局在接近市场的地区,虽然支付较高的工资,但有利于通过节约运输成本弥补生产成本较高的劣势。

第三,本节使用城市人均道路铺装面积和城市人均拥有公共汽(电)车量数作为城市基础设施的代理变量,估计结果表明,城市基础设施变量仅影响外资企业分布,但对于所有企业而言,基础设施并不影响工业企业的投资决策。这可能与中国所处的经济阶段或本节选用的变量指标有关,城市在进行基础性设施建设时,有必要区分生产性基础设施和生活性基础设施,致力于吸引企业的基础设施建设,比如机场或高速路。

中央和地方应该加强基础设施建设,特别是加强跨地区的基础设施投资和消除地方壁垒,降低产品贸易成本,这样有利于提高国内市场潜力和开拓国际市场,吸引更多的投资者。对于地区而言,地方政府应该以更加开放的视角,不仅要利用区内、国际市场,还要充分挖掘国内区外需求,消除有碍于中国各地区共同发展的地方保护壁垒,加强区域间的经济贸易往来与技术交流合作,从而促进地区经济发展。

第四,中国地区间的贸易影响区域空间格局的演变。

表8-2中模型(9)—模型(13)的估计结果中,$mp(i)$ 的系数是 $mp(o)$ 系数的9倍以上,这表示中国城市内部市场潜能对城市企业分布的影响远远高于城市的境内区位市场潜能,侧面反映了中国地区之间的贸易壁垒。与表

8-1 结果不同的是,引入省份区固定效应后,表 8-2 中东部城市虚拟变量 *dum*1 的系数由负数变为正,并且有较高的 *t* 值,这可能由于遗漏省份的特性引起。T_2008系数的符号大多显著小于零,并且 T_2010 系数小于 T_2008 系数,这与原先预期的相一致,主要体现了国家工业统计口径调整和国际金融危机的影响,不过这种影响主要发生在东部地区城市,对于西部地区城市影响则不明显。

基于上述分析,我们认为经济地理在中国工业企业投资区位的正向作用,国内市场潜能显著影响了中国工业企业的城市布局,并且在东部地区城市的影响高于中西部地区城市;城市内部市场潜能对企业的吸引能力远远高于城市的境内区外市场潜能;工业企业也倾向于在国际市场潜能较大的城市布局,并且这种倾向性在中西部地区表现得更加明显。工资水平正向影响中国工业企业城市布局的结论基本成立。城市生活性基础设施的改善并不能起到吸引工业企业的作用。

第三节　中国区域空间格局的变化特征

区域发展不平衡一直是我国的基本国情。我国经济进入新常态,在保持中高速经济增长的同时,空间格局下的地区分化态势也日趋明显。

一、中国区域空间格局的变化特征

根据上面的分析,我们认为中国区域空间格局将会产生以下变化:

1. 多支点的空间骨架逐渐形成

我国区域经济从聚集到扩散,在区域空间上逐步均衡。相对均衡的区域空间结构需要多个战略支点的支撑。改革开放以来形成的战略支点主要有:长三角地区、珠三角地区和环渤海地区;中部崛起促成了新的战略支点的形成,包括长江中游地区和中原经济区;西部大开发也促成了若干新的战略支点,主要有成渝经济区和关中—天水经济区。随着我国区域经济的进一步均衡和城镇化进程加快而形成大面积的城市地区,更多的战略支点可能会出现。包括北部湾经济区、天山北坡地区、东北中部地区、海峡西岸地区,都形成了次一级的新战略支点。

为什么会涌现出一系列的支点地区?首先,改革开放以来,经过西部大开发、东北振兴、中部崛起和东部率先发展,全国统一大市场形成,经济的"全国化",各地区的普遍发展,使国家的经济不仅仅需要北京市和上海市等少数的增长极,而且需要更能支撑本地发展的更多的增长极。多支点的出现,使新发展的区域有机会进入国家发展的核心区域,获得更好的发展条件和环境,拥有更多的发展资源,同时也在国家的经济发展中起到更重要的作用。其次,城市群实力的增强,使城市群所在地区发展成为区域经济的支点。这些区域创新产业形式,延伸产业链条,促进产业转移,通过融入更大区域、在更大区域内整合自身实力而加快发展。最后,在资源优势突出却又没有得到充分发展的边远西部地区,积极发展优势产业,承接东部地区的产业转移,促进现有模式的升级以更好地适应经济发展,也已形成具有较强经济实力的增长中心,成为具有发展潜力的支点区域。如兰州、乌鲁木齐、西宁、银川、喀什、库尔勒、张掖、酒泉、石嘴山等。

在现有经济较发达的长三角、珠三角、京津冀地区,支点区域已经完成从单一中心向多中心转变,开始向网络布局模式转变。例如长三角地区,一级中心是上海,二级中心是苏州、南京、杭州、宁波,三级中心北翼是无锡、常州、镇江、扬州、南通,南翼是嘉兴、绍兴、台州。区域空间的多中心模式是未来的主要发展方向。

2. 产业转移是区域空间变化的主导力量

我国区域发展总体战略与"三大经济带"的"4+3"战略,在"十三五"规划中得到进一步的体现和明确。实施"4+3"战略的目的是通过各区域的发展缩小区域差距,进一步实现区域协调发展。结合主体功能区规划,我们发现:根据各地区的资源环境承载力、发展密度以及发展潜力,统筹考虑经济、人口等的布局,在"4+3"战略中对我国生产力布局优化提出了新要求:一是各区域根据本身的资源、区位等优势布局产业的同时,要按照经济带的要求来发展区域合作,最终均衡协调。二是加快产业转移的方向得到进一步的明确,中西部地区通过承接东部地区的产业转移加快发展,缩小与东部地区的差距是客观的要求,但转移的方向一直不是很明确。沿着经济带的方向从发达地区向不发达地区进行转移,是产业转移的新的质的规定性。三是各区域的工业布局要与资源环境相协调,对资源环境承载力弱的生态脆弱区应该减少工业的分布,通过产业转移进行空间布局的调整已经得到广泛的认同。

目前我国的产业转移,主要集中在制造业的空间转移上。制造业由东部地区向东北地区和中西部地区转移,受到了国家相关政策的支持,国家工信部专门出台过《产业转移指导目录》。我们需要看到,我国的工业化进程还远未结束,我国经济的空间分布呈现出与工业特别是制造业走向相一致的方向性变化。也就是说,我国的整体经济布局正在由过去各种经济要素和工业活动高度在东部地区集聚的趋势,逐步转变为由东部地区向中西部地区和东北地区转移扩散的趋势。承接产业转移的地区多种多样,但主要集中在中西部地区主要城市群和非城市群的广域城市。

发展现代产业,是打造新的战略支点的核心和关键。产业转移的加速使新的战略支点产业体系加快形成。未来的新战略支点主要在中西部地区。而在东部地区,随着国家层面各类规划作用的逐步显现,东部地区经济增长方式将由过去过多依赖外部环境的支撑,向内生性、集约型的增长方式转变。虽然近几年东部地区全社会固定资产投资增速低于其他地区,而且其投资占全国比重也呈现出下降的趋势,但其依然获得了大量的政策资源、劳动力资源和强劲的消费支撑。当东部地区逐步转为现代服务业为主体的经济区域的情况下,中国制造业的中心转到中部地区,是期待空间结构出现大变化。

这些新趋势对我国区域空间结构优化提出了新要求。一是东部地区要尽快把自己的传统产业向中西部地区转移，为承接国际产业链的高端环节腾出空间。二是向中西部地区产业转移不再局限于单个企业的转移，集群式整体转移逐渐增加。三是把一些资源、劳动力参与度高的生产环节转移到中西部地区，减少劳动力的跨区域流动，改变人口分布的空间格局。

3. 宏观经济因素对空间均衡的影响逐步加大

目前，我国已经成为世界第二大贸易国。随着外向型经济的不断发展，我国对外贸易将继续增加，产业结构调整将加快，需要优化沿海地区的工业布局以适应外向型经济的发展。随着社会主义市场经济体制的建立和完善，我国的市场化程度逐渐提高，市场成为配置资源的基础性手段，资源价格改革逐渐深入，资源的远距离运输将加大对企业成本的影响。资源环境约束越来越突出，必须由以往的高投入、高排放、高污染的粗放型发展方式向低消耗、污染少的集约型经济发展方式转变。位于资源环境承载力弱的区域的工业需要关闭或迁移，进行产业的空间整合，实现经济发展与资源环境相协调。

宏观经济新常态的特点落实在区域层面，其结果就是经济地理扩散逐渐呈现，区域发展分化严重。从2010年到2014年，东部地区和东北地区的第二产业增加值比重分别从44.1%、10.4%下降到40.2%、9.9%，中部地区和西部地区分别从23.9%、21.6%上升到25.4%、24.3%，区域经济之间的发展差距呈现缩小态势。但是我们也必须看到另一面，由于种种原因，西部地区的对外开放程度还是弱于东部地区，进出口总额只占全国的6.1%，而东部地区进出口额占全国的84.6%，我国的对外开放还是呈现出"东强西弱，海强边弱"的状况。

在全国经济增速整体回落的过程中，部分省份依然保持了较好的增长态势，表现出改革红利带来的繁荣。例如天津市、江苏省、重庆市、贵州省和西藏自治区2015年度地区生产总值增速仍达到两位数，尤其是重庆市和贵州省名义地区生产总值增速高达 18.4% 和 16.6%。天津市、江苏省、重庆市和江西省的财政增速也保持两位数增长,分别为 11.6%、10.4%、12.0% 和 13.6%,为这些区域的平稳运转打下了基础。

东北地区和部分省份出现了塌方式的质变,呈现出转型停滞的低迷。例如 2015 年前三季度辽宁省的实际 GDP 增速为 2.7%,黑龙江省的实际 GDP 增速为 5.5%,河北省和山西省的实际 GDP 增速分别为 6.5% 和 2.8%。这导致这些区域的财政增速大幅度下降。例如,山西省和吉林省 2015 年前三季度财政收入同比增速为 -11.4% 和 -3.7%,黑龙江省和辽宁省财政收入下滑更为剧烈,同比增速分别为 -15.8% 和 -27.4%。①

区域正在分化,中国区域空间格局正面临重大变化,重塑中国经济地理时不我待。

二、优化中国区域空间结构的途径探讨

从以往的研究中我们发现,经济地理本身对制造业空间格局具有较大的影响。经济全球化和国内区域经济一体化能够重新塑造一个国家的内部地理格局。

1. 落实"一带一路"倡议,加快贸易自由化和国内一体化

研究发现,国内一体化程度较低时,国内基础设施比较落后,运输成本较高,在此情况下,随着贸易自由化程度的变化,与海外贸易的成本就较高,国内经济活动的空间布局呈分散布局的状态。随着贸易自由化程度的提高,与海外市场的贸易成本降低时,经济活动主要集中于区位优势比较明显的沿海地区,这些区域与海外市场的联系比较便利,内陆地区的产品为了运输到海外必须经过区位优势比较明显的沿海地区。

---

① 参见中国人民大学《宏观经济研究报告》2015 年 12 月。

如果贸易开放程度较高，与海外市场联系紧密，随着国内贸易成本的进一步下降，经济活动将向沿海地区聚集，因为此时海外市场远远大于内陆地区的市场。随着我国公路、铁路、航空的不断发展，尤其近些年高铁的蓬勃发展，我国交通基础设施不断完善，国内一体化程度不断提高，广大内陆地区与沿海地区的联系更加密切。进入20世纪90年代以后，我国对外开放的步伐逐步由沿海地区向沿江地区及内陆地区和沿边城市延伸，批准了一批内陆开放城市，2012年国家又批准了宁夏内陆开放型经济试验区，并且逐步形成了像西咸新区、成渝城市群、长株潭、天山北坡经济带等一些内陆经济增长极。内陆地区贸易自由化程度的不断提高对我国经济格局产生什么影响？"一带一路"倡议的实施，我国沿边地区的贸易自由化程度得到提高，经济活动向内陆地区和沿边地区聚集将会成为趋势，这是值得期待的。

拓展消化过剩产能的新空间。"一带一路"倡议增强了西部地区承接产业转移的竞争优势。面对西部地区承接产业转移的诸多不利和限制因素，"一带一路"倡议的提出为西部地区增强自身优势，承接东部地区产业的转移提供了机遇。"一带一路"沿线国家和地区，尤其是处于转轨时期的中亚国家，轻纺织业较为落后，与我国经济互补性较强，发展边界贸易空间较大，并且这些国家对外联系不变，我国具有陆路联系的优势。因此，"一带一路"建设为西部地区承接产业转移提供了重要契机。西部地区通过承接东部地区产业转移不仅可以带动当地就业，促进经济增长，而且能够改善西部地区的产业结构，改变长期以来以资源为主的产业结构。同时也有利于东部地区"腾笼换鸟"，实现产业转型升级。

由于前几年我国投资增长过快，国内大部分省份致力于发展房地产业、钢铁，导致产能过剩，对我国经济发展带来较大的影响。在国内增长放缓、国际需求不足的大背景下，依靠传统的贸易已难以消耗我国的过剩产能，因此我国迫切需要开阔新的市场，"一带一路"倡议的提出，加强了我国与新兴市场经济体的经济合作与交流，目前新兴市场经济体和欠发达国家的基础设施建设仍然欠缺,中国利用积累的外汇储备作为拉动全球经济增长的资本金,同时也通过资本输出带动消化国内的过剩产能。

2. 突破胡焕庸线,平衡区域空间的人口与经济总量疏密度

平衡区域空间的人口与经济总量的疏密度,是重塑中国经济地理的重要方向。

关于突破胡焕庸线,使该线以西的人口与经济要素的增加,有一种意见认为,没有必要平衡胡焕庸线东西部地区的人口数量,只要两边的人均收入均衡就可以了。这是一种短视的观点。在历史上,确实胡焕庸线以西的人口一直占全国人口的比重很低。然而,如果不去增加胡焕庸线以西的人口和经济总量,国家的经济地理格局就永远不会得到优化。我们看一个例子:清军自1644 年入山海关建立全国政权之后,清政府对东北地区一直采取封闭政策,禁止移民进入。据当年的传教士估计,1800 年整个东北地区(包括黑龙江以北和乌苏里江以东的地区)共有 30 万人口。鸦片战争之后沙皇俄国侵略我国东北地区,割走 100 万平方公里的土地,有清政府腐败孱弱一面,也有当地人口过少、国土不够巩固的一面。今日东北三省的巩固与同治年间的 1870 年开放东北、关内人民"闯关东"有很大关系。所以,从历史上看,胡焕庸线以西的国土,当国家强大时在我国版图之内,在国家衰弱时就脱离中央的控制,这与当地的人口与经济总量过少都有很大关系。

平衡区域空间的人口与经济总量的疏密度,重点应当放在兰州—成都之间南北线以西地区,可以称为"远西地区"的开发。这些地区面积占全国的50%左右,人口不足 5000 万,占全国人口的 4%左右。这些地区开发的关键不在土地而在于水资源,缺水是这些地区发展的最大的"瓶颈"。从这点出发,调青藏高原的水资源用于"远西地区"的发展,是优化区域空间格局的技术性关键因素。

3. 依托"三大支撑带"助推板块重组,实现区域空间均衡协调发展

把以往的"四大板块"与"三大支撑带"相结合,构建我国区域发展空间新格局,从以往的单独区域支撑发展到现在的区块与支撑带连接的共同支撑,这意味着中国的区域经济发展战略逐步走向整体性和全局性,空间结构的优化正在逐步实现。

第一条支撑带是"一带一路"通过路上丝绸之路与海上丝绸之路与沿线国家互联互通,全面构建我国的对外开放格局;与丝绸之路经济带遥相呼应的第二条支撑带——长江经济带,贯通长三角城市群、长江中游城市群和成渝城市群,长江经济带横跨我国东部、中部、西部三大区域,中央明确提出,"有序开工黄金水道治理、沿江码头口岸等重大项目,构筑综合立体大通道"。京津冀协同发展战略,需要打破行政分割,改变"分灶吃饭"的现象,以协同创新为先导,构建京津冀区域分工新格局。通过构建产业分工格局,实现三地融合,联动发展,打造协同创新共同体。未来,我们将构建一条从京津冀经长三角到珠三角的沿海支撑带。

"三大支撑带"的发展具有与过去所不同的发展动力,这就是不同发展水平区域合作产生的发展势能。通过区域发展的动力转换,实现板块重组和空间均衡,优化中国区域空间格局。

第一,双向拉动,空间均衡。"一带一路"建设规划首先更注重促进东中西部地区、沿海地区和内地的联动发展,加快缩小区域发展差距,强调各个区域特别是大区域联动,如推动产业的有序转移和承接,来推进产业梯度发展。注重促进区域一体化发展,促进资源要素的自由流动和高效配置;更加注重推进国内与国际的合作发展,来推动对内对外开放相互促进,更好地利用两种资源、两种市场,来拓展我们的发展空间,提升发展潜力,实现可持续发展。

第二,东部重组。东部地区以京津冀协同发展为核心,河北省发展跟上东

部地区的步伐是关键。长三角通过扩容,安徽省成为长三角的重要组成部分,东向发展是安徽省的未来前途所在。北部湾城市群的发展,使广西壮族自治区"脱西入东"。福建省成为"一带一路"建设核心区,将使长三角与珠三角得到贯通,沿海经济断裂带得到弥补。淮海经济区作为沿海发展的薄弱环节,需要在"十三五"期间得到长足进步。

第三,中西部地区和东北地区分化。从发展水平和产业结构来看,成渝经济区成为中部地区的组成部分是毫无疑问的;陕西也将逐步中部化。由于西南地区与西北地区发展的方向与特点逐步鲜明,西南地区与西北地区"十三五"时期区域政策的差异化是必然的要求。西南地区与西北地区恢复到两个大区,应该是一种必然的趋势。内蒙古自治区赶上或者超过东北地区和中部地区的平均水平;吉林省、黑龙江省发展水平"中部化"。东北地区与内蒙古自治区形成一个新的经济区也是指日可待的。

第四,陆海统筹,加快发展海洋经济。"一带一路"建设扩展了国家的对外开放空间,把沿海开放推到了一个重要的高度。贸易开放与资本流动使市场更加全球化,贸易一体化加大了一国内部的空间差异,促使经济活动倾向布局于靠近海外市场的区域。我国目前"一带一路"倡议对国家经济活动空间布局的影响,有利于沿海地区和沿边区域的发展,可以使海岸地区和内陆地区成为经济发展的新增长极。我国有300多万海洋国土,海底资源十分丰富,发展海洋经济、开发矿产、耕海牧渔、休闲度假,对于14亿多中国人来说,是必不可少的。

总之,"三大支撑带"与"四大板块"统筹发展,通过四通八达的陆路、铁路交通连接起来,构建全面的区域发展的新格局,拓展区域发展的新空间,形成全方位的对外开放,支撑起我国区域发展的未来。

第九章　新发展格局与中国产业布局

2020 年 5 月,中共中央政治局常委会会议首次提出"深化供给侧结构性改革,充分发挥我国超大规模市场优势和内需潜力,构建国内国际双循环相互促进的新发展格局"。党的十九届五中全会也将"加快构建以国内大循环为主体、国内国际双循环相互促进的新发展格局"纳入《中共中央关于制定国民经济和社会发展第十四个五年规划和二〇三五年远景目标的建议》中。构建基于"双循环"的新发展格局成为党中央在国内外环境发生显著变化大背景下,推动我国开放型经济向更高层次发展的重大战略部署。本部分基于"双循环"发展格局提出的国内外背景,探讨我国"双循环"格局的发展逻辑。

第一节　发展格局变化的背景

一、国际背景

1. 新冠肺炎疫情对世界重要经济体造成严重冲击

2020 年是极为特殊的一年,席卷全球的新冠肺炎疫情重创全球经济。为抗击疫情而作出的封锁措施使各国经济一度停摆,季度 GDP 表现创历史极值。国际货币基金组织(IMF)在 2020 年 10 月发布的《全球经济展望》中预测

2020 年全球经济将萎缩 4.4%,这一跌幅是 2008 年国际金融危机导致的经济跌幅的近 7 倍,是自 20 世纪 30 年代大萧条以来的最严重的衰退。世界重要经济体遭遇严重冲击,从目前看来,经济复苏的不平衡性将会对世界经济格局演变产生深远的影响。

(1)美欧经济全面萎缩

虽然美欧拥有先进的医药科技和医疗体系,但是,由于疫情防控措施不当,美欧各国经济在各季度均出现较大程度的萎缩(见表 9-1)。其中,美国仅在 2020 年第一季度为正增长,其余均为负增长。值得注意的是,美国在其史无前例的货币政策和财政纾困措施的刺激下,疫情虽然未得到控制,但其经济数据表现略好于欧洲主要国家。欧洲主要国家在 2020 年全年前三季度经济均为负增长,其中第二季度出现"断崖式"下跌,跌幅达到两位数,最大跌幅为 21.5%。从相关数据可以认为,美欧经济在 2020 年全面萎缩。

表 9-1　2019—2021 年美欧 GDP 增速对比　　　　　(单位:%)

时间	美国	英国	欧元区	法国	德国	意大利	西班牙
2019 年	2.2	1.3	1.3	1.5	0.6	0.3	2.0
2020 年	-3.3	-9.9	-6.8	-8.2	-4.9	-8.9	-11.0
其中:第一季度	0.6	-2.1	-3.0	-5.3	-1.7	-5.6	-3.8
第二季度	-9.0	-21.5	-14.9	-18.9	-11.3	-18.4	-21.5
第三季度	-2.8	-9.6	-4.4	-4.5	-3.9	-5.2	-8.7
第四季度	-3.2	-6.4	-7.3	-5.0	-4.3	-6.9	-9.0
2021 年	3.2	5.9	3.6	6.0	2.4	4.0	4.5

注:资料来源于各国官方统计数据及国际货币基金组织(IMF)等权威机构预测。

(2)东盟新兴经济体逐步复苏

东盟主要经济体中,越南经济的表现堪称"一枝独秀",是主要国家中唯一全年四度保持正增长的国家。马来西亚、泰国与菲律宾第二季度经济增速降幅较大,均超过两位数,其中马来西亚同期降幅最大,为 17.1%,但是其第三季度降幅明显收窄,经济复苏态势强劲(见表9-2)。

表9-2 2019—2021年东盟新兴经济体GDP增速对比 （单位:%）

时间	马来西亚	印度尼西亚	泰国	菲律宾	越南
2019年	4.3	5.0	2.4	6.0	7.0
2020年	−5.6	−2.1	−6.6	−9.5	2.91
其中:第一季度	0.7	3.0	−2.0	−0.7	3.7
第二季度	−17.1	−5.3	−12.1	−16.9	0.4
第三季度	−2.7	−3.5	−6.4	−11.5	2.6
2021年	6.5	8.0	5.5	7.5	6.5

注:资料来源于各国官方统计数据及国际货币基金组织(IMF)等权威机构预测。

与美欧等地相比,东盟主要经济体多为外向型经济体,其经济发展情况受外部环境影响大,因此经济波动与主要贸易国基本同步。但是,各国虽然也受到疫情的较大冲击,基于其较大的经济内生增长动力,复苏动力明显强于美欧等地区。

(3)金砖国家分化明显

金砖国家2020年经济表现分化明显(见表9-3)。中国在第一季度,疫情暴发初期,采取了严格的防控措施,部分地区经济基本停摆,经济下滑严重,但是第二季度以后,随着疫情逐步控制,经济开始强劲复苏。中国也是2020年全年全球主要经济体中唯一正增长的国家。印度由于疫情防控力度不足,疫情暴发严重,累计确诊病例超千万,经济活动大范围停摆。俄罗斯作为能源出口大国,在疫情和能源价格持续低迷的双重影响下,能源出口遭遇重创,经济下滑明显。

巴西的经济结构中,服务业在金砖五国中GDP占比最高,约为63%,受到大范围关闭商业活动等社会隔离措施的冲击,第二季度巴西GDP同比下降10.9%,社会隔离措施导致从投资到家庭消费在内的经济活动瘫痪。经合组

表 9-3 2019—2021 年金砖国家 GDP 增速对比　　　（单位:%）

时间	印度	俄罗斯	巴西	南非	中国
2019 年	4.7	1.3	1.4	0.2	6.1
2020 年	−8.0	−3.0	−4.1	−7.0	2.3
其中:第一季度	3.1	1.6	−0.3	0.1	−6.8
第二季度	−23.9	−8.0	−10.9	−17.5	3.2
第三季度	−7.5	−3.6	−3.9	−6.0	4.9
2021 年(预测)	5.5	3.0	3.2	3.2	8.5

注:资料来源于各国官方统计数据及国际货币基金组织(IMF)等权威机构预测。

织有关数据研究显示,2020 年第二季度,在全球 31 个发达经济体和新兴市场经济体中,巴西在投资下降方面排名第四。巴西国家地理与统计局数据显示,巴西第二季度投资率同比下降 15.4%。国际货币基金组织(IMF)发布的《全球经济展望》称,巴西 2020 年出现近 120 年以来最大的经济衰退。南非经济已连续多年疲弱,高债务、高失业率等问题积重难返。疫情更使南非经济雪上加霜。据南非统计局数据,疫情暴发之前,南非 GDP 在 2019 年第三、第四季度已连续萎缩,全年仅增长 0.2%。2020 年第一季度环比再降 0.5%,第二季度更骤降 16.4%,降幅在全球仅次于印度。第三季度经济反弹 13.5%,但第三季度末失业率再创新高,达到 30.8%。南非经济 2020 年全年将萎缩 7.0%,2021 年有望增长 3.2%,不及 2020 年跌幅的一半。

2. 全球经济陷入"长期性停滞格局"

图 9-1 是近 15 年全球经济整体增速情况,其中 2019 年经济增速约为 2.5%,低于 2017 年与 2018 年的经济增速水平。自 2011 年以来,全球经济增速不断下滑。近五年平均增速为 2.88%,远低于全球危机爆发前 2002 年至 2007 年高达 4.8% 的平均增速。全球危机的爆发似乎显著改变了全球的增长

（单位：%）

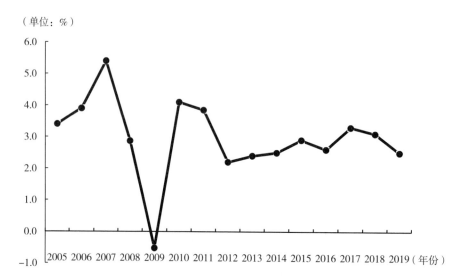

图 9-1　2005—2019 年全球经济增速

资料来源：世界银行 WDI 数据库。

格局，而根据国际货币基金组织的预测，由于新冠肺炎疫情的暴发，2020 年全球经济增速再次为负，全球经济长期停滞格局仍将延续。

世界主要国家近五年经济增速呈下降趋势。从表 9-4 中可以看出，近五年世界主要国家经济增速均出现下滑趋势，美国经济增速在 2018 年有短暂上升，为 3.2%，其余年份，经济增速从 2015 年的 2.9% 下降到 2019 年的 2.3%。中国经济增速近五年也呈下降趋势，但是在全球大型经济体中经济增速靠前，目前正处于转型发展期，是世界经济增长的主要动力源。虽然经济增速从 2015 年的 7.0% 下降到 2019 年的 6.1%，同处亚洲的印度经济增速仍处于全球经济增速第一梯队。一些传统意义上的资本主义强国，如日本、德国、英国、法国以及意大利等国家经济增速均不足 1%，部分国家的经济增速甚至远低于 1%，几乎处于零增长的停滞状态。2015—2019 年有 7 个国家出现过负增长的情况，但是 2020 年，除中国之外的其他国家将基本处于负增长的局面。

表 9-4　2015—2019 年世界主要国家国内生产总值增长率　（单位:%）

国家	国内生产总值增长率					国家	国内生产总值增长率				
	2015年	2016年	2017年	2018年	2019年		2015年	2016年	2017年	2018年	2019年
美国	2.9	1.6	2.2	3.2	2.3	尼日利亚	2.7	-1.6	0.8	1.9	2.2
中国	7.0	6.8	6.9	6.8	6.1	以色列	2.3	4.0	3.5	3.5	3.5
日本	1.2	0.5	2.2	0.3	0.7	菲律宾	6.3	7.1	6.9	6.3	6.0
德国	1.7	2.2	2.5	1.5	0.6	新加坡	3.0	3.2	4.3	3.4	0.7
印度	8.0	8.3	7.0	6.1	5.0	马来西亚	5.1	4.5	5.7	4.7	4.3
英国	2.4	1.9	1.9	1.3	1.4	南非	1.2	0.4	1.4	0.8	0.2
法国	1.1	1.1	2.3	1.8	1.5	埃及	4.4	4.3	4.2	5.3	5.6
意大利	0.8	1.3	1.7	0.8	0.3	孟加拉国	6.6	7.1	7.3	7.9	8.2
巴西	-3.5	-3.3	1.3	1.3	1.1	巴基斯坦	4.7	5.5	5.6	5.8	1.0
加拿大	0.7	1.0	3.2	2.0	1.7	越南	6.7	6.2	6.8	7.1	7.0
俄罗斯	-2.0	0.2	1.8	2.5	1.3	捷克	5.3	2.5	4.4	2.8	2.6
韩国	2.8	2.9	3.2	2.7	2.0	新西兰	3.6	3.7	3.2	3.8	2.2
西班牙	3.8	3.0	2.9	2.4	2.0	哈萨克斯坦	1.2	1.1	4.1	4.1	4.5
澳大利亚	2.2	2.8	2.4	2.9	1.9	乌克兰	-9.8	2.2	2.5	3.4	3.2
墨西哥	3.3	2.9	2.1	2.1	-0.1	斯里兰卡	5.0	4.5	3.6	3.3	2.3
印度尼西亚	4.9	5.0	5.1	5.2	5.0	缅甸	7.0	5.8	6.4	6.8	2.9
荷兰	2.0	2.2	2.9	2.6	1.8	柬埔寨	7.0	7.0	6.8	7.5	7.1
土耳其	6.1	3.2	7.5	2.8	0.9	老挝	7.3	7.0	6.9	6.2	4.7
波兰	3.8	3.1	4.9	5.3	4.1	蒙古国	2.4	1.2	5.3	7.2	5.1
泰国	3.1	3.4	4.1	4.2	2.4	文莱	-0.4	-2.5	1.3	0.1	3.9
阿根廷	2.7	-2.1	2.7	-2.5	-2.2						

资料来源:世界银行 WDI 数据库。

（单位：个）

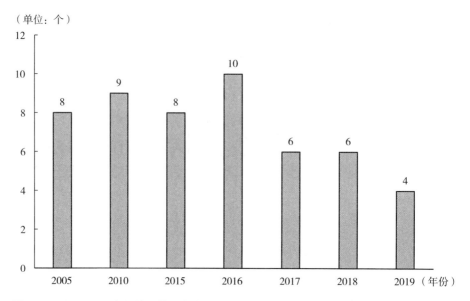

图 9-2　2005—2019 年经济总量排名前 20 位国家中经济增速超过全球经济增速的国家数量
资料来源：世界银行 WDI 数据库。

我们还统计了 2019 年经济总量排名全球前 20 的国家近 15 年中经济增速超过全球经济增速的数量，具体结果见图 9-2。统计结果显示，仅在 2016 年，这些国家有一半数量经济增速超过全球平均水平，其余年份均低于这一数值，而且最近几年有持续下滑的趋势，2019 年，在经济总量排名前 20 位的国家中，只有 4 个国家的经济增速达到或超过全球平均水平。这说明经济总量排名靠前的经济体大部分表现疲软，经济增长势头不强，对全球经济增长的带动能力不足。

3. 逆全球化盛行

第一，贸易保护主义抬头。

近年来，贸易保护主义在全球范围内盛行，其中最为重大的事件是中国和美国之间的贸易争端。2018 年 3 月 8 日，特朗普宣布对钢铁和铝制品分别加征 25% 和 10% 的关税，打响中美贸易摩擦第一枪。之后美国又对中国 2000 亿美元、3000 亿美元商品加征关税，美国前后共计对华 5500 亿美元进口商品加征关税(2017 年美国对华进口货物 5060 亿美元),覆盖了全部中国进口商品,成为世界贸易史上一场规模空前的贸易摩擦。从全球看,自 2008 年国际金融危机以来,全球各个国家推出的贸易措施呈现显著上升趋势,特别是 2018 年以后急剧增加,贸易保护措施的绝对量也大幅上升,截至 2020 年 12 月,当年贸易保护措施高达 1862 项,已经超过 2019 年全年的 50%(见图 9-3)。

（单位：亿美元）

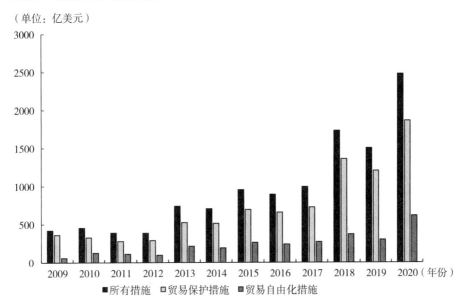

图 9-3　2009—2020 年全球推出的贸易干预措施数量

资料来源:Global Trade Alert。

第二,疫情加强逆全球化意志。

本次新冠肺炎疫情的暴发给全球带来严重的困难,各国普遍采用自我封锁的措施防控疫情,这导致全球贸易量骤减,且全球产业链被打断。各国面临这种状况的同时都会反思全球化产业链的利弊,在生产效率方面,全球化产业链体系能够最大限度地优化生产效率,提高生产能力。但是,全球化产业体系也会导致各国自身产业链的不完整性。目前,全球只有中国具备最全产业链,其他国家只是在某些方面见长,这种局面在世界和平与繁荣发展的阶段能够最大化效率与利润,但是在出现全球性疫情、战争或全球经济衰退时,全球化产业链体系的弊端将会被放大。这次的疫情必然使一些国家更加关注全球化产业链的弊端,短期内逆全球化势力将有更强的话语权。

第三,全球市场萎缩。

在全球经济不景气的大背景下,新冠肺炎疫情、逆全球化等因素的叠加使全球贸易市场大幅度萎缩。世贸组织在 2020 年第四季度初发布的《全球贸易数据与展望》更新报告中预测,2020 年全年全球货物贸易量将萎缩 9.2%。世贸组织同时强调,该预测数据仍存在高度不确定性,全球贸易最终表现将取决于疫情发展和政府采取的防控措施。如果此前受到抑制的市场需求耗尽,企业库存得以补充,贸易复苏和增长的势头可能会大幅放缓;同时,如果第四季度疫情反弹,贸易也会因此遭受负面影响。该报告同时预测,2021 年全球货物贸易预计增长 7.2%,大大低于此前超过 20% 的增长率,在较长时期内,贸易规模将远低于疫情前的水平。

图 9-4 是 2013—2020 年全球各季度进口与出口总额。除 2016—2018 年间,在 2015 年探底之后回升外,其余年份均呈下降趋势,特别是在 2020 年第二季度,进出口总额直逼历史最低点,全球贸易总额在缓慢回升之后又遭遇重击。

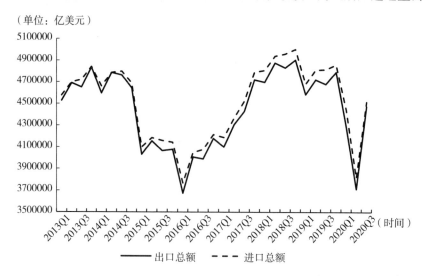

图 9-4 2013—2020 年各季度全球进口与出口总额

资料来源:WTO 贸易数据库。

二、国内背景

1. 经济内部格局发生改变,由高速发展向高质量发展转变

党的十九大提出,我国经济已由高速增长阶段转向高质量发展阶段,正处在转变发展方式、优化经济结构、转换增长动力的攻关期,建设现代化经济体系是跨越关口的迫切要求和我国发展的战略目标。转向高质量发展就是我国经济已经从主要依靠增加物质资源消耗实现的粗放型高速增长,转变为主要依靠技术进步、改善管理和提高劳动者素质实现的集约型增长。"高质量发展阶段"表现在产业结构上,是由资源密集型、劳动密集型产业为主向技术密集型、知识密集型产业为主转变;在产品结构上,由低技术含量、低附加值产品为主向高技术含量、高附加值产品为主转变;在经济效益上,由高成本、低效益向低成本、高效益方向转变;在生态环境上,由高排放、高污染向循环经济和环境友好型经济转变。最终将体现为国家经济实力不断增强,居民收入较快增加。

第一,在第三产业和最终消费对 GDP 的贡献率方面。图 9-5 是 2001—2019 年第三产业与最终消费对 GDP 的贡献率。从总体上看,21 世纪以来,两者对 GDP 的贡献率呈整体上升趋势,经济结构更加合理,经济增长动力更加健康,具备了高质量发展的条件。

第二,经济增长更加集约。如图 9-6 所示,2001—2019 年,中国的单位 GDP 能耗从最高的 2014 年每万元 GDP1. 61 吨标准煤,下降到 2019 年的 0. 55 吨标准煤,下降了 65. 8%。

第三,能源消费结构方面。如图 9-7 所示,煤炭占比逐年下降,从 2001 年的 68% 下降到 2019 年的 57. 7%。一次电力及其他能源和天然气占比逐年上升,前者从 8. 4% 上升到 15. 3%,后者从 2. 4% 上升到 8. 1%。能源消费结构升级降低了污染物的排放量,同时也降低了空气污染的治理成本,有利于推进生态文明建设。

（单位：%）

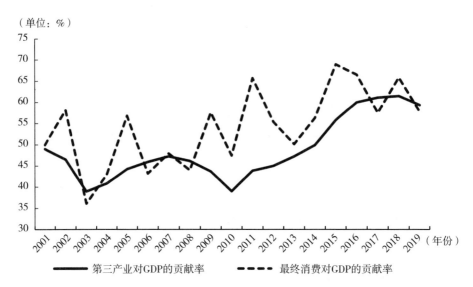

图9-5 2001—2019年第三产业与最终消费对GDP的贡献率

资料来源:历年《中国统计年鉴》。

（单位：吨标准煤/万元）

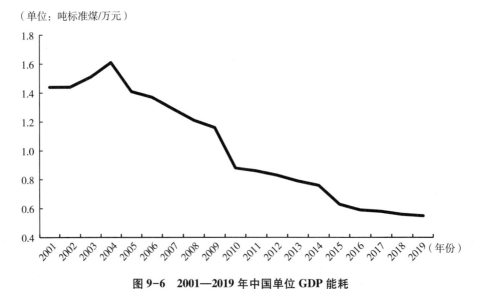

图9-6 2001—2019年中国单位GDP能耗

资料来源:历年《中国统计年鉴》。

（单位：%）

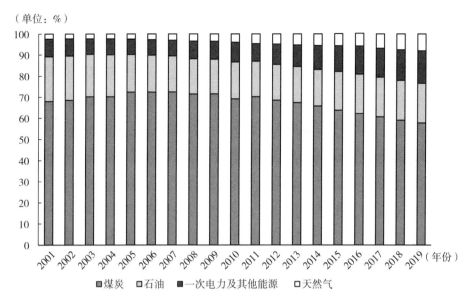

图 9-7　2001—2019 年中国能源消费结构

资料来源:历年《中国统计年鉴》。

第四,在提升整体创新能力和经济发展质量中,近二十年来,我国在相关研发经费支出中有较大增长(见图 9-8)。2001 年,我国 R&D 经费支出占GDP 比重不足 1%,2019 年增长到 2.23%,20 年间增长了 220%。但是与发达国家相比,这一比例还有较大的提升空间。

2. 中国经济的对外贸易依存度持续降低

自中国加入世界贸易组织后,在拉动经济的"三驾马车"中,出口的作用日益突出。中国的外贸依存度从加入世界贸易组织之初的 38% 上升到 2006年的 64%,之后开始下降,截至 2019 年,下降到 32%(见图 9-9)。在经济表现方面,2001—2012 年,短短十几年时间,中国从世界第六大贸易国跃居首位,进出口总额约为加入世界贸易组织前的 8 倍。而 GDP 总量从 2001 年的第六位上升到世界第二位。

对外贸易依存度是衡量进出口对经济拉动作用的指标,反映了一国对国

（单位：%）

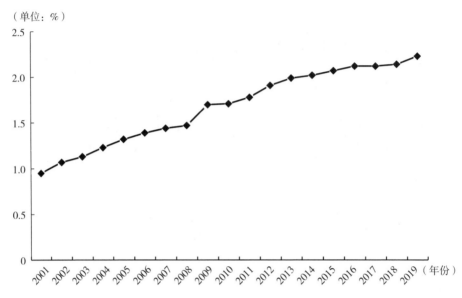

图 9-8　2001—2019 年中国 R&D 经费支出占 GDP 的比重

资料来源：历年《中国统计年鉴》。

际市场依赖程度及对外开放程度。中国对外贸易依存度不断下降是国内与国际两个因素综合作用的结果。中国内部存在人口红利流失等客观因素及政策原因。同时，全球经济增长疲软，2008 年美国次贷危机及欧债危机愈演愈烈使全球经济陷入泥潭难以自拔。直到 2015 年年末，美国终于在长达十年之久的零息政策后进入加息周期，率先走出国际金融危机影响。全球经济大衰退对世界各国进出口贸易有一定的冲击。两方面原因最终导致中国的进口或出口占 GDP 的比重出现下降，从而导致中国的对外贸易依存度下降。

对外贸易依存度的下降说明我国经济发展更加注重内生动力，国内需求特别是消费需求对经济的拉动不断上升，为我国构建双循环经济发展格局提供了有利的内部环境。

3. 人均 GDP 仍处于较低水平

自 1992 年中国确立社会主义市场经济体制改革目标以来，中国人均

（单位：%）

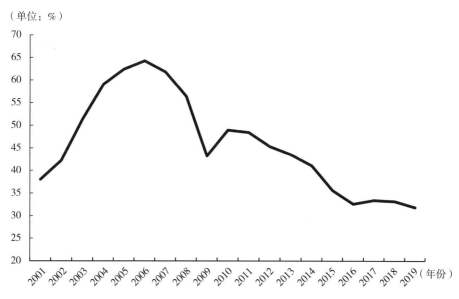

图 9-9　2001—2019 年中国外贸依存度变化

资料来源：历年《中国统计年鉴》。

GDP 年度增速一直远超世界平均增速。据世界银行统计数据，自 2015 年开始，高等、中高等及中等收入国家的人均 GDP 增长速度放缓甚至出现下行，但中国人均 GDP 在 2015 年和 2016 年仍继续保持 5‰ 和 1‰ 的正增速。但是，我们仍需认识到一个不为乐观的现状，表 9-5 是 1960—2019 年中国与世界各高收入国家、中等偏上收入国家、中等收入国家、中等偏下收入国家、中低收入国家以及全球人均 GDP 的对比情况。从现状看，中国人均 GDP 在 2019 年突破 1 万美元，但是，这仅相当于高收入国家 20 世纪 80 年代的水平。另外，由于我国人口基数庞大、各区域经济发展仍存在不均衡、贫富分化严重等因素，人均购买力仍远低于其他发达国家的水平。较低的人均 GDP 水平和购买力水平，难以迅速激发内部有效需求，这是我国"双循环"发展格局推进需要解决的重要问题。

表 9-5　1960—2019 年中国与世界各等级国家人均 GDP 情况

（单位:美元）

年份	中国	高收入国家	中等偏上收入国家	中等收入国家	中等偏下收入国家	中低收入国家	全球
1960	89.52	1363.92	181.61	148.04	101.10	144.35	451.75
1965	98.49	1867.03	208.54	178.02	133.73	173.71	591.72
1970	113.16	2726.39	266.34	218.21	150.73	212.42	804.00
1975	178.34	5106.55	551.84	420.35	241.97	408.68	1457.19
1980	194.80	9349.43	923.92	706.37	419.79	681.92	2532.82
1985	294.46	10256.70	969.13	736.60	440.90	708.00	2643.80
1990	317.88	18440.70	1225.70	898.98	493.64	859.19	4285.30
1995	609.66	24273.19	1680.92	1136.94	490.79	1071.13	5412.47
2000	959.37	25103.29	1878.61	1264.83	565.86	1189.52	5499.15
2005	1753.42	33172.96	2955.15	1952.91	860.30	1821.38	7298.62
2010	4550.45	38653.90	6091.87	3867.49	1542.73	3577.51	9553.18
2011	5618.13	41538.63	7227.93	4518.54	1708.70	4169.29	10490.05
2012	6316.92	41344.81	7680.99	4771.64	1775.97	4396.13	10607.44
2013	7050.55	41629.15	8073.30	4992.77	1842.81	4596.19	10783.85
2014	7678.60	42298.55	8261.03	5119.58	1929.08	4708.91	10952.68
2015	8066.94	39735.36	7698.21	4804.80	1884.58	4417.79	10249.09
2016	8147.94	40343.82	7632.39	4780.83	1921.07	4383.46	10286.38
2017	8879.44	42013.89	8368.53	5196.36	2037.37	4753.28	10827.70
2018	9976.68	44417.87	8906.24	5478.72	2091.39	5001.70	11385.68
2019	10261.68	44617.48	9036.77	5573.24	2174.44	5080.88	11441.73

资料来源:世界银行。

4. 产业结构仍然以"初加工+初级工业"结构为主

工业化强国发展的大体趋势就是从高消耗、高污染、低技术含量、低利润率到低消耗、低污染、高技术含量、高利润率的转变。中国有全球最完整的工业化产业链,产能的调动和转换有着强大的能力,被称为世界工厂。但是,由于发展时间和技术积累的问题，又使我国多数情况下生产低端商品，比如衣服、玩具、木料等，虽然产量极高，但纯利润却非常低，并且这类生产还会带来较高的污染。在高端产品的生产上，我国仍然是"代加工"的中心，比如汽车行业，目前我国国产汽车的很多核心部件都依赖进口，绝大部分的利润都被技术垄断的欧美企业拿走。另外，在手机行业，我国仅仅承担了手机生产过程中具有很低技术含量的组装环节，一些高端芯片设计等环节仍然被国外垄断。解决这一问题的核心是"科技创新"，这是我国产业转型升级的关键所在，也是实现经济高质量发展的必然路径。因此，在打造"双循环"发展格局过程中，要改变产业结构的这种"初加工+初级工业"结构为主的格局，提升高端产业竞争力，形成从初级产业到高端产业全面发展的国内大循环格局。

第二节　"双循环"的发展逻辑

从国际看，当今世界正经历百年未有之大变局，国际政治、经济格局发生深刻调整。世界范围内保护主义和民粹主义升温，国际贸易投资格局和产业链布局受到冲击，未来我国外部发展环境将更加严峻。在关键领域独立自主是应对外部不确定性的有效途径。从国内看，我国正由高速增长阶段转向高质量发展阶段。中国特色社会主义进入新时代，社会生产力水平显著提高，更加突出的问题是发展不平衡不充分，尚不足以满足人民日益增长的美好生活需要，应通过畅通"双循环"实现高质量发展。以内循环为主的经济发展格局并不是被动的战略收缩，而是通过更深层次的改革形成内外良性循环的战略抉择，通过内循环为主、外循环为辅构建更强韧性的经济运行系统。

一、国内大循环为主体

推动形成"国内大循环"的主要原因是中国经济正面临转型升级，一方面是外部环境的变化，如世界经济增长疲软、贸易保护主义抬头等。另一方面是经济增长正从中高速向高质量发展阶段演变,中国经济需要在量和质两个方面同步提高。在当前的发展阶段,依靠外需和投资拉动是行不通的,必须发展完整的国家内需体系,建立能够促进消费和投资的长效机制,通过扩大内需和推动创新。

1. 扩大内需

扩大内需的两个主要方面是扩大投资和消费,与以往短期刺激消费、拉动投资的各类政策不同,推动内循环需要建立能够促进消费和投资的长效机制,让各类主体自发地去消费和投资。

第一,通过收入分配调节与消费结构改革提升居民消费能力和消费质量。首先,收入分配向劳动倾斜,尤其是低收入群体。劳动力价格被低估,而房价的不断上涨,扩大贫富差距,压制了边际消费倾向。因此,要激活内需,需要先把低收入的城市底层和农民工的收入给拉动起来。2019 年中国户籍城镇化率为 44.38%,按总人口 14 亿来算,农村户籍人口还有 7.8 亿人。如果这 7.8 亿人的月收入都能提高 1000 元,农村户籍人口每年的总收入就能提高 9.3 万亿元,这对消费的促进作用是巨大的。其次,促进居民消费的配套政策改革。比如教育、医疗和养老这三大支出,是压制居民消费的几个关键因素,加快这几个基本公共服务的改革,提高财政支出用于它们的比例,能够提高居民的消费意愿。再比如通过税制改革,让一些消费税的征收环节从生产阶段后移到消费阶段,这会提高地方政府改善消费基础设施的积极性。最后,严格落实"房住不炒"政策。高房价的负面影响显而易见,对普通消费的挤出更是如此。2020 年 7 月百城样本住宅平均价格为 1.55 万元,按每套面积 90 平方米计算,一套就是 139 万元。2019 年全国城镇居民人均可支配收入 4.23 万元,如果房价上涨 3% 的话,从平均意义上讲,买一套房多花的钱,就与一年的收入持平了,这会严重压制购房刚需人口的消费需求,从长远来看,也扩大了金融体系的风险敞口。

第二,引导资金向生产性制造业流动。制造业投资最显著的特点在于它是由民企所主导的。作为最具市场化特征的主体,民营企业家对未来的预期,是决定制造业投资最核心的因素。要达到这一点,需要从以下三方面着手:一是需要改善营商环境,朝着市场化的方向推进;二是落实减税降费政策,让企业切实看到生产经营成本的下降;三是在推动出口转内销的同时,也要积极开拓新的国际市场。

第三,以新型城镇化建设带动固定资产投资增长。21 世纪初期,为缩小中国区域间的发展差距,中国相继提出了西部大开发、东北振兴和中部崛起战略。这些区域发展战略,本质上仍然是利用行政力量作为经济指挥棒,践行区域均衡主义。从区域间的实际发展情况看,一味追求均衡或许并没有实现预期效果,中西部地区省份的 GDP 占比并未出现明显的提高,各区域的人均 GDP 绝对差距仍然在持续扩大。与此同时,以往区域发展战略中促成区域均衡的两大关键手段——基于转移支付的财政安排以及倾斜于落后地区的优惠政策,还带来了激励机制扭曲和资源错配的问题。正是因为这些问题的存在,2013 年开始,中国逐渐调整传统的"均衡"思维,积极调整区域战略方向,旨在率先撬动以城市群等为核心的经济增长极,重塑中国经济大格局,为中国整体经济发展注入活力。与此同时,人口流动也出现了新趋势。2010 年后,中国人口向发达地区聚集的趋势越发明显,表现为人口主要向一、二线城市聚集,向长三角、珠三角等地区聚集。在这样的背景下,城镇化战略发生了调整,以人为本的新型城镇化出现。近年的土地制度、户籍制度不断调整,资源分配也和人口流动的趋势一致,公共资源按实际服务管理人口规模配置。在 2020 年 5 月印发的《中共中央　国务院关于新时代加快完善社会主义市场经济体制的意见》中,还提出"探索实行城市群内户口通迁、居住证互认制度",新型城镇化过程中引导城市群发展的政策意图明显。

2. 推动创新

国内大循环应当有量和质两个维度,即在内循环过程中总体经济有量和质的双重提升。其中,推动质提升的重要原动力就是科技创新能力,可以从提高金融支持创新能力、强化基础研究和加大产学研合作力度这几个方面着手,提升国家总体创新能力。

第一,提高金融支持创新的能力。由于创新活动存在比较大的不确定性,这使它所需的金融支持和传统的以间接融资为主的金融体系不相匹配。未来要提高创新活力,需要打造更有利于科技创新的金融生态。首先,发展多层次的资本市场。资本市场既可以为创新活动提供资金,也能够为科技企业提供最直接的激励。其次,风险资本是科技企业在初创期重要的融资渠道之一,因此也需要扩大风投市场规模。通过壮大本土风投机构、私募机构,以及引进更多国际创投资本,来培育更多"科技独角兽"企业崛起。最后,可以探索新型银行经营模式,提高间接融资对科技创新的支持力度。比如可以出台政策鼓励科技信贷机构与风投机构间形成投贷联动模式,共同对科技型创业企业提供融资支持,并且强化两者的合作互助关系,风投机构可以弥补银行在投资价值评估、风险筛查方面的能力不足,信贷机构则可以为创业企业提供更持续稳定的资金支持。

第二,强化基础研究。基础研究尽管成效较慢,但只有基础研究做好了,才能拥有更强的原始创新能力,实现产业技术的重大突破,否则很容易受制于人。因此,走自主创新之路,必须要具备极强的原始创新能力,这就要求在基础研究这一科技创新本源工作上发力。要提高基础研究水平,一是要发挥政府在科研活动中的带动作用,加大财政资金投入力度,尤其是要增大在基础研究领域的投入规模。二是企业创新力量强大的优势,利用财税杠杆,引导企业根据需求适当增加在基础研究领域的研发投入。

第三,提高产学研合作高度。从发达国家的经验来看,产学研合作被证明是一种比较高效的创新模式。但国内传统的产学研模式往往由高校先形成研发成果,然后再与企业需求进行对接,进而实现商业化开发和成果转化,但是有大量科研成果并不能为企业所用,导致产学研效率偏低。尽管产学研最后的落脚点是以市场为导向,但政府在其中也应当发挥重要作用,通过改良制度环境、完善相关法律法规,提升企业、高校参与产学研合作的意愿,为产学研提供更便利、更有保障的合作条件。

二、国内与国际循环的相互促进

国内循环和国际循环并不是相互独立的,国内循环既嵌入国际循环,又独立于国际循环。通过对外开放,加强国际交流,提升我国科学技术的创新能力,对内能够促进国内企业技术进步,并进一步扩大国内的技术、产业和资本优势的发展空间。另外,通过国际合作能够使国内的技术创新和应用更加富有效率和弹性;国际循环既包含国内循环,更服务于国内循环。加强对外开放并强化对国际市场的选择,能够更加符合国内生产的需求,推动国内产业结构改进与技术进步。加强国际贸易与投资,深入参与全球化,也是人民币"走出去"实现更高水平的人民币国际化的必要途径。

1. 打通国内经济大循环,稳固经济均衡状态

贸易保护和新冠肺炎病毒导致的全球疫情等复杂因素使 2020 年全球经济遭受重创,在此百年一遇的大变局中,我国外需产业链从经济循环的动力点变为阻力点。因此,短期内"内循环"主要任务是以内需驱动替代外需驱动。我们需要从以下几个方面着手打通国内经济大循环。首先,因为外需市场疲软和贸易阻滞,巨大的外需产能空置,需要通过采用出口转内销、产业结构调整以及国内市场建设等手段,打通国内供给与需求的良性循环,实现商品市场的均衡。其次,稳定就业市场,健全社会保障体系,完善收入分配机制,切实提高低收入群体收入,实现收入增长与民生的良性循环,实现劳动力市场均衡。

最后,妥善处理好实体经济与虚拟经济的关系,通过金融体系改革增强实体经济发展活力,实现经济与金融的良性循环,促进资本市场均衡。通过商品、劳动力和资本三个方面的均衡,增强国民经济内循环的稳定性,逐步形成稳定的国内大循环。

2. 推动国内供需双升级,实现经济更高水平的均衡

在较长的历史时期中看,中国经济内循环将会有量与质的双面提升,并在更高水平的开放局面下与外循环互嵌。首先,在生产力提升的情况下,中国经济会以较高的速度增长,实现内循环过程中经济体量的不断增大。中国内陆地区经济增长动力得到释放,收入水平改善的同时形成了更大的消费市场,供需双升级的局面初步形成。其次,在创新驱动作用下,循环的质得到优化,经济在更高质量的水平上发展。最后,循环开放性增强。内循环并非是"闭关自守",它是立足于"内循环"的质与量共同提升基础上更高水平的开放。得益于"内循环"的推进,中国经济的韧性更强,能够更好地抵制来自外部的冲击,因此,能够更为主动和稳健地嵌入全球体系之中,在国内市场扩大的同时,形成更大的国际市场格局。在政策方面,改革将成为常态,通过改革的手段打通经济运行中的难点,与以往的扩大内需不同,破除机制桎梏和利益藩篱将成为政策主要的发力点,促进供需两端同步升级。数字经济对供求双升级具有全局性的赋能作用。未来更多的支持性政策将致力于推动核心技术突破、数字经济产业化和传统产业数字化,同时数字货币和电子支付工具(DCEP)和数字财政将提速发展,实现经济治理能力的数字化升级。

3. 更大力度地推进产业升级,增强在全球价值链上游的话语权

当前,从全球视角看,中国经济仍然处于全球价值链的中下游,呈现向内引入上游的需求和技术,向外提供中低附加值的生产供给的局面。"双循环"格局构建过程中,应当立足于"内循环"的整体升级,促进中国经济在全球百

年大变局中化危为机,从三个层面主动改变在"外循环"中的定位。第一,作为世界上最具完备的工业体系国家,中国目前是全球价值链中的"供给"中心,未来要打造成为全球价值链中的"供给—需求"双中心,主动参与和推进全球价值链重塑。第二,改变目前"中国制造"的局面,升级为覆盖研发科创、智能制造、品牌营销等全环节的"中国智造"。最后,逐渐走近世界舞台的中央,从全球经贸体系和治理格局的被动接受者,升级为全球经贸体系和治理格局重塑的主动引导者,主动地参与全球价值链、经贸体系和治理格局的重塑优化,从根本上规避脱钩风险、改善外部环境、防范外溢冲击。

4. 进一步扩大开放,推动中国与全球价值链的多元互动

积极推动"一带一路"建设,形成新的西向开放新格局,带动内陆地区经济发展升级,并加速人民币国际化进程,更具深度地参与全球化,使"内循环"和"外循环"形成多元化、灵活化和稳健化局面,增强中国经济发展韧性。同时,通过自贸区建设等措施,加深与相关国家的交流合作,使对外贸易主体多元化,以应对单边主义的冲击。

总之,"双循环"发展格局是以高质量发展作为根本的出发点,在主动适应全球百年未有之大变局的基础上构建中国经济发展新体系。对内,这一体系以深化改革为主要手段,加快推动产业与消费双升级,构建规模扩张、结构优化、质量提升的国内大循环局面。对外,通过深度扩大开放水平,以主动参与全球治理和改善中国外部发展环境为手段,以提升中国在全球价值链中的地位为目标,实现中国经济与世界经济共同发展。"双循环"发展格局是继改革开放之后,中国经济实现高质量发展并走向世界舞台中央的关键一招。

第三节　当前中国区域产业布局优化的关键问题

新中国成立以来,我国的产业布局经历了相对均衡、东部集聚、区域协调、

对外布局等发展阶段,产业布局的多次调整均有着不同的时代背景。进入新时代,我国面临着新的机遇和挑战。首先,国际形势仍然严峻,大国战略竞争加剧,国际格局与政治力量对比加速演变,以印度为代表的环印度洋—太平洋国家逐渐成长为世界的重要一极,世界经济发展的不确定性增大。其次,贸易保护主义抬头,国际贸易摩擦不断,尤其是中美贸易摩擦对我国经济发展造成一定影响,比如影响对外出口、干扰经济增长、破坏对外技术合作等。另外,我国目前经济发展也处于关键阶段以及面临诸多关键问题,比如,新旧动能转换,从高速增长向高质量发展转变,经济发展不平衡不充分,城乡间、区域间经济发展差距仍然很大,经济发展面临环保、创新、可持续性等多重制约等。以上均是我国调整优化产业布局的必要性之所在。

一、产业空间布局影响因素的变化

当前我国经济发展的空间结构正在发生深刻变化,影响产业布局的因素也在发生变化。由于产业布局受多种因素的综合影响,不同产业的关键影响因素并不相同,不同时期、不同因素的重要程度也会发生变化。其中,自然因素和社会经济因素是影响产业布局的基础性因素,这些因素对产业布局的影响随科技进步而变化,体制和政策因素是影响产业布局的外在因素,会打破产业布局的内在机制,推动不同地区产业结构的调整。

产业布局受多种因素的影响,任意单一因素无法完全决定特定产业的布局,这些因素共同决定了产业布局的初始状态及动态变化。随着生产力水平的不断提升,不同因素的影响程度将不断发生变化,并产生新的机制推动产业布局的调整,只有结合当前发展阶段,分析影响产业布局的关键因素变动趋势,才能寻找出产业布局优化的方向,促进经济的高质量发展。

自然环境包括地区经纬度、温度、湿度、日照、降水等因素,自然环境因素对农业和第三产业中旅游服务业的布局有决定性作用。我国幅员辽阔,自然资源丰富,不同地区资源分布存在显著差异,围绕各地自然资源禀赋,形成了各具特色的专业化生产部门。

社会经济因素首先是劳动力因素。较低的劳动力成本是不同行业企业进行区位选择的重要考虑因素。较大规模的人口可以为产业提供大量的劳动力,促进当地资源的充分开发和利用。改革开放后,由于我国劳动力成本较低,加之人口可以自由流动,中西部地区大量劳动力流向东南地区,促进了东南地区工业的发展。其次是市场因素。较大的市场规模会产生本地市场效应和价格指数效应,形成累积因果循环过程,促进产业的不断聚集。相比较而言,工业相对农业更加依赖市场规模,轻工业相对重工业更加依赖市场规模(刘钜强、赵永亮,2010)。产业基础包括产业集聚水平、基础设施、产业关联等因素。产业集聚水平越高,越有利于产生外部性,通过"共享—匹配—学习"三大机制,促进同行业生产力水平的提高,实现规模经济效益。良好的产业环境会降低产业的成本,促进知识外溢,提高生产效率,促进产业的发展,对产业的吸引力越强。现代化交通运输体系是产业布局的重要支撑,为生产要素的空间流动和产业布局奠定基础。随着交通运输技术的不断发展,运输成本及交易成本会逐渐降低,距离对产业布局的制约性也会逐渐降低。

科学技术因素包括人力资源和技术发展水平。高科技产业的发展需要智力资源的支撑。新知识、新思想的产生需要有一定的知识基础,而且多样化专业人才的密切交流更易于刺激新想法的产生,因此高科技产业一般诞生于大学、研发机构等科研场所较为密集、科研人员储备较为丰富的地区。科技技术进步增强了人们改造自然的能力,提高了劳动生产力,当科技进步成果广泛应用于社会生产时,便催生了产业革命,影响产业的发展趋势。因此,科技因素会对产业布局产生长远而深刻的影响,且这种影响往往是革命性的。

近年来,宏观体制机制因素对整体资源配置效率起到重要影响,对产业布局的其他因素作用的发挥产生影响。第一,改革开放促进了轻工业、消费导向型和外向型产业的快速发展(贺灿飞等,2008)。一方面,市场成为配置资源的根本手段,比较优势在产业布局中逐渐发挥愈加重要的作用;另一方面,对外开放使我国参与到全球化进程,深度参与全球贸易及全球分工体系,使沿海地区区位优势更加凸显,促进了沿海地区制造业的发展,造成我国区域产业发展不平衡的状况。第二,财政分权改革使地方政府拥有更多的地方经济发展决策权,使地方政府地方保护主义倾向加强,造成了市场分割,不利于规模经济的形成;同时,各地方政府难以形成有效的专业化分工合作,产业发展与区域比较优势存在错配,各地产业结构趋同。

二、区域协调发展的战略导向

缩小区域间经济发展差距,实现区域经济协调发展,是构建社会主义和谐社会的必然要求。在市场经济体制下,缩小区域间经济发展格差,既要依靠政府的宏观调控,更要依靠市场的力量。国内产业区域转移的实施,是同时发挥政府宏观调控与市场的作用,从而实现区域经济协调发展的战略措施。推动国内产业区域转移,将促进生产要素流向的区域间变化、工业化布局的区域间变迁以及产业结构的区域间调整,为缩小东部地区、中部地区、西部地区的区域经济发展差距,实现区域经济协调发展奠定坚实的产业基础。产业的协调发展则是实现区域经济协调发展的基础;反之,区域经济的协调发展问题一定程度上也代表着产业的区域协调发展情况。在实施"4+3"等区域发展战略之后,我国区域协调发展面临区域差距拉大、相对贫困地区发展缓慢及南北差距增大等多重复杂的问题。未来产业布局中应当着重考量区域协调发展因素,以区域产业布局的优化促进区域经济协调发展。

伴随区域协调发展战略的实施,产业布局的空间模式也在发生变化,面对全球化时代的激烈竞争,将中心城市和城市群作为承载发展要素的主要空间形式,优化产业布局中要着重考虑这一现实情况,合理布局相关产业。在当前的国内外形势下,关键是提升中国若干中心城市或城市群的全球竞争力,发挥这些中心城市或城市群的引领示范和辐射带动作用,推动中国经济高质量发展。而这些中心城市或城市群的长远发展,与产业合理布局有着密切关系,在改革作为上层建筑部分的治理体系和治理能力的同时,结合各地区的要素禀赋和发展路径,合理谋划各城市群及中心城市内部以及城市群和中心城市之间的产业布局,形成高效的组织体系,释放经济发展活力。

三、产业集聚与制造业集中问题

新中国成立以来,政府在产业布局中一直占据重要地位,有效地促进了产业集聚与区域协调发展。然而,在中国特色的"行政分包制"下,层层"纵向行政发包"和"横向官场竞争"是导致"产业潮涌"、产能过剩、分散布局和产业结构趋同等问题的关键原因(林毅夫等,2010)。党的十八届三中全会强调要发挥市场在资源配置中的决定性作用。而且,市场主导下的效率是可以与人均意义上的区域平衡实现"双赢"的(陆铭、向宽虎,2014)。中国的基本国情使生产力布局的长期供求关系远离均衡点,中国人多地少和缺水的基本国情决定了中国的产业布局必须走规模经济之路。未来的产业布局,要按照主体功能区和建设特大城市圈的思路,发挥好政府在公共服务、市场监管、生态底线管控、空间公平正义等方面的积极作用,整合城镇体系,建设城市圈,充分发挥好市场的主导和决定性作用,促进产业集中布局,提升产业布局的空间效率,并针对大城市病的突出问题,需要研究高端活动与低端活动的共生关系,为疏解城市功能提供思路。

中国制造业进入新时代以来面临日益严重的挑战,一方面,国内人口红利逐渐消失,劳动力成本迅速上升,劳动成本的比较优势日益消退,国内服务业的快速发展对制造业形成了挤压。另一方面,国际贸易条件不确定性增加,制造业转型升级面临着国际社会潜在打压。已有的大量研究表明,制造业在空间上的集聚能够提高生产率,制造业需要发挥规模经济才能获得竞争优势。首先,制造业的空间分布变化,由于改革开放以来沿海地区优先发展战略,沿海地区开放较早,更接近国际市场,使我国制造业主要集中在沿海地区。这种制造业的空间分布趋势正随着中西部地区的快速发展而出现制造业向中西部地区转移的趋势,随着各类城市的快速成长,我国制造业具有明显地向中西部地区大城市集聚的空间特征。其次,制造业与服务业的融合。倡导竞争中性的产业政策,对服务业和制造业平等对待,不宜过度强调服务业的优先发展,为制造业的发展留下足够的空间。现代产业是制造业与服务业融合发展,制造业倾向于集聚在生产性服务业周围,制造业与服务业共同分布于同一城市群内部,城市群成为制造业与服务业融合发展的空间载体。最后,生产要素流动增强影响制造业分布。我国的交通基础设施建设成就举世瞩目,交通基础设施的改善,降低了劳动力流动的成本和商品贸易的成本,增强了劳动力和商品的流动性。与此同时,我国逐渐放开大中小城市的落户限制,降低了城镇化的障碍,使制造业可以选择发挥集聚经济和规模经济的城市增多,未来制造业在全国的分布可能呈现"大分散、小集聚"的趋势。

在现有的研究中,普遍接受的"去工业化"的定义为"工业化进程中工业产值占比下降的过程"。"去工业化"是工业化发展的一个必然阶段,但是由于我国部分区域产业布局不平衡、工业化进程不完善,导致过度"去工业化"问题出现。过度"去工业化"已经成为新时代我国区域产业布局中的一个亟待解决的问题。

四、产业布局的生态安全问题

近十几年来,随着工业化与城市化的快速推进,各类建设滥占耕地愈演愈烈,导致建设用地盲目扩张和无序蔓延,空间开发秩序十分混乱(孙久文、胡安俊,2012)。突出表现为工矿建设占用空间偏多,开发区占地面积较多且过于分散,城市和建制镇建成区空间利用效率不高,耕地减少过多过快,保障粮食安全压力很大。与此同时,工业发展和城市盲目扩张导致生态环境不断恶化,国家生态屏障区人口超载,生态安全受到威胁。

党的十八大首次提出了"生态文明建设"的概念,和经济建设、政治建设、文化建设和社会建设共同构成中国特色社会主义的总体布局,生态安全逐渐受到广泛重视。尤其是在新时期,我国的经济增长进入高质量发展阶段,经济发展的资源环境压力加大成为我国经济发展中的突出矛盾之一,由环境恶化引起的污染问题成为制约我国经济社会持续发展、影响社会和谐安定的重要因素,生态安全对经济社会的影响日益显著。生态安全是从人类对自然资源的利用与人类生存环境辨析的角度来分析和评价自然和半自然的生态系统。近年来,国家陆续出台了若干侧重生态文明建设的区域发展规划,如淮河生态经济带发展规划、汉江生态经济带发展规划。另外,黄河生态经济带也在2019年上升为国家战略,致力于黄河流域的生态保护和高质量发展。

产业的发展离不开生态系统的支持,对人口众多、资源稀缺、生态环境恶化的中国而言,随着经济的发展,生态环境必将面临更大的挑战。提高生态功能与发展潜力是实现可持续发展的持久动力,也同样是产业布局需要考虑的重要方面。区域产业布局中可以考虑以主体功能区划为底色,将地区生态要素状况和产业布局结合起来,对于限制开发区与禁止开发区,通过限定开发活动,保障区域关键自然资本不随时间减少,提高区域的生态功能、保障国家生态安全;对于优化开发区与重点开发区,通过提高人力资本、信息技术等生产要素,提升人造资本与自然资本之间的替代能力,构造区域可持续发展的持久动力。

五、中国产业海外布局问题

伴随中国经济的快速发展,中国企业"走出去"的步伐不断加快。2013年中国对外直接投资净额与中国实际利用外商直接投资金额相当,进入邓宁投资发展周期理论的第四阶段。同年,习近平总书记提出"一带一路"倡议,得到了沿线国家和地区的积极响应,为企业海外投资布局提供了难得的外部环境。在此背景下,研究产业在海外布局的影响因素、布局模式、风险控制、长效机制及对策措施成为当前政府和企业的迫切需求(胡安俊、孙久文,2018)。中国产业表现出对外布局的特点。主要原因有三:一是我国制造业比较优势发生了变化,综合成本呈现出上升的趋势。中国制造业竞争力相对优势下滑,劳动力成本上升是主因。虽然中国单位劳动力成本竞争优势在世界的排名从2000年的第八位上升到了2016年的第四位,但其绝对竞争力优势却出现了下滑,反映为单位劳动力成本与全球平均水平差距的缩小,其中名义劳动力成本的大幅上升是主要原因。二是中国企业的溢出效应不断增强:随着中国"引进来"的外资规模增多、质量升级,外资企业给中国企业带来了国际投资经验、先进技术、国际市场信息和具有国际视野的员工等,溢出效应不断增强(李磊等,2018)。三是我国对外开放的深度与广度不断拓展。我国持续深化对外开放,形成了全面开放新格局。特别是2013年"一带一路"倡议提出之后,对外投资不断增长,从2014年开始中国成为净对外直接投资国家[①]。从对外投资的国别流向看,2018年,美国、英属维京群岛、新加坡、开曼群岛、卢森堡位列前五;从对外投资的产业流向看,涉及国民经济的18个行业大类,其中租赁和商务服务、金融、制造、批发零售四个行业投资占比超七成,流向信息传输、科学研究和技术服务、电力生产、文化教育等领域的投资快速增长[②]。

第四节　优化产业布局的政策建议

产业布局实质上是生产活动和地区生产要素相互作用的过程,产业的合理布局能够使产业合理利用地区的生产要素,进而充分配置资源,最大限度地提高经济的运行效率。伴随不同的国际国内形势,我国的产业布局经历了多个阶段的变化。在国际竞争加剧、世界经济发展的不确定性逐渐增大、国外有效需求缩减、国内经济下行依然存在多重因素的制约下,未来我国产业布局也要随着国内外形势的变化进行优化重组。

---

① 2014年我国对外投资规模达到1231.2亿美元,超过实际利用外资金额1197.05亿美元。

② 资料来源:《2018年度中国对外直接投资统计公报》,中国经济出版社2019年版。

一、以国家重大战略为导向不断优化区域产业布局

历史进程表明,不同时期的国家战略是我国产业基本格局的塑造者。21世纪初,我国提出"西部大开发""东北老工业基地振兴""中部崛起"等国家战略。近年来,又提出"长江经济带""京津冀协同发展""粤港澳大湾区"等新的国家战略。重大战略的背后是大规模资金投入和配套政策支持,是国家发展的大势所趋,我们应积极响应国家战略,顺势而为,不断调整和优化区域产业布局。

二、加强以市场主导为主,政府干预为辅的区域政策设计

在我国的几次产业布局调整中,政府一直扮演着主导角色。政府在完成产业布局的同时,也是导致"产业潮涌"、产能过剩、重复布局和产业结构趋同等问题的重要原因。在我国市场经济不断完善的情况下,市场在资源配置中发挥着越来越重要的作用。未来的产业布局,要充分发挥市场的主导和决定性作用,进一步推动供给侧结构性改革,在社会发展规划和空间规划等战略性规划中重视市场规律,依据市场规律进行产业布局。同时还要发挥好政府在公共服务、市场监管、生态底线管控、空间公平正义等方面的积极作用,提升产业布局质量。

三、加强以投资环境优化为导向的政策工具设计

国家通过制定产业政策,引导国家产业发展方向、引导推动产业结构升级、协调国家产业结构,使国民经济健康可持续发展。国家在宏观层面考虑产业的整体布局,产业的具体布局应该在市场的主导下前往能够带来利润最大化的地方。政府不能决定产业去往什么地方,但是政府可以通过改善地区公共服务水平吸引产业来本地布局,公共服务成为产业布局中需重点考虑的因素。

四、合理引导产业转移，促进区域产业分工

中西部地区承接产业转移应认真研究产业转移的相关理论和成功经验，应根据中西部各地区经济发展水平、资源与要素条件，并结合各省份的产业发展规划、用地规划和城市化规划，因地制宜，对不同区域实行承接分工，明确不同区域的发展重点，以发挥区位优势、实现区域间优化布局和产业集群发展，保障产业转移在区域间的有序发展，防止无序竞争和资源浪费，从而既形成合理的区域分工，又达到"双赢"的区域合作目标。实施以产业链为纽带的集群发展模式，培育地方特色产业集群，以产业集群为空间载体承接产业转移，优化我国区域产业布局。

五、完善产业布局中面临的新问题的快速识别与反应机制

我国经济发展进入新常态，面临的国际国内挑战不同寻常，产业布局也面临着新的问题，诸如要考虑区域经济协调发展，考虑重大科技安全等产业布局，宏观层面考虑中国制造业的空间格局，中观层面还要考虑产业转移、区域创新、环境规制等，综合考虑这些问题是新时代产业布局的根本要求。

第十章 环境与空间格局优化

第一节 环境保护与经济增长

自分税制改革以来，政府在经济起飞过程中的作用不可或缺。由图 10-1 可知，地方财政支出占全国财政支出比重一直保持在 70% 以上，并且呈增加趋势，到 2020 年约为 85.7%。与发达国家相比，分权程度最高的加拿大为 60%；而发展中国家平均财政分权程度为 14%（黄佩华，2005；李新月，2008）。由此表明，中国是当今世界上分权程度较高的国家。在较高的地方分权的背景下，地方政府拥有较高的财政自主权，推动地方加大基础设施投资、提供更多的公共品，促进地区经济增长。

中国经济的快速增长，GDP 由 2000 年的 10 万亿元增加到 2020 年的 102 万亿元，极大地提高了人们的生活水平（见图 10-2）。与此同时，环境污染也伴随而生。尽管主要工业污染物排放量的增速低于同期 GDP 增速，但是其绝对量仍然不断增长。如工业 SO_2 排放量由 2000 年的 1995 万吨上升到 2006 年的 2588 万吨，直到最近几年才有明显下降（见图 10-3）。由此可见，我国在经济快速发展过程中存在过环境恶化的时期。虽然近几年环境恶化趋势有所遏制，但总体来说中国环境污染问题依然严峻。

针对上述环境与增长的两难冲突问题，中国政府已经日益关注环境治理，

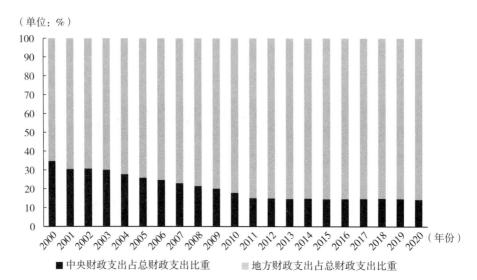

（单位：%）

图10-1　2000—2020年中国地方、中央财政支出占全国财政支出的比重

资料来源：国家统计局：《中国统计年鉴（2021）》，中国统计出版社2021年版。

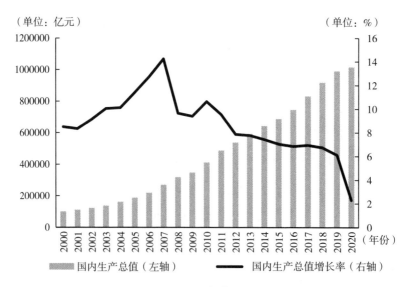

图10-2　2000—2020年全国GDP及其增速

资料来源：国家统计局：《中国统计年鉴（2021）》，中国统计出版社2021年版。

出台一系列中央与地方环境政策与法规。如国务院发布《国务院关于落实科

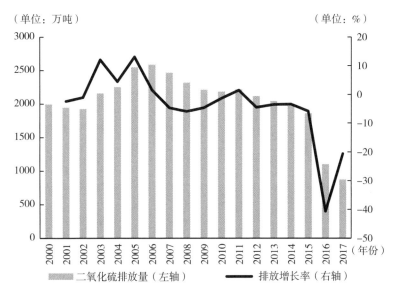

图 10-3　2000—2017 年全国工业 SO_2 排放量及其增长率

资料来源:国家统计局:《中国统计年鉴(2018)》,中国统计出版社 2018 年版。

学发展观加强环境保护的决定》《可再生能源法》(2005 年)、《节约能源法》(2007 年),修改《水污染防治法》(2008 年)、《京津冀协同发展生态环境保护规划》(2015)等,习近平总书记在党的十九大报告中特别指出,加快生态文明体制改革,建设美丽中国。随着环境保护问题的重要性与日俱增,我国又把主要污染物的减排纳入约束性指标进行考核,并将减排总体目标在省份之间进行分解,要求"各地区要切实承担对所辖地区环境质量的责任,实行严格的环保绩效考核、环境执法责任制和责任追究制"(周黎安,2009;张三峰等,2011)。由此可见,对环境污染物强度的控制显然成为地方政府执行环境规制的重要指标之一。

　　由上述环境数据分析可以看出,中国环境污染状况在国际上不仅处于较前位置,而且自身环境质量恶化趋势虽然有所遏制,但总体来说,环境污染状况不容乐观。并且,欠发达地区环境污染情况更为严重。由此产生一些重要的问题:地区环境污染恶化的根源在哪里? 地区经济增长呈现出"东高西低"

发展格局,而环境污染却呈现出"东低西高"格局,如何解释这个现象? 不同地区环境规制政策对经济增长的影响程度会有所不同吗? 如何实施有效环境规制的政策工具来促进地区经济增长? 对这些问题的研究,一类文献主要从"环境库兹涅茨曲线"角度来解释,认为"先污染,后治理"是工业化进程中不可逾越的进程,形成环境规制的"有利说"与"不利说"(陆旸,2009);另一类文献以地方分权为研究背景,探讨地方政府间环境规制竞争形态及其演变,认为以 GDP 考核为核心的晋升激励机制,负责具体实施的地方政府往往倾向于采取"逐底竞争"的环境规制,带来地区居民福利的损失(朱平芳等,2011;张文彬等,2011)。因此,本书拓展第一类研究文献的视角,以地区经济发展阶段为研究背景,通过理论分析和实证研究,揭示地区环境规制和经济增长之间的内在机制和影响因素,为地方政府乃至国家经济与环境协调发展提供决策与参考。

第二节　环境规制与地区经济增长的运行机理

一、影响地区经济增长的因素

区域经济增长理论和主流经济学的发展是一脉相承的,先后出现了传统地区经济增长理论和现代地区经济增长理论。传统地区经济增长理论主要指新古典区域经济增长理论和极化增长理论。新古典区域经济增长学派基本观点是:地区经济增长源于地区的资本、劳动力及土地等生产要素的禀赋,以及地区之间要素报酬的差别将会通过要素流动趋向均衡,市场机制的作用最终会消除地区之间人均收入的差别,实现地区经济的均衡增长(陈秀山等,2003)。其中,以索洛(1956)发表《对经济增长理论的贡献》论文最著名,以此作为新古典增长理论模型的研究起点。自此之后,一大批发展经济学家结合欠发达地区研究,提出罗森斯坦·罗丹的"临界最小努力命题"理论、"大推进"理论,纳克斯的"贫困恶性循环"理论等均衡增长的理论。由于区域均衡理论是建立在严格假定的基础上,与现实情况有一定距离。作为对该理论的批判,在20世纪50年代以佩鲁、缪尔达尔、郝希曼为代表的一批经济学家提出区域非均衡理论,他们强调自发的市场力量使区域发展的差别不是趋向缩小,而是扩大。由于经济落后地区的资本有限,不可能大规模地投向所有部门,要实现这些地区的经济增长,就只能集中资本投入几类有带动性的部门,通过有带动性部门的经济优先发展,促使整个区域的经济得到增长。

随着收益递增—不完全竞争模型的建模技巧的突破与推广,越来越多的学者运用规模报酬递增的生产函数和不完全竞争的假定来研究地区经济增长问题,其中,以新增长理论和新经济地理理论最为著名。新增长理论以罗默、卢卡斯、杨小凯和诺斯为代表的经济学家分别从技术变化、人力资本积累、分工演进和制度变迁的角度,提出了新的经济增长模型,使经济增长理论研究的侧重点和方向发生了转移(虞晓红,2005)。他们研究以技术进步内生化为主线,强调知识积累是经济增长的重要驱动力,也是经济增长的结果,二者循环互动、相互作用。以克鲁格曼等为代表的新经济地理学,采用收益递增—不完全竞争模型的建模技巧对空间经济结构与变化过程进行重新考察,说明了制造业企业倾向于将区位选择在市场需求大的地方,但大的市场需求又取决于制造业的分布,从而形成"中心—外围"空间格局。因此,他们用规模经济、外部性、聚集经济来解释区域经济非均衡增长的因素与机制。

尽管涉及地区经济增长源泉的探讨众多,上述学派关于地区经济增长的研究已经达成较为广泛的共识。但是,在地方分权下环境规制对地区经济增长的影响并没有得到较多研究,环境规制对经济增长影响效果如何更是较少。因此,接下来,我们阐述两者之间的运行机理。

二、环境规制与经济增长的作用机理

在文献综述中,我们已经涉及新古典与波特假说分别阐述环境规制"不利说"与"有利说"。在这一节中我们将重点阐述两种学说的内在运行机理。

1. 环境规制不利于地区经济增长

我们遵循古典经济学的研究思路,以企业成本以例,说明环境规制对企业成本的影响,见图10-4。

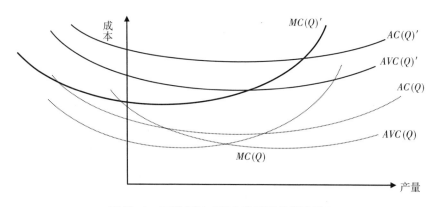

图10-4 环境规制对经济发展不利说的原理

资料来源:袁媛:《中国环境管制对产业国际竞争力影响研究》,山东大学2008年硕士学位论文。

在没有环境规制约束条件下, $C(Q) = TVC(Q) + TFC(Q)$,其中, $TVC(Q)$ 为可变成本, $TFC(Q)$ 为固定成本。 $AC(Q) = \dfrac{TVC(Q) + TFC(Q)}{Q} = AVC(Q) + AFC(Q)$ 。其中, $AC(Q)$ 为平均成本, $AVC(Q)$ 为平均可变成本, $AFC(Q)$ 为平均固定成本。 $MC(Q) = \lim\limits_{\Delta Q \to 0} \dfrac{\Delta C(Q)}{Q}$, $MC(Q)$ 为边际成本。

当政府采取污染防治措施使企业污染排放量减少,在一定技术水平下,排污量在一定程度上与产量呈正向关系,所以政府环境排放标准可以看成是产量的函数,则有 $TVC_e(Q) = \beta Q$ 。其中, $TVC_e(Q)$ 为企业的污染治理成本函数,它属于可变成本, β 为污染排放量与产出之间的比例。

所以, $C(Q)' = TVC(Q)' + TFC(Q) = [TVC(Q) + TVC_e(Q)] + TFC(Q)$

$$AC(Q)' = \frac{TVC(Q)' + TFC(Q)}{Q} = [AVC(Q) + \beta] + AFC(Q);$$

$$MC(Q)' = MC(Q) + \beta$$

其中，$C(Q)'$、$AC(Q)'$、$MC(Q)'$ 分别表示实施环境排放标准后的总成本、平均成本、边际成本。因此，从图 10-4 可以看到，在环境规制约束下，总成本曲线、平均成本曲线、边际成本曲线均上移 β 个单位。

由此可见，在信息完全条件下，其他条件保持不变，厂商从事成本最小化的决策行为。一旦面临严格的环境规制，企业将会产生间接与直接成本，造成企业成本增加，伤害企业竞争力。

2. 环境规制有利于提高地区经济增长

波特假说建立在厂商面临高度不完全的信息和瞬息万变的环境（技术、产品、生产以及市场需求），并且存在 X—非效率的潜在改进空间，厂商进行利润最大化的决策行为。经由严格的环境规制，将刺激厂商进行创新活动，产生成本抵消效果，有利于经济增长，使经济竞争力提升（孙玉明，2001）。其运行机理在于：创新补偿和市场先发优势两条路径（见图 10-5）。

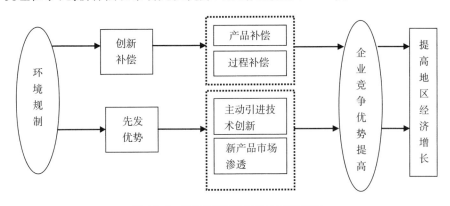

图 10-5 环境规制有利说的运行机理

资料来源：陈果：《环境管制对 FDI 区位分布影响的实证研究》，湖南大学 2008 年硕士学位论文。

波特认为,"创新补偿"(innovation offsets)以产品补偿和过程补偿的方式,不仅影响了产品自身,而且影响其相关生产过程。在某种程度上,创新补偿可能超过遵循成本(compliance cost),提高企业生产率,提升其产品的竞争力。另一个实现途径则是依靠先动优势。当环境规制正预见并反映了环境保护的趋势时,该地区企业就可能从率先实行的管制中获得竞争优势。获得先动优势的企业能主动引进技术创新,而无须受到环境规制的约束;可以用新产品实行市场渗透,从而阻止竞争对手的进入。

因此,政府恰当设计的环境规制可以激发被规制企业的创新,产生效率收益。相对于不受规制的企业,这可能会导致绝对竞争优势的产生。由此,环境规制通过刺激创新可对本国企业的国际竞争力产生正面影响。

三、经济增长的空间异质性

技术溢出的根源在于知识的外部性。知识从本质上来讲,它是非竞争性和只有部分排他性。非竞争性使增加知识使用者导致的边际成本基本上可以忽略不计。公共领域的一般性知识不具有排他性,即使受知识产权保护的私有领域的专业化知识,也不能完全拒绝其他研究者或生产者学习他们的思想(付森,2009)。以马歇尔—阿罗—罗默(Marshall-Arrow-Romer, MAR)为代表,可以看作技术进步的溢出效应的雏形。其基本观点:企业的新技术既能促进本企业生产具有排他性的产品,也能溢出到其他企业并促进这些企业的创新,这些创新的技术知识又会溢出,从而形成不间断的企业间相互知识溢出,使创新收益递增(张玉明,2008)。

然而,基于内生增长理论的 MAR 效应的研究并没有研究技术溢出的空间特征。也就是说,他们没有区分或者考虑全域知识溢出与局域知识溢出的差异在创新及增长中的影响(蒋伟、刘牧鑫,2011)。但是,新经济地理学的动态模型将知识空间溢出和经济集聚联系起来,对内生经济增长理论进行了扩展。克鲁格曼(Krugman,1991)借用萨缪尔森(Samuelson)提出的"冰山交易"

技术作为处理运输成本的手段,来解释经济空间的异质性,着重强调了动态积累过程(Fingleton 等,2006)。鲍德温(Baidwin,2000)通过建立模型将外溢效应与空间因素结合起来,分析了知识溢出对经济活动的空间分布以及对经济增长率的影响。藤田昌久和蒂斯(Fujita 和 Thisse,2002)提出结合内生增长理论和新经济地理学中心—外围模型的动态模型,解释了知识溢出、制造业活动分布和经济增长之间的相互影响关系。

　　综上所述,目前已有研究虽然对上述问题均有不同程度的研究,但是主要集中在环境规制与经济增长的关系探讨上,或者在地方政府环境规制的竞争形态的识别上,因此,本书研究的目的,正是希望在前人研究的基础上,以地区经济发展阶段为研究背景,以动态性为本质特征,建立一个含有环境规制、空间溢出与经济增长的统一系统的理论分析框架,以此来系统考察环境规制与地区经济增长的内在机制和影响因素。

第三节　环境规制强度、空间异质性
与地区工业经济增长

一、研究方法

1. 空间计量模型设定

　　本节的目的是建立一个环境规制与地区工业经济增长的实证分析框架,以验证上一章提出的待检验的理论假说。因此,在具体实证研究中,我们需要构建考虑空间依赖性的环境规制与地区工业经济增长的计量模型。拟采用空间滞后固定效应(SAR)模型和空间误差(SEM)固定效应。两者的区别在于:前者考察被解释变量在一个地区是否有扩散现象(溢出效应);而后者考察因变量的误差冲击对本地区的空间影响程度。

（1）空间滞后固定效应（SAR）模型的设定

$$LIndugrowth_{it} = \alpha_i + \beta \ln ER_{it} + \gamma \ln Z_{it} + \rho \sum_{j=1}^{n} w_{ij} TECH_{jt} + \mu_{it} + \lambda_{it} + \varepsilon_{it}$$

$$(10-1)$$

其中，$Indugrowth_{it}$ 表示第 i 个城市第 t 期工业企业经济增长率；ER_{it} 表示第 i 个城市第 t 期的环境规制强度；Z_{it} 为控制变量，如企业规模、政府科研经费支出强度；ε_{it} 为不可观测的误差项，服从 $\varepsilon_{it} \sim N(0, \sigma^2)$，用于表示其他变量对工业企业技术进步产生影响但是没有被 ER_{it} 包括的因素。μ_{it} 和 λ_{it} 分别表示空间和时间固定效应[①]。w_{ij} 为空间权重，并且 $0 \leqslant w_{ij} \leqslant 1$，$w_{ii} = 0$，它刻画了地区间的空间关联性。在空间权重设置上，我们与上一章采取同样的设置方法：地理空间权重矩阵、经济空间权重、人口空间权重。ρ 表示空间自回归系数，衡量地区经济增长的空间溢出效应的作用方向。若 $\rho > 0$，则地区经济增长存在正向空间溢出效应，并且相邻城市的经济增长对本地的经济增长具有正向作用；若 $\rho < 0$，则地区经济增长存在负向空间溢出效应，并且相邻城市的经济增长对本地经济增长具有负向作用；若 $\rho = 0$，则地区间经济增长不存在空间溢出效应。

（2）空间误差固定效应（SEM）模型的设定

$$TECH_{it} = \alpha_i + \beta \ln ER_{it} + \gamma \ln Z_{it} + \mu_{it} + \lambda_{it} + \eta_{it} \qquad (10-2)$$

$$\eta_{it} = \lambda \sum_{j=1}^{n} w_{ij} \eta_{jt} + \varepsilon_{it} \qquad (10-3)$$

式（10-2）和式（10-3）与式（10-1）不同点在于：λ 表示空间自相关系数，衡量相邻地区经济增长的误差冲击对本地区空间溢出效应的作用方向。与空间自回归系数相比，它的空间溢出表现在经济增长的误差冲击，而非经济增长本身上。

---

① 在实证分析中，我们分别采用地区固定效应、时间固定效应、双固定效应三种形式进行检验，根据相关统计量优劣程度报告其中一种效应的估计结果。

2. 空间权重矩阵设定

空间权重矩阵在空间计量模型里是外生给定的,选用合理的空间权重矩阵设置形式是空间计量分析的关键。最常用的空间结构设定方法,是通过结构化的空间矩阵外生给定的方法。然而这一方法往往会造成空间矩阵的误判(孙洋,2008)。因此,本书运用多维度的空间权重矩阵进行估计。

第一,地理意义下的空间权重矩阵为 W^G。若相邻城市 i 和 j 有共同的边界,则对应元素为 $w_{ij}^G = 1$,否则设定为 $w_{ij}^G = 0$ [1],并对 W^G 做矩阵行和单位化。

第二,经济意义下的空间权重矩阵 W^E。借鉴林光平等(2006)设定,采用两个地级市经济发展水平差距的倒数来设定,定义为:

$$W_{ij}^E = \frac{1}{|\bar{Y}_i - \bar{Y}_j|} \ i \neq j \ ; \ W_{ij}^E = 0, \ i = j \tag{10-4}$$

其中,$\bar{Y}_i = \sum_{t=T_0}^{T} Y_{it}/(T - T_0)$,$Y_{it}$ 表示 i 个城市第 t 年份的地区 GDP,$\bar{Y}_i$ 为 i 个城市在 2004—2009 年地区生产总值的平均值。容易发现:与 W^G 类似,我们也对 W^E 做矩阵行和单位化。

第三,城市规模意义下的空间权重矩阵 W^P。沿用姚永玲、赵霄伟(2012)的城市空间权重的设定,若 $POP_{i(j)} > POP_{j(i)}$,$i \neq j$,则 $W_{ij}^P = 1/(POP_{i(j)}/POP_{j(i)})$ 表示如果两个城市之间相邻,并且第 i 个城市人口规模大于第 j 个城市人口,则人口空间权重采用 $W_{ij}^P = 1/(POP_i/POP_j)$。我们也对 W^P 做矩阵行和单位化。

二、变量选择与数据说明

根据数据可获得性,我们选取 2004—2009 年 276 个地级市以上的数据[2],

---

① 我们采用各城市经纬度运用由 Elhorst 编写程序语言计算各城市的地理边界,并结合中国动态地图网 http://www.webmap.cn 的中国地级市行政区划的相关信息进行校正而得。

② 之所以选择这一区间,有两个原因:第一,根据张文彬等(2011)的经验研究表明:在落实科学发展观,2004 年作为政府环境规制强度出现明显转折点的年份;第二,从地级市以上城市经验数据的可获得性来说,只能从 2003 年开始。

对环境规制与经济增长的关系进行实证检验。

被解释变量:经济增长指标采用规模以上工业企业总产值实际增长率(2003 年 = 100),根据工业品出厂价格指数平减至 2003 年。

解释变量:借鉴阿里克·莱文森(Arik Levinson,1999)、朱平芳和张征宇(2011)关于环境污染排放量的综合指数构建,作为环境规制的代理变量。基本思路:通过构建不同污染物排放强度在全国范围内的相对位置,然后加权平均城市各类污染排放强度的相对水平,以此考察该城市环境污染治理的努力程度。构建为:

第一步,界定第 i 个城市环境污染排放强度:

$$E_{l,it} = \frac{e_{l,it}}{Y_{it}} \tag{10-5}$$

其中,$e_{l,it}$ 表示第 i 个城市第 t 期第 l 种污染物体的排放总量;Y_{it} 表示第 i 个城市第 t 期实际工业增加值(2003 年 = 100);$E_{l,it}$ 表示第 i 个城市第 t 期第 l 种污染物体的排放量强度。

第二步,界定全国环境污染排放强度。

$$\widehat{E_{l,it}} = \sum_{i=1}^{276} \frac{e_{l,it}}{Y_{it}} \tag{10-6}$$

其中,$\widehat{E_{l,it}}$ 表示全国第 t 期第 l 种污染物体的排放量强度。

第三步,将式(10-5)与式(10-6)相除,得:

$$ER_{l,it} = E_{l,it} / \widehat{E_{l,it}} \tag{10-7}$$

其中,$ER_{l,it}$ 表示第 i 个城市第 t 期第 l 种污染物体的排放强度的相对位置。$ER_{l,it}$ 的数值越大并超过 1,表示第 i 个城市第 t 期第 l 种污染物体的排放量强度在全国范围内越是相对地高,则表示环境规制强度越放松。由于 $ER_{l,it}$ 本身是一个无量纲的变量,因此可以得到:

$$ER_{it} = 1/3 \times (ER_{1,it} + ER_{2,it} + ER_{3,it}) \tag{10-8}$$

其中,污染物重点考察工业废水排放量、工业 SO_2 排放量、工业烟尘排放量。

在实证分析中,我们对环境污染排放综合指数进行逆处理,即 $1/ER_{it}$ 表示:某一个城市污染排放综合指数越高,表明某个城市的环境污染治理越努力,实行较为严格的环境;反之,环境规制力度较弱。

控制变量:基于企业和城市层面来考虑控制变量。企业层面:资本存量和就业人数;城市层面:政府干预经济活动和城市人口密度。

Captial 采用各城市规模以上工业企业的固定资产净值年平均余额表示资本指标[①],并根据历年固定资产价格指数进行平减[②],表示工业企业资本在经济发展中起到非常关键的作用。

$$Capital = \frac{实际工业企业固定资产净值平均余额}{工业\ GDP} \quad （2003\ 年 = 100）$$

Labor 表示城市工业企业就业人数。

Gov 采用各城市政府财政支出占真实 GDP(2003 年 = 100)的比例,表示政府干预经济程度。政府对新兴产业、新能源行业的投资与扶持,对工业经济增长具有较强的作用。

Popden 采用各城市总人口占土地面积的比重。

本书所使用的原始数据来源于 2004—2009 年的《中国城市统计年鉴》和《中经网统计数据库》《中国环境统计年鉴》《中国统计年鉴》。其中,环境规制综合指数、工业企业资本存量、工业就业人数、政府干预经济程度、人口密度等变量来源于《中国城市统计年鉴》和《中经网统计数据库》,而工业品出厂价格指数、固定资产价格指数来源于《中国统计年鉴》。为了得到平衡面板数据,对少数年份的缺失数据根据增长率进行估算完成。

---

① 理想做法:利用永续盘存法估算出工业企业的资本存量,但是,由于缺乏基年的固定资产投资的数据,故采用大多数文献采用的固定资产净值年平均余额的变量。

② 采用城市所在省份的数据替代(下同)。

三、实证结果与分析

1. 全国层面的估计结果

表 10-1 给出在不同空间权重矩阵下环境规制与经济增长的空间面板回归检验。列(2)—列(4)分别是按地理加权、经济加权、人口加权作为空间权重矩阵而估计的结果(以下同)。

第一,在控制地区固定效应条件下,在三种空间矩阵权重中,LM 空间滞后模型和稳健的 LM 空间滞后的检验值均在 5% 显著性水平下,拒绝原假设;而稳健的 LM 空间误差的检验值在 10% 显著性水平下,不能拒绝原假设。因此,选择空间滞后模型(SAR)更为合理。

表 10-1　全国环境规制与地区工业经济增长的实证分析结果

变量	地理加权(W^G)	经济加权(W^E)	人口加权(W^P)
$\ln(ER\_INDEX)$	$-0.1906(-16.78^{**})$	$-0.1792(-15.12^{**})$	$-0.1883(-16.50^{**})$
$\ln(Captial)$	$0.1472(10.95^{**})$	$0.1715(12.38^{**})$	$0.1439(10.68^{**})$
$\ln(Labor)$	$0.3860(16.88^{**})$	$0.4003(16.93^{**})$	$0.3810(16.60^{**})$
$\ln(Gov)$	$0.3044(13.07^{**})$	$0.3752(16.29^{**})$	$0.3127(13.50^{**})$
$\ln(Popden)$	$0.0070(0.43)$	$0.0099(0.59)$	$0.0072(0.45)$
$\rho(\lambda)$	$0.5580(33.53^{**})$	$0.4770(30.94^{**})$	$0.5530(33.42^{**})$
LR 检验	$3383.27[p=0.000]$	$3338.62[p=0.000]$	$3380.02[p=0.000]$
R^2	0.9081	0.9036	0.9081
似然比值	1394.13	1318.32	1386.71
地区固定效应	是	是	是
时间固定效应	否	否	否
LM test spatial lag	$814.44[p=0.000]$	$561.09[p=0.000]$	$782.04[p=0.000]$
$Robust\ LM\ test\ spatial\ error$	$421.73[p=0.000]$	$356.40[p=0.000]$	$419.40[p=0.000]$
$LM\ test\ spatial\ error$	$420.61[p=0.000]$	$206.16[p=0.000]$	$378.04[p=0.000]$

续表

变量	地理加权（W^G）	经济加权（W^E）	人口加权（W^P）
Robust LM test spatial error	27.91[p=0.275]	1.47[p=0.225]	15.38[p=0.000]
模型类型	SAR	SAR	SAR
观察值	1656	1656	1656

注：*、**、*** 分别表示在1%、5%和10%的水平下显著。括号内表示 t 统计值（以下同）。

第二，在三种空间权重设定下，空间自相关系数 ρ 的估计值在（0.4770—0.5580）区间中，并且在5%显著性水平下，拒绝原假设。表明：一个地区工业经济增长水平不仅取决于自身的因素，而且还受到相邻地区的"带动"影响。其中，地理邻近性的空间自回归系数较高，平均来说，某一地区的相邻城市的地区工业经济增长每提高1%，本地工业经济增长也会提高0.55个百分点。

第三，在三种空间权重设定下，环境规制强度均在5%显著性水平下，拒绝原假设，表明在统计意义上显著。并且，平均来看，环境规制强度每增加1%，地区工业经济增长水平将下降0.18%左右。这个结论与章泉（2008）、张成等（2011）、张三峰等（2011）得出不同结论，这主要由于采取时间样本、技术方法不同。回归结果表明，虽然说中国工业企业在一定程度上有能力接受较为严格的环境标准（金碚，2009），但是实施较为合适的环境规制政策促使企业朝着又好又快方向发展，面临着难题。中国经济社会在"十二五"时期面临着重大转型，提高环境门槛，对不同地区的企业来说，效果也会有所不同。从实证结果来看，2004—2009年，提高环境规制强度，中国地级市以上的工业企业增长率却是下降的，支持"新古典假说"。

第四，从控制变量来看，政府在地区工业经济增长中扮演着重要角色。政府干预经济程度每增加1%，地区工业经济增长率在0.4770%—0.5530%。其次，资本和就业投入对地区工业经济增长的影响比较大，这说明中国城市工业企业依然是以劳动密集型、资本密集型产业为主的经济增长模式。最后，城市规模等级对地区工业经济增长作用不显著,这说明城市人口密度对工业企业增长的贡献较弱。

2. 地区层面的估计结果

表10-2与表10-3分别给出在三种空间权重矩阵设定下东部地区、东北地区、中部地区、西部地区环境规制强度与地区经济增长的实证结果。

表10-2　环境规制与工业经济增长的实证结果(东部地区和东北地区):
基于环境污染综合指数的视角

变量	东部地区			东北地区		
权重选择	地理加权 (W^G)	经济加权 (W^E)	人口加权 (W^P)	地理加权 (W^G)	经济加权 (W^E)	人口加权 (W^P)
ln(ER_INDEX)	−0.1692 (−19.25**)	−0.1420 (−7.72**)	−0.1675 (−9.24**)	−0.2677 (−7.99**)	−0.2290 (−6.60**)	−0.2692 (−8.05**)
ln($Captial$)	0.2001 (10.95**)	0.2161 (8.14**)	0.2008 (7.68**)	0.2668 (5.07**)	0.2862 (5.38**)	0.2720 (5.19**)
ln($Labor$)	0.7311 (16.88**)	0.7252 (16.81**)	0.7256 (16.89**)	0.71342 (3.14**)	0.1366 (3.09**)	0.1251 (2.93**)
ln(Gov)	0.3977 (13.07**)	0.3994 (7.45**)	0.3974 (7.59**)	0.7071 (9.27**)	0.7554 (9.97**)	0.6957 (9.19**)
ln($Popden$)	0.0107 (0.68)	0.0132 (0.83)	0.0091 (0.60)	−1.3026 (−2.50**)	−1.009 (−1.88***)	−1.3086 (−2.52**)
$\rho(\lambda)$	0.3699 (13.70**)	0.3499 (13.35**)	0.3669 (13.80**)	0.4640 (9.34**)	0.3889 (8.61**)	0.4699 (9.66**)
LR 检验	1288.86 [p=0.000]	3338.62 [p=0.000]	3380.02 [p=0.000]	356.06 [p=0.000]	319.36 [p=0.000]	350.72 [p=0.000]
R^2	0.9438	0.9421	0.9441	0.8724	0.8771	0.8730
似然比值	1288.87	1245.93	1296.82	156.77	1245.93	1296.82
地区固定效应	是	是	是	是	是	是
时间固定效应	否	否	否	否	否	否
LM test spatial lag	161.55 [p=0.000]	129.18 [p=0.000]	171.91 [p=0.000]	72.77 [p=0.000]	45.57 [p=0.000]	69.18 [p=0.000]

续表

变量	东部地区			东北地区		
Robust LM test spatial error	106.16 [p=0.000]	87.09 [p=0.000]	107.49 [p=0.000]	21.03 [p=0.000]	20.86 [p=0.000]	21.23 [p=0.000]
LM test spatial error	60.23 [p=0.000]	42.34 [p=0.000]	71.32 [p=0.000]	64.80 [p=0.000]	24.91 [p=0.000]	58.09 [p=0.000]
Robust LM test spatial error	4.84 [p=0.028]	0.24 [p=0.618]	6.90 [p=0.009]	13.05 [p=0.000]	0.21 [p=0.648]	10.14 [p=0.001]
模型类型	SAR	SAR	SAR	SAR	SAR	SAR
观察值	510	510	510	204	204	204

表 10-3 环境规制与工业经济增长的实证结果（中部地区和西部地区）：
基于环境污染综合指数的视角

变量	中部地区			西部地区		
权重选择	地理加权 (W^G)	经济加权 (W^E)	人口加权 (W^P)	地理加权 (W^G)	经济加权 (W^E)	人口加权 (W^P)
ln(ER_INDEX)	−0.1822 (−7.59**)	−0.1662 (−6.55**)	−0.1826 (−7.53**)	−0.1757 (−9.19**)	−0.1930 (−9.66**)	−0.1710 (−8.80**)
ln($Captial$)	0.1177 (4.55**)	0.1464 (5.48**)	0.1153 (4.41**)	0.0943 (4.79**)	0.1106 (5.39**)	0.0891 (5.19**)
ln($Labor$)	0.4624 (9.33**)	0.4911 (9.61**)	0.4641 (9.29**)	0.3646 (7.60**)	0.3571 (7.08**)	0.3596 (7.39**)
ln(Gov)	0.3382 (7.02**)	0.4304 (9.07**)	0.3599 (7.39**)	0.2082 (6.19**)	0.2979 (8.95**)	0.2184 (6.47**)
ln($Popden$)	0.0066 (0.23)	0.0373 (1.27)	0.0025 (0.09)	−0.4032 (−1.97**)	−0.2076 (−0.97)	−0.3682 (−1.77**)
$\rho(\lambda)$	0.5079 (15.24**)	0.4099 (13.30**)	0.4959 (14.81**)	0.6620 (9.34**)	0.5660 (21.37**)	0.5549 (22.46**)
LR 检验	887.15 [p=0.000]	914.08 [p=0.000]	3380.02 [p=0.000]	946.19 [p=0.000]	963.41 [p=0.000]	934.02 [p=0.000]
R^2	0.9443	0.9422	0.9441	0.9020	0.8771	0.8908
似然比值	887.14	914.08	883.53	946.18	963.41	934.01
地区固定效应	是	是	是	是	是	是
时间固定效应	否	否	否	否	否	否

变量	中部地区			西部地区		
LM test spatial lag	146.77 [p=0.000]	102.73 [p=0.000]	137.01 [p=0.000]	300.36 [p=0.000]	202.66 [p=0.000]	277.22 [p=0.000]
Robust LM test spatial error	145.86 [p=0.000]	140.51 [p=0.000]	140.26 [p=0.000]	193.88 [p=0.000]	152.19 [p=0.000]	183.20 [p=0.000]
LM test spatial error	15.34 [p=0.000]	4.54 [p=0.033]	13.52 [p=0.000]	106.85 [p=0.000]	57.41 [p=0.000]	95.47 [p=0.000]
Robust LM test spatial error	14.43 [p=0.000]	42.33 [p=0.000]	16.76 [p=0.000]	0.38 [p=0.538]	6.94 [p=0.008]	1.45 [p=0.229]
模型类型	SAR	SAR	SAR	SAR	SAR	SAR
观察值	474	474	474	468	468	468

(1)东部地区

表 10-2 中的列(2)—列(4)是当环境污染综合指数作为环境规制指标时,东部地区环境规制强度与经济增长的空间面板回归检验。在比较 *LMlag*、*LMerror* 检验值后,我们选择控制地区固定效应的 *SAR*(空间滞后)模型。第一,在三种空间权重设定下,空间自相关系数 ρ 的估计值在 5% 显著性水平下,拒绝原假设。其中,地理邻近性的城市间生产技术的空间溢出作用较大。平均来说,某一地区的相邻城市的工业经济增长,会通过不同空间权重矩阵,以0.3699 个百分点的空间乘数效应传递到本地区。第二,在三种空间权重设定下,环境规制强度均在 5% 显著性水平下拒绝原假设。平均来看,东部地区环境规制与地区工业经济增长作用呈负相关。环境规制每提高 1%,东部地区工业经济增长率将下降 0.1420%—0.1692%,实证结果并不支持"波特假说"。但是,我们也注意到对东部地区工业经济增长影响最大的因素是劳动力投入,平均来看,在 0.272—0.73 个百分点。

(2)东北地区

表 10-2 中的列(5)—列(7)是当环境污染综合指数(*ER_INDEX*)作为环境规制指标时,东北地区环境规制强度与经济增长的空间面板回归检验。在

比较 *LMlag*、*LMerror* 检验值后,我们选择控制地区固定效应的 *SAR*(空间滞后)模型。第一,在三种空间权重设定下,空间自相关系数 ρ 的估计值在5%显著性水平下,拒绝原假设。其中,城市规模水平相接近的邻近地区工业经济增长作用较大。平均来说,城市规模等级相邻地区的工业经济增长会以0.4699个百分点的空间乘数效应传递到本地区。第二,在三种空间权重设定下,环境规制强度均在5%显著性水平下拒绝原假设。平均来看,东北地区环境规制与工业经济增长作用呈负相关。东北地区环境规制每提高1%,地区工业经济增长率将下降0.2290%—0.2692%,实证结果并不支持"波特假说"。第三,政府干预经济程度对东北地区的工业经济增长作用较高,达到0.7个百分点左右。

(3)中部地区

表10-3中的列(2)—列(4)为中部地区环境规制强度与经济增长的空间面板回归检验。在比较 *LMlag*、*LMerror* 检验值后,我们选择控制地区固定效应的 *SAR*(空间滞后)模型。第一,在三种空间权重设定下,空间自相关系数 ρ 的估计值在5%显著性水平下,拒绝原假设。其中,地区工业经济增长的空间溢出作用非常接近。平均来说,与某一个相邻近地区的工业经济增长,以0.5个百分点的空间乘数效应传递到本地区。第二,在三种空间权重设定下,环境规制强度均在5%显著性水平下,估计值非常接近。平均来看,环境规制强度每增加1%,中部地区工业经济增长率将下降0.14—0.16个百分点。但是,对中部地区工业经济增长影响最大的是劳动力投入强度,在0.46—0.49个百分点。

(4)西部地区

表10-3中的列(5)—列(7)为西部地区环境规制强度与经济增长的空间面板回归检验。在比较 *LMlag*、*LMerror* 检验值后,我们选择控制时间固定效应的 *SAR*(空间滞后)模型。第一,在三种空间权重设定下,空间自相关系数 ρ 的估计值在5%显著性水平下,拒绝原假设。其中,城市规模等级接近的经济

增长的空间溢出作用较大。平均来说,与城市规模接近的邻近地区的工业经济增长水平,以 0.5549 个百分点的空间乘数效应传递到本地区。第二,在三种空间权重矩阵下,环境规制强度在 5% 显著性水平下,均拒绝原假设。并且,环境规制在 2004—2009 年是工业经济增长的制约性因素。平均来说,每提高一个单位环境规制强度,西部地区工业经济增长率将下降 0.1710—0.1930 个百分点。

第四节　主要结论与政策建议

一、基本观点和主要结论

本书以地区经济发展阶段为研究背景,通过理论分析和实证研究,揭示地区环境规制和经济增长之间的内在机制和影响因素,为地方政府乃至国家经济与环境协调发展提供决策与参考。本章的基本观点和主要结论为:

实施严格的环境规制强度,将导致地区工业经济增长速度放缓。在理论分析中发现,在不考虑技术创新条件下,环境规制将成为企业生产成本之一,不利于地区经济增长。从实证检验中,环境规制对经济增长的作用具有地区差异性。其中,东北地区环境规制对经济增长的负向作用最为明显,其次为中部地区和西部地区,最弱为东部地区。因此,各级政府应该结合地区经济发展所处阶段,合理妥善地运用环境规制手段,适度提高环境规制门槛。加强环境规制手段,如何刺激和激励企业创新,成为实现经济增长和环境保护"双赢"的关键所在。

地区间经济增长具有正向的空间溢出效应。并且,不同地区经济活动的空间溢出作用大小不同,取决于空间权重矩阵结构形态。如东部地区以及中西部地区表现在地理上邻近性的空间效应更大些,东北地区表现在人口规模相似地区间的空间效应更大些。因此,需要充分发挥政府和市场的双重功能,加强地区间在经济发展合作与交流,建立跨地区、跨行业的长效环境污染治理合作机制,降低地区工业企业环境治理的成本和风险。尤其是欠发达地区可以通过接受发达地区经济辐射、技术传播与转移,加快使用新技术的速度,迈入集约型的技术进步行列,促进地区经济协调发展。

二、完善环境规制优化区域经济发展的政策建议

1. 推进科学的环保政绩考核体制

落实科学发展观,构建和谐社会,要求各级领导干部树立可持续发展观念和环境保护意识,因此考核官员的环保责任已经成为区域经济管理的重要手段。以 GDP 为核心的政绩考核,不利于区域的环境保护,阻碍地区优势的发挥和区域经济发展的转型。因此,推进地区行政官员政绩考核体制的改革,不再以 GDP 作为唯一的考核指标,而是建立具有综合指标的考核体系。要突出环境保护绩效在区域经济发展中的地位,可以考虑将节能减排绩效考核作为对地方政府官员选拔任用的重要考评指标,以此促进节能减排等经济发展的约束性目标的实现,并在考核的具体环节上将环保绩效的评估具体化。

2. 加强环境法制化管理和公众对环境保护的参与

到目前为止,我国颁布了不计其数的环境保护法律和规章制度,已经形成较为完备的环境管理体系。但是,随着工业化与城镇化的不断深入推进,环境法规的作用对象和适用范围均有所改变,这种变化对现行环境保护法律和法规提出了与时俱进的具体要求。为适应新的发展阶段,完善现有环境法律法规的各个行政机关执法的具体范围,防止环境法规执行过程中权利边界模糊带来的行政冲突和消耗,应加强部门间的协同和合作。在环境影响评价法上,要加强司法权在环境影响评价中的地位;要积极鼓励公众参与环境保护,有效发挥非政府组织(NGO)的作用,推行行政公务公开,行政执法的法律依据、执

法程序、执法结果等一律向社会公布,保障公众的环境知情权。对涉及公众环境权益的政策出台和重大建设项目的环境影响评价,要听取公众的意见。适时地调整和完善环境法规标准,健全绿色认证、环保标准等产品规范,保护先进的生产能力,淘汰落后的生产能力。

3. 大力推行环境税制度

在全球大力倡导低碳经济,并且随着以经济合作与发展组织成员的大力推行,环境税已经成为这些成员的主要税种之一,对引导资源合理配置、调整经济结构起到至关重要作用。中部地区的一些省份成为开征环境税制度的试点地区。我们建议环境税制度应与现有税费体制融合,参照能源增值税、特殊能源税制度,逐步提高对传统的高污染、高排放行业的税率,合理调整能源价格中的税款比例,达到节能减排的目的。增加对使用可再生能源的税收优惠,使征收与使用、惩罚与鼓励有机结合,使这项税收的制度安排尽可能完善。要根据经济发展情况实行地区差别性税率,中心城市和沿海地区经济发展水平较高,环境税的征收就应当有较高的标准,同时需要配套相应的税收返还机制,以鼓励企业将更多的资金投入环保当中去。中西部资源依赖型地区在环境税征收的初期阶段可以设立较低的税率,但需要有逐年提升的制度安排,配以政府财政补贴机制相结合。此外,可参照欧美国家实践经验,建立相应的污染治理和环境保护的专项基金,通过专项基金的使用来强化环境治理的物质基础。

4. 实施地区差异化的环境规制政策

受地区经济发展不平衡性的影响,环境问题具有区域性和跨区域性的特点。与我国区域经济发展水平呈现出的"东高西低"的格局相对应,环境污染却呈现出"东低西高"的格局,中央政府采取差异化的环境规制的政策工具势在必行。在经济发展水平较高的地区,或者城市规模较大的地区,政府应加大实施环境保护的力度、加大企业清洁型技术推广力度,加快产业结构调整与升级。要更多地实施市场化的环境规制,地方政府应更多地鼓励企业通过自愿减排而获得更多的政策性优惠。对于中西部后发地区或者城市规模较小的地区,政府应更多地实施强制性政策规制,防止高污染行业过度集中,同时也要有更多的政府政策性环保资金的投入。另外,由于跨区域的环境和生态问题越来越严重,而规制不健全、管理机制缺失,使环境和生态纠纷时有发生,建立跨区域的环境规制政策已经成为当务之急。要打破现有行政区划的限制,建立跨地区环境保护合作组织,建立起具有规划权和调控权的跨区域的环境与生态管理机构,解决地方政府无法解决的跨界环境与生态问题。

第十一章　我国地级市区域发展差距与
国土空间开发格局

第一节　区域发展差距测度方法及指标体系

一、区域发展差距测度方法

区域发展差距的定量研究大致起源于20世纪20年代初,1922年意大利经济学家基尼(Corrado Gini)根据国民收入分配洛伦兹曲线(Lorenz curve)定义并提出了计算收入不平等程度的基尼系数(Gini,1921;Gastwirth 等,1972)。之后近50年,以收入分配基尼系数为代表的区域经济差距问题一直是经济学界关注的热点问题(Bhattacharya等,1967;Fei等,1979;徐宽,2003)。

区域经济差距根据测量指标处理的不同可分为绝对差距和相对差距,绝对差距是指衡量区域经济发展水平的指标在量上的偏离程度,多用标准差、极差来测度;相对差距是指衡量区域经济发展水平的指标在比值上的偏离程度,多用相对极差、变异系数、基尼系数来测度。根据测量重心的不同可分为区域内部差距和区域间差距,主要使用泰尔指数中的二次分解实现对各区域内部和区域间差距的量化。

1. 区域经济绝对差距测度方法

（1）标准差（Standard deviation）

标准差是离均差平方的算术平均数的算术平方根,能够反映一个数据集的离散程度,是衡量区域经济发展水平绝对差距的一种常用方法。公式为：

$$S = \sqrt{\sum_{i=1}^{n} (Y_i - \bar{Y})^2 / n} \tag{11-1}$$

其中,Y_i 为第 i 区域的人均 GDP 值,$\bar{Y}$ 为所有区域人均 GDP 的均值,n 为区域个数。

（2）极差（Range）

极差是人均 GDP 最高区域与最低区域之差,反映的是区域间人均 GDP 变化的最大绝对幅度。公式为：

$$R = Y_{max} - Y_{min} \tag{11-2}$$

其中,Y_{max} 是所有区域中人均 GDP 的最大值,Y_{min} 是所有区域中人均 GDP 的最小值。

2. 区域经济相对差距测度方法

（1）相对极差（Relative range）

极差是计算一组数据最大值和最小值之间的差距,能够反映一组数据的最大差异,但容易受到极端值的影响。相对极差等于极差除以平均值,公式为：

$$RR = (Y_{max} - Y_{min}) / \bar{Y} \tag{11-3}$$

其中,Y_{max} 是所有区域中人均 GDP 的最大值,Y_{min} 是所有区域中人均 GDP 的最小值,$\bar{Y}$ 是所有区域中人均 GDP 的均值。

（2）变异系数（Coefficient of variation）

变异系数是标准差与平均值相比后的相对量,呈现的是区域经济指标与经济平均水平的差异程度,是衡量区域经济发展水平相对差距的一种常用方法。公式为:

$$CV = \sqrt{\sum_{i=1}^{n}(Y_i - \bar{Y})^2/n} \Big/ \bar{Y} \tag{11-4}$$

其中,Y_i 为第 i 区域的人均 GDP 值,$\bar{Y}$ 为所有区域人均 GDP 的均值,n 为区域个数。

（3）基尼系数（Gini coefficient）

基尼系数是指国际上通用的、用以衡量一个国家或地区居民收入差距的常用指标。常用的区位基尼系数其实是一种相对基尼系数,它将区域差距两两相加,再除以全部区域个数平方和区域指标均值后得出。能够从收入不平等的角度反映区域间发展的差距。卡克瓦里（1980）根据相关理论定义的区位基尼系数,公式为:

$$G = \frac{1}{2n^2\bar{y}}\sum_{i=1}^{n}\sum_{j=1}^{n}|y_i - y_j| \tag{11-5}$$

其中,y_i 和 y_j 分别表示第 i 区域和第 j 区域的人均 GDP 值或人均收入,$\bar{y}$ 为所有区域人均 GDP 或人均收入的均值,n 为区域个数。这种基尼系数其实是使用洛伦兹曲线以及 45 度线相交夹住的面积与等腰直角三角形面积的比值。取值范围为[0,1],越接近 1 表示收入越不平等,说明收入差距或经济发展差距程度越大。

（4）泰尔指数（Theil index）

泰尔指数又被称为泰尔熵标准（Theil's entropy measure）,是泰尔在 1967 年提出的运用信息理论中熵的概念计算收入不平等的方法。作为衡量个人之间或者地区之间收入差距（或者称不平等度）的指标,这一指数经常被使用。公式为:

$$T = \sum_{i}^{n} \left(\frac{y_i}{y}\right) \log\left(\frac{y_i/y}{p_i/p}\right) \tag{11-6}$$

其中, y_i 为第 i 区域的 GDP 值, p_i 为第 i 区域的人口数, y 为所有区域的 GDP 总值, p 为所有区域的人口总数, n 为区域个数。

若以省级行政单位为基本区域单元,则表示全国总体差距的泰尔指数,公式为:

$$T_p = \sum_{i} \sum_{j} \left(\frac{y_{ij}}{y}\right) \log\left(\frac{y_{ij}/y}{p_{ij}/p}\right) \tag{11-7}$$

其中, y_{ij} 为第 i 区域第 j 省的 GDP 值, p_{ij} 为第 i 区域第 j 省的人口数, y 为所有区域的 GDP 总值, p 为所有区域的人口总数, n 为区域个数。

表示区域差距的泰尔指数公式为:

$$T_{pi} = \sum_{j} \left(\frac{y_{ij}}{y_i}\right) \log\left(\frac{y_{ij}/y_i}{p_{ij}/p_i}\right) \tag{11-8}$$

其中, T_{pi} 代表 i 区域的省际差距, y_{ij} 为第 i 区域第 j 省的 GDP 值, p_{ij} 为第 i 区域第 j 省的人口数, y_i 为第 i 区域的 GDP 值, p_i 为第 i 区域的人口数。

泰尔指数与其他衡量区域经济差距的测度方法相比,最大的优点是可以将区域经济的总体差距分解为各区域内部差距和区域间差距,从而获知区内差距与区间差距对总差距的贡献程度,将式(11-7)分解为:

$$T_p = \sum_{i} \left(\frac{y_i}{y}\right) \sum_{j} \left(\frac{y_{ij}}{y}\right) \log\left(\frac{y_{ij}/y_i}{p_{ij}/p_i}\right) + \sum_{i} \left(\frac{y_i}{y}\right) \log\left(\frac{y_i/y}{p_i/p}\right)$$

$$= \sum_{i} \left(\frac{y_i}{y}\right) T_{pi} + T_{br}$$

$$= T_{wr} + T_{br} \tag{11-9}$$

其中, y_{ij} 为第 i 区域第 j 省的 GDP 值, p_{ij} 为第 i 区域第 j 省的人口数, y_i 为第 i 区域的 GDP 值, p_i 为第 i 区域的人口数, y 为所有区域的 GDP 总值, p 为所有区域的人口总数, T_{wr} 代表区域内省际差距, T_{br} 代表区域间差距。

20 世纪 70 年代开始，人们逐渐认识到健康、教育和公共福利等因素对居民生活的重要性(Sen,1991)，相关研究已不再局限于经济收入对比，考察对象和指标选取更多地倾向于社会领域。

1975 年，美国海外发展委员会的大卫·莫里斯(David Morris)提出了生活质量指数(Physical Quality of Life Index,PQLI)的概念和算法。生活质量指数由婴儿死亡率、平均寿命和 15 岁以上人口识字率 3 项指标构成，按同样的权数平均算出(Morris,1978)。生活质量指数从一个侧面反映一国或地区的人口健康状况和生活水平，常被应用于人口学和社会医学的研究中(梁鸿,1994)，用于评价欠发达国家或贫困地区的居民营养、健康和公共卫生状况；生活质量指数计算简单，易于理解，但未能反映全部社会福利，尤其不具测度"发展"的功效。

1990 年，联合国开发计划署(UNDP)发布的《人类发展报告》，针对仅采用人均 GDP 单一指标衡量人类发展的局限性，首次采用了由巴基斯坦籍经济学家马赫布·乌尔·哈克(Mahbubul Haq)和印度籍经济学家阿玛蒂亚·森(Sen Amartya,1998 年诺贝尔经济学奖获得者)提出的人类发展指数(Human Development Index,HDI)。人类发展指数考虑了健康、教育和国民收入 3 个要素，测算指标包括人均 GDP、预期寿命、成人识字率和综合入学率(UNDP,1990;Mahbub,1999)。人类发展指数在方法论上吸取了生活质量指数合理的内核，增补了人均 GDP。尽管人类发展指数和生活质量指数被当作世界通用的指标，但自发表或公布以来对它们的改进和完善从未停止过。

2005 年，经济学人智库(Economist Intelligence Unit,EIU)提出了一个新的生活质量指数，指数的计算基于 2005 年在 111 个国家和地区开展的一项反映主观生活满意度和客观生活质量的调查，包括物质福利、健康、政治稳定和安全、家庭生活、社区生活、气候和地理、就业率、两性平等和政治自由等指标(EIU,2005)。

2010 年联合国开发计划署对人类发展指数的指标和算法进行了改进:一是改用实际人均 GDP(即购买力平价指标)替代人均 GDP;二是增加了平均受教育年限;三是对各变量最大值、最小值的选择进行了修正(Barro 等,2010)。

历史地看,国际上关于区域发展差距的研究呈现从单要素、单指标走向多要素、多指标综合测度发展的趋势。

中国的区域发展差距研究在 20 世纪 80 年代以前,因经济社会数据的保密性,相关研究成果极为少见,规模性的工作始于 80 年代中后期。国内的研究虽取得了长足的进步,但总体上仍属于国际研究的后继跟进(王鹤,1986;梁鸿,1994;徐勇和樊杰,2014),尤其在要素和指标选择方面没有形成符合国情的完整体系,更未提出有别于国际的综合指标构建和测度方法。显然,建立符合国情、涵盖多要素、由多指标构成的指标体系已成为中国区域发展综合研究和追赶国际前沿的重要基础工作。

二、区域发展差距综合测度指标体系

1. 省级高质量发展指标体系

通过对前人研究成果的梳理总结,课题组以"创新、协调、绿色、开放、共享"新发展理念为理论指导,构建中国省级高质量发展指标体系。课题组坚持前瞻性、问题导向性、可操作性、整体监测与局部监测相结合的原则进行中国省级高质量发展评价指数。我们从新发展理念切入,将经济总量、创新、绿色、协调、开放、共享作为六个一级指标层,为全面、充分地反映一级指标代表的设计理念,在每个一级指标下设二级指标,每个二级指标对应 1—2 个三级指标,共计 18 个三级指标(见表 11-1)。

表 11-1 中国省际高质量发展评价指标体系

目标层	一级指标 （发展指标）	二级指标 （目标层）	三级 （指标层）	单位	属性
区域高质量 发展指标 体系	经济总量	经济增长强度	人均 GDP	元	正向
		投资水平	全社会固定资产投资额	亿元	正向
		消费水平	人均消费支出	元	正向
			社会消费品零售总额占 GDP 比重	%	正向
	创新	技术进步	全要素生产率（TFP）	—	正向
		创新投入水平	研发经费内部支出占 GDP 比重	%	正向
			每万人研发人员全时当 量	人年	正向
		创新产出水平	每万人专利申请授权数	件	正向
		创新成果 转化水平	技术市场成交额占 GDP 比重	%	正向
	绿色	节能减排	单位 GDP 废水排放量	吨/万元	负向
		绿色生活	建成区绿化覆盖率	%	正向
			生活垃圾无害化处理率	%	正向
	协调	产业协调水平	第三与第二产业产值比	%	正向
		城乡协调水平	城镇化率（城镇常住人 口/常住总人口）	%	正向
	开放	对外开放水平	进出口总额占 GDP 比重	%	正向
			实际使用外资金额	亿美元	正向
	共享	人民生活水平	人均可支配收入	元	正向
			低保人数占比（低保人 口/年末总人口）	%	负向

2. 地级市高质量发展指标体系

2020 年之后,我国贫困问题由绝对贫困转向相对贫困,对于相对贫困落后区域的认定、识别和瞄准,应当建立在对全国全部区域的整体划分基础上。同时,在我国贫困问题由绝对贫困变成相对贫困之后,需要考虑的返贫维度增多,不能利用简单的居民收入来划定。因此,对相对贫困落后地区的认定、识别和瞄准也应该从更加全面的维度展开。本书综合考虑以下三个维度的指标对地级相对落后区域进行划分:第一,经济规模。地区经济规模的大小直接反映了地区的经济实力,能直接反映地区的发展程度。第二,居民生活。经济发展的最终诉求就是居民的生活水平不断提升,尤其是落后地区的居民生活水平的提升更是值得关注的点。第三,基础设施和公共服务。基础设施和公共服务体现地区经济发展的潜力,能够进一步吸引更多的产业项目和劳动力(见表 11-2)。

表 11-2　地级单位发展质量综合指数及权重

一级指标及权重	二级指标及权重	单位
经济规模(40%)	人均地区生产总值(40%)	元/人
	人均地方财政收入(30%)	元/人
	工业化水平(30%)	亿元
居民生活(30%)	农村人均可支配收入(50%)	元/人
	人均社会消费品零售额(50%)	元/人
基础设施与公共服务(30%)	公路密度(50%)	公里/平方公里
	每万人口医疗卫生机构床位数(50%)	床/万人

衡量区域发展水平可以借鉴瑞士洛桑国际管理学院的国际竞争力指数综合评价方法,考虑数据可得性,确定地级单位发展质量综合指数。

计算综合指数所需的二级指标多是从人均角度衡量,以此反映地级单位的经济发展质量,并运用此综合指数计算基尼系数和泰尔指数来判断各地区的发展差距。其中,工业化水平是第二与第三产业产值加总,用以表示工业与服务业发展水平;公路密度是由公路里程数除以土地面积计算,反映交通基础设施发展水平。

3. 县、市、旗区发展测度综合指标

考虑县、市、旗区综合经济实力、居民收入与消费能力、公共服务与基础设施等情况,根据数据可得性,制定县、市、旗区发展指标体系(见表11-3)。

表11-3 县、市、旗区综合发展测度指标体系

一级指标	指标	权重
综合实力	人均 GDP	40%
人民生活	人均社会消费品零售额	40%
公共服务	万人床位数	20%

三、测算方法

借鉴瑞士洛桑国际管理学院的国际竞争力指数评价方法,我们利用 Stata 软件拟合出每个最细指标层(省级层面为三级指标、地市和县区级为二级指标)的指标的概率分布函数,按照下式求出其对应的概率值。

$$Z_i = F(X \leqslant X_i) \tag{11-10}$$

之后,如表11-1所示,按照均等权重将三级指标层的指标加权到二级指标层,再按照均等权重将二级指标层的指标加权到一级指标层,最后,再将一级指标层的六个维度,也即经济总量、创新、绿色、协调、开放、共享按均等权重也即1/6加权,得到各省份的高质量发展指数,并换算成百分制:

$$Y_i = 100A_iB_iZ_i \tag{11-11}$$

其中,A_i、B_i分别是指标所占权重。

第二节　我国城市间高质量发展差距的原因分析

我国地级单位①发展质量从东向西发展水平呈梯度下降,部分中西部省会城市的发展质量较高。

2019年8月,习近平总书记曾在《推动形成优势互补高质量发展的区域经济布局》中对区域协调发展指出"不平衡是普遍的,要在发展中促进相对平衡"的辩证观点,并对高质量发展新形势下的区域协调发展提出一些思路与主要举措。我国区域高质量发展需要以正确认识区域差距为前提。事实上,区域发展差距从新中国成立以来就是长期存在的问题:我国区域发展差距经历了从计划经济时期发展差距逐步缩小、到改革开放发展沿海城市后的区域差距再次拉大、再到区域协调发展战略实施后区域发展差距的重新缩小的过程。例如,以人均GDP为例,1952年人均GDP最高的东北地区和最低的西部地区相对差值为2.6倍,到1990年下降至1.9倍。自1991年起,东部地区人均GDP开始超过东北地区,居"四大板块"之首,并与其他区域的差距逐渐拉大,在2003年与最低的西部地区相对差值达到峰值2.5倍,并到2017年缩小至1.9倍,这反映出区域差距变化是受外部作用影响的动态演进过程。

从理论上说,区域发展差距除受外部因素变化影响外,更多的是由于区域内部发展禀赋(区位、人口、资源、科技、财税等)等无法对外部作用力作出合理反映所致。所以,区域经济能否顺利发展,甚至实现高质量发展,需要所在区域具备一定的经济基础,而不是忽视区域综合实力而脱离实际。同时,通过前文区域发展差距测度结果也能够印证地级单位实际发展水平与相应经济建设情况具有直接关系:发展较好的地级单位多是经济建设发展水平高的地区。经济建设发展水平是涵盖多个因素的综合体现,具体包括经济地理、经济发

---

① 地级单位是指我国334个地级行政区。截至2016年11月,在总计334个地级行政区中,有293个地级市、30个自治州、8个地区、3个盟。

展、人口、产业结构、科技创新、财税收入、交通设施、医疗保障等多个方面。其中,经济地理是决定地级单位发展的基础,优良的区位与经济环境为地级单位经济发展奠定坚实的基础,从而实现人口集聚来促进地级单位的产业集聚。随着产业集聚水平的不断提高,产业结构升级优化加快以满足地区人民基本生活与经济发展的实际需要,并通过知识溢出促进科技研发活动的常态化,从根本上提升了区域的可持续发展能力。进而,地方财税收入积累,扩大地方公共物品供给量,基础设施与社会生活保障质量提高,改善了区域的吸引力,实现高质量发展的全过程。

因此,在新时代背景下,结合区域经济发展新趋势,正确认识各区域的发展情况,对准确把握我国区域经济发展差距具有重要价值与意义。所以,本节以全国334个地级单位为分析区域发展差距的研究对象,根据高质量经济建设发展的基本需求,从经济地理、经济发展、人口、产业、科技、财税、交通、医疗等进行发展差距的多维分析,以期了解我国地级层面区域发展差距及其实际情况,并提出若干建议。

一、经济地理

区域经济发展的基本趋势离不开经济地理这一根本因素,经济地理的胡焕庸线格局、城市群载体与网络化趋势使我国区域发展质量呈现东高西低的特征。

从格局上看,我国已形成多支点、轴带经济和网络化发展的基本格局。其中,城市群等多支点建设不断拓宽我国区域经济发展格局,以"一带一路"、长江经济带为代表的轴带经济逐步优化产业转移模式,交通运输网络持续缩小我国时空距离。上述经济格局为我国区域经济协调发展,甚至缩小区域差距都起到重要作用,但是区域差距的产生,还受自然地理和区位的影响。从"四大板块"看,首先,我国东部地区气候温暖湿润、陆地水面较大、地势低缓、自然资源较为丰富,具有漫长的海岸线和天然的海上和内陆运输优势,是人口密集、经济发达、交通便利的地区。同时,作为改革开放和经济发展的先行区域,东部地区市场化水平高,经济活力大,尊重市场发展的基本规律,政府对资源配置和企业的干预相对较小,要素市场发育程度高。此外,东部地区非公有制经济发展水平较高,非国有企业贷款比例高于全国平均水平,市场中介组织发育较好,维护市场的法治环境不断改善。总之,东部地区经济基础雄厚、科技实力较高、工业经济发展迅速、城市化程度高、经济特区和沿海开放城市众多,为我国经济持续发展作出了重大贡献。

其次,我国中部地区地处中间地带,具有承东启西的重要战略地位。从地理位置上说,中部地区部分处在高原和盆地,而南部则为我国长江中下游平原,是著名的"鱼米之乡",同时河流纵横交错,内陆水域广阔,是发展水产的良好场所。同时,中部地区能源与矿产资源较为密集,能源资源、有色金属、非金属资源均较为充足,资源型城市发展迅速,工业依靠独特的自然资源与地理位置取得显著成果。同时,中部地区市场化水平中等,政府干预适中且政府规模处在全国平均水平,非公有制经济发展水平较高。但是,中部地区价格市场最为自由,价格由市场决定程度最高,商品受地方保护程度低。近年来,中部地区经济发展迅速,武汉市、郑州市、长沙市、合肥市等中心城市的经济增速高达8%,高于全国平均水平,反映出中部地区地级单位具有适宜的发展环境。此外,由于中部地区容易承接东部发达地区的先进技术、资金、管理经验,中部地区经济发展较为迅速。

再次,我国西部地区地处西半壁,幅员辽阔,地广人稀,所占土地面积超过全国国土面积的50%,具有地形复杂、自然条件多样,积聚煤、石油、水力、有色金属、稀有金属等丰富自然资源的特色,是我国重要的战略发展区域,经济发展潜力巨大。一方面,西部地区草地资源丰富,牧业发展历史悠久;另一方面,西部地区蕴藏着大量煤炭、石油、天然气等能源矿产资源,金属矿产资源也十分丰富。但在市场化水平方面,西部地区市场化水平低,多数省份需要政府干预以实现资源配置,政府规模不断扩大,同时非国有经济发展水平较差,国有企业贷款比例较高。当前,西部地区受自然条件和社会历史因素影响,是少数民族集中,经济发展水平较低的地区,但是随着科学技术的进步与西部大开发战略的深入开展,西部地区已较过去而言有了较大进步,并处在经济快速发展阶段,例如贵阳、遵义、银川等地级单位的经济增速在 2019 年排在全国前列。

最后,我国东北部地区在新中国成立以来长期扮演着重要角色,具有发展程度较高的工业基础设施,形成了机械、石油、化工、轻工和森林工业基地。区域内有大小兴安岭山区,同时东北地区气候湿润,气温低蒸发量小,适宜粮食作物生长,还有土层深厚、耕地辽阔的松嫩平原和三江平原,极其适宜于大规模机械化耕作。此外,东北地区市场化程度低于东部地区和中部地区,但优于西部地区。东北地区市场化水平中等,非国有经济发展水平较低,但板块内国有经济改革不断深入且取得一定成效,政府对企业的干预程度相较过去大幅减少,行业协会对企业的帮助程度在全国前列。但是,东北地区经济较为低迷,老工业基地改革初有成效但尚未起到优化区域发展模式的作用。

此外,经济地理格局的变化也受政府治理效能的影响,本书以行政区划为切入点。地级单位行政区划调整作为优化城市空间治理结构与提升经济绩效的方式之一,既能够改善资源错配和提高企业生产率,又能提高集聚经济效应,促进区域市场的进一步融合,这对地级单位发展具有正向积极作用。但是,行政区划调整需要以地级单位具有一定的经济发展实力和潜力为基础,否则不仅无法实现应有效果,而且还会消耗大量成本阻碍地区发展。从全国土地面积上看,我国地级单位行政区划面积存在较大差异,其中新疆维吾尔自治区巴音郭楞蒙古自治州土地面积高达 47.1 万平方公里,海南省三沙市土地面积为 20 平方公里。土地面积较大的地级单位主要分布在西部地区和东北部地区,东部地区特别是沿海地区的地级单位土地面积较小,中部地区次之。通过统计 2015—2017 年 334 个地级单位的土地面积数据,共有 234 个地级单位土地面积未发生变化,约占总量的 70%,但有 49 个地级单位的土地面积减少,

51 个地级单位的土地面积增加。

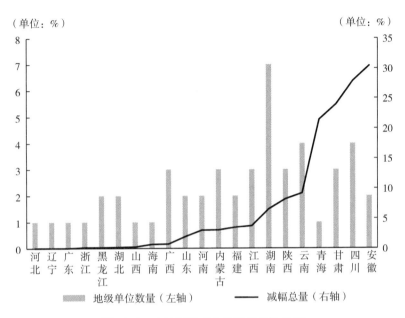

图 11-1　土地面积减少的地级单位分布

其中,49 个土地面积减少的地级单位主要集中在湖南省、四川省、云南省、安徽省等地,平均减少2.95%,其中四川省资阳市土地面积减幅最大,2015年资阳市土地面积为 7960 平方公里,而到 2017 年减至 5748 平方公里,减幅达到 27.79%;而安徽省、四川省、甘肃省、青海省等减幅程度较高,均超过20%(见图 11-1)。上述变化与行政区划调整有关,例如,2017 年四川省资阳市行政区划调整后,将部分土地划归成都市,减轻了城市发展体量,着力打造内陆开放前沿区。2015 年国务院批复同意安徽省铜陵市等四市部分行政区划调整,铜陵市和淮南市土地面积增加,而六安市和安庆市土地面积减少。地级单位经济发展会在行政区划面积缩小后有所变化,一方面是经济体量可能下降,另一方面是人口、产业结构等会随之发生改变。但是,这一变化可能是地级单位行政区划调整的阶段性表现,需要用发展的眼光判断,具体的发展形势还需要基于地级单位发展规划与地方政策而定。从 2015—2017 年土地面积减少的地级单位经济增速来看,多数地级单位的经济体量有所增长,但仍有四川省、甘肃省、内蒙古自治区等土地面积变化的地级单位,如资阳市、安庆市、张掖市、武威市、巴彦淖尔市、通辽市等经济增速减缓,表明区域行政区划调整尚未发挥应有作用实现经济绩效提升。

另外,还有 51 个地级单位土地面积在 2015—2017 年增长,主要集中在广东省、辽宁省、河北省、广西壮族自治区等地,平均增长 7.11%,其中安徽省铜陵市和淮南市土地面积增幅分别达到 149.04% 和 114.08%,增幅程度远超其余地级单位。同时,结合图 11-2 也能够发现地级单位土地面积变化多是在本省内部进行,属于行政区划调整,区界重组。结合相应地级单位在 2015—2017 年的经济增速变化,能够发现地级单位行政区划调整增加后,有效提升了区域经济发展潜力,且地级单位均实现了经济增长,经济绩效有所提高。总之,地级单位土地面积变化意味着基于地级单位发展变化的行政区划调整是适应经济发展趋势、调整区域发展格局、加快区域经济发展步伐的有效方式之一。

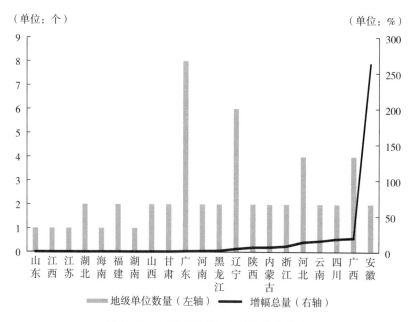

图 11-2　土地面积增加的地级单位分布

从载体上看,城市群、经济带以及区域经济战略为地级单位发展提供了广阔的平台,各地级单位不仅能够在板块内、省份内协调与调配资源,还能在更远范围内通过区域合作、技术转移、产业承接等实现区域经济增长和发展,从而转变过去闭门造车、依靠区内资源独立发展的刻板方式。此外,区域经济政策侧重差异化原则,打破固有板块布局与省际行政区划,努力缩小区域政策单元,通过区域协同实现不同地区差异化竞争和优势互补。总的来说,区域发展是以城市为载体,以产业为重要依托,基于区域经济地理特征发展地方特色经济,实现经济发展。例如,贵州省基于自身独特的地理气候优势,抓取大数据发展机遇,形成政策扶持支撑体系,不断提升产业配套支撑能力,激发科技创新内生动力,从而不断优化区域产业结构,促进区域经济不断增长,并在近几年经济增速始终位于全国前列。

从趋势上看,随着科学技术的不断突破,区域经济发展受限于地理因素的影响越来越小,同时传统陋习的不断纠正为搬迁新环境创造了机遇,从而为区域经济发展提供了新的可能,更加有利于因地制宜地发展特色生态与经济环境,因此有助于缩小区域差异。此外,新时代区域高质量发展更加注重精准性与协调性,努力做好因地施策,减少或避免省、市、县的工作重叠与利益冲突。但是,高质量发展需要以正确认识区域差距为前提,并将其视作区域经济协调发展的基本共识。未来主要工作要在认同"不平衡是普遍的,要在发展中促进相对平衡"的基础上进行,以此实现区域经济高质量发展。

二、经济发展

经济发展是衡量地级单位发展差距的重要指标之一,不同于经济增长,经济发展在涵盖经济增长的基础上,还考虑到经济体制转型、社会面貌变化、人民生活的提高,具有了更深层次的内涵。从收入差距上看,以"四大板块"2017 年基尼系数为例,东部地区为 0.382、中部地区为 0.300、西部地区为0.395、东北地区为 0.310、系数相较过去有所下降,表明区域收入差距均处在收入相对合理区间。此外,通过经济增长指标,如 GDP 等,能够较为直观地判断出在 334 个地级单位中,哪些地区发展较为领先,而哪些发展较为落后。因此,首先对 2017 年 334 个地级单位的 GDP 统计数据整理排序后,将 GDP 总量排名前 20% 的地级单位划分为发展领先的地级单位,排名后 20% 划分为发展落后的地级单位,其余为发展中等的地级单位。发展较为领先的地级单位主要集中在东部地区,少量分布在其余板块,而发展较为落后的地级单位大量集中在我国西部地区,且呈连片趋势。此外,结合我国"19+2 城市群"①空间分布格局,能够直观看出多数城市群所包含的地级单位的经济发展水平较为领先,其中东部地区和中部地区城市群的地级单位经济发展程度更高。从中能够发现,我国地级单位经济发展存在不平衡发展现象,且差距较大,地级单位经济发展水平从整体上看从东向西呈梯度下降。其中,2017 年东部地区地级单位 GDP 平均值为 4438.7 亿元,远高于东北地区、中部地区和西部地区,分别是三大板块地级单位 GDP 均值的 2.04 倍、2.87 倍和 3.74 倍。同时,这一差距自 2015 年以来具有逐步扩大的趋势,2015 年东部地区地级单位 GDP 均值分别是三大板块地级单位 GDP 均值的 2.05 倍、2.26 倍和 3.54 倍。

由于仅凭 GDP 作为衡量区域发展差距的唯一指标无法全面体现地级单位经济发展的实际差距,因此将 2017 年我国 334 个地级单位的 GDP、2015—2017 年 GDP 增长率、人均 GDP、农村居民人均可支配收入以及人均社会消费品零售额等统计数据进行降序排名,再通过加权平均各指标排名,以加权平均值作为地级单位经济发展实际情况的最终排序依据。同样将排名前 20% 的地级单位作为发展领先的地级单位,排名处在后 20% 的作为发展落后的地级单位,其余则为发展中等的地级单位,分析发现,发展较为领先的地级单位在

①　"19+2 城市群"包括哈长城市群、辽中南城市群、京津冀城市群、山东半岛城市群、长江三角洲城市群、海峡西岸城市群、珠江三角洲城市群、北部湾城市群、长江中游城市群、滇中城市群、黔中城市群、成渝城市群、中原城市群、山西中部盆地城市群、关中平原城市群、宁夏沿黄城市群、呼包鄂榆城市群、天山北坡城市群、兰州—西宁城市群和以新疆喀什和西藏拉萨为中心的城市圈。

多个方面具有相对优势,并且前20%的地级单位中有45个坐落在我国东部地区,8个坐落在我国西部地区,12个坐落在我国中部地区,2个坐落在我国东北地区。而发展落后的地级单位有46个坐落在我国西部地区,8个坐落在我国中部地区,12个坐落在我国东北地区,1个坐落在我国东部地区。因此,我国地级单位区域经济发展情况具有以下现象与趋势:东部地区地级单位经济发展水平高于中部地区、东北地区和西部地区,且程度逐渐加深。

三、人口流动

　　人口是区域经济发展的重要要素。我国过去的人口红利期为经济社会快速发展起到了重要作用,带动了各个地级单位的经济增长。然而,在当前人口红利消失的背景下,地级单位经济发展差距会受人口数量影响:一般而言,哪个地级单位人口多、人力资本实力更为雄厚,哪个地级单位发展程度就更高。但是,人口有多个维度的概念可用于分析区域差距,如年末总人口、常住人口等,上述两个指标具有不同的经济意义,年末总人口主要是户籍统计情况下的,而常住人口是日常在区域内生产生活的人口数,年末总人口并不等于常住人口,往往在发展较落后的地区年末总人口数大于常住人口,而发展较为先进的地级单位年末总人口数小于常住人口,所以以年末总人口和常住人口的差值能反映出地级单位内部是人口流入还是人口流出,并进而体现出地级单位的发展水平。

　　利用2015—2017年我国334个地级单位关于年末总人口和常住人口的统计数据,以2017年为例,我国年末总人口排名前十的地级单位分别是成都市、周口市、南阳市、保定市、临沂市、阜阳市、邯郸市、徐州市、菏泽市及商丘市,而当年我国常住人口排名前十的地级单位分别是成都市、广州市、深圳市、武汉市、石家庄市、苏州市、临沂市、保定市、阜阳市、南阳市。从年末总人口和常住人口地级单位的差异中能够发现,常住人口多的地级单位主要集中在东部地区和城市群中心城市,这意味着经济发展程度较高的地级单位往往存在

人口流入现象。同时,根据对2015年和2017年我国334个地级单位人口流入和人口流出的分析,能够发现以下现象与规律:

首先,从2015年我国地级单位人口流入与流出具体情况来看,人口流出较多的地级单位主要是周口市、邯郸市、信阳市、毕节市、驻马店市、商丘市、南阳市、茂名市、遵义市、保定市等经济发展水平相对较低的地级单位;人口流入较多的地级单位主要是深圳市、东莞市、广州市、苏州市、佛山市、成都市、武汉市、宁波市、杭州市、厦门市等。人口流出多的地级单位主要集中在西部地区和中部地区,还有少量东部地区地级单位,而人口流入主要集中在东部地区等经济发展水平较高的地区。从中能够发现发展水平较高的东部地区对人力资本具有虹吸效应,吸引周边甚至其他地区的地级单位人口前来参与生产生活,从而带动地方发展,但这一效应的代价就是直接导致人口流失地级单位无法统筹人力资源发展区域经济,进而导致人口流失地级单位区域走入负反馈循环式发展道路。

其次,到2017年,地级单位人口流入与流出差别不大,特别是在人口流入排名前十的地级单位与2015年排名前十的地级单位相同,只不过变化了顺序;而人口流出的地级单位发生了一定变化,但仍主要集中在中西部地区地级单位。人口流入与流出的基本格局基本与2015年没有较大差别,但滇中城市群周边吸纳部分人口参与城市发展,形成了人口流入的格局,并可能在未来促进区域经济的进一步发展。

此外,结合百度《中国城市活力研究报告》和《中国城市交通报告》,发现与上述分析相关的结论:首先,人口流入较多的地级单位在城市人口吸引力上远高于人口流出较多的地级单位,以2017年为例,深圳市当年人口吸引力指数为9.925,而邯郸市人口吸引力指数为1.716,相差接近6倍,所以,地级单位发展是否具有吸引力对人口流动具有一定影响,而吸引力的大小是与区域经济基础设施条件、产业结构、公共服务水平密切相关的。其次,人口流入的地级单位在交通拥堵、通勤时长、公共交通服务等方面与人口流出的地级单位存在较大差距,例如,实行单双号限行的地级单位,如武汉市、佛山市、深圳市、福州市等地多是人口流入多的地级单位,并在早晚高峰拥堵程度较高。总之,人口流动差异能够反映出区域经济发展的差距,一般而言,经济发展水平较高的地级单位,能够吸引非本地人口在此地生产生活,从而参与区域经济建设并带动发展。但是,与之相对应的人口流出多的地级单位必然受到一些影响,最终使区域经济差距的格局趋于稳定甚至扩大。

四、产业结构

产业是区域经济发展的重要基础,能够带动区域内各要素的流通,不仅对地方经济制度、基础设施、区域经济结构等产生旁侧效应,而且还可以通过前向效应催生新兴产业的发展。基于工业化阶段理论,不同等级的产业对应着不同的区域工业发展阶段:处在初期、中期和后期的产业分别对应着工业化初期、工业化中后期、后工业化等阶段。由于我国区域经济发展存在较大差异,产业结构也有所不同,从而导致各地级单位工业化水平有一定差距,有一部分处在后工业化甚至现代化社会,而其余地区仍处在工业化中后期阶段,且工业化程度较低的地级单位占多数。在当前区域经济高质量发展背景下,产业对高质量发展具有重要的支撑作用,通过调整产业结构、优化产业布局、制定产业发展战略等举措,能够在实现区域高质量发展的同时,逐步缩小区域发展差距,走向协调发展的共赢之路。

从整体上看,我国产业结构自改革开放以来,发生了较大变化,1978年我国第一产业占比为27.69%,第二产业占比为47.71%,第三产业占比为24.60%,而到2019年,第一产业占比大幅下降,降至7.10%,第二产业占比为39.00%,第三产业占比增至53.90%,处在工业化后期阶段,相较过去有了很大的变化,其中,高技术制造业和战略性新兴产业持续发展,现代服务业发展迅速。

从"四大板块"上看,首先,东部地区基于独特的区位优势在改革开放后率先发展起来,到 2018 年,东部地区生产总值占全国总产量的 52.58%,远高于其余三大板块。1978 年,东部地区第一产业占比为 23.00%、第二产业占比为 57.20%、第三产业占比为 19.80%,而到 2018 年,第一产业占比降至 4.57%、第二产业占比为 40.84%、第三产业占比增至 54.59%,正在向后工业化迈进。其次,中部地区有着良好的产业基础和科教与人才优势,随着中部崛起战略的实施,中部地区经济发展迅速。1978 年,中部地区第一产业占比为 39.20%、第二产业占比为 42.41%、第三产业占比为 18.39%,而到 2018 年,第一产业占比降至 8.40%、第二产业占比为 44.00%、第三产业占比增至 47.6%,处在工业化中后期阶段。再次,西部地区海拔差异较大,自然资源较为丰富,在西部大开发政策的引导下,区域呈现后发地区的强劲发展势头。1978 年,西部地区第一产业占比为 37.10%、第二产业占比为 43.00%、第三产业占比为 19.90%,而到 2018 年,第一产业占比降至 11.05%、第二产业占比为 40.50%、第三产业占比增至 48.45%,处在工业化中后期阶段,但区域内部存在一定差异,四川省、内蒙古自治区、陕西省等的工业化程度更高。最后,东北地区作为我国的老工业基地,曾为我国经济高速发展作出了巨大贡献,但近年来经济持续低迷。在 1978 年,东北地区第一产业占比为 20.00%、第二产业占比为 64.30%、第三产业占比为 15.7%,而到 2018 年,第一产业占比降至 10.91%、第二产业占比为 36.07%、第三产业占比增至 53.02%,处在工业化后期阶段。

虽然从板块视角发现我国工业水平已基本处在工业化后期阶段,但各区域内部存在较大差距。统计整理了 2017 年我国 334 个地级单位产业结构与地区生产总值的关系,以第一产业产值占比的升序来排列。第一产业占比低且第三产业占比高于第二产业的地级单位的 GDP 相对更高,同时随着第一产业占比的增加,GDP 总量也相对降低。此外,我国地级单位工业发展水平相差较大,存在东部地区和中部地区工业水平高于西部地区和东北地区的基本现象,这也反映出我国区域发展差距主要分布在哪些地区。其中,部分地区的第一产业占比仍超过 40%,如黑河市、玉树藏族自治州和儋州市等,这类地级单位多处在工业化初期阶段,以劳动密集型产业为主。同时,第一产业占比较高的地级单位主要集中在黑龙江省、新疆维吾尔自治区、云南省、内蒙古自治区、青海省等省份。此外,共有 75 个地级单位第二产业占比超过 50%,基本处在工业化中期阶段,主要分布在山东省、陕西省、河南省、安徽省、广东省、广西壮族自治区、江西省、湖北省、内蒙古自治区、山西省、福建省、宁夏回族自治区、新疆维吾尔自治区等省份,多是资源型城市,如克拉玛依市、阿拉善、海西蒙古族藏族自治州、长治市、攀枝花市、鹤壁市、宝鸡市、榆林市、东营市、铜陵市、石嘴山市等。

此外,分析 2014 年和 2017 年三产占比变化的实际情况,也能够发现产业结构变化与区域差距之间的关系。2014 年第一产业占比增加的地级单位有 82 个,主要集中在西部地区和东北部地区;到 2017 年,第一产业占比增加的地级单位有 47 个,相较之前有所下降,主要集中在我国西部地区。2014 年第二产业占比增加的地级单位有 65 个,主要分布在东部地区、中部地区和西部地区;到 2017 年,第二产业占比增加的地级单位有 155 个,数量有明显提升,主要集中在西部地区和东部地区。2014 年第三产业占比增加的地级单位有 305 个,而到 2017 年这一数量下降至 253 个,第三产业占比持续增加的地级单位主要集中在东部地区、中部地区和东北地区。通过产业结构占比的变化,能够发现第一产业提高的地级单位多集中在发展较为落后的西部地区;西部地区第二产业与第三产业成为各地级单位相对独立的发展重点,不会兼顾发展;东部地区重视发展第三产业。由此反映出我国地级单位分别处在不同工业化发展阶段,东部地区发展实力更强,西部地区较弱,地级单位间存在较大差距。

五、科技创新

科学技术创新是经济发展的重要推力和内生动力,当前世界各国均将科技发展视为提高国家竞争力的重要工具,地级单位间也是如此。科技实力较高的地级单位往往伴随人均收入高、生活环境舒适、生活便利等多方面优势,这些生产生活条件为地级单位经济发展奠定了坚实的基础,从而促进区域高质量发展。但是,对科技发展水平较落后的地级单位,往往具有产业发展相对落后、需要技术转移调整产业模式的特点,从而造成区域发展内生动力不足,最终导致地级单位间的发展差距逐渐加大。

将2017年我国地级单位的科研人员数、科研经费、科技产出三个方面的统计指标分析后,分别依照三者投入排名,按照334个地级单位的前10%、前50%划分。由于科技指标不易获得,数据主要来源于《中国城市统计年鉴(2018)》,部分数据来源于各地级单位统计公报,但仍有部分缺失值,不过缺失值主要集中在中西部地区,对本书分析的影响较小。① 科技指标之间具有较高的关联性,即科研人员多的地级单位,科研产出较多,同时科研经费投入也较大。其中,2017年科研人员数排名前十的地级单位为深圳市、苏州市、成都市、广州市、西安市、杭州市、长沙市、佛山市、无锡市、合肥市;科研经费支出排名前十的地级单位为东莞市、深圳市、武汉市、杭州市、苏州市、西安市、广州市、成都市、青岛市、无锡市;专利申请数排名前十的地级单位为深圳市、广州市、成都市、苏州市、东莞市、西安市、杭州市、南京市、佛山市、宁波市。由此可知,我国地级单位科学技术发展水平存在以东部地区和中西部地区中心城市为核心而扩散。其中,东部地区科技发展水平最高,中部地区次之。

2017年我国地级单位科研人员的具体情况与差距。科研人数多的地级单位主要集中在省会城市和中心城市等经济发展水平较高的地级单位,体现出经济发展与科技人才储备间的联系。同时,科研人员数多的地级单位的周边地区也具有较多的科研人员,表明人力资本具有一定的集聚和扩散效应。这综合反映出科技水平与经济发展之间的紧密联系,经济水平较高的地级单

---

① 科研人员数据统计共包括266个地级单位。科研经费内部支出数据统计共包括282个地级单位。专利申请数统计共包括302个地级单位。

位能够留住人才、吸引人才参与区域创新,为其塑造优良的科研环境,最终通过新的创新成果带动区域经济的进一步发展。

2017年我国地级单位科研经费内部支出的具体情况与差距。科研支出高的地级单位多处在省会和中心城市,具体特征与科研人员分布相似。但是科研人员数目大的地级单位科研支出也相应较高。除了前面分析的内容外,还能够总结出科研支出的高低反映地级单位经济实力和创新意识的强弱,科研支出多往往需要大量科技人才参与技术创新攻坚,其中会消耗大量的人、财、物,并具有较高的风险,因此只有经济发展水平高的地级单位才能支撑科技创新活动的深入开展。同时,交通通达性为科研支出高的邻接地级单位带来溢出效应,从而形成科研创新的集聚环境,实现更好的创新溢出。

2017年我国地级单位专利申请数的具体情况与差距。专利申请数多的地级单位多处在省会和中心城市,但更集中在东部地区,中西部地区仅有成都市、西安市、武汉市等专利申请数较多的城市。另外,处在山东半岛或东北地区的科研人员与支出较高地级单位的专利申请数并未排在前列,表明上述地区创新效率低于江苏省、浙江省以及其余沿海省份的地级单位。因此,我国地级单位科技创新水平从整体上存在东部地区>中部地区>西部地区>东北地区的一般趋势,但是从各板块内部来看,以东部地区为例,存在南方创新效率高于北方的现象。这一规律是在市场环境、经济发展水平、产业等多方面综合作用的结果,从而形成当前地级单位科技创新的基本格局。

六、财税收入

财税收入是反映地级单位经济发展水平的重要指标之一,财税收入的多少能够间接反映地区生产总值、经济发展水平及产业发展程度。同时,合理的税收收入有助于地方政府利用财税收入建设和规划辖区,加快地区经济发展,以此形成正向发展闭环。但是,利用2015—2017年人均财政收入和一般预算收入的统计数据分析后,发现我国334个地级单位的财税收入存在较大差距:

从总体上看,我国地级单位人均财政收入较高的地级单位分布较为分散,但东部地区占比较高;一般预算收入均存在从东部沿海地区到西部内陆地区逐渐减少的一般趋势。其中,人均财政收入由于考虑了人口因素,能够更为综合地反映地级单位财政的具体情况,虽然存在财政收入低和常住人口少导致人均财政收入较高的可能性,但从人均角度更能反映民生保障与福利水平。一般预算收入指的是某一级政府通过征缴(不含转移支付)取得并纳入公共预算管理的财政收入,反映地级单位发展的经济实力。

统计2017年人均财政收入和一般预算收入排名前30的地级单位(见表11-4和表11-5),从中能够发现,人均财政收入较高的地级单位多在东部地区(如深圳市、厦门市、东莞市、苏州市等),但仍有部分中西部地区地级单位(如克拉玛依市、鄂尔多斯市、乌鲁木齐市等)处在前列,表明地级单位间人均财政收入并不存在绝对发展差距,新疆维吾尔自治区、西藏自治区和内蒙古自治区等地由于人口较少以及自然资源较为丰富,所以具有人均财政收入高的现象。另外,从一般预算收入上,能够发现地级单位一般预算收入具有东部地区明显高于中西部地区的绝对差距,一般预算收入较高的地级单位主要集中在东部地区,如苏州市、杭州市、广州市等。

表11-4 2017年人均财政收入排名前30的地级单位 (单位:元/人)

排名	省份	地级单位	人均财政收入
1	广东省	深圳市	76600.70
2	福建省	厦门市	30167.36
3	新疆维吾尔自治区	克拉玛依市	28209
4	广东省	东莞市	28060.10
5	江苏省	苏州市	27613.61
6	广东省	珠海市	26418.16
7	海南省	三沙市	23883.33
8	内蒙古自治区	鄂尔多斯市	22164.17
9	浙江省	宁波市	20859.10

续表

排名	省份	地级单位	人均财政收入
10	浙江省	杭州市	20788.02
11	江苏省	无锡市	18864.13
12	江苏省	南京市	18677.11
13	广东省	中山市	18395.89
14	新疆维吾尔自治区	乌鲁木齐市	17972.11
15	广东省	广州市	17112.88
16	西藏自治区	拉萨市	16597.93
17	内蒙古自治区	乌海市	16459.86
18	湖北省	武汉市	16427.71
19	海南省	三亚市	15756.25
20	广东省	佛山市	15751.94
21	山东省	青岛市	14411.44
22	江苏省	常州市	13688.79
23	青海省	海西蒙古族藏族自治州	13430.03
24	浙江省	舟山市	12965.40
25	河南省	郑州市	12549.54
26	浙江省	嘉兴市	12466.13
27	山东省	东营市	11942.58
28	湖南省	长沙市	11288.37
29	辽宁省	大连市	11052.72
30	山东省	威海市	10667.09

同时,也能够发现财税收入高的地级单位与经济地理环境较为理想、经济和科技发展水平较高等具有一定联系。经济发展水平较高的地级单位多处在有利于社会生产的平原,区域内市场化程度较高、资源流通便捷、科技水平较高,从而不断优化地区生产生活环境与提高效率,以此提供充足财税。同时,地级单位优先发展经济效益较高的第三产业,能够为地方政府提供大量财税收入并有助于协调分配财政资源,促进区域发展。从前面原因分析中排名靠

前的地级单位也在财税收入排名上较为靠前便能证明这一观点。

表 11-5　一般预算收入排名前 30 的地级单位　　　（单位:亿元）

排名	省份	地级单位	一般预算收入
1	江苏省	苏州市	1908.10
2	浙江省	杭州市	1567.42
3	广东省	广州市	1536.74
4	湖北省	武汉市	1402.93
5	四川省	成都市	1275.53
6	江苏省	南京市	1271.91
7	浙江省	宁波市	1245.29
8	山东省	青岛市	1157.24
9	河南省	郑州市	1056.67
10	江苏省	无锡市	930.00
11	湖南省	长沙市	800.35
12	福建省	厦门市	696.87
13	山东省	济南市	677.21
14	广东省	佛山市	661.58
15	辽宁省	大连市	657.64
16	辽宁省	沈阳市	656.24
17	安徽省	合肥市	655.90
18	陕西省	西安市	654.50
19	福建省	福州市	634.16
20	山东省	烟台市	600.32
21	广东省	东莞市	592.07
22	江苏省	南通市	590.60
23	云南省	昆明市	560.86
24	山东省	潍坊市	539.12
25	江苏省	常州市	518.81
26	江苏省	徐州市	501.64
27	浙江省	温州市	465.35
28	河北省	石家庄市	460.89

排名	省份	地级单位	一般预算收入
29	吉林省	长春市	450.08
30	浙江省	嘉兴市	443.79

另外,财税收入是保障政府履行其职能,实施公共政策和提供公共物品与服务的基础。充足的财税收入能够让地方政府加大对基础设施与民生保障等的投资力度,从而更快更好地提高地级单位经济发展水平。例如,财税收入与交通设施、医疗保障等有直接关系。作为地方公共物品,交通基础设施的改善和医疗卫生服务保障的提高需要财税拨款扶持,当两者供给水平达到一定程度后,能够极大程度地提高地区要素流通速度与生活服务质量,从而为居民和企业提供更加便利的生活生产方式,最终实现地区经济建设发展水平的提高。

七、交通设施

我国长期重视基础设施建设,交通的通达能够降低运输成本,并为地区居民生活提供方便。随着基建方面重点技术的攻坚突破,进一步加速了我国基础设施建设的发展,对促进我国地级单位高质量发展与改善原基础设施落后地级单位整体环境具有重要作用。衡量我国地级单位公路基础设施建设发展差异与具体情况,能够通过公路密度和公路里程确定,一方面,通过公路里程能够确定地级单位公共基础设施建设与发展情况;另一方面,公路密度能够在公路里程的基础上了解公路面积在地级单位的覆盖程度。通过两者的结合能够了解地级单位在交通基础设施方面的具体差距,对 2015 年和 2017 年我国334 个地级单位的公路里程和公路密度统计信息进行分析。其中,具体划分方式是将 334 个地级单位的数据按顺序排列后的前 20%和后 20%分别确定为交通设施发展水平高或低的地级单位,而中间则为中等发展水平城市。

首先,我国公路里程较长的地级单位多为土地面积较大的地级单位,多集中在除东部地区以外的其余板块。2015 年我国地级单位公路里程建设最长的地级单位是河南省南阳市,为 33968.3 公里,最短的地级单位为海南省三沙市,为 14.95 公里,总体平均值为 16991.60 公里。到 2017 年,公路里程最长的地级单位为新疆维吾尔自治区和田地区,达到 41632.2 公里,最低的仍为海南省三沙市,但也增长至 15.89 公里,总体平均值为 20824 公里,有了较大提高。以 2017 年为例,我国公路里程长度排名前十的地级单位分别是和田地区、南阳市、甘孜藏族自治州、喀什地区、遵义市、毕节市、伊犁哈萨克自治州、宜昌市、赣州市、黄冈市等中西部地区。通过对 2015 年和 2017 年公路里程图的比较能够发现我国交通基础设施建设效果显著,非受限于区位因素而引致交通基础设施建设相对落后的地级单位已得到长足发展,公路里程较短的地级单位更多集中在土地面积少(广东省珠海市、福建省厦门市)、发展已成规模(如广东省深圳市)、海拔较高(西藏自治区拉萨市)以及仍较落后(甘肃省嘉峪关市)的地级单位。

其次,从公路密度中能够得出我国地级单位交通基础设施的发展差距。2015 年我国地级单位公路密度最大的地级单位是湖北省鄂州市,为每平方公里 2.25 公里,最小的地级单位为内蒙古自治区阿拉善,为每平方公里 0.03 公里,总体平均值为每平方公里 1.14 公里。到 2017 年,公路密度最大和最小的地级单位未发生改变,但具体数值均分别增加至每平方公里 2.33 公里和 0.04 公里,总体平均值为每平方公里 1.19 公里,有了较大提高。

此外,我国公路的地理空间分布还存在以下特点:一是我国地级单位公路密度从整体上看具有东部地区和中部地区大于西部地区和东北地区的绝对优势。2017 年,我国东部地区和中部地区地级单位的公路密度分别是每平方公里 1.35 公里和 1.37 公里,而我国西部地区和东北地区的公路密度分别是每平方公里 0.64 公里和 0.61 公里,公路密度大的板块是密度小板块的一倍,表明区域差距极为显著。其中,东中部地区公路密度超过 2.00 的地级单位合计达到 8 个,分别是聊城市、东莞市、德州市、常州市、莱芜市、鄂州市、商丘市、鹤壁市;西部地区和东北地区公路密度超过 2.00 的地级单位仅有资阳市、内江市、广安市,而公路密度小于1的地级单位数量远远高于东西部地区,主要集中在新疆维吾尔自治区(巴音郭楞蒙古自治州等)、西藏自治区(那曲地区、阿里地区)、青海省(海西蒙古族藏族自治州)、内蒙古自治区(锡林郭勒、阿拉善)、黑龙江省(大兴安岭地区)等地理环境较特殊的地区。二是公路密度高的地级单位具有集聚现象。通过对2015年和2017年的数据进行比较,能够发现,除部分沿海地区地级单位公路密度持续保持在较高水平以外,四川省、湖北省、山东省、安徽省、河南省等的公路密度较高的地级单位逐渐集中。其中,山东省与河南省的公路密度的进一步集中能够反映出两省交通通达性的增强。通过结合地区生产总值能够印证山东省与河南省交通设施发展实现了正向溢出。三是传统公路密度较高的中西部地区地级单位仍保持着优势。从2015年至2017年,四川省、湖北省和湖南省公路密度较高的地级单位基本上继续保持原有领先优势且公路密度持续加大。同时,随着交通基础设施的进一步发展,川渝城市群、长江中游城市群所涵盖的地级单位的公路密度均有所增加。

八、医疗保障

充足的医疗资源保障是保证地级单位人口享受良好生活的基本前提。满足地级单位人口需求,特别是满足老龄化社会发展下居民医疗卫生需求的床位数对提高医院运营效率、优化卫生资源配置、改善医疗服务质量具有重要作用。表11-6列出了2015年和2017年每万人床位数和床位总数排名前30的地级单位(根据床位数降序排列),从中能够发现,医疗卫生资源水平发展较高的地级单位并不绝对集中在东部地区,人口密度大、医学类高校发展领先的地级单位伴随着医疗卫生床位数高的客观事实。但是,每万人床位数又受人口总数的影响,从而导致总量大但人口多的地级单位的每万人床位数水平较低。每万人床位数较高的地级单位主要分布在中西部地区,2017年每万人床位数超过100的地级单位主要有龙岩市、海西蒙古族藏族自治州、东莞市、乌鲁木齐市、双鸭山市、郑州市、昆明市、武汉市、长沙市、太原市、深圳市、杭州市、广州市等。虽然已有部分地级单位医疗资源较为充足,但我国仍有部分地级单位医疗卫生水平相对落后。落后的地级单位全部集中在我国西部地区(阿里地区、果洛藏族自治州、阿拉善、山南地区、海北藏族自治州、黄南藏族自治州、林芝地区、迪庆藏族自治州等)。因此,西藏自治区、青海省、新疆维吾尔自治区、云南省、甘肃省等地的医疗卫生水平仍需加大发展力度,从而改善地区居民基本生活条件。

表 11-6　2015 年和 2017 年地级单位床位数排名前 30 的地级单位

序号	省份	地级市	每万人医院、卫生院床位数（张/万人）	医疗卫生机构床位数（张）
1	四川省	成都市	87.81	107839
2	河南省	郑州市	90.73	78539
3	广东省	广州市	87.96	75138
4	广东省	汕头市	26.60	74641
5	黑龙江省	哈尔滨市	75.88	72951
6	湖北省	武汉市	86.55	71800
7	湖南省	长沙市	88.08	59927
8	浙江省	杭州市	81.52	58982
9	辽宁省	沈阳市	80.72	58959
10	江苏省	苏州市	85.30	56894
11	陕西省	西安市	62.95	51345
12	云南省	昆明市	76.60	51146
13	山东省	临沂市	42.79	48101
14	吉林省	长春市	60.74	47343
15	河北省	石家庄市	45.43	46744
16	河北省	保定市	37.68	45300
17	山东省	济南市	72.23	45195
18	山东省	青岛市	57.55	45066
19	山东省	潍坊市	49.98	44667
20	江苏省	徐州市	43.31	44550

序号	省份	地级市	每万人医院、卫生院床位数（张/万人）	医疗卫生机构床位数（张）
21	山东省	济宁市	51.15	44367
22	安徽省	合肥市	58.68	42113
23	江苏省	南京市	64.26	41987
24	辽宁省	大连市	70.03	41569
25	河北省	邯郸市	39.10	41040
26	湖南省	衡阳市	47.12	38003
27	广西壮族自治区	南宁市	51.29	37964
28	河北省	唐山市	49.85	37631
29	河南省	南阳市	31.53	37470
30	山东省	烟台市	56.91	37177

此外,2015—2017 年有超过 82% 的地级单位的床位数不断增长。其中,东部地区继续扩大医疗优势,2017 年多数东部地区地级单位的位次较 2015 年有所提升,反映出地级单位重视医疗卫生产业、注重改善整体医疗环境、提高地方人民基本医疗服务水平。床位数有所减少的地级单位可能受医疗资源调整等因素影响,主要集中在中西部地区,而东部地区主要是河北,东北部地区主要是黑龙江,多为区域规划与医疗调整的阶段现象（见表 11-7）。

表 11-7　2015 年和 2017 年地级单位床位数排名后 30 的地级单位

序号	省份	地级市	每万人医院、卫生院床位数（张/万人）	医疗卫生机构床位数（张）
1	四川省	成都市	93.73	134507
2	河南省	郑州市	108.72	91539
3	广东省	广州市	100.47	90222
4	湖北省	武汉市	107.30	78447

续表

序号	省份	地级市	每万人医院、卫生院床位数（张/万人）	医疗卫生机构床位数（张）
5	湖南省	长沙市	103.96	73711
6	黑龙江省	哈尔滨市	85.86	70500
7	浙江省	杭州市	100.73	70187
8	辽宁省	沈阳市	94.15	69447
9	江苏省	苏州市	96.44	66640
10	陕西省	西安市	70.58	61205
11	山东省	临沂市	51.94	60356
12	山东省	潍坊市	61.92	56227
13	山东省	青岛市	69.49	55798
14	江苏省	徐州市	53.50	55589
15	山东省	济南市	85.18	54855
16	云南省	昆明市	108.28	53072
17	江苏省	南京市	76.72	52244
18	河南省	南阳市	41.61	49936
19	吉林省	长春市	66.56	49857
20	安徽省	合肥市	64.38	49357
21	山东省	济宁市	55.15	48701
22	山东省	菏泽市	47.57	48471
23	河南省	洛阳市	64.01	47176
24	广西壮族自治区	南宁市	62.22	47082
25	河北省	石家庄市	59.19	46036
26	辽宁省	大连市	77.17	45916
27	江西省	赣州市	46.17	44965
28	河北省	保定市	48.68	44388
29	湖南省	衡阳市	55.02	44012
30	江苏省	无锡市	87.62	43195

第三节　我国城市区域发展
差距形成原因分析

相对落后地区的差距形成包含区位条件与自然环境等禀赋层面、经济规律与区域经济政策、产业培育与发展等层面在内的多重原因。

一、区位条件与自然环境

禀赋是一个地区经济发展的初始条件。由于空间上的异质性,一些区位偏远、自然环境恶劣的地区本身不具备经济起步与腾飞的机会,在区域经济竞争中处于劣势,极易沦为相对落后地区。地理环境绝对论认为地理就是命运,如果一个国家或地区所处的地理位置相对封闭,环境上易遭受疾病和极端天气的侵袭,土壤贫困脆弱,那么就会陷入贫困,成为相对落后地区。地理本性论也认为自然环境的丰裕程度和生存环境的质量好坏是区域经济发展的第一本性,交通和区位则是决定区域经济发展的第二本性。

从第一本性来看,相对落后地区多位于高原和深山区、荒漠地区,自然环境是制约其发展的顽疾。相对落后地区地形地貌、气候条件等复杂多样,多集中于生态条件脆弱的地区,高山、高原、河谷、丘陵、深沟、峡谷、荒漠、戈壁、河湾、滩、坑、盐湖、沼泽等地形地貌复杂,气候条件多具有干旱、少雨、少积温等特点。山大沟深、自然灾害频发、生存条件恶劣、生态环境脆弱等原因使相对落后地区开发难度极大,"一方水土养不活一方人"是这些地区的真实写照。一方面,平地少、气候条件不宜等自然环境不具备大规模发展农业的基础,也致使特色产业规模小,难以发挥规模经济优势,种养殖基础薄弱,靠天吃饭的脆弱性明显。另一方面,恶劣的自然环境对产业发展也存在天然影响,如高原自然条件无法生产一些符合标准的工业产品等,致使相对落后地区产业选择与培育更具挑战。

从第二本性来看,相对落后地区的区位和交通相互影响,制约地区发展。一方面,相对落后地区主要位于我国西南地区、边疆地区、省际交汇地带。地理位置偏远使这些地区交通等基础设施建设难度大且成本高,与经济中心和发展极的联系较弱,经济发展活力较低。另一方面,相对贫困落后地区经济不发达、财政收入低,对公共服务和基础设施建设的投资不够。由于地形地貌的原因,基础设施和公共服务建设成本高昂,又因泥石流、山洪等自然灾害频发的原因,养护费用高。经济基础薄弱、产业发展有限、财政收入较低等进一步加剧了交通运输等基础设施和公共服务的缺乏状况。由此可见,偏远的地理位置使一些地区在融入国内交通运输和信息沟通的机会上存在劣势,进而沦为相对落后地区。

二、经济规律与区域经济政策

经济活动在地理空间上的集聚,是社会化大生产追求规模经济的必然趋势。指向性相同或前后向关联的企业集中、相关产业地理空间集聚可以共用公共基础设施和服务设施,降低物流、信息等方面的成本,也有助于劳动力等生产要素的集聚,推动劳动力池的形成和企业的经营管理和技术进步,进而吸引区域性金融中心等商务服务的集聚,生产要素、生产主体、配套服务和相关产业的不断集聚推动增长极的形成。相反地,不具备初始发展优势的地区受到"虹吸效应"的影响,生产要素不断外流,加剧了原本的竞争劣势程度,进而成为相对落后地区。这是区域经济发展的市场化规律,也是相对落后地区发展困难的内在逻辑。中国改革开放初期的经济发展历程印证了这一规律。随着市场力量的不断增强,资金、人才等要素由中西部落后地区向东部发达地区大规模流动。随着新型城镇化推进和农民工市民化的发展以及国有商业银行的市场化改革等,劳动力和资金两大生产要素向东部发达地区的转移更为明显和顺畅,进一步加剧了相对落后地区的竞争劣势。

区域经济政策是对市场失灵的矫正,也是刺激经济发展的重要手段,对相对落后地区的形成和发展影响较大。改革开放以来的中国区域经济政策蕴含着非均衡发展思想和协调发展思想，对重点区域进行倾斜的同时也强调地区之间的协调发展，是尊重各地自然条件、资源禀赋、经济社会特点的必然选择，也是推动经济高效发展、释放经济活力、避免两极分化的现实举措。不断演进的区域经济政策为落后地区发展提供了政策支持，是应对以市场为导向的区域经济发展下实施宏观调控的重要手段，是对相对落后地区先天禀赋差距的弥合和填补。

新中国成立至改革开放的一段时间内，受到国民经济恢复、计划经济体制指导等影响，区域发展政策受平衡发展思潮影响，区域经济发展差距较小。1978年，邓小平同志提出让一部分人、一部分地区先富裕起来，并且通过先富带动后富，最终达到共同富裕。在此背景下，中国经济出现了增长奇迹，东部地区率先崛起。此时，中国生产力布局将效率放在优先位置，不平衡发展思潮在区域经济政策中逐渐占据主导地位。当然，区域发展差距也得到关注，"六五"计划指出要发挥沿海地区特长，带动内地经济进一步发展，"七五"计划则将全国分为三大经济地带，提出积极做好进一步开发西部地带的准备。在理论探讨上，梯度转移理论成为研究热点，并演化出技术空间转移、投资梯度转移等理论，也引发了反梯度理论、跳跃发展理论、东西结合论、优区位发展论等论点探讨。直到20世纪90年代，由于地区经济发展差距不断扩大，以及市场经济条件下区域政策的公平目标调控，地区协调发展思潮逐渐占据主导地位。党和政府也高度重视相对落后地区的经济发展，先后出台特定地区发展的指导方针，如1995年《中共中央关于制定国民经济和社会发展"九五"计划和2010年远景目标的建议》明确将坚持区域经济协调发展、逐步缩小地区发展差距作为经济社会发展贯彻的重要方针之一，1999年实施西部大开发战略，2003年出台东北地区等老工业基地振兴战略，2004年提出促进中部崛起，党的十九大报告强调坚定实施区域协调发展战略。

此外，区域政策也在其他方面影响相对落后地区的发展。如国家"十一五"规划纲要提出要根据资源环境承载力、现有开发密度和发展潜力,将国土空间划分为优化开发、重点开发、限制开发和禁止开发四类主体功能区。相对落后地区大多处于限制开发区和禁止开发区,经济发展和资源开发的程度有限,生态保护同经济发展的矛盾比较突出。

三、产业培育与发展

产业是地区经济发展的主体和支撑。产业基础薄弱且发展不足,是相对落后地区难以摆脱发展困境的重要原因。由于区位条件和自然环境的短板,以及区域经济发展政策与经济规律的引导,相对落后地区面临先天禀赋不足与要素短缺等困境。一般而言,相对落后地区推动产业发展的途径有两种:一是激活区域资本投资,推动全民创新创业,刺激经济发展并提供就业岗位;二是引导外商投资和沿海企业或部分环节转移。

就第一种途径而言,经济发展依靠资本和劳动力两大生产要素。生产要素选择具备市场敏感性,往往选择能够获利最大的地区或领域。以劳动力为例,相对落后地区劳动力队伍难以支持现代工业和服务业发展,表现在大量劳动力外流以及人才培养和吸引困难上。一方面,伴随改革开放以来东部率先发展下经济活力的空前释放,自西向东的"民工潮"带走了相对落后地区大量劳动力。由于人们对美好生活的向往与追求,具备一定竞争能力的劳动者已脱离相对落后地区的地理限制,去发达地区通过改变就业方式、寻求就业岗位获得增收,而这些外流人口大多是年富力强、在当地有更高文化水平或创新、冒险能力的人。青壮年劳动力和有能力的劳动力大量外流,相对落后地区"空心村"、老人村等现象凸显,且由于相对落后地区发展空间、生存环境、公共服务等供给较弱,对外出劳动力回潮的吸引力较小。另一方面,由于相对落后地区经济基础较差,教育等公共服务的供给能力较弱,同时由于教育的投资回报周期较长,一些适龄学生容易出现厌学情绪和辍学、"隐性辍学"等状况,也有一些家庭对教育回报存在质疑,出现了高校在贫困地区增加了招生名额但贫困地区大学生的比例仍然较低的情况,相对落后地区人才培养更具挑战性。由此可见,在劳动力外流和劳动力储备较弱的情况下,相对落后地区难以形成一批规模有效、素质达标的现代工业和服务业劳动力队伍。在缺乏劳动力这一经济活动关键要素的情况下,相对落后地区极易陷入贫困的恶性循环之中。

就第二种途径而言,在任何国家和地区,产业梯度都是客观存在的,而产业梯度转移也是经济发展的客观规律。就相对落后地区的产业承接能力而言,首先,产业基础差、交通等基础设施建设不足等现实状况会阻碍配套设施建设,进而无法带动地区经济发展,也无法带动贫困户参与社会生产建设和脱贫。这种影响可以从扶贫实践中得到印证:一些相对落后地区的工业基础薄弱甚至为零,扶贫车间效益差甚至持续亏损,很多车间处于无人或不开工状态。其次,因本地创业人才不足,产业发展多依赖外部资源,这些资源包括组织、策划、设计、人才、资金乃至技术,如何吸引资源成为相对落后地区重点考虑的问题。此外,除了增强基础设施和公共服务建设、优化营商环境、提高本地劳动力素质等传统做法外,相对落后地区还应当挖掘自身特色优势,使之嵌入新时代产业链之中,如强调绿色生产、生态康养等,这也要求当地具备一定的产业基础,并积极与发达地区以及优质企业对接,为地区发展和产业培育提供思路和支撑。

四、社会发育

由于历史等多方面原因,一些相对落后地区长期封闭,与外界脱节严重,社会文明程度较低,人口出生率偏高、医学知识普及困难、文化程度低、法制意识淡薄、家族势力强大、沿袭陈规陋习等成为某些地区的社会特征。以相对落后地区的贫困案例来看,在一些深度贫困地区,因婚致贫或返贫、主观脱贫意愿不强等成为制约扶贫工作展开的重要因素。

第十二章　调整区域经济结构促进国土开发空间结构优化的未来愿景

第一节　实现公平发展、建设和谐中国

我国当前存在的两个最大的不公平是区域不公平和城乡不公平,调整区域经济结构促进国土开发空间结构优化,重要目的是缩小地区间、城乡间的发展差距,实现公平发展,建设和谐中国,即实现区域均衡发展和城乡一体化,以及实现基本公共服务均等化。

一、实现区域协调发展

调整区域经济结构促进国土开发空间结构优化的重要目的是实现公平发展,其中区域公平是一个重要部分。区域间协调发展是我国区域经济结构调整未来愿景中最重要的方面。通过区域经济结构调整,实现地区之间协调增长、轮动发展,才可以加强区域间的经济合作与交流,促进国土开发空间结构优化,实现我国区域经济持续健康发展。

目前我国的区域经济结构,呈现出东部地区、西部地区差距巨大的特征,通过调整区域经济结构促进国土开发空间结构优化,要逐步弥合地区间的差异,消除影响区域间经济交流与合作的障碍,促进资源在东西部地区公平配

置、提高效率,实现全国各地区的协调发展。

通过调整区域经济结构促进国土开发空间结构优化,是为了深化区域合作,推进区域良性互动发展、互益发展,逐步缩小我国区域经济发展差距。尤其是对于我国现阶段西部地区相对不发达的现状,区域经济结构调整要注意适度向西部地区倾斜,深入落实西部大开发战略,加大对西部地区建设发展的支持力度,引进人才和先进技术,引导西部地区步入高效经济的良性循环中。在西部地区开工建设一批综合交通、能源、水利、生态、民生等重大项目,另外,落实好全面振兴东北地区等老工业基地政策措施,加快中部地区综合交通枢纽和网络等建设,支持东部地区率先发展,加大对老少边穷地区支持力度。通过促进西部地区、东北地区的发展,实现全国整体的协调发展战略,促进经济落后地区发展,缩小地区之间的收入分配差距,保证全国人民共同富裕目标的实现。

通过比较 GDP 增速最快和最低省份的数据(见表 12-1 与表 12-2),可以发现,近年来,我国经济增速最快的地区基本上都是西部地区省份,而增速较低的地区都是东北地区和中部地区的山西省、东部地区的河北省,这种情形客观上会缩小区域发展差距,如果该趋势延续下去有利于实现区域协调发展。从表 12-3 与表 12-4 可以看出,我国地区发展不平衡的状况还是比较明显的,通过人均 GDP 数据的测算,我国的高收入地区和低收入地区的差距为3.5—5 倍,和发达国家 2—3 倍的这一数据相比,我国的区域经济发展差异仍然较大。地区收入差距缩小的主要原因在于,人均收入较高的多是东部地区省份经济增速相对不快,而人均收入较低的西部地区省份经济增速普遍较快。

表 12-1　2010 年、2015 年、2019 年 GDP 增速最快的五个省份 （单位:%）

2010 年		2015 年		2019 年	
省份	增速	省份	增速	省份	增速
天津市	17.4	重庆市	11.0	贵州省	8.30

续表

2010 年		2015 年		2019 年	
省份	增速	省份	增速	省份	增速
重庆市	17.1	西藏自治区	11.0	云南省	8.10
海南省	16.0	贵州省	10.7	西藏自治区	8.10
青海省	15.3	天津市	9.3	江西省	8.00
四川省	15.1	江西省	9.1	福建省	7.60

资料来源:国家统计局:《中国统计年鉴(2020)》,中国统计出版社 2020 年版。

表 12-2　2010 年、2015 年、2019 年 GDP 增速最慢的五个省份（单位:%）

2010 年		2015 年		2019 年	
省份	增速	省份	增速	省份	增速
浙江省	11.90	河北省	6.80	山东省	5.50
甘肃省	11.80	吉林省	6.50	内蒙古自治区	5.20
新疆维吾尔自治区	10.60	黑龙江省	5.70	天津市	4.80
北京市	10.30	山西省	3.10	黑龙江省	4.20
上海市	10.30	辽宁省	3.00	吉林省	3.00

资料来源:国家统计局:《中国统计年鉴(2020)》,中国统计出版社 2020 年版。

表 12-3　2010 年、2015 年、2019 年人均 GDP 最高的五个省份（单位:元）

2010 年		2015 年		2019 年	
省份	收入	省份	收入	省份	收入
上海市	73297	天津市	109032.7	北京市	164222
天津市	70402	北京市	106751.3	上海市	157279
北京市	70251	上海市	102919.6	江苏省	123607
浙江省	52059	江苏省	88085.2	浙江省	107623.61
江苏省	52000	浙江省	77862.2	福建省	107139.25

资料来源:国家统计局:《中国统计年鉴(2020)》,中国统计出版社 2020 年版。

表 12-4　人均 GDP 最低的五个省份　　　　　　　（单位:元）

2010 年		2015 年		2019 年	
省份	收入	省份	收入	省份	收入
安徽省	20661	山西省	35094.8	山西省	45724
西藏自治区	17319	西藏自治区	32322.2	吉林省	43475
甘肃省	16107	贵州省	29938.5	广西壮族自治区	42964
云南省	15749	云南省	29100.9	黑龙江省	36182.77
贵州省	13221	甘肃省	26209.6	甘肃省	32994.56

资料来源:国家统计局;《中国统计年鉴(2020)》,中国统计出版社 2020 年版。

通过调整区域经济结构促进国土开发空间结构优化,坚决贯彻西部大开发、中部崛起以及东北等老工业基地振兴等一系列区域战略,缩小我国区域发展差距,在未来时间内进一步缩小区域发展差距,争取在 2030 年将人均收入最高地区和收入最低地区的差距缩小至 3 倍以内,并且显著提高低收入省份的平均收入水平。

当然,区域协调发展不是指绝对意义上的公平,我国国土幅员辽阔,地区间要素禀赋差异巨大,不同地区应根据自身的具体情况,因地制宜,充分体现经济基础、要素禀赋优势的差异性,通过顶层设计完善区域功能定位,在此基础上形成各具特色、功能互补的特色产业结构,实现错位发展,轮番快速发展,最终形成协调发展的区域经济结构与国土空间开发新格局。

调整区域经济结构促进国土开发空间结构优化,促进区域的协调发展,控制区域收入差距在合理的范围内。随着经济社会的发展,调整区域经济结构,逐步缩小区域收入差距,从而弥合区域间的差距,实现区域协调发展和国土整治,这是实现不同地区的区域协调、共同发展的美好愿景。

地方保护、行政分割是我国区域经济发展中长期存在的问题,在很多跨地区的经济活动中市场化基础薄弱,要素不能自由流动,影响了经济发展效率,通过经济带重塑中国经济地理的重要目标之一是实现区域经济一体化。过往的区域政策很多是地方谋取本地利益的结果,经济带可以打破行政区划,展开区域合作。通过顶层设计、长远规划提高经济带所辖区域的治理效率,建立完善的区域协调制度,在地区间展开横向合作,成立官方、非官方组织就具体事务展开纵向合作,推动经济带各区域实现产业一体化、交通一体化、市场一体化,提高经济发展潜力。

二、实现城乡一体化

城乡居民收入差距失衡,是我国贫富差距悬殊的重要组成部分。目前,我国城乡居民收入差距远甚于国际水平,由于城乡居民收入差的持续失衡,不仅会造成社会整体贫富的过于悬殊,从而加剧社会阶层的冲突,而且难以真正激发更广泛民众的消费潜力,从而无益于经济结构的转型。调整区域经济结构促进国土开发空间结构优化,要逐步实现城乡一体化。

近年来,我国缩小城乡收入差距已初显成效,2020 年城镇居民人均可支配收入 43833 元,农村居民人均可支配收入 17132 元,城乡居民收入比为 2.56∶1(见表 12-5)。未来,随着劳动力的短缺,低端劳动力工资收入不断上涨,劳动力工资定价日趋合理,预计城乡居民收入差距会不断缩小,力争将来能够把城乡居民收入差锁定在"2"以下,达到发达国家的水平。但是,目前我国的城乡差距仍然较大,而且不仅体现在收入差距方面,在社会保障和基础设施建设等领域也存在较大差距。

表 12-5　2016—2020 年我国城乡居民收入差距　　　（单位:元）

年份	城镇人均总收入	农村人均总收入	城乡收入比
2016	33616	12363	2.72
2017	36396	13432	2.71
2018	39250	14617	2.69
2019	42358	16021	2.64
2020	43833	17132	2.56

资料来源:根据《中国统计年鉴》(2020 年)计算整理。

通过调整区域经济结构促进国土开发空间结构优化,可以缩小城乡差距,促进城乡协调发展。通过对区域经济结构的调整和优化,在我国做到工业扶持农业的发展,从而使广大农民参与到我国改革开放的发展过程、分享经济增长的成果。同时,调整区域经济结构促进国土开发空间结构优化,能够合理调整国民收入分配结构和政策,加强对农业的支持和保护力度,实现农业和农村的快速发展,进一步加快推进城镇化。优化国土开发空间结构,未来的愿景是在我国消除城乡二元结构,实现农村与城镇的均等化;还要进一步做到城乡统筹,克服我国农村和城市的一系列不平等政策,这也是区域经济一体化的重要体现。最终愿景是逐步建立城乡统筹的劳动力制度、户籍制度、教育体系以及对农村进行税费减免,最终形成有利于城乡相互促进、共同发展的体制和机制,实现城乡基本公共服务均等化。

三、实现基本公共服务均等化

所谓基本公共服务均等化,指的是每个居民无论民族、身份、地位、户籍等的差异,都享有大致相同的基本公共服务。换言之,政府要公平地满足居民的基本公共需要。不应该因其居住在城市或乡村、沿海或内陆而遭受歧视或享有特权,所有居民享受一视同仁的基本公共服务。基本公共服务均等化是社会公平的重要内容,也是调整区域经济结构促进国土开发空间结构优化未来要实现的重要愿景。

区域协调发展还包括实现地区基本公共服务均等化,调整区域经济结构的目的在于实现区域公平,包括实现基本公共服务均等化。通过调整区域经济结构,使广大人民都能享受到基本的公共服务,并尽量做到均等化,减小差距,使人们都能够享有各种最基本的权利。

我国长年的经济快速增长,已经积累了不错的经济基础和财政能力,初步具备了在全国范围内推进基本公共服务均等化的能力。未来要加大对革命老区、民族地区、边疆地区、贫困地区等重点扶持地区的帮扶力度。要加大财政方面对这类"老少边穷"地区的补贴以及财政转移支付,提高地方政府的财政实力,使其有能力为人民提供基本的公共服务。并通过区域经济协调发展,缩小中西部地区与东部地区的差距,从而使东部地区、中部地区、西部地区的人民在公共服务方面的差距缩小,使不同区域民众享有均等的就业、住房、医疗、教育、基本公共文化的机会。

目前,我国的基本公共服务资源多集中于城镇地区,尤其是在一线城市和二线城市的集中度尤其高,城乡地区在收入分配、卫生、养老、社会保障等方面有较大差距,城市居民享受到了更多的好处。未来,应通过区域经济结构的调整,促进基本公共服务资源配置的合理化和均等化,使广大居民无论城乡、无论地区,都能在更多领域享受到公共服务均等化,在医疗、社保、教育、就业、养老、住房、文化等方面享受到更平等的服务。

第二节　构建以经济带为支撑的国土开发空间结构

调整区域经济结构形成的国土开发空间结构要以近年来提出的"三大经济带"为重要支撑。党的十八大以来,党中央大力推动实施"一带一路"倡议、京津冀协同发展和长江经济带三大经济带,并在"十三五"规划建议中提出,以区域发展总体战略为基础,以"三大经济带"为引领,形成沿海沿江沿线经济带为主的纵向横向经济轴带,并与全国区域经济总体战略的"四大板块"有机联系起来。这意味着我国区域发展将更加注重统筹协调,"三大经济带"促进了我国"四大板块"之间的合纵连横,充分发挥不同地区的优势和特色,增强要素流动性,强化区域之间的产业分工与经济联系。"一带一路"倡议、长江经济带、京津冀协同发展"三大经济带"的明确提出,意味着经济带模式成为我国区域开发在空间格局上的重大创新。促进国土开发空间结构优化,要充分贯彻落实"三大经济带"。

经济比较发达的国家,都有发展比较成熟的经济带、都市圈等,这类区域在经济总量中占有较大比重。近年来,我国区域经济快速发展,地区间的经济联系越来越紧密。尤其是经济发展水平、市场化程度较高的地区,区域间的合作交流日益加强,随着"一带一路"倡议、长江经济带、京津冀协同发展"三大经济带"的明确提出,意味着经济带模式成为我国区域开发在空间格局上的重大创新。通过调整区域经济结构促进国土开发空间结构优化,形成几个经济带,有助于实现区域合作互利共赢。

一、现有三大经济带概况

目前,中国的三大经济带已经基本成型,覆盖了中国大部分地区。三大经济带范围内容纳的人口、经济体量在全国有着举足轻重的地位。可以说经济带已经成为区域开发中的重要战略。

1."一带一路"倡议

"一带一路"倡议包括"丝绸之路经济带"和"21世纪海上丝绸之路"。丝绸之路经济带沿线包括30个国家,人口22亿人,地区生产总值总规模16万亿美元。覆盖的国内省份以中西部地区为主,在中国过去的经济地理格局中处于劣势地位,通过丝绸之路经济带的建设,可以对接欧、亚、非国家展开经济交流和经贸合作,充分发挥地缘优势。丝绸之路经济带以亚欧大陆桥为主交通轴,一路延伸,在中国范围内覆盖了天山北坡城市群、兰西城市群、宁夏沿黄城市群、关中地区,并沿铁路延伸辐射至中原城市群和东部沿海地区,向西南地区拓展纳入了成渝城市群和滇中城市群。丝绸之路经济带中,发展程度较高的是成渝城市群和关中城市群,是丝绸之路经济带的核心城市群。

丝绸之路经济带对沿线城市进行充分的要素整合,关中城市群高校云集,是西部地区唯一的高新技术产业开发带,能源矿产资源丰富;成渝城市群劳动力充足,水能资源丰富;天山北坡城市群、兰西城市群、滇中城市群拥有丰富的自然资源储备,包括能源、有色金属等。丝绸之路沿线地区具有不同的要素禀赋优势,通过政策引导加强彼此之间的经济联系,可以实现区域协同发展。

"21世纪海上丝绸之路"覆盖了三个国家级城市群长三角城市群、海峡西岸城市群、珠三角城市群和区域性城市群北部湾城市群等。海峡西岸城市群经济发展水平、对外开放程度高,同时作为著名侨乡,是对外交流历史文化软实力的重要支撑,是建设"21世纪海上丝绸之路"的核心。长三角城市群发展水平较高,区域一体化方面基础较好,通过"21世纪海上丝绸之路"建设,扩大上海自贸区的辐射带动效应。珠三角城市群经济基础良好,与沿线国家航线短,区位优势明显,有重要的港口城市和国际空港,和东南亚有密切的经贸合作,是"21世纪海上丝绸之路"的前沿阵地。北部湾城市群是中国同东盟合作的重要门户,是建设"21世纪海上丝绸之路"的重要通道。

2. 长江经济带

长江经济带是承东启西、对接"一带一路"的核心经济带,包括11个省份,人口约6亿人,地区生产总值总量占到全国的四成。长江经济带是我国区域经济发展的重要引擎,包括长三角城市群、长江中游城市群、成渝城市群三个国家级城市群,滇中城市群和黔中城市群两个区域性城市群。长江经济带沿线城市群发展水平梯度差异比较明显,自西向东发展水平依次提高,以长三角城市群为龙头,长江中游城市群和成渝城市群为重要支撑,以滇中城市群和黔中城市群为补充。从城市等级来看,长江经济带内的城市可以分为三个等级:上海市是第一等级,重庆市、武汉市、南京市是第二等级,其他城市为第三等级。长江经济带上、中、下游发展存在明显的不平衡现象,下游地区比较发达,已经形成了成熟的城市体系,中上游地区大城市首位度偏高,城镇化格局有待完善。此外,长江经济带存在产业结构趋同的现象,未来需要体现地区特色、错位发展。

3. 京津冀协同发展

京津冀协同发展的地域范围包括北京市、天津市、河北省,总人口超过 1 亿人,地区生产总值占全国的 10% 以上,是环渤海经济圈的核心区域,辐射山东省、辽宁省。作为中国经济第三增长极,京津冀协同发展意义重大,是国家层面的重要战略。通过对京津冀三地的要素整合,推动产业升级转移,构建交通一体化网络,扩大环境容量生态空间,实现区域协同发展,实现建设全国新经济增长极,对全国其他地区开展区域合作能起到示范和样板的作用。① 京津冀协同发展已经取得了一系列成果,但北京市、天津市作为双核,产业分工协作不明确,对区域的辐射带动作用不强,甚至对周边地区产生了较强的"虹吸"现象,造成区域内差距明显,环京津地区发展水平严重滞后,迫切需要促进区域协调发展。

4. 经济带之间的联系

三大经济带并非相互孤立,而是彼此间存在紧密联系。比如长三角城市群是连接长江经济带和"21 世纪海上丝绸之路"的桥梁。长三角的港口优势和外向型经济特点,决定了其在海上丝路中成为对外交流的桥头堡,同时作为中国经济最发达的区域,长三角也是长江经济带的龙头,辐射带动 9 省 2 市的发展,这将极大拓展海上丝路的腹地,提升国际经济合作的深度,也有利于长江经济带对接东盟,接受来自海外的资源、信息等。

成渝城市群位于长江经济带和丝绸之路经济带的交汇处,在长江经济带中,成渝城市群属于外围区域,承接来自长三角的产业转移,而在丝绸之路经济带中,成渝地区的经济基础最好,也是面向西亚地区、中亚地区的开放前沿,有广阔的空间输出不符合自身发展需要的产业。通过成渝城市群的串联,形

---

① 肖金成:《京津冀区域合作的战略思路》,《经济研究参考》2015 年第 2 期。

成了从长三角到西部地区、中亚地区、西亚地区完整的产业梯度转移链。

北部湾城市群是丝绸之路经济带和海上丝路的共同支点,是沿海开放和内陆开放两条通道的"V"字型交点。京津冀地区通过现代化的交通网络可以对接丝绸之路经济带,利用西部地区资源、人力,同时输出本地的资金、技术、管理经验等,带动丝路经济带的发展。三大经济带共同构成了中国区域经济空间格局的骨架。我国区域发展的"三大经济带"已端倪初现,对于探索区域经济合作新模式、构建开放型经济新体制、推动形成全方位开放合作新格局将产生深远影响。

二、构建倒"U"型国土开发战略格局

中国已经形成了"T"型国土开发战略格局,其中,"一竖"为沿海发展轴带,"一横"为长江经济带。为了实现区域协调发展,在此基础上建设丝绸之路经济带,形成倒"π"型国土开发新格局。"沿海一竖"串联长三角、珠三角、京津冀三大增长极,是倒"π"型结构的核心部分;作为"内陆一横"的丝绸之路经济带贯穿西部大开发地区,经济实力较弱,是未来重点发展的区域;"沿江一横"长江经济带是东西向连接的纽带,并对接"一带一路"。倒"π"型国土开发战略格局将西部大开发、中部崛起、东部率先发展战略有机结合到一起,并且不同于过去单纯的区域政策支持,更加强调经济一体化背景下的区域协调发展,符合经济新常态下优化国土开发空间格局的要求,将成为中国未来经济发展的重要支撑。

1. 西部丝路轴线

西部丝路轴线南北纵贯西部大开发的全部地区,是贯穿丝绸之路经济带国内段的主轴线,大致由兰新轴线—西兰轴线—成渝轴线—南贵昆轴线组成,自北向南串联天山北坡城市群、兰西城市群、关中城市群、宁夏沿黄城市群、成渝城市群、黔中城市群、滇中城市群和广西北部湾城市群共8个城市群。西部

丝绸之路是目前经济实力较弱的一条轴线,也是城市群发育程度最低和城镇化水平最低的一条轴线,但却是国家对外开放、构建全方位对外开放新格局中具有特殊战略地位的一条重要轴线,未来将成为西部大开发的战略脊梁带和西部地区对外开放的战略通道带。通过这条主轴线的培育与建设,全方位加大西部地区对外开放开发力度,最大限度地缩小西部地区与东中部地区发展差距,为我国形成相对均衡的区域发展格局奠定基础。

2. 中部长江经济带轴线

中部沿江轴线东西横贯东部地区、中部地区和西部地区三大区域发展板块,是我国国土空间开发最重要的一条东西向轴线,也是我国"H"型发展主轴线的重要组成部分。长江经济带轴线在区域发展总体格局中长期占据主导战略地位。沿江轴线自东向西串联长三角城市群、江淮城市群、长江中游城市群、成渝城市群、黔中城市群、滇中城市群共6个城市群。该轴线重点贯彻落实国务院批复的《国务院关于依托黄金水道推动长江经济带发展的指导意见》,依托长江黄金水道,建成促进国家经济增长、提质增效并从沿海向沿江内陆拓展的中国经济新支撑带,并作为联系东部沿海轴线和西部丝路轴线的重要纽带。

3. 东部沿海轴线

东部沿海轴线是南北纵贯东部地区和东北地区两大区域发展板块的另一条南北向主轴线,既是我国综合实力最强、战略支撑作用最大的轴线,也是我国建成"H"型发展主轴线的重要组成部分,该轴线在区域发展总体格局中长期占据绝对主导的战略地位。该轴线连接着长三角城市群、珠三角城市群、京津冀城市群、哈长城市群、辽中南城市群、山东半岛城市群和海峡西岸城市群7大城市群。该轴线重点围绕"21世纪海上丝绸之路"建设,依托黄金海岸,建成国家经济转型升级和最具国际竞争力的外向型经济支撑带。

4. 推动区域发展总格局由"T"型格局转变为倒"π"型格局

通过西部丝路轴线、中部沿江轴线和东部沿海轴线三条主轴线的建设,联动东部地区、中部地区、西部地区和东北地区"四大板块"协同发展,形成由"三轴四区"组成的倒"π"型空间战略格局。推动国家区域发展总体格局由"T"字型长期主导的战略格局转变为适应新常态的倒"π"战略格局,更好地为推动丝绸之路经济带、"21 世纪海上丝绸之路"和长江经济带建设,为实现中华民族复兴的中国梦作出贡献。

三、构建海陆统筹开放新格局

经过改革开放以来的发展,中国的沿海开放型经济发展模式取得了巨大成就。未来在进一步提升沿海开放、向东开放的基础上,要进一步推动内陆开放、向西开放,打造"东西两翼张开、海陆并举"的全方位开放战略,而"一带一路"倡议将是中国布局全方位对外开放的重要举措。

目前,中国的对外开放格局已经面临拐点,国内外环境出现了一系列变化。一方面,沿海开放红利不断减少,经济发展呈现"东慢西快"的区域特征;另一方面,中国已经成为世界第二大经济体,国际地位发生了空前变化,在能源安全和欧亚合作问题上都有更高的要求,并承担更多责任。在这种形势下,向西开放,推进"一带一路",构筑全方位对外开放新格局,成为重要的国家战略。"一带一路"倡议将深刻影响未来数十年中国的经济发展,对外将改变中国在全球价值链体系中的地位,摆脱沿海开放战略中所处的低附加值地位,占据行业高端、龙头地位,形成以我为主的对外开放格局,提升国际影响力;对内将改变中国的区域发展格局,广大中西部地区由内陆变成开放前沿,地缘优势逐步显现,培育出一批新的增长点,有利于形成区域协调、多极化发展的空间格局。

未来我国的区域经济开发结构,要注重建设开放型国土空间,开展全方位的对外交流与合作,不只是沿海地区,尤其是重视内陆沿边地区的开放发展,注重内陆开放、向西开放,重视依靠沿边开放口岸进行对外开放重点区域的建设,加快对外开放通道的建设效率,形成能源合作、产业协同、基础设施建设和生态环境保护等全方位、一体化的国际合作,形成重点突出、布局合理的沿边全方位国际区域发展格局。

构建开放型国土空间是近年来区域经济格局中最显著的变化。"十三五"规划已经提出,要打造陆海内外联动、东西双向开放的全面开放新格局。"一带一路"倡议的美好愿景是,建成我国"两横三纵"的城市化格局,体现"一带一路"建设对我国中西部地区,特别是西部沿边省份的发展格局的影响。

西部大开发战略是构建海陆统筹开放新格局的重点一环。目前,西部地区经济增长速度保持较高水平,相对全国平均水平较高,但由于基础薄弱,基数差,与东部地区仍存在较大差距,尤其是经济对外开放水平一直不高,一直是中国经济发展的末端。"一带一路"建设将推动西部地区对外开放、经济交流的加深,促进西部地区的国际交流合作,将把"一带一路"建成连接中国与中亚地区、南亚地区、西亚地区、欧洲的中间地带,将会大大提高西部地区的经济活力。借助"一带一路"搭建的平台,促进向西开放,有助于西部地区外向型经济的发展,在更大的空间范围优化生产要素配置,提高对外开放和经济发展水平。"一带一路"建设促进向西开放,有利于在我国西部地区培育出新的区域经济增长极。

四、构建新型城镇化空间格局

1. 推进"两横三纵"城市化战略

国土空间开发格局推进形成城市化、工业化和农业现代化同步发展的国土集聚、集中开发总体格局,国土开发格局要和城市化战略格局相协调。我国区域开发格局的"两横三纵"的城市化战略格局,和三大经济带在空间上拟合程度较高,其中,"两横"是陇海亚欧大陆桥和沿长江通道两条横轴,"三纵"是沿海、京哈京广和包昆通道三条纵轴。我国区域开发格局的未来愿景是形成以陇海、沿江和沿海、京哈—京广、包昆为主体的"两横三纵"的战略格局。到2030年,在"两横三纵"的基础上形成多中心网络型国土空间开发格局,推进工业化和城镇化加快发展。

2. 优化城镇化空间布局

调整区域经济结构促进国土开发空间结构优化,要优化城镇化空间布局。加快推进科技创新引领经济发展模式的转型,加快城镇地区的产业升级和功能升级。调整区域经济结构,优化国土空间开发,能够促进城镇化水平的提高和城镇化建设品质的提升。优化城市化地区内居民散布点的城镇化路径,从而形成全国一体化的城镇化发展格局,增强城镇化过程对全国区域经济的辐射带动作用。

通过调整区域经济结构促进国土开发空间结构优化,打造沿海新城市带,搞好"港口—园区—城镇"的一体化规划和发展,保护好沿海地区的生态环境并做好海陆统筹,完善海岸带不同地区定位与功能的协调统一,优化海岸带开发与腹地建设的协同。另外,还要大力发展内陆城市群,培育出中西部地区新的区域经济增长极,形成新的发展核心区,与东部地区呼应。城市化过程中做好城乡统筹发展,选择合理的城市化结构和演化发展路径,避免因为城市群的范围过大而影响其功能的发挥。

我国的城镇化过程,要建设一批特大城市和区域性中心城市。首先,培育几个国际化大都市。具体来说,进一步突出香港的国际金融贸易中心城市功能,推进与广州、深圳等粤港澳城市对接和互补;促进上海市建成国际金融中心和航运中心;优化首都核心功能,为北京市成为世界城市打好基础。其次,在上述大城市周边及东部、中部、西部三大地带其他区域,培育做强若干特大和大中型城市或都市圈,使其成为国家和区域经济发展的次一级增长极。最后,在中西部地区扶持一批区域性中心城市,培育做强若干有竞争力的城市群。预计到 2030 年左右,京津冀、珠江三角洲、辽东南、山东半岛、成渝、长江中游、海峡西岸等城市群也将进入参与国际竞争的前沿。

3. 形成辐射带动作用明显的城市群

随着产业分工和区域协作日益加深,城市群在国土开发中将扮演越来越重要的角色。未来通过调整区域经济结构促进国土开发空间结构优化,将来应以增强综合承载能力为重点,以特大城市为依托,形成辐射作用大的城市群。我国人口众多,土地资源有限,目前又处于工业化、新型城镇化加速发展阶段。按照我国现实国情,一方面要避免城市过于分散带来的土地资源浪费问题,另一方面随着特大城市出现而造成的"大城市病"已经制约了大城市的发展,这就要求坚持走中国特色的新型城镇化道路,按照统筹城乡、布局合理、节约土地、功能完善、以大带小的原则,形成规模合理、产业分工协作成熟的城市群,从而促进大中小城市和城镇协调发展。目前,我国有不同规模的城市660 多个,参照联合国 100 万人口为特大城市的标准,可以界定我国有 65 个城市为特大城市,其中巨型城市 2 个、超大城市 8 个。以这些特大城市为依托发展的城市群,能够有效提高城市综合承载能力,充分发挥城市集聚人口和产业的作用,形成新的区域经济增长极,带动区域经济社会发展。

中央于 2006 年 3 月发布的"十一五"规划,首次提出了"城市群"的概念,该规划提到"有条件的区域,以特大城市和大城市为龙头,通过统筹规划,形成若干用地少、就业多、要素集聚能力强、人口合理分布的新城市群"。当然,经过 9 年的规划发展,我国已经出现了相当数量发展态势良好的城市群,其中最为突出的是长三角城市群、珠三角城市群、京津冀城市群、长江中游城市群、成渝城市群五大国家级城市群。这些城市群凭借区位优势和极化效应,集聚了大量生产要素,在国民经济中占有十分重要的地位,其中经济实力最雄厚的三大城市群——长三角、珠三角、京津冀的经济总量占到全国的近 40%,而五大城市群的地区生产总值占到全国 GDP 总量的一半左右,对周边地区的带动作用十分明显。城市群将成为中国未来的空间发展战略,21 世纪将是中国城市群快速发展的时期,通过促进国土开发空间结构优化,形成合理的城市群空间布局,建成 5 个国家级城市群、9 个区域性城市群和 6 个地区性城市群,加快培育成渝、中原、长江中游、哈长等城市群,使之成为推动国土空间均衡开发、引领区域经济发展的重要"增长极",制定实施城市群规划,有序推进基础设施和基本公共服务同城化。

五、培育更多经济带,拓展区域开发空间

经济带在中国尚属新兴概念,作为国家层面的宏观战略规划,经济带是未来中国区域发展战略的重点。我们也应该清楚地认识到,现有的三大经济带还不足以支撑起整个中国的国土空间,将来要立足实践,培育更多经济带,构成中国区域经济开发的骨架和支撑,使之更丰满、更立体化,真正做到将全国各区域联系起来,推进交通、产业、市场等方面的全国一体化,促进区域协调发展。

1. 珠江—西江经济带

2014 年 7 月,《珠江—西江经济带发展规划》获得国务院批复,珠江—西江经济带正式上升为国家战略。珠江—西江经济带以珠江—西江主干流区域为轴带,以广州市、南宁市为双中心,横跨广东省、广西壮族自治区,上连贵州省、云南省,下通港澳,实现了我国大西南和华南沿海地区以及东盟的有效对接,通过对广东省产业的优化、转移来带动西南地区发展。

2. 东北—环渤海经济带

环渤海地区是中国北方的核心地带,而东北地区一直以来都是中国产业振兴的重点区域。中国高铁网络不断完善,烟大海底隧道的修建,都将加强东

北省和环渤海地区的互联互通,在此基础上构建一条东北—环渤海经济带,有利于首都经济圈辐射带动更大范围的区域发展,也有助于东北地区承接产业转移,接受先进的技术、体制和管理经验,完成自身转型。

3. 黄河经济带

黄河是中华民族文明的摇篮,理应构建一条以黄河为主轴的黄河经济带。长江经济带和珠江—西江经济带撑起了南方的发展骨架,相比之下北方地区略显单薄,出现了明显的洼地,不利于中国经济、产业从南到北的梯度辐射和转移。培育黄河经济带,能够完成中国区域发展大战略整体框架的构建,使"一带一路"和首都经济圈、山东沿海地区有效对接,使之与长江经济带遥相呼应,成为北方区域开放的脊梁。

4. 构建六大经济带为骨架的国土空间格局

上述三大经济带的构建,结合已有的三大经济带,将重塑中国的区域发展格局,届时中国会形成新型"三横两纵"的空间格局,各地区通过经济带串联,实现互联互通、协调发展。各条经济带的定位、关系如表12-6所示。

表 12-6 未来重要经济带的定位、功能

经济带	定位	功能
"一带一路"	国家级倡议	连接中国与俄蒙欧、中亚地区、西亚地区、东南亚地区
长江经济带	南方战略支撑	对接丝绸之路经济带、"21世纪海上丝绸之路"
京津冀协同发展	重大国家战略	北方增长极,区域协调发展示范
珠江—西江经济带	南方国家战略	南方增长极,对接西南地区、"21世纪海上丝绸之路"
东北—环渤海经济带	北方国家战略	对接东北地区、环渤海地区,振兴东北地区
黄河经济带	北方战略支撑	对接丝绸之路经济带、东部沿海地区

建成上述六条经济带,我国的国土空间格局将形成清晰的"三横两纵"结构,其中丝绸之路经济带为西部"一纵",东北—环渤海经济带与"21世纪海上丝绸之路"共同构成东部"一纵"。长江经济带与黄河经济带作为重要战略支撑,分别在南北方对接东西"两纵",构成最关键的"两横"。京津冀协同发展打造区域增长极,辐射北方腹地。珠江—西江经济带作为南端"一横",进一步加深"两纵"的联系,使这一以经济带为核心的骨架更加完整。如此一来,中国各大经济板块之间都会形成实质上的联系,不同特点、不同发展水平的地区互通有无,将促进我国协调发展。同时在西面、东南、东北三个方向和国外全方位对接,构建全新的对外开放格局,充分发挥内陆地区的地缘优势,有利于沿海和内陆地区协调发展。

第三节　构建海陆联动的全开放型国土空间

随着区域经济结构促进国土开发空间结构优化的不断深化,内陆地区开发开放已成为我国区域经济发展战略的重要趋势。构建内陆开放型经济格局的主要手段是在中西部内陆地区建立区域发展的增长极和制高点,同时大力发展内陆开放型经济。

一、着力推进内陆开放

内陆开放是区别于沿海沿边地区开放的一种新型的开放形式,是内陆地区在对外开放中逐渐形成起来的推动和帮助内陆地区走向世界的一种模式创新。这种创新既是对内陆过去多年改革开放取得阶段性成就的概括和总结,也是对今后一个时期内陆开放路径的进一步探索。放眼世界着眼未来,内陆开放模式创新应立足于内陆客观实际和发展要求,在调整经济结构、承接国际产业转移,整合全球要素等方面进行探索实践,努力为内陆地区经济持续、快速、健康发展提供不竭动力。

　　内陆开放是相对沿海沿边地区开放而言的。过去囿于地理位置、经济发展水平和交通条件的限制，内陆地区在经济学产业梯度转移理论中，始终处在产业转移的末端位置，导致内陆地区的开放总是落后于我国东部地区，并且其开放层次、开放规模和开放水平远较沿海地区要低，资本、技术和项目来源除了极少数来自境外，其余绝大部分来自西部地区以外的其他地区。因此，内陆地区过去的开放，从形式到内容实质上是一种次级的，主要对境内其他地区的开放。然而，随着以信息网络技术为标志的现代科学技术的迅猛发展，以交通运输为标志的现代基础设施的巨大改善，以网络经济为标志的现代经济的日益成型和全面扩展，内陆地区已经基本摆脱地理环境的长期束缚，意味着至少在交通运输、对外交往等方面站到了与东部地区同一个起跑线上，甚至某些区位条件已经超越东部地区。由于内陆地区拥有更加丰富的资源、低廉的劳动力成本和更为广大的市场，这就给一些有基础的内陆城市发挥比较优势、创新开放模式，走出一条既符合内陆开放要求，又吸取沿海开放成功经验的独特的内陆开放道路创造了机会和条件。例如重庆市已经宣布基本建成内陆开放高地，国务院于 2012 年 9 月批准宁夏回族自治区设立内陆开放型经济试验区，河南省 2013 年提出要在 5 年内建成开放型经济主要指标均位居中西部地区前列的内陆开放高地，四川省宣称四川省已成为西部内陆开放高地的最大平台和最重要窗口，西安市通过国际港务区来宣扬西北内陆开放的战略高地的建立，等等。从中可以发现，尽管探索各异，但内陆开放"一头在外、一头在内"的特征却十分明显，与沿海地区开放模式相比，更加突出时代性、世界性、参与性和融合性。虽然迄今为止，这还只是初露端倪，但却大致展示出了内陆开放的主要方向和发展趋势。

　　内陆开放是我国新一轮对外开放的最大潜力和动力所在，是拓展开放型经济广度和深度的关键所在。改革开放以来，我国通过开放引领改革、开放促进发展，迅速成为全球第二大经济体、第一制造大国和对外贸易大国。我国对外开放从建立沿海经济特区到沿边、沿江、内陆地区由东及西渐次展开。在成就珠三角、长三角、环渤海三大经济区的同时,也出现了东部沿海地区和内陆地区明显的差距。可以说,现阶段我国发展的不平衡,主要体现为区域发展的不平衡;开放程度的不协调,更多体现为内陆和沿海开放的不协调。要创新内陆开放模式,激发广袤内陆地区的开放活力,形成对外开放的战略腹地和新的经济增长点,为我国全方位开放注入更为持久的动力。

构建内陆开放型的全新经济空间格局,要构建内陆地区的"双向"开放型产业结构。所谓"双向"指的是"请进来"与"走出去","请进来"指的是要吸收国外先进技术和管理经验,促进内陆企业上档升级,"走出去"指的是要发挥内陆企业比较优势,参与并融入世界经济之中。内陆地区"双向"开放的发展模式创新,将突出"市场换技术""一头在内、一头在外"的发展方向,着力于农业现代化、工业新型化、服务全球化。

二、内陆开放模式创新

改革开放以来,我国内陆地区从单纯的招商引资初级开放走向"一头在内、一头在外"的双向式全方位开放,现在更强调国内企业"走出去",争取未来形成平台高、渠道宽、市场大的开放新格局,为内陆地区的进一步开放和创新打下了坚实的基础。重组世界资源,创新内陆承接国际产业转移的分工组合模式,要改变我国企业过去在价值链、产业链、供需链和空间链的地位,力图在上述四个方面取得突破,是内陆开放模式创新的重要指向。

1. 占据价值链的高端部分

通过内陆开放,改变我国过去在沿海开放过程中处于加工制作这一产业链低端环节的地位。内陆开放要求我国在参与世界经济活动、承接国际产业转移、向域外其他地区转移产业,都占据较高端的地位,实现产业对外输出,占据价值链的高端地位。因此,新时期的对外开放要重视把中国企业从价值链低端位置逐渐推向高端位置。

2. 创新产业链式管理模式

产业链是指一个产业的多个上下游企业通过物质、资金、技术等流动和相互作用形成的企业链条。我国内陆地区企业的综合实力相对于东部地区和发达国家普遍较弱，因此要充分发挥产业链的协同作用。创新产业链式管理，实现一整条产业链的价值输出。完整的产业链，对于推动企业转型升级、增强内地企业整体实力和市场竞争力，具有十分重大的意义，这是内陆开放创新的重要内容。

3. 促进供需链的调整和优化

在全球化竞争条件下，任何企业都不能孤立地存在，必须依靠上游的供应商和下游的客户并形成合作关系，否则很难在现代的市场竞争中生存下来。对于面向世界的内地开放型企业来说，要融入世界经济，参与世界资源重组，就需要不断扩大和延伸供需链条，一方面要将采购和供应的触角伸向全世界；另一方面，还要提高采购和供应的质量，降低供需链的成本，形成有内陆开放特色的供需链。

4. 实现空间链整合

我国内陆地区面积辽阔，企业数量和种类众多，但相对沿海地区发展落后。经过改革开放以来的发展，内陆地区产业链条逐渐完善，但内陆地区区域间产业同构明显的问题也日益突出。因此，要促进内陆开放型企业空间链的整合，需要对内陆地区产业布局进行整合，同时引导产业集群邻近原材料供应商和消费市场，确保无论是产业链的横向一体化、纵向一体化，还是产业融合，产业链空间分布维度都强调产业上下游企业都有在一个地理空间内聚集的趋势，以形成产业链企业密切合作、灵活机动的协同机制。

通过调整区域经济结构促进国土开发空间结构优化，未来愿景是在我国形成海陆统筹、东西互动、良性发展的区域经济新格局，积极拓展对外开放空间,形成合理的区域经济结构带动全国经济发展。

　　未来要在进一步强化"两横三纵"国土开发"主骨架"核心支撑作用的基础上,抓住国家推动沿海地区率先发展、建设长江经济带和丝绸之路经济带等战略契机,以强化综合运输通道建设为前提,重点发挥城市群的核心作用,推动沿线发展薄弱地区崛起,加快一体化发展步伐,使之成为我国区域和陆海要素流动、产业合作和双向对外开放的核心纽带,支撑陆海统筹加快发展。

　　依托当前我国国土资源开发空间格局的基础,充分考虑未来陆海双向空间拓展的战略需求,以"两横三纵"的国土资源开发轴线为骨架,加快沿边和海上开放发展格局的营造,着力提升海洋作为国家国土资源组成部分的主体作用,形成陆海一体的开放型国土开发综合格局。

三、陆海联动优化国土空间开发战略布局

　　目前我国国土资源开发空间格局的基础是,要充分考虑未来陆海双向空间拓展的战略需求,以"两横三纵"国土资源开发轴线为骨架,加快沿边和海上开放发展格局的营造,着力提升海洋作为国家国土资源组成部分的主体作用,形成陆海一体的开放型国土开发综合格局。

　　优化国土开发空间结构,要重视陆海统筹、海陆整体协调发展的战略思维,陆海统筹是我国在发展思路上的历史性转折,对实现经济社会的可持续发展、维护国家安全和主权权益有十分重大的现实意义。从国土开发的角度来看,陆海统筹是国家对陆地和海洋国土空间的统一谋划。打破重陆轻海和陆海分割的传统思维,陆地国土开发的基础支撑作用和海洋国土的重点开发相结合,合理配置要素资源,促进陆海国土整体发展战略布局的优化,是陆海统筹战略实施的重要环节。未来要按照宏观、中观和微观层次相结合的基本思路,正确处理海洋国土开发和陆地国土开发、海洋经济发展和陆域经济发展的关系,以空间开发管控、基础设施建设、产业联动发展为途径,全面提升海陆空间开发的协调度、海陆基础设施的通达度、海陆产业发展融合度,促进海洋经

济与陆地经济的深度融合和海洋、沿海、内陆的协调发展。

通过调整区域经济结构促进国土开发空间结构优化,要统筹以沿海城市群和港口为重点的沿海开放与以沿边口岸为重点的沿边开放,协调推进双向对外开放型发展平台建设进程。一方面,要进一步发挥沿海地区在对外开放中的先导作用,以上海自贸区的建设为基础,加快以自贸区为主要形式的沿海对外开放支撑平台建设,加强对外经济技术交流和海洋资源开发的深度合作,提高我国经济发展的国际化水平和影响力。

突出沿海地区在陆海统筹发展中的核心地位,以沿海城市群为支撑,以海岸线和近岸海域资源合理利用、海陆产业布局优化、港—城关系协调为重点,促进沿海地区发展空间结构的优化调整。

按照控制近岸开发、加快深水和远海开发的基本思路,加快推进海洋开发战略布局调整。针对我国海上主权权益和对外战略通道安全维护所面临的严峻形势,未来要将以南海为重点的专属经济区和大陆架海洋资源的开发置于突出重要的位置,优先推动对争议海域油气、渔业和海岛资源的开发,加大对海岛资源调查、深海资源勘探和海上新能源开发的技术投入,加快海上综合管理、执法维权和突发事件应急处置能力建设,加强我国在主张管辖海域的实际存在。加快"走出去"步伐,积极投身海洋国际"公土"的开发,提升我国应对全球性海洋开发事务和在相关规则制定中的参与权和话语权,不断拓展我国国家利益的战略空间。

第四节　实现经济平稳健康发展

一、提高经济发展质量和效益

1. 提高经济发展效率

各地区优势能够得到充分有效的发挥,并形成合理分工、各具特色的产业结构。由于发展阶段、资源禀赋和社会经济特点的差异,每一个地区均具有自身的优势和劣势条件。如何充分发挥优势,扬长补短,积极培育一批具有竞争力的主导优势产业,参与国际和区际分工,逐步形成优势互补、合理分工的产业协调发展格局,将是实现区域协调发展的重要基础和前提。

坚持以提高经济发展质量和效益为中心,要坚决摒弃规模速度型粗放增长,增强加快转变经济发展方式的自觉性和主动性。如果不彻底改变传统的依赖物质投入、拼资源环境、靠外延扩张的发展方式,还是习惯于铺摊子、上项目,经济平稳健康发展就会缺少保障,经济发展迈向中高端水平的目标也难以实现,还有可能使一些长期存在的矛盾和问题进一步激化。

经济发展的质量和效益,主要体现为用较少的要素投入、较小的资源环境代价产出较多的产品,获取较大的经济效益;体现为科技含量的提高、产品附加值的增加、产业层次的提升;体现为百姓能够更好地分享经济增长的成果、生活水平持续提高;体现为以比较充分的就业和更高的劳动生产率、投资回报率、资源配置效率为支撑。经济发展的质量和效益,决定着中国经济能走多远,决定着经济发展能否成功迈向中高端水平。

发现和培育新的增长点,充分发掘新型工业化、信息化、城镇化、农业现代化进程中蕴含的巨大潜力;坚定不移化解产能过剩,不折不扣落实中央政策,压缩落后产能;全面推进科技、管理、市场、商业模式的创新,使创新驱动成为发展的新引擎。

2. 提高国土开发效率

我国国土辽阔,但近1/3的国土属于难以开发利用、不适宜人类居住和生产的空间。这一基本国情决定了我们必须倍加珍惜宝贵的国土空间。从现实情况看,大量不合理的无序开发行为和生产活动,使宝贵的国土空间没有得到很好的利用和保护。我国很多地区的经济发展水平和资源丰裕程度不匹配,很多发达地区面临资源不足的问题,而资源丰富的地区往往又受到经济发展水平的限制,不能充分利用其当地的自然资源优势。我国正处在工业化、城镇化加快发展的阶段,大规模的城镇化建设和数亿农村人口将从农村转移到城市,对土地等资源的需求将持续增加,对生态环境的压力也必然加大,未来需要处理好有限的国土空间与日益扩大的需求之间的矛盾,使有限的国土空间发挥更大的承载能力。

　　未来通过调整区域经济结构促进国土开发空间结构优化,加强国土规划,落实主体功能区的要求,完善区域政策,调整经济空间结构,提高国土开发效率。按照资源、环境的承载能力、现有开发基础和未来发展潜力,统筹规划未来人口分布、经济布局、国土利用和城镇化格局,把国土空间划分为不同类型的主体功能区,确定各类型区域发展方向定位,规范开发秩序,管制开发强度,引导人口与经济在国土空间的合理均衡分布,引导产业相对集聚发展,引导形成主体功能定位清晰,人口、经济、资源环境相协调,基本公共服务和人民生活水平差距逐步缩小的区域协调发展格局。

二、促进要素自由流动

　　生产要素是指经济活动中有形或无形的各种投入,一般包括以土地为代表的自然资源、资本、劳动力、技术、管理和信息等。生产要素的流动主要是为了提高要素的利用效率而发生的空间位置的移动。在区域经济学中,区域是地球表面边界固定的二维或三维空间。在区域内部存在各级经济中心和腹地,其要素禀赋和经济发展差异很大,作为一个开放系统的区域,要素的空间分布不平衡会产生区域内或者区际间各经济要素的流动。缪尔达尔的"地理上的二元结构理论"与"循环累积因果理论"认为:"要素流动产生两种效应,一种效应是极化作用,促使要素积聚和产业积聚,产生了区域的非均衡发展;另一种效应是平衡作用,流出区域的要素价格相对上升而流入地区价格下降,使每种经济要素的价格与纯收益趋于平衡状态,促进区域的均衡发展"。这说明区域经济发展的源泉是要素的优化配置,而实现要素的优化配置必然伴随要素的区域间合理流动。调整区域经济结构促进国土开发空间结构优化,可以消除阻碍要素在区域间流动的因素,促进区域间要素自由流动,提高经济效率。

区域要素流动是指可流动的区域经济发展要素在区域内和区域之间发生空间上的流动。从经济增长的角度看,要素自由流动是要素在区域内和跨区域的优化配置;从商品流通的角度看,要素自由流动是具有比较优势的商品和劳务寻求本地要素市场之外更大范围的市场,向更广大区域的市场扩展,从而获得更高的报酬。在市场经济条件下,区域要素的优化配置需要通过要素自由流动来实现。

劳动力要素是生产要素的重要组成部分,也是各种生产要素中流动性最强的部分。从发达国家的情况来看,经济发展水平较高的地区,也是人口比较集中的地区,最终形成经济发展水平与人口大体协调的格局。但我国的情况却恰恰相反,经济总量大的地区没能吸纳相当比重的人口,而广大中西部地区由于缺少资金、人才,经济发展相对较慢,增加就业和收入的机会也相对较少,经济总量比重比较低,而人口比重却大大高于经济所占的比重。例如,东部地区比较发达的长三角、珠三角城市群分别创造了全国地区生产总值的20.2%、9.2%,而人口分别只占全国人口的10.98%、4.27%;相比之下,中西部地区集中了全国较大数量的人口,却没有创造出相应份额的产值,这就导致区域人均收入的差距不断扩大。东部地区人均收入不断提高,对资金等各类生产要素的吸引力也越来越大。相反,人均收入低的地区,在招商引资、吸引人才等各个方面处于不利位置,影响了经济增长,因此人均收入的增长也不快。

通过调整区域经济结构促进国土开发空间结构优化,来创造条件引导各类生产要素向经济效率更高的地区转移,充分发挥市场力量配置生产要素的能力。通过促进要素在区域间流动,引导资金、技术、人才等生产要素向中西部地区流动,推动中西部地区经济发展。通过促进各类生产要素的合理流动,促进区域协调发展,逐步缩小发展差距。

　　生产要素跨区域流动规模的扩大与区域经济一体化程度间是存在较为明显的互为因果关系:一方面,推进区域经济一体化的主要目的就是要扩大资源配置的范围和提高资源的配置效率;另一方面,生产要素跨区域流动规模的扩大又构成了区域经济一体化的客观物质基础及推动力量。事实上,只有区域间生产要素的流动规模扩大了,区域经济一体化及各产业部门、企业等中观和微观经济体在更大范围内优化资源配置的愿望才能落到实处。不仅如此,跨区域要素流动规模扩大现象的客观存在又进一步增强了破除不合理区域经济分割的现状并进而为加快区域经济一体化的进程注入了新的动力。因此,通过调整区域经济结构促进国土开发空间结构优化,来提高区域协同、一体化发展的水平可以有效提高要素流动的效率。

三、优化产业分工布局

　　中国区域经济发展的产业同构现象十分明显,培育经济带有助于调整区域产业结构,完善分工协作。经济带内的城市在整个城市体系中地位不同,应遵循产业结构梯层分布的原则,承担不同功能。总的来说,产业结构按照"农业—轻工业—重化工业—高新技术产业—高端服务业"的路径演化发展,中心区域的产业结构以金融、管理、科技创新等为主,各区域根据各自的发展水平和要素禀赋,实现错位发展,形成完整的产业链。

　　京津冀地区应当以北京市、天津市为核心,发展高端产业,石家庄市在接受京津辐射的基础上,培育新兴产业,同时发展自己的腹地,河北省根据自身比较优势,形成合理的产业结构。长江经济带以长三角城市群为龙头,长江中游城市群、成渝城市群为次中心区域,其他地区作为腹地,形成明确的区域分工,打破产业趋同的现象,提升区域竞争力。"一带一路"沿线区域众多,发展水平和资源禀赋各异,要充分发挥比较优势,避免重复建设带来的恶性竞争,形成区域特色鲜明的产业结构。

调整区域经济结构促进国土开发空间结构优化,最终的愿景还是要在全国各地形成集中高效的产业集群,实现产业的集中化布局和功能化布局。集中化布局和功能化布局是产生规模收益、提高区域产业经济效率最有效的方式。功能化布局就是将生产空间进行功能区划分,形成具有专门功能的生产空间,将相应功能布局在该生产空间内。通过功能区布局,增加功能区配套服务,提高生产空间吸引力,从而提高生产空间功能和集约水平。目前,在产业空间布局上,已有的工业园区、物流园区、科技园区、城市的专业街道、专业市场等发展都较为成熟,都是具有专门功能的生产空间,而这些功能区又可以根据其生产、经营的专业化产品进一步细分。集中化布局就是将具有相同功能的生产单位,集中于一定的区域,一方面便于管理和专业化公共服务的供给,有利于提高生产单位效率;同时,便于生产单位共同利用基础设施,节约基础设施建设成本、提高基础设施利用效率,可以减少对土地的消耗,因而可以提高土地效率;另一方面,也便于对企业污染进行集中治理,减少企业对区域生态环境的影响。当前,各地的工业集中区就是将工业企业集中在一起,共同利用基础设施,便于管理,极大地提高了土地利用效率。逐步禁止工业企业在集中区外投资建厂,调整零散工业企业用地,逐步整合到工业集中区。功能化布局与集中布局相辅相成,集中布局的结果是形成具有一定功能的生产空间,而功能化布局一定需要具有相关的生产单位的集聚才能形成具有专门功能的生产空间。

通过调整区域经济结构促进国土开发空间结构优化,将来的产业格局愿景是在全国形成各具特色的产业集群。产业集群就是围绕专业化产业,一群高度关联的企业或事业单位在一定的地域形成的集聚。由于各单位高度关联,因而减少了大量的协作成本,减少了大量的交通运输,既有利于产业创新,也有利于提高集群的产量和产业集中度,具有极强的竞争力,因此可以极大地提高生产空间的效率。产业集群包括工业集群、服务业集群等。而城市群就是城市集群,其内各城市承担不同生产服务功能,但关系密切。工业园区要突出功能化、特色化的要求,贯彻实施一区一业战略,使工业园区围绕主要产业为核心,引进相关企业,发展配套服务,完善产业集群的发展。因此,要根据产业集群的要求,实行专业化、定向招商引资。

产业集群要向高端化发展,不断推进产业升级,推动服务业发展,实现经济发展方式转变,跳出我国过去发展的高投入、高消耗、低效益的发展模式。把优化产业结构与节能减排结合起来。调整优化产业结构,既可以提高发展的质量,又能从源头上达到节能减排的治本之策。要大力发展战略性新兴产业、高技术产业、先进制造业等产业,继续淘汰高污染、高排放的落后产能。需要强调的是,服务业特别是现代服务业具有市场需求广、就业容量大、科技含量高、带动作用强等优势,能耗强度相比工业低得多,污染排放更低,因此要加快发展步伐,努力提高服务业增加值在国内生产总值中的比重。

四、人口、资源、环境相均衡

对任何一个地区来说,其经济发展不能以牺牲生态环境为代价,走"先污染、后治理"的老路。要在注重经济发展的同时,更加注重社会发展和生态环境改善,努力实现经济发展与生态环境保护高度融合、人与自然和谐共生的格局。如果后发地区经济的高速增长是以牺牲生态环境为代价的,尽管其与发达地区的经济差距可能缩小了,但从全面、可持续的协调发展理念看,这种"协调"将是不全面、不可取的。

区域协调发展应该建立在可持续发展的基础上,通过采用资源节约和环境友好技术,以及制定科学的规章制度和政策措施,促进地区间和区域内资源高效集约利用,推动形成生产、生活、生态协调发展的格局。一方面,在各个地区内部,要实行生态环境保护优先,推进绿色发展计划,促进人与自然的和谐共生。另一方面,要推进地区之间的生态环境合作,建立健全区域生态补偿机制,构建一体化的生态廊道和生态网络体系,促进区域生态协调发展。

建设生态文明,实质上就是要建设以资源环境承载力为基础、以自然规律为准则、以可持续发展为目标的资源节约型、环境友好型社会,实现人与自然和谐相处、协调发展。因此,建设生态文明,必须考虑人口均衡发展问题,生态文明呼唤和要求人口均衡发展。人口、资源、环境是一个国家最基本的国情,三者的协调发展是生态文明的主要标志。

促进生产空间集约高效,包含形成人口、经济与资源环境相均衡的格局。这就要求优化调整经济过密地区的生产空间范围,减轻生产空间对区域生态环境的压力,能够改善这些生态环境,提高其生态承载力;同时,根据经济稀疏地区的生态承载力、人口数量等,适度增加经济稀疏地区的生产空间范围,改善这些地区的经济发展水平。这样更能够推进区域协调、均衡发展,减少劳动力、资源的跨省流动,减轻人口、劳动力过度流动对社会发展、社会管理的冲击,也减轻交通压力,更能推进人口、经济与资源环境的协调发展,从而推进区域可持续发展,推进生态文明建设。

五、经济、效益、社会、生态效益相统一

明确重要生态功能区和各类重点保护区范围,实施生态维护和修复重大工程,增强生态系统稳定性,改善人居环境,提高生态环境安全水平;严格水源地保护和水功能区纳污控制,加强高标准基本农田建设,提升粮食综合生产能力,加大农业基础设施建设力度,保障粮食安全;提升矿产资源安全供给水平,统筹境外能源进口和国内产需,建设安全快捷的能源运输通道;健全综合防灾减灾体系。

转变高消费、高污染的工业化发展方式,发展低消耗、低污染、高附加价值产业,以生态技术为基础实现社会物质生产的生态化,使生态产业在产业结构中居于主导地位,成为经济增长的主要源泉。

宏观上,生产空间的布局应与人口、资源、环境相均衡,也就是说,各地生产空间的规模应该根据区域人口规模和资源环境的承载力进行合理布局,尽力减少因外出务工导致的人口的长距离迁移,尽力减少生产空间对区域生态

环境的影响,尽力保持区域资源环境的可持续。这样可以避免生产空间过度集中于沿海地区和少数中心城市,因而导致这些区域生态承载力急剧下降、生态环境急剧恶化的现象。2013年年初,华北地区、华东沿海地区的多次雾霾天气就与这些地区生产空间规模过大密切有关。就目前看,总体上我国东部地区的生产空间应适度调整、优化,而适度增加中西部地区生态承载力强的区域的生产空间规模,这样也有利于推动我国东部地区与中西部地区协调发展。

经济建设是根本,政治建设是保障,文化建设是灵魂,社会建设是条件,生态文明建设是基础。随着经济社会的不断发展,人民群众越来越注重生活品质,洁净的空气、优良的水质、安全的食品、优美的居住环境成为每个人最根本的生活标准。这就要求我们要把经济社会发展与生态文明建设统一起来,共同建设美好家园,这也是以人为本、注重民生的一大体现。

把经济社会发展与生态文明建设统一起来、统筹安排,要求我们要牢固树立生态文明的理念。生态文明是人类在利用自然的同时主动保护自然,积极改善和优化与自然的关系,建设良好的生态环境而取得的物质成果、精神成果和制度成果的总和,生态文明代表着人类文明的发展方向。

把经济社会发展与生态文明建设统一起来、统筹安排,要求我们必须牢固树立生态文明观,既要遵循经济规律,更不能违背生态规律,正确处理好保护与开发的关系,既要金山银山,更要绿水青山;既要金色GDP,更要绿色GDP。否则,走"先污染、后治理"的路子,不仅会导致自然生态恶化,更会对长远发展造成严重影响,甚至使我们的发展优势丧失殆尽,贻害子孙。

把经济社会发展与生态文明建设统一起来、统筹安排,要求我们必须转变执政理念,坚持环境优先原则,树立发展是政绩,保护生态、建设生态也是政绩的理念,把生态建设和环境保护当作经济发展来重视、当作经济建设来投入、当作生产性项目来安排、当作长效型产业来开发。坚持在保护中谋发展,在发展中促保护,最大限度地合理利用资源;坚持经济效益、社会效益和生态效益相统一,实现生态效益最大化。

参 考 文 献

［1］安虎森:《新经济地理学原理》,经济科学出版社 2009 年版。

［2］鲍健强、苗阳、陈锋:《低碳经济:人类经济发展方式的新变革》,《中国工业经济》2008 年第 4 期。

［3］毕宇珠、苟天来、张骞之等:《战后德国城乡等值化发展模式及其启示——以巴伐利亚州为例》,《生态经济》2012 年第 5 期。

［4］蔡昉、林毅夫、张晓山等:《改革开放 40 年与中国经济发展》,《经济学动态》2018 年第 8 期。

［5］蔡继明:《优化国土空间开发格局与大中小城市协调发展》,《区域经济评论》2015 年第 5 期。

［6］蔡玉梅、吕宾、潘书坤等:《主要发达国家空间规划进展及趋势》,《中国国土资源经济》2008 年第 6 期。

［7］陈东琪、、邹德文:《共和国经济 60 年》,人民出版社 2009 年版。

［8］陈佳贵、黄群慧:《我国实现工业现代化了吗——对 15 个重点工业行业现代化水平的分析与评价》,《中国工业经济》2009 年第 4 期。

［9］陈秀山、杨艳:《区域协调发展:回顾与展望》,《西南民族大学学报(人文社科版)》2010 年第 1 期。

［10］陈秀山、张可云:《区域经济理论》,商务印书馆 2003 年版。

［11］陈羽、邝国良:《"产业升级"的理论内核及研究思路述评》,《改革》2009 年第 10 期。

［12］陈媛媛、李坤望:《中国工业行业 SO_2 排放强度因素分解及其影响因素——基于 FDI 产业前后向联系的分析》,《管理世界》2010 年第 3 期。

［13］陈钊：《建设生态文明视角下促进生产空间集约高效的途径研究》，《经营管理者》2014 年第 3 期。

［14］程玉鸿、罗金济：《城市群协调发展研究述评》，《城市问题》2013 年第 1 期。

［15］董志凯：《三线建设中企业搬迁的经验与教训》，《江西社会科学》2015 年第 10 期。

［16］樊杰、刘毅、陈田等：《优化我国城镇化空间布局的战略重点与创新思路》，《中国科学院院刊》2013 年第 1 期。

［17］樊杰：《我国国土空间开发保护格局优化配置理论创新与"十三五"规划的应对策略》，《中国科学院院刊》2016 年第 1 期。

［18］方创琳：《中国城市群研究取得的重要进展与未来发展方向》，《地理学报》2014 年第 8 期。

［19］符森：《技术溢出的空间计量和阈值回归分析》，华中科技大学 2008 年博士学位论文。

［20］高斯琴、张静：《科学调整区域经济结构与布局　积极稳妥推进城镇化》，《经济视角》2011 年第 10 期。

［21］郭进、杨建文：《美国再工业化战略对中国产业发展的影响及对策》，《经济问题探索》2014 年第 4 期。

［22］郭锐、樊杰：《城市群规划多规协同状态分析与路径研究》，《城市规划学刊》2015 年第 2 期。

［23］韩增林、杨荫凯、张文尝等：《交通经济带的基础理论及其生命周期模式研究》，《地理科学》2000 年第 4 期。

［24］韩振海：《推动协调发展　构建和谐区域——欧盟区域发展政策对我国的启示》，《中国经贸导刊》2010 年第 7 期。

［25］贺灿飞、谢秀珍、潘峰华：《中国制造业省区分布及其影响因素》，《地理研究》2008 年第 3 期。

［26］胡安俊、孙久文：《产业布局的研究范式》，《经济学家》2018 年第 2 期。

［27］胡安俊：《产业生命周期：企业家精神、聚集、匹配、转移、空间结构的综合研究》，中国人民大学出版社 2016 年版。

［28］胡鞍钢、周绍杰、鲁钰锋等：《重塑中国经济地理：从 1.0 版到 4.0 版》，《经济地理》2015 年第 12 期。

［29］胡鹏、覃成林：《空间外部性、空间依赖与空间外溢之辨析》，《地域研究与开发》2011 年第 1 期。

[30]黄征学、滕飞:《优化国土空间开发新格局 谋划区域发展新棋局》,《中国经贸导刊》2016年第7期。

[31]季永杰、徐晋涛:《环境政策与企业生产技术效率——以造纸企业为例》,《北京林业大学学报(社会科学版)》2006年第2期。

[32]贾勇、李冬姝、田也壮:《生产性服务业演化研究——基于产业互动的研究视角》,《中国软科学》2011年第S1期。

[33]江珂、卢现祥:《环境规制变量的度量方法研究》,《统计与决策》2011年第22期。

[34]姜松、曹峥林、王钊:《国外城乡统筹发展经验与中国重庆市的现实选择研究》,《世界农业》2013年第9期。

[35]蒋伟、刘牧鑫:《外商直接投资与环境库兹涅茨曲线——基于中国城市数据的空间计量分析》,《数理统计与管理》2011年第4期。

[36]解垩:《环境规制与中国工业生产率增长》,《产业经济研究》2008年第1期。

[37]金碚:《资源环境管制与工业竞争力关系的理论研究》,《中国工业经济》2009年第3期。

[38]金万富、周春山:《2000—2010年广东省对流动人口吸引力变化及影响因素》,《南方人口》2016年第1期。

[39]康钰、何丹:《分与合:历史视角下的成渝地区发展演变》,《现代城市研究》2015年第7期。

[40]孔祥利、毛毅:《我国环境规制与经济增长关系的区域差异分析——基于东、中、西部面板数据的实证研究》,《南京师大学报(社会科学版)》2010年第1期。

[41]李钢、马岩、姚磊磊:《中国工业环境管制强度与提升路线——基于中国工业环境保护成本与效益的实证研究》,《中国工业经济》2010年第3期。

[42]李君华、彭玉兰:《中国制造业空间分布影响因素的实证研究》,《南方经济》2010年第7期。

[43]李磊、冼国明、包群:《"引进来"是否促进了"走出去"？——外商投资对中国企业对外直接投资的影响》,《经济研究》2018年第3期。

[44]李平、李洪双:《打破城乡二元结构的对策研究》,《统计与管理》2016年第5期。

[45]李强、聂锐:《环境规制与中国大中型企业工业生产率》,《中国地质大学学报(社会科学版)》2010年第4期。

[46]李姗姗、孙久文、李爱民:《新常态下中国区域协调发展的重点领域与机制研

究》,《中国物价》2015 年第 1 期。

[47]李仙德、宁越敏:《城市群研究述评与展望》,《地理科学》2012 年第 3 期。

[48]李永友、沈坤荣:《我国污染控制政策的减排效果——基于省际工业污染数据的实证分析》,《管理世界》2008 年第 7 期。

[49]李远:《德国空间规划理论及均衡理念对我国的启示》,《山东理工大学学报(社会科学版)》2013 年第 3 期。

[50]林光平、龙志和、吴梅:《中国地区经济 σ-收敛的空间计量实证分析》,《数量经济技术经济研究》2006 年第 4 期。

[51]林毅夫、刘志强:《中国的财政分权与经济增长》,《北京大学学报(哲学社会科学版)》2000 年第 4 期。

[52]林毅夫、巫和懋、邢亦青:《"潮涌现象"与产能过剩的形成机制》,《中国经济学》2010 年第 45 期。

[53]刘春玲:《缩小城乡差距　构建和谐社会》,《新长征》2011 年第 1 期。

[54]刘国平:《中国经济与世界经济发展的比较》,湖南人民出版社 2000 年版。

[55]刘慧、樊杰、李扬:《"美国 2050"空间战略规划及启示》,《地理研究》2013 年第 1 期。

[56]刘钜强、赵永亮:《交通基础设施、市场获得与制造业区位——来自中国的经验数据》,《南开经济研究》2010 年第 4 期。

[57]陆大道:《京津冀城市群功能定位及协同发展》,《地理科学进展》2015 年第 3 期。

[58]陆大道:《论区域的最佳结构与最佳发展——提出"点—轴系统"和"T"型结构以来的回顾与再分析》,《地理学报》2001 年第 2 期。

[59]陆大道:《区位论及区域研究方法》,科学出版社 1991 年版。

[60]陆铭、向宽虎:《破解效率与平衡的冲突——论中国的区域发展战略》,《经济社会体制比较》2014 年第 4 期。

[61]陆小成、毛劲歌、侯祥:《德国鲁尔区经验对中国城市绿色转型的启示》,《唐山学院学报》2015 年第 2 期。

[62]陆旸:《环境规制影响了污染密集型商品的贸易比较优势吗?》,《经济研究》2009 年第 4 期。

[63]马国霞、甘国辉:《区域经济发展空间研究进展》,《地理科学进展》2005 年第 2 期。

[64]马晓锦:《我国东西部区域经济均衡发展初探》,《中国商贸》2012 年第 17 期。

［65］《毛泽东文集》第七卷,人民出版社1999年版。

［66］穆占一:《均衡发展之路——日本国土规划的历程及特点》,《中国党政干部论坛》2012年第3期。

［67］潘海霞:《日本国土规划的发展及借鉴意义》,《国外城市规划》2006年第3期。

［68］潘家华:《与承载能力相适应　确保生态安全》,《中国社会科学》2013年第5期。

［69］钱慧、罗震东:《欧盟"空间规划"的兴起、理念及启示》,《国际城市规划》2011年第3期。

［70］钱维:《美国城市转型经验及其启示》,《中国行政管理》2011年第5期。

［71］秦尊文等:《2016长江中游城市群发展报告》,社会科学文献出版社2016年版。

［72］盛科荣、樊杰:《主体功能区作为国土开发的基础制度作用》,《中国科学院院刊》2016年第1期。

［73］宋涛:《调整产业结构的理论研究》,《当代经济研究》2002年第11期。

［74］孙久文、胡安俊:《雁阵模式与中国区域空间格局演变》,《开发研究》2011年第6期。

［75］孙久文、胡安俊:《主体功能区划解决的主要问题、实现途径与政策建议》,《河北学刊》2012年第1期。

［76］孙彦红:《欧盟"再工业化"战略解析》,《欧洲研究》2013年第5期。

［77］泰勒·考恩:《大停滞?》,上海人民出版社2015年版。

［78］覃成林、郑云峰、张华:《我国区域经济协调发展的趋势及特征分析》,《经济地理》2013年第1期。

［79］唐丽静:《国外城乡统筹发展的启示》,《山东国土资源》2014年第3期。

［80］唐晓云:《产业升级研究综述》,《科技进步与对策》2012年第4期。

［81］陶然、陆曦、苏福兵等:《地区竞争格局演变下的中国转轨:财政激励和发展模式反思》,《经济研究》2009年第7期。

［82］万庆、吴传清、曾菊新:《中国城市群城市化效率及影响因素研究》,《中国人口·资源与环境》2015年第2期。

［83］汪海波、刘立峰:《中国工业化道路的回顾与前瞻——为庆祝新中国成立60周年而作》,《经济研究参考》2009年第38期。

［84］王成新、崔学刚、王雪芹:《新型城镇化背景下中国"城市群病"现象探析》,

《城市发展研究》2014 年第 10 期。

[85]王丽、邓羽、牛文元:《城市群的界定与识别研究》,《地理学报》2013 年第 8 期。

[86]王琴梅:《区域协调发展内涵新解》,《甘肃社会科学》2007 年第 6 期。

[87]韦廷柒、孙德江:《韩国新农村运动对我国统筹城乡发展的启示》,《探索》2007 年第 5 期。

[88]魏后凯、高春亮:《新时期区域协调发展的内涵和机制》,《福建论坛(人文社会科学版)》2011 年第 10 期。

[89]魏后凯:《改革开放 30 年中国区域经济的变迁——从不平衡发展到相对均衡发展》,《经济学动态》2008 年第 5 期。

[90]魏后凯:《现代区域经济学》,经济管理出版社 2006 年版。

[91]吴殿廷、虞孝感、查良松等:《日本的国土规划与城乡建设》,《地理学报》2006 年第 7 期。

[92]肖金成:《京津冀区域合作的战略思路》,《经济研究参考》2015 年第 2 期。

[93]谢敏:《德国空间规划体系概述及其对我国国土规划的借鉴》,《国土资源情报》2009 年第 11 期。

[94]谢雄标、严良:《产业演化研究述评》,《中国地质大学学报(社会科学版)》2009 年第 6 期。

[95]熊艳:《基于省际数据的环境规制与经济增长关系》,《中国人口·资源与环境》2011 年第 5 期。

[96]徐冬青:《日韩两国产业结构演进与经验:对苏南地区经济发展的启示》,《世界经济与政治论坛》2007 年第 6 期。

[97]许锋、周一星:《我国城市职能结构变化的动态特征及趋势》,《城市发展研究》2008 年第 6 期。

[98]薛晴、任左菲:《美国城乡一体化发展经验及借鉴》,《世界农业》2014 年第 1 期。

[99]杨海生、陈少凌、周永章:《地方政府竞争与环境政策——来自中国省份数据的证据》,《南方经济》2008 年第 6 期。

[100]杨涛:《环境规制对中国 FDI 影响的实证分析》,《世界经济研究》2003 年第 5 期。

[101]杨友才:《包含产权制度溢出性的经济增长空间面板模型的实证研究》,《经济科学》2010 年第 4 期。

[102]杨振凯：《日本九州老工业基地改造政策分析》，《现代日本经济》2006年第6期。

[103]姚士谋、陈维肖、陈振光等：《新常态下中国新型城镇化的若干问题》，《地域研究与开发》2016年第1期。

[104]姚士谋、陈振光、吴松等：《我国城市群区战略规划的关键问题》，《经济地理》2008年第4期。

[105]姚士谋、陈振光、叶高斌等：《中国城市群基本概念的再认知》，《城市观察》2015年第1期。

[106]姚士谋、陈振光、朱英明等：《中国城市群》，中国科学技术大学出版社2006年版。

[107]姚士谋、李广宇、燕月等：《我国特大城市协调性发展的创新模式探究》，《人文地理》2012年第5期。

[108]姚士谋、张平宇、余成等：《中国新型城镇化理论与实践问题》，《地理科学》2014年第6期。

[109]姚士谋、周春山、王德等：《中国城市群新论》，科学出版社2016年版。

[110]姚士谋、周春山、张童等：《21世纪我国城市群发展的新特征、新理念》，《城市观察》2017年第2期。

[111]姚士谋：《我国城市群的特征、类型与空间布局》，《城市问题》1992年第1期。

[112]姚永玲、赵宵伟：《城市服务业动态外部性及其空间效应》，《财贸经济》2012年第1期。

[113]虞锡君、熊红红：《韩国经济转型升级经验及对嘉兴的启示》，《嘉兴学院学报》2010年第2期。

[114]袁莉：《城市群协同发展机理、实现途径及对策研究》，中南大学2014年博士学位论文。

[115]袁朱：《未来10年国土开发空间结构的调整重点及对策》，《宏观经济管理》2011年第6期。

[116]臧旭恒、杨蕙馨、徐向艺：《产业经济学》，经济科学出版社2015年版。

[117]张成、陆旸、郭路等：《环境规制强度和生产技术进步》，《经济研究》2011年第2期。

[118]张可云：《区域经济政策》，中国轻工业出版社2001年版。

[119]张丽君：《欧盟空间规划与凝聚政策的启示》，《国土资源情报》2011年第

11 期。

[120]张嫚:《环境规制约束下的企业行为》,东北财经大学 2005 年博士学位论文。

[121]张三峰、卜茂亮:《环境规制、环保投入与中国企业生产率——基于中国企业问卷数据的实证研究》,《南开经济研究》2011 年第 2 期。

[122]张文尝:《交通经济带》,科学出版社 2002 年版。

[123]张欣炜:《德国城镇空间分布结构特征及对我国的启示》,《上海城市规划》2013 年第 3 期。

[124]张秀娥、孙建军:《从鲁尔区振兴看东北地区资源型城市经济转型》,《学习与探索》2009 年第 3 期。

[125]张征宇、朱平芳:《地方环境支出的实证研究》,《经济研究》2010 年第 5 期。

[126]《资本论》导读编写组:《资本论》导读,高等教育出版社 2012 年版。

[127]赵超:《新加坡产业转型升级及其对广东的启示》,《岭南学刊》2010 年第 4 期。

[128]周明长:《三线建设与中国内地城市发展(1964—1980 年)》,《中国经济史研究》2014 年第 1 期。

[129]周一星、孙则昕:《再论中国城市的职能分类》,《地理研究》1997 年第 1 期。

[130]周玉龙、孙久文:《论区域发展政策的空间属性》,《中国软科学》2016 年第 2 期。

[131]朱平芳、张征宇、姜国麟:《FDI 与环境规制:基于地方分权视角的实证研究》,《经济研究》2011 年第 6 期。

[132]邹燕:《坚持协调发展　着力形成区域平衡发展结构》,《产业与科技论坛》2016 年第 6 期。

[133]Summers, H. Lawrence, " Demand Side Secular Stagnation ", *The American Economic Review* Vol.105, No.5, 2015.

[134]H.M., Abdel-Rahman, F. Masahisa, " Specialization and Diversification in a System of Cities ", *Journal of Urban Economics*, Vol.33, No.2, 2005.

[135]Abdel-Rahman, M. Hesham, and A. Anas, " Theories of Systems of Cities ", *Handbook of Regional and Urban Economics*, Vol.4, No.4, 2004.

[136]R.Barret, " Strategic Environmental Policy and International Trade ", *Journal of Public Economics*, Vol.54, No.3, 1994.

[137]R. Becker, V. Henderson, " Effects of Air Quality Regulations on Polluting

Industries", *Journal of Political Economy*, Vol.108, No.2, 2000.

[138] O.Blanchard, A.Shleifer, "Federalism With and Without Political, Centralization. China versus Russia", *Harvard Institute of Economic Research Working Papers*, Vol, 48, No. 1, 2000.

[139] Jan Brueckner, "Strategic Interaction Among Governments: An Overview of Empirical Studies", *International Regional Science Review*, Vol.26, No.2, 2003.

[140] Caselli et al., "The U.S. Structural Transformation and Regional Convergence: A Reinterpretation", *Journal of Political Economy*, Vol.190, No.3, 2001.

[141] G.Duranton, D.Puga, "From Sectoral to Functional Urban Specialisation", *Journal of Urban Economics*, Vol.57, No.2, 2005.

[142] G.Duranton, D. Puga, "Micro-foundations of Urban Agglomeration Economies", *Handbook of Regional and Urban Economics*, Vol.4, 2004.

[143] Duranton, Gilles, D. Puga, "Diversity and Specialisation in Cities: Why, Where and When Does it Matter?", *Urban Studies*, Vol.37, No.3, 1999.

[144] Eichengreen, Barry, "Secular Stagnation: The Long View", *The American Economic Review*, Vol.105, No.5, 2015.

[145] J.P. Elhorst, "Specification and Estimation of Spatial Panel Data Models", *International Regional Science Review*, Vol.26, No.3, 2003.

[146] Elhorst, J.Paul, S.Freret, "Evidence of Political Yardstick Competition In France Using A Two-Regime Spatial Durbin Model with Fixed Effects", *Journal of Regional Science*, Vol.49, No.5, 2010.

[147] G. Ellison, E. L. Glaeser, W. R. Kerr, "What Causes Industry Agglomeration? Evidence From Coagglomeration Patterns", *American Economic Review*, Vol.100, No.3, 2010.

[148] G. Freeman, L. Soete, "*The Economics of Industrial Innovation*", Frances Pinter, 1997.

[149] Gordon, J. Robert, "Secular Stagnation: A Supply-Side View", *The American Economic Review*, Vol.105, No.5, 2015.

[150] J. V. Henderson, A. Kuncoro, M. Turner, "Industrial Development in Cities", *Journal of Political Economy*, Vol.103, 1992.

[151] Henderson, J. Vernon, "Cities and Development", *Journal of Regional Science*, Vol.50, No.1, 2010.

[152] V. Henderson, "Marshall's Scale Economies", *Working Papers*, Vol. 53, No.

1,2001.

[153] A. Hu, J. Sun, "Agglomeration Economies and the Match between Manufacturing Industries and Cities in China", *Regional Science Practice & Policy*, Vol.6, No.4, 2014.

[154] A. B. Jaffe, et al., "Environmental Regulation and the Competitiveness of US Manufacturing: What does the Evidence Tell Us?", *Journal of Economic Literature*, Vol.98, No.4, 1994.

[155] J. Yu, J. Robert, L. Lee, "Quasi-maximum Likelihood Estimators for Spatial Dynamic Panel Data with Fixed Effects When Both N and T are Large", *Journal of Econometrics*, Vol.146, No.1, 2008.

[156] K. Kojima, "The 'Flying Geese' model of Asian Economic Development: Origin, Theoretical Extensions, and Regional Policy Implications", *Journal of Asian Economics*, Vol. 11, 2000.

[157] C. D. Kolstad, Y. Xing, "Do Lax Environmental Regulations Attract Foreign Investment?", *University of California at Santa Barbara Economics*, *Working Paper*, Vol.21, No.1, 2002.

[158] N. Kumar, "Determinants of Location of Overseas R&D Activity of Multinational Enterprises: the Case of US and Japanese Corporations", *Research Policy*, Vol.30, No.1, 2001.

[159] J. P. Lesage, R. K. Pace, "Spatial Econometric Models", 2010.

[160] A. Levinson, "Environmental Regulations and Manufacturers'Location Choices: Evidence from the Census of Manufactures", *Journal of Public Economics*, Vol.62, 1996.

[161] J. A. List, C. Y. Co, "The Effects of Environmental Regulations on Foreign Direct Investment", *Journal of Environmental Economics and Management*, Vol.40, No.1, 2000.

[162] J. Montgomery, "The New Wealth of Cities—City Dynamics and the Fifth Wave", London: Ashgate Publishing Press, 2007.

[163] T. Ozawa, "Pax Americana-led Macro-clustering and Flying-geese-style Catch-up in East Asia: Mechanisms of Regionalized Endogenous Growth", *Journal of Asian Economics*, Vol.13, No.6, 2003.

[164] P. Perelmans, "R&D, Technological Progress and Efficiency Change in Industrial Activities", *Review of Income and Wealth*, Vol.41, No.3, 1995.

[165] B. Philippe, P. Sergio, "Sulphur Emissions and Productivity Growth in Industrialized Countries", *Annals of Public Cooperative Economics*, Vol.76, No.2, 2005.

[166] M. E. Porter, C. Linde, "Towards a New Conception of the Environment-

Competitiveness Relationship", *Journal of Economic Perspectives*, Vol.4, No.4, 1995.

[167] S. Publications, "International Regional Science Review", *International Regional Science Review*, Vol.3, No.1, 2003.

[168] V. Raymond, "International Investment and International Trade in the Product Cycle", *Quarterly Journal of Economics*, Vol.2, 1966.

[169] G. A. Tanguay, "Strategic Environmental Policies Under International Duopolistic Competition", *International Tax&Public Finance*, Vol.8, No.5, 2001.

[170] C. M. Tiebout, "A Pure Theory of Local Expenditure", *Journal of Political Economy*, Vol.64, No.5, 1956.

[171] Vernon, Henderson, "Externalities and Industrial Development", *Journal of Urban Economics*, Vol.42, No.3, 1997.

[172] R. Vernon, "The Product Cycle Hypothesis in a New International Environment", *Oxford Bulletin of Economics & Statistics*, Vol.41, No.4, 1979.

[173] Wheeler, David, "Racing to the Bottom? Foreign Investment and Air Pollution in Developing Countries", *Journal of Environment & Development*, Vol.10, No.3, 2001.

[174] J. M. Wooldridge, "*Econometric Analysis of Cross Section and Panel Data*", London, England: The MIT Press, 2001.

[175] C. Zhang, et al., "The Intensity of Environmental Regulation and Technological Progress of Production", *Economic Research Journal*, Vol.2, 2011.

[176] X. Zhao, H. Yin, "Industrial relocontion and energy consumption, Evidence from China", *Energy Policy*, Vol.5, 2011.

后　记

　　《中国区域经济结构调整与国土开发空间格局优化》一书,是我们团队近年来研究区域经济结构调整与国土空间结构格局优化课题的一个总结。

　　2010年,由我主持申请的国家社科基金重大招标项目顺利立项,课题研究的内容主要是从我国的区域经济结构与空间格局上总体性阐释中国区域经济结构与国土空间结构发展演变的方向。由于我身体的原因,课题研究顺延了两次,一直到2017年才最后完成,并于2017年顺利结项。因此,由我指导的2010年在校的博士生、硕士生,到2020年毕业的博士生,大多数都参与了本课题的研究和报告的撰写。在课题研究报告上署名的是:孙久文、胡安俊、年猛、王麒懿、闫昊生、热娜、唐泽地、石林、李姗姗、赵培红、李坚未、赵霄伟、刘璐、叶素云、李华、郭琪、王欣欣、李静怡、孙翔宇、李爱民、焦张义、李坚未、彭芳梅、顾梦琛、沈岱岱、陈韧、焦张义、张超磊、原倩、姚鹏、周玉龙。对于各位同学的辛勤付出,在此表示由衷的感谢。

　　由于课题研究与后续书稿修改延续了大约十年,我们对研究报告的内容和数据进行了三次修改。2020年年初,我们决定将本报告做一次大的修改并出版。在研究报告的基础上,我和易淑昶博士对本书的大部分内容进行了重新撰写,对主要数据进行了更新。主要是最近十年来我国区域经济的快速发展和国土空间规划的迅速成熟,区域经济研究从理论到实践都发生了深刻的变化。在本书的撰写过程中,我们对近年来区域发展中的重大问题集中进行了阐述。最后由易淑昶博士对全书进行了校对。毫无疑问,本书是我们团队共同研究的心血结晶。

需要说明的是,凡在本书中直接引用的成果,在书中均进行了页下注;对书中借鉴的内容,均列出了参考文献;对于由于我本人的疏漏而未加注释的,在此表示由衷的歉意。希望本书的出版能够与从事区域经济研究的同仁进行深入的交流。

最后,感谢人民出版社郑海燕老师对本书出版的帮助和贡献。

孙久文

2022 年 11 月

于北京问渠书屋

策划编辑：郑海燕
责任编辑：郑海燕
封面设计：石笑梦
版式设计：胡欣欣
责任校对：周晓东

图书在版编目（CIP）数据

中国区域经济结构调整与国土开发空间格局优化/孙久文 等 著. —北京：
  人民出版社,2023.1
ISBN 978－7－01－024577－5

Ⅰ.①中… Ⅱ.①孙… Ⅲ.①区域经济-经济结构调整-研究-中国
  ②国土规划-研究-中国 Ⅳ.①F127②F129.9

中国版本图书馆 CIP 数据核字（2022）第 028329 号

中国区域经济结构调整与国土开发空间格局优化
ZHONGGUO QUYU JINGJI JIEGOU TIAOZHENG YU GUOTU KAIFA KONGJIAN GEJU YOUHUA

孙久文　易淑昶　等　著

人民出版社 出版发行
（100706　北京市东城区隆福寺街 99 号）

中煤（北京）印务有限公司印刷　新华书店经销

2023 年 1 月第 1 版　2023 年 1 月北京第 1 次印刷
开本:710 毫米×1000 毫米 1/16　印张:26
字数:380 千字

ISBN 978－7－01－024577－5　定价:132.00 元

邮购地址　100706　北京市东城区隆福寺街 99 号
人民东方图书销售中心　电话（010）65250042　65289539